本辑出版支持项目：

河北省社会科学基金"先秦两汉'哀公问孔'材料及所载思想的流传研究"（编号：HB16LS003）。

主办单位：东北大学秦皇岛分校

主 编　秦飞　董劭伟　柴冰

ZHONG HUA LI SHI YU
CHUAN TONG WEN HUA
LUN CONG

中华历史与传统文化论丛

第 ⑤ 辑

中国社会科学出版社

图书在版编目（CIP）数据

中华历史与传统文化论丛. 第5辑／秦飞，董劭伟，柴冰主编. —北京：中国社会科学出版社，2020.6
ISBN 978-7-5203-6461-4

Ⅰ.①中… Ⅱ.①秦…②董…③柴… Ⅲ.①中国历史—文集②中华文化—文集 Ⅳ.①K207-53②K203-53

中国版本图书馆 CIP 数据核字（2020）第 077405 号

出 版 人	赵剑英
责任编辑	宋燕鹏
责任校对	季　静
责任印制	李寡寡

出　　版	中国社会科学出版社
社　　址	北京鼓楼西大街甲 158 号
邮　　编	100720
网　　址	http://www.csspw.cn
发 行 部	010-84083685
门 市 部	010-84029450
经　　销	新华书店及其他书店
印　　刷	北京明恒达印务有限公司
装　　订	廊坊市广阳区广增装订厂
版　　次	2020 年 6 月第 1 版
印　　次	2020 年 6 月第 1 次印刷
开　　本	710×1000　1/16
印　　张	24.75
插　　页	2
字　　数	416 千字
定　　价	128.00 元

凡购买中国社会科学出版社图书，如有质量问题请与本社营销中心联系调换
电话：010-84083683
版权所有　侵权必究

编 委 会
（按拼音顺序排列）

曹金娜	柴　冰	陈厉辞	崔玉谦
董劲伟	董兴杰	冯学伟	胡耀飞
孔祥军	李玉君	齐海娟	秦　飞
任欢欢	王红利	王莲英	王　蕊
卫　丽	吴留戈	张　阳	左海军

学术顾问

（按拼音顺序排列）

卜宪群（中国社科院历史所）　　川本芳昭（日本九州大学）
杜家骥（南开大学）　　　　　　杜文玉（陕西师范大学）
樊志民（西北农林科技大学）　　郝庆云（东北大学秦皇岛分校）
黄朴民（中国人民大学）　　　　霍存福（沈阳师范大学）
蒋重跃（北京师范大学）　　　　黎　虎（北京师范大学）
李华瑞（首都师范大学）　　　　李文才（扬州大学）
娄成武（东北大学）　　　　　　沈卫荣（清华大学）
孙继民（河北省社会科学院）　　孙家洲（中国人民大学）
田广林（辽宁师范大学）　　　　王开玺（北京师范大学）
王晓毅（清华大学）　　　　　　王子今（中国人民大学）
乌云毕力格（中国人民大学）　　张剑光（上海师范大学）
张金龙（首都师范大学）　　　　仲伟民（清华大学）
朱　英（华中师范大学）

目 录

冷门"绝学"专栏

伊玛堪中赫哲族族称演变的历史学解析 ……………… 郝庆云(3)
安宁宫档案辑录 …………………………………………… 柴　冰(11)

古代文献研究

国家图书馆藏宋淳祐十年魏克愚刻本《周易要义》考异 ……… 孔祥军(33)
从文本校勘管窥文献流传谱系
　　——以校勘"五仪之教"为例 ……………………… 秦　飞(50)
《孙子算经》(卷上)译注 ……………………………… 衣抚生(62)
论类书学的建构与类书研究的疆域 …………………… 刘全波(87)
五代金石著录的重新编号
　　——以三种著录比勘为基础 ……………… 谢宇荣　胡耀飞(100)
中华书局二○○四年整理本《续资治通鉴长编》
　　太祖朝十七卷校补 …………………………………… 张　剑(125)
赵鼎年谱 ……………………………………………………… 刘云军(139)

文史专题研究

西汉列侯的爵位继承 ………………………………………… 师彬彬(165)
宋齐会稽太守考论 …………………………………………… 权玉峰(182)
南宋后期提领江淮茶盐所考述 ……………………………… 崔玉谦(196)
晚明官箴书中的为官之德与处世之道 ……………………… 唐百成(210)

光绪刻本《曾文正公全集·靖港败溃自请治罪折》涂改探析……吕梓菱（228）
清末民初律法中新旧伦理的博弈过程 …………………… 吴留戈（235）
从介子推的引入与淡出看寒食节功能演变 …………… 褚若千（246）
中国古代夫妻惜缘文化及其当代意义 ………………… 柳卓娅（266）
新见《永蠲房租碑记》整理与解读 ……………………… 赵士第（279）

秦皇岛地域文化专栏

"从乡贤到神祇"：长城后裔民间信仰的衍变
　　——板厂峪新发现碑刻研究之三 ……………… 陈厉辞（285）

口述史料专栏

"昔年倾倒凌云赋"
　　——民国开滦矿务总局首任中方总经理顾振
　　之女访谈 ……………………………… 张　阳　云　妍（309）

近现代档案整理与研究

《耀华机器玻璃股份有限公司筹备情形报告书》
　　整理 ………………………… 董劭伟　袁　媛　岳晓蕊（325）
秦皇岛港藏日军侵占时期日文档案之"向日本供应开滦煤炭基本
　　合同书"选译与题解 ……………………………… 齐海娟（338）

类书研究的力作
　　——刘全波《魏晋南北朝类书编纂研究》评介 ……… 杨志飞（343）
进退之间
　　——读曾严爽《南唐先主李昪研究》 ……………… 赵　昕（347）
秦皇岛诗五首今注与书法欣赏 …… 笺注：王红利　书法：李昌也　孙　勇
　　　　　　　　　　　　　　丁　琦　李　伟　张　强　潘　磊（354）
旧体诗欣赏 ……………………………………………… 王红利（368）
歌咏秦皇岛诗词百首 …………………………………… 杜铁胜（370）

冷门"绝学"专栏

伊玛堪中赫哲族族称演变的历史学解析[*]

郝庆云

(东北大学秦皇岛分校 中国满学研究院)

民族族称是民族学研究的基本问题之一,也是极具吸引力的问题。族称的形成与演变是民族社会与历史文化发展的记录,反映了族群对自身群体的认知与评价。赫哲族族称自康熙二年(1662)见于史册至1957年族称的最终确定,历经300年,其间对这一群体产生了35个不同的称呼。这一历史现象反映了赫哲族共同体形成和族体成分的变迁,即明末清初,努尔哈赤、皇太极对黑龙江流域的征伐,取消卫所,实行编户编旗制,造成黑龙江流域民族部落重新组合与迁徙;19世纪中期以后,沙俄的入侵,再次造成部落迁徙,族体的分裂,致使赫哲族成为跨界民族,由通古斯雄族变为中俄两国少数民族中的小民族,以至于在自己世居的土地上成了少数民族。这些历史巨变均刻印在民族心灵和民族的族称上,赫哲族的精神家园伊玛堪即是这一历史过程的载体。

一 赫哲族英雄史诗——伊玛堪

伊玛堪是赫哲族[①]世代相传的长篇口头说唱民间文学,是赫哲族重要

---

[*] 2018年度国家社科基金冷门"绝学"和国别史等研究专项"17—21世纪初俄文文献中赫哲族资料收集整理及著作目录"(编号:2018VJX039)阶段性成果。

[①] 赫哲族是中俄两国沿黑龙江两岸居住的同宗同源的跨界民族,该族在俄罗斯境内称那乃人、乌尔奇人,人口2万余人,中国境内称赫哲族,人口4600余人。

的文化遗产，是原始渔猎社会生活的百科全书，被学术界称为"北方渔猎生活的活化石""民族精神的活标本"。2011年11月23日，中国赫哲族伊玛堪说唱（Hezhe Yimakan Story-telling）被联合国教科文组织批准列入《急需保护的非物质文化遗产名录》。广义的伊玛堪包括赫哲人的口头民间文学伊玛堪和那乃人、乌尔奇人口头民间文学"宁格曼"。虽然名称不同，但内容都是关于部落英雄的各种故事，而且英雄的名字都是"莫日根"（НИНГМАН О МЭРГЭНАХ），它们在内容和形式上基本一致。

"宁格曼"作品于1896年第一次在俄国出版问世。这些作品包括传教士П. 波罗托奇雅卡诺夫搜集整理的《乌苏里果尔特人[①]的歌曲、传说和童话》、Д. 克罗波特金搜集整理的英雄故事和П. А. 施姆凯维奇搜集整理的关于那乃人萨满教的资料。1922年出版 И. А. 洛帕金的《阿穆尔、乌苏里、松花江的果尔特人》一书，书中收集了那乃人的童话、传说、故事等24篇。1960年出版的 В. А. 阿夫洛林《那乃语和那乃民间文学资料》，共收童话、传说、故事等44篇[②]。

1934年，在南京出版了凌纯声先生的学术巨著《松花江下游的赫哲族》，书中收集了19篇赫哲"伊玛堪"故事，这是赫哲民间文学首次在中国进行收集整理并出版。20世纪80年代末，赫哲族学者尤志贤先生出版《赫哲族伊玛堪选》一书，译文准确优美，散、韵结合，而且用国际音标标注赫哲语原文[③]。中国民间文艺研究会黑龙江分会先后编辑出版了《黑龙江民间文学》第2集（1981年）、第5集（1983年）、第20集（1987年）等3本赫哲民间文学专集。据笔者掌握，目前已经发表的赫哲族"伊玛堪"作品，有23篇。2011年11月，赫哲族"伊玛堪"被列为联合国教科文组织"急需保护的非物质文化遗产名录"后，赫哲族民间文学研究进入了新阶段，出版了《赫哲族伊玛堪》《赫哲族英雄叙事诗》等巨著。

据统计，中俄两国收集整理的赫哲人和那乃人的民间口头文学作品共

[①] 果尔特人，是"十月革命"前俄罗斯境内那乃人的称号。
[②] 张嘉宾：《那乃民间文学与赫哲民间文学探析》，载《赫哲族研究》，哈尔滨出版社2003年版，第118页。
[③] 尤志贤：《赫哲族伊玛堪选》，黑龙江省民族研究所1989年编印（内部发行）。

计91篇。1860年以前，这些作品的发展道路是共同的，除了植根于本民族的历史、社会、文化的土壤之外，还深受满、汉等民族文化的影响，如赫哲"伊玛堪"中的莫日根在深山修炼，最终获得超人的能力的情节，显然受汉族文化的影响。而И. А. 洛帕金搜集的那乃人《罂粟和鸦片的传说》中的那乃主人公则是在满族官员家中长大的①。1860年以后，那乃民间文学不可避免地打上了俄罗斯文学和欧洲文学的烙印，如在В. А. 阿夫洛林的《那乃语和那乃民间文学资料》中收录的《从前有一个老头和三儿子》的故事，讲的是沙皇的女儿要招婿，老头的三儿子第一次骑着黄马、穿着金袍出现在公主面前，第二次骑着白马、穿着银袍出现在公主面前，第三次骑着铁青马、穿着黑袍出现在公主面前，最后终于娶公主为妻，这俨然是一篇欧洲童话。赫哲民间文学和那乃民间文学既有共性，又各具特色。从共性方面看，许多赫哲民间文学作品与那乃民间文学作品十分相似，甚至一模一样，表明这些作品同出一源，是赫哲人和那乃人共同的遗产。例如，宁格曼和伊玛堪中的主人公都称"莫日根"。《黑龙江民间文学》第5集中收录的《北斗》《月亮》《抓鲫瓜鱼》《蛤蟆吞鱼籽》《黑瞎子、狐狸和猎人》《山神爷的故事》与那乃民间文学中的《北斗星的传说》《太阳和月亮的传说》《鲫瓜鱼和乌鸦的故事》《老鼠和青蛙的故事》《虎儿子的故事》或是完全一样，或是十分相似②。那乃民间文学中的许多"宁格曼"作品讲的是英雄莫日根如何出征为父母报仇，如何战胜了一个个敌人，如何获得妇女变的神鹰"阔力"的帮助，如何夺得一个个妻子、一村村居民等，其故事情节与赫哲的"伊玛堪"的许多作品的情节雷同。

二 莫日根的英雄时代是赫哲族部落众多、分散争斗的时代

赫哲族的民间文学作品伊玛堪中，主人公大多是"莫日根"，伊玛堪篇名一般也以莫日根命名，例如《西尔达鲁莫日根》《木都里莫日根》

---

① [俄] И. А. 洛帕金：《阿穆尔、松花江、乌苏里的果尔特人》，符拉迪沃斯托克：阿穆尔边疆区研究学会出版社1922年版，第119页。

② [苏] В. А. 阿夫洛林：《那乃语和那乃民间文学资料》，列宁格勒：科学出版社1986年版，第83页。

《木竹林莫日根》《满斗莫日根》《香叟莫日根》。伊玛堪作品以莫日根的事迹行踪为主线，揭示赫哲族英雄时代的部族争斗，英雄莫日根不仅具有个人意义，而且也具有氏族的、部落的，甚至整个民族的意义，通过"莫日根"血亲复仇导致部族减少，族体凝聚。

赫哲人是以氏族为单位组织起来的民族群体。氏族组织称"哈拉穆昆"。"哈拉"为"氏族"之意，"穆昆"为"家族"之意，一个"哈拉穆昆"内，有家族8至10户不等。每个氏族组织都有自己名称和"莫日根"，因此族称众多，莫日根英雄层出不穷。莫日根进行着氏族之间的掠夺兼并战争，战败一方的酋长和氏族成员做了奴隶，《安徒莫日根》中就说安徒的"阿玛和额涅是被敌人抓去做阿哈了"[1]。争斗的结果是被征服的部落往往被洗劫一空，顷刻之间变成一片废墟，氏族组织数量在减少。《香叟莫日根》中征服者香叟所采取的措施就是这样的。他用一百只船，把那里的人口和财物全部运往故乡。莫日根的终极目标"统领各部，当千家万户的额真"[2]。19世纪末，赫哲族父权制氏族社会结束，代之为一夫一妻制个体家庭，莫日根的英雄时代结束了，以莫日根为核心的伊玛堪口头文学失去了存在的土壤。这就是赫哲族族称减少，趋于统一的社会历史根源。

据统计，17-18世纪，赫哲亦作呼尔哈部、窝集部、瓦尔喀部、萨哈连部、黑折、黑真、黑津、赫斤、赫金、黑金、七姓、八姓、盖青等自称，清代文献中，还因其习俗差异，有剃发黑斤（俗呼短毛子，即赫哲哈喇）、不剃发黑斤（俗呼长毛子，即额登哈喇）等别称。又因其以犬作主要畜力，被称为使犬部或使犬国。赫哲人以鱼、兽肉为主食，以鱼皮和狍皮为衣，故又有鱼皮部或鱼皮鞑子、狍皮鞑子等他称。居松花江下游地区之部落又自称"奇楞"。俄国人称赫哲为"纳特基人"[3]"阿枪人"（Ачаны）[4]"戈尔德""果尔特"（Гольды）[5]"那乃"（Нанайцы）、"乌

---

[1] 阿玛、额涅、阿哈均为赫哲语，意为爸爸、妈妈、奴隶。
[2] 额真，赫哲语，满斗莫日根，即大箭主、大英雄。
[3] 郝建恒等译，宋嗣喜校：《历史文献补编——十七世纪中俄关系文件选译》卷三，商务印书馆1989年版，第14页。
[4] ［俄］Р. 马克：《黑龙江旅行记》，吉林省社会科学研究所译，商务印书馆1997年版，第225页。
[5] ［俄］И. А. 洛帕金：《阿穆尔、乌苏里、松花江流域的果尔特人》，符拉迪沃斯托克：1922年，第17—18页。

尔奇"（Ульчи）。① 日本学者称赫哲人为"高尔牒克""高里特人"。19世纪末，常见者为"黑斤""果尔特""赫哲""那乃"。20世纪中期以后，族称分别确定为中国赫哲、俄罗斯那乃、乌尔奇。

三 莫日根西讨仇敌的历程也是以赫哲为族称部众的西迁和族称统一的过程

"赫哲"一词始见于康熙二年（1663）"命四姓库尔哈等进贡貂皮，照赫哲等国例，在宁古塔收纳"②。在清廷看来，赫哲族是治理黑龙江流域东部地区库尔哈部的典型，族称相对稳定，群体构成比较清楚。乾隆、道光年间，三姓副都统辖境内赫哲、费雅喀、奇勒尔、库叶、鄂伦春、恰克拉共56姓中，赫哲占18姓，即葛依克勒、额叶尔古（奴耶勒）、富斯哈喇，主要分布于松花江下游；必勒达奇哩、贺齐克哩、乌扎拉、扎克苏噜、必喇勒、哲勒图哩、图勒都笏噜，主要分布于伯力（今俄罗斯哈巴罗夫斯克）以东黑龙江下游；瑚克定、乌克定、霍勉、揣果尔、卓勒霍勒、图墨里尔、嘎即拉和舒穆鲁，主要分布在乌苏里江及黑龙江下游。《阿尔奇五》伊玛堪中说："吉林境内松阿里（松花江）南岸有一个小城，叫做富廷霍通（今富锦县一带）……城主名叫土秋莫尔根……在萨哈林（黑龙江）上游北岸有一座城，名叫甲好霍通，城主名叫甲好木汗。"史诗说甲好木汗年轻的时候曾经平定萨哈林两岸，东至滨海。经过从康熙至乾隆年间的百余年的凝聚发展，赫哲族居住区整体西移，乾隆朝刊印的民族志《皇清职贡图》明确记载"赫哲所居与七姓地方之乌扎拉洪科相接"③。七姓居住地即今依兰县顺松花江下行二百里之处桦川县一带。《民国桦川县志·交通》："苏苏屯距县西五里许，赫哲人居多，以渔猎为生活，男女酷嗜酒。"④《皇清职贡图》于乾隆二十六年（1761）编辑而成，其卷三记载，乾隆年间黑龙江中下游、松花江、乌苏里江流域及东滨海地区共分布着7大族群，依次为鄂伦绰、奇楞、库野、费雅喀、恰喀拉、七

---

① ［俄］В. Л. 拉林、В. А. 图拉耶夫：《那乃人的历史与文化》，圣彼得堡科学出版社2003年版，第4页。
② 《圣祖仁皇帝实录》卷八，《清实录》第4册，中华书局1985年版，第142页。
③ （清）傅恒等编著：《皇清职贡图》卷三，辽沈书社1991年版，第256页。
④ 郑士纯等纂：《民国桦川县志》，《黑龙江府县志辑》8，第171页。

姓、赫哲，证明乾隆朝黑龙江流域由各族凝聚而成，故许多族名不见于史册。清末，我国境内赫哲人主要分布于桦川、富锦、同江、绥滨所属之地。《满都莫日根》是关于满都"向西征讨父母的仇敌，救回生身的父母"的长篇叙事史诗。诗中多次提到"满都站起来，扎上腰带，往西出发了"，"往西去了十里，在一个岗的南边"，"骑上马快出发吧，再往西走一百五十里，那里有代勒如的城池"①。《阿格弟莫日根》中征服者阿格弟把被征服部落的"牛羊猪肉装了整整一船，又将各种兽肉，像鹿肉、狍子、野猪、黑熊这类山牲口肉干、鱼干、鱼毛装了一船"，接着又令三十几位壮汉，登岸纵火焚烧房屋。一切安排停当，立时登船起航，沿着滚滚奔流的松嘎里麻木（松花江），向下游开去。

赫哲族先民由于西迁接触了种植技术，学习农耕，在乌苏里地区和松花江下游出现了农业。《萨里比五》中，讲到乌苏里南岸的一个部落，它的大酋长根格苏汗，教人民学习垦殖。《香叟莫日根》就反映了在香叟的家乡有了农业经济。

四 赫哲族伊玛堪中的地名印证了其居地和族称的最终形成

伊玛堪中的多数地名为松花江和乌苏里江中下游地区的名称，从而证明了中国境内赫哲族居地是其世袭居住地之一。广义的赫哲族包括我国的赫哲族和俄罗斯境内的那乃人、乌尔奇人，清代通称为"赫哲"或"黑斤"。狭义的赫哲族指主要居住在黑龙江省同江、八岔、四排、敖其四地的赫哲人，有4640人。其形成的原因是19世纪中期《瑷珲条约》和《中俄北京条约》的签订使赫哲族小半居界内，大半居界外。《皇清职贡图》中"七姓"构成了现今我国境内赫哲人的主体。我国境内赫哲人中流传着一则《七姓人和依兰》的故事，讲述的是古代一场残酷的东西方部落的战争之后，东方部落只有7个男子劫后余生，他们分别姓齐、苏（舒）、毕、尤、吴、葛、卢。这7个人的后代繁衍成了今天中国赫哲族的核心部分。

赫哲居住在"七姓"的下游，即黑龙江、松花江汇流处以下的黑龙

---

① 尤志贤编译：《赫哲族伊玛堪选》，黑龙江省民族研究所1989年印，第4—279页。

江流域，以渔猎为生。在清代史料中，曾被称为"剃发黑斤"和"不剃发黑斤"以及"黑金"等。杨宾著《柳边纪略》卷三记载"自宁古塔东北千五百里，住松花江、黑龙江两岸者，曰剃发黑斤，喀喇凡六，俗类窝稽，产貂"。《西伯利东偏纪要》载："自伯力以下至阿吉大山曲折约一千二百余里沿江两岸皆剃发黑斤，即赫哲额喇也。……自阿吉大山下至黑勒尔约八百余里沿江两岸居者称不剃发黑斤，亦曰长毛子，即额登喀喇。"这些黑斤部落现主要居住在俄罗斯境内，其中的"剃发黑斤"现被称为"那乃"，而"不剃发黑斤"则被称为"乌尔奇"。《皇清职贡图》中的"赫哲"应是狭义的"赫哲"。

清末居住在中国境内的黑斤部落泛称"赫哲"。"自三姓以东土著皆黑斤族，本名黑哲。"[①] 同治年间谢汝钦的《按属考查日记》写道："富克锦即赫哲地，原协领衙门归三姓副都统属，今为临江州辖境。赫哲全部男女大小七千余丁口，向以渔猎为业，不习树艺。现在山水之产较稀，渐有务农者；亦间有能通汉文、汉语者。……赫哲人极朴野，种类不繁。疾病无医药，惟以跳神、跪祷为禳解。天痘之害甚大，每有传染，人无老幼，均不能免，故疡亡殊多而种亦屡。"正因如此，民国十九年（1930）凌纯声先生将其对松花江流域民族的考察著作定名为《松花江下游的赫哲族》。按《赫哲族简史》作者刘忠波先生的观点，此处是广义的"赫哲"，它除包括"赫哲"外，还应包括"奇楞"的一部分和"七姓"。此举为1949年以后赫哲族族称的确定奠定了理论基础。

"伊玛堪"较真实地描述了赫哲人这一重大历史变迁，其中曾经提到许多赫哲族生息过和生活着的地点，这些地点符合历史事实，如：

松阿里：即松花江。

霍通吉林：赫哲语，"霍通"即城，"吉林"即带或一带。合起来即古城之地。今黑龙江富锦市区所在地。

富廷城：即富克锦，在富锦市西部。

鄂里米：在富锦市的江对面。

七里星河：在富锦市南，为富锦、同江、宝清3地的分界水。

巴如古苏：在富锦市南七里星河的两岸，南北对峙，也称对面城。

---

① 郭克兴辑：《黑龙江乡土录》，全国图书文献缩微复制中心：《中国边疆史志集成·东北史志》第五部18，2004年，第99页。

拉哈苏苏：黑龙江省同江市境内。

马库力山：黑龙江省桦川县境，松花江右岸。

三姓：黑龙江省依兰市。

萨哈林：赫哲语，黑之意，即黑龙江。

太平沟：黑龙江省萝北县境。

乌苏里：即指乌苏里江。

三江口：即松花江、黑龙江合流之处。

综上所述，赫哲族英雄叙事史诗伊玛堪通过主人公莫日根进行的部落战争、血亲复仇、部族婚姻等历史叙事揭示了赫哲族民族凝聚、部族统一的历史进程，即17世纪中期以前，部落之战，"莫日根"血亲复仇，族称众多。19世纪以来，贡貂赏乌绫政治秩序下，部族生活稳定，莫日根的任务不再是战争，而是爱情与生活。《皇清职供图》中记录的七姓赫哲，"赫哲"一词成为民族通称。20世纪前期，凌纯声先生的《松花江下游的赫哲族》一书问世，在中国学术界"赫哲"一词开始广为流传。1956年，根据民族意愿，"赫哲"成为中国境内赫哲人的正式族称。俄罗斯境内赫哲人确定族称为"那乃""乌尔奇"。

安宁宫档案辑录[*]

柴 冰

(东北大学秦皇岛分校 社会科学研究院)

　　安宁宫是清代较为神秘的一处皇家宫殿,杨乃济先生《西华门札记(一)》一文利用中国第一历史档案馆所藏档案,指出雍正九年(1731)三月初六至雍正十二年(1734),紫禁城内添建了斋宫、安宁宫。其中新建安宁宫殿宇房屋六十六间。[①] 并加注解释说"明清两代的东西六宫皆无'安宁宫'命名。可能这是一个只在雍正朝很短暂的时间里用过的宫名,以后改称它名,因此'安宁宫'三字不见于任何史籍"[②]。诚如杨乃济先生所说,安宁宫不见于史籍,史料缺缺。幸运的是,清宫档案里还留有不少关于安宁宫的记载。目前关注到安宁宫相关档案的学者依然较少,仅有以下几例:

　　杨启樵先生在归纳圆明园匾额中的雍正宸翰时亦关注到"安宁居"匾、"心月斋"匾,以及"安宁居"改"安宁宫"事。[③] 但记述"安宁居"匾竣工时间有误,该匾额并非雍正十年四月四日竣工。方裕谨先生所辑《圆明园各殿座匾名表》,摘自雍正朝内务府造办处活计档。注意到"安宁宫"匾的制作,并备注道:原题安宁居,后奉旨改安宁宫。还注意

---

[*] 本文为国家社科基金青年项目《乾隆皇帝御制藏、满、蒙、汉四体合璧〈首楞严经〉第九、十卷对勘与研究》(15CZJ022)、东北大学一流大学建设项目《清文化研究与传播》成果。

[①] 于杰等主编,北京市文物研究所编:《北京文物与考古》2,北京燕山出版社1991年版,第305—306页。

[②] 同上书,第315页。

[③] 杨启樵著:《揭开雍正皇帝隐秘的面纱》,上海书店出版社2011年版,第224页。

到"心日斋"匾，① 但"心日斋"当为"心月斋"之误。张淑娴探讨雍正时期古玩片这一室内装饰方式时，引用到雍正十一年九月十四日传做古玩书格画贴于安宁宫平台板房下门上之档案。② 台湾学者吴美凤亦关注到雍正十二年五月二十七日曾传旨制作两张供桌供安宁居礼佛用，③ 雍正时制作安宁宫用屏类的档案三则，④ 但雍正十一年十月十二日条"安亭居"当为"安宁居"之误。雍正十二年十二月条传做时间未写明，实际当为雍正十二年十二月二十四日。高树标的博士学位论文研究清宫廷画家唐岱，在编制唐岱年谱时注意到雍正十一年、十二年曾照安宁宫画绘画。⑤

尽管以上诸位学者已关注到若干条安宁宫相关档案，但除杨乃济先生外皆是为自己研究的主题服务，并非针对安宁宫的专题研究。此外，关涉安宁宫的档案实际上还有不少，诸位学者关注到的只是极少的几条。故而，笔者整理辑录了安宁宫相关档案，以期为安宁宫这一皇家宫殿的研究提供一些材料上的便宜和支撑，补充安宁宫陈设物品的名称、来源、规格、用料、开销、工序等制作细节，以及雍正皇帝的旨意内容和审美意趣，进而对清代雍正时期宫廷文化、中西交流等方面的研究有所裨益。

笔者所辑安宁宫相关档案主要见于《清宫内务府造办处档案总汇》⑥《圆明园（下）》⑦《养心殿造办处史料辑览·第1辑·雍正朝》⑧《雍正家具十三年：雍正朝家具与香事档案辑录》⑨，因《总汇》按档案原貌影印，故本文整理录入时，以《总汇》为基准，参考其他档案著录，加以标点并标注相异之处等需要说明的问题。

---

① 方裕谨辑：《圆明园各殿座匾名表》，中国圆明园学会主编：《圆明园》第4集，中国建筑工业出版社1986年版，第43页。
② 张淑娴：《养心殿长春书屋古玩墙的起源和演变》，《故宫博物院院刊》2018年第3期，第107页。
③ 吴美凤：《盛清家具形制流变研究》，紫禁城出版社2007年版，第190页。
④ 同上书，第225页。
⑤ 高树标：《清宫廷画家唐岱研究》，博士学位论文，上海大学，2016年，第117页。
⑥ 中国第一历史档案馆，香港中文大学文物馆编：《清宫内务府造办处档案总汇》，人民出版社2005年版。本文简称《总汇》。
⑦ 中国第一历史档案馆编：《圆明园（下）》，上海古籍出版社1991年版。
⑧ 朱家溍选编：《养心殿造办处史料辑览·第1辑·雍正朝》，故宫出版社2013年版。本文简称《辑览》。
⑨ 周默编：《雍正家具十三年：雍正朝家具与香事档案辑录》，故宫出版社2013年版。本文简称《辑录》。

1. 雍正十年油漆作①

二月初七日，司库常保来说，内大臣海望谕②：着做"戒急用忍"字样彩漆流云吊屏四件。遵此。

于九月二十日据圆明园来帖内称，本日宫殿监副侍李英传旨：着将"戒急用忍"漆吊屏③安在安宁居二件。钦此。

本日将"戒急用忍"彩漆吊屏④二件，司库常保持进安设在安宁居讫。

于十月二十日做得彩漆流云吊屏二件，司库常保持去交太监刘沧洲讫。

《总汇》第5册第309页著录为：

"雍正十年九月交漆作柏唐阿六达塞

二十二日，据圆明园来帖内称，本日宫殿监副侍李英传旨：着将'戒急用忍'吊屏安在安宁居。钦此。

此笔应归入二月初七日漆作原传一处。"

2. 雍正十年四月交木作柏唐阿苏尔迈⑤

初四日，据圆明园来帖内称，⑥工程处副⑦总领蒋德符持来纸样一张，说郎中保德传：着照样⑧做"安宁居"三字楠木匾一面。记此。⑨

于四月十六日照纸样做得"安宁居"三字楠木匾一面，随黄铜匾钉等件，司库常保持进悬挂讫。

---

① 本条档案录入以《总汇》第5册第397页收录档案为基准。《总汇》第5册第397页、《辑览》第343页、《辑录》第508页亦有收录。
② 《辑览》为"传"字。
③ 《辑览》作"'戒急用忍'字样彩漆流云吊屏"。
④ 《辑览》作"'戒急用忍'字样彩漆流云吊屏"。《辑录》作"'戒急用忍'漆吊屏"。
⑤ 本条档案录入以《总汇》第5册第249页收录档案为基准。《总汇》第5册第365页、《圆明园（下）》第1227页、《辑录》第473页亦有收录。
⑥ 《总汇》第5册第365页、《圆明园（下）》《辑录》此处多"本日"二字。
⑦ 《总汇》第5册第365页作"付"。
⑧ 《总汇》第5册第365页、《圆明园（下）》《辑录》作"纸样"。
⑨ 《总汇》第5册第249页收录档案至此处。

3. 雍正十年四月交画作栢唐阿班达里沙①

二十三日，据圆明园来帖内称，本月二十三日②司库常保来说，太监沧州传旨：安宁居着安二面画书格的围屏二扇，每扇各宽一尺八寸五分、高五尺六寸。钦此。③

于五月初六日照尺寸画得二面书格围屏四扇。司库常保持进，安宁居贴讫。④

4. 雍正十年五月画作⑤

二十二日，总理监修处员外郎释迦保六格来说，内大臣海望谕：乾清宫月台上黄毡板房斗坛、西丹墀各处板房，俱拆移中正殿盖造。其月台上斗坛内有陈设围屏、帐幔等件，并西丹墀板房内有陈设及铺设毡条、门帘等项，交造办处令该管人员踏看折卸，如有应交该处者即交该处。遵此。

本日员外郎满毗带领领催闻二黑、副领催金有玉进乾清宫月台上黄毡板房后斗坛内拆出山水画一张系唐岱画。记此。

于七月十三日将山水画一张，领催马学迩、表匠李毅将画持进安宁宫贴讫。

5. 雍正十年五月裱作⑥

二十二日，宫殿总理监修处员外郎释迦保六格来说，内大臣海望谕：乾清宫月台上黄毡板房斗坛、西丹墀各处板房，俱折⑦移中正殿盖造。其月台上斗坛内有陈设围屏、帐幔等项，并西丹墀板房内有陈设及铺设毡条、门帘等件，交造办处令该管人员踏看折⑧卸，如有应交该处者即交该处。遵此。

本日员外郎满毗带领领催闻二黑、副领催金有玉进乾清宫月台上黄毡

---

① 本条档案录入以《总汇》第5册第256页收录档案为基准，《总汇》第5册第430页、《圆明园（下）》第1229页亦有收录。
② 《总汇》第5册第430页、《圆明园（下）》作"本日"。
③ 《总汇》第5册第256页、《圆明园（下）》收录档案至此处。
④ 《总汇》第5册第430页收录档案至此处。
⑤ 《总汇》第5册，第431页。
⑥ 《总汇》第5册，第419—420页。
⑦ 当为"拆"。
⑧ 当为"拆"。

板房后斗坛内折①出围屏三十扇、毘卢帽、山花四块，乾清宫西丹墀下捲棚转角板房内折②出御训一张、御笔"福"字一张、"迎祥"一张。记此。

于七月十三日将御训一张、"福"字一张、"迎祥"一张，领催马学尔、表匠李毅持进安宁宫贴讫。

6. 雍正十年九月皮作③

初一日，员外郎满毗三音保传：西厂板房内鱼白春紬幔子三架，金黄布雨搭九架，着折④洗收拾。记此。

于九月二十八日收拾得鱼白春紬幔子三架，金黄布雨搭九架。栢唐阿五十八持进安宁宫板房内安设讫。

7. 雍正十年九月木作⑤

二十五日，据圆明园来帖内称，本日司库常保来说，内大臣海望传：做备用楠木闲余板三分⑥，紫檀木香几一件备用。遵此。

于九月二十七日做得楠木闲余板三分⑦，随铜镀金盖花八个，钉十二个，员外郎满毗带领领催闻二黑持进安宁宫佛堂安讫。

8. 雍正十年十月木作交栢唐阿苏尔迈⑧

十三日，据圆明园来帖内称，本日⑨太监李统忠持出⑩御笔"安宁居"

---

① 当为"拆"。
② 当为"拆"。
③ 《总汇》第 5 册，第 530 页。
④ 按文意，当为"拆"。
⑤ 本条档案录入以《总汇》第 5 册第 379 页收录档案为基准。《辑录》第 480 页亦有收录。
⑥ 《辑录》作"份"。
⑦ 《辑录》作"份"。
⑧ 本条档案录入以《总汇》第 5 册第 320 页收录档案为基准。《总汇》第 5 册第 381 页、《圆明园（下）》第 1231—1232 页、《辑录》第 482 页亦有收录。
⑨ 《总汇》第 5 册第 381 页、《圆明园（下）》、《辑录》作"本月十三日"。
⑩ 《总汇》第 5 册第 381 页、《圆明园（下）》、《辑录》作"持来"。

匾文一张、御笔"宫"字一个①，说宫殿监副侍李英传旨：着将"居"字改做"宫"字，照先做过"安宁居"匾尺寸一样②做匾一面。钦此。③

于十月十八日做得刻御笔"安宁宫"三字楠木匾一面，员外郎三音保带领领催闻二黑请进安宁宫悬挂讫。④

9. 雍正十年十月交木作栢唐阿苏尔迈⑤

二十一日，司库常保来说太监沧洲⑥传旨：安宁宫后殿平台板房内安杉木围屏三扇，二面糊洗黄绢石青绫边，随铁合扇二块，掐子一件，西面窗户⑦上安一玻璃窗户眼，再前殿南面床亦安⑧杉木围屏二扇，糊洗黄绢石青绫边，随铁合扇二块、掐子一件。钦此。⑨

于十一月十二日做得糊洗黄绢石青棱边杉木围屏五扇，随铁合扇四块、掐子二件，玻璃窗户眼一件随锦帘一件⑩，司库常保持进板房安讫。

10. 雍正十年十一月交木作栢唐阿苏尔迈⑪

初六日，司库常保、首领萨木哈、李久明⑫来说，太监刘沧洲⑬传旨：

---

① 《总汇》第5册第381页、《圆明园（下）》、《辑录》作"宫字一张"。
② 《总汇》第5册第381页、《圆明园（下）》、《辑录》无"一样"二字。
③ 《总汇》第5册第320页收录档案至此处。
④ 《总汇》第5册第381页、《圆明园（下）》第1231—1232页、《辑录》第482页收录档案至此处。
⑤ 本条档案录入以《总汇》第5册第322页收录档案为基准。《总汇》第5册第382页、《辑录》第482页亦有收录。
⑥ 《辑录》作"刘沧洲"。
⑦ 《总汇》第5册第382页、《辑录》作"窗"。
⑧ 《总汇》第5册第382页、《辑录》作"床上安"。
⑨ 《总汇》第5册第322页收录档案至此处。
⑩ 《辑录》作"一个"。
⑪ 本条档案录入以《总汇》第5册第333页所收档案为基准。《总汇》第5册第385页、《辑录》第484页亦有收录。
⑫ 《总汇》第5册第385页、《辑录》作"李久明、萨木哈"。
⑬ 《总汇》第5册第385页作"沧州"。

安宁宫着安①二面糊洗黄绢石青绫边杉木壁子四扇，随铁合扇二副。钦此。②

于十一月十一日做得糊洗黄绢石青绫边杉木壁子四扇，随铁合扇二副、圆铅鼓子八个，司库常保、首领萨木哈持进安讫。③

11. 雍正十年十一月交皮作柏唐阿五十八④

十九日，广储司催总多存柱来说：安宁宫板房内用油苫单二块，内大臣海望谕⑤：向⑥造办处取用。遵此。⑦

于本日将旧存油苫单二块，柏唐阿五十八交催总多存柱持去讫。⑧

12. 雍正十一年三月油作⑨

二十九日，首领太监夏安持来安宁宫陈设黑退光漆桌一张，说太监沧州传旨：有磕坏处，着粘补收拾。钦此。

于四月二十七日收拾得黑退光漆桌一张，司库常保交太监夏安持去讫。

13. 雍正十一年六月木作⑩

二十一日，据圆明园来帖内称，司库常保持来御笔心月斋⑪绢匾文一

---

① 《总汇》第 5 册第 382 页、《辑录》作"做"。
② 《总汇》第 5 册第 333 页收录档案至此处。
③ 《总汇》第 5 册第 385 页、《辑录》第 484 页收录档案至此处。
④ 本条档案录入以《总汇》第 5 册第 341 页为基准。《总汇》第 5 册第 534—535 页亦有收录。
⑤ 《总汇》第 5 册第 534—535 页作"奉内大臣海望谕"。
⑥ 《总汇》第 5 册第 535 页作"着向"。
⑦ 《总汇》第 5 册第 341 页至此处。
⑧ 《总汇》第 5 册第 534—535 页收录档案至此处。
⑨ 《总汇》第 5 册，第 753 页。
⑩ 本条档案录入以《总汇》第 5 册第 740 页所收档案为基准。《总汇》第 5 册第 666 页、《圆明园（下）》第 1234—1235 页、《辑览》第 395 页、《辑录》第 527 页皆有著录。
⑪ 《圆明园（下）》第 1234 页作"心日斋"。

张，说宫殿监督领侍苏培盛传旨：照安宁居匾的尺寸做。钦此。①

于七月初三日做得花梨木边石青字心月斋②匾一面。司库常保持至安宁居③悬挂讫。

14. 雍正十一年七月杂项买办库票④

修字五十号。木作。为做九龙匾叁面用椴木长柒尺捌寸、宽捌寸、厚伍寸陆块，长柒寸、见方叁寸叁拾块，长叁尺柒寸、宽捌寸、厚伍寸陆块，杉木长陆尺伍寸、凑宽贰尺叁寸、厚壹寸伍分叁块，如如不动匾壹面用杉木长伍尺伍寸、凑宽壹尺捌寸、厚贰寸壹块，椴木长伍尺伍寸、宽叁寸、厚伍分陆块，心月斋扁⑤壹面用花梨木长叁尺贰寸，凑宽壹尺肆寸，厚壹寸伍分壹块，再做备用活计套箱肆个，用楠木长壹尺贰寸，宽捌寸，厚陆分贰拾捌块，李元查收。

七⑥月初八日，邓连芳领椴木二万九千九百八十五寸，杉木八千七百〇七寸，李元发。

十三年二月初九日，六达子领花梨木四十五斤十二两八钱，折耗九斤二两五钱，⑦杉木八千七百零七寸，李元发。

以上用本库材料照数发给交苏尔迈、富拉他。

雍正十一年七月初七日档子房保常发。

15. 雍正十一年七月杂项买办库票⑧

修字五十号。木作。为做九龙匾叁面，如如不动匾壹面，心月斋匾壹面，买榆木长叁尺柒寸，见方贰寸伍分拾贰根，银壹两叁钱捌分柒厘伍毫，榆木长壹尺陆寸，见方贰寸陆根，银壹钱玖分贰厘，鱼鳔叁斤，银肆钱贰分，叁寸枣捶钉叁斤⑨，银玖分，黄腊贰两，银贰分柒厘伍毫，贰号雨点钉壹百个，银

---

① 《总汇》第5册第666页收录档案至此处。
② 《圆明园（下）》第1235页作"心日斋"。
③ 《辑录》作"安宁房"。
④ 本条档案录入以《总汇》第6册第173页所收档案为基准。《辑录》第588—589页亦有著录。
⑤ 《辑录》作"匾"。
⑥ 《辑录》作"九"。
⑦ 《总汇》第6册第173页收录档案至此处。
⑧ 本条档案录入以《总汇》第6册第188页所收档案为基准。《辑录》第593页亦有著录。
⑨ 《辑录》作"手"。

叁分，二共银贰两贰钱壹分柒厘，李元查收。

本日邓连芳领银贰两贰钱壹分七厘，马清阿发。

以上用本库材料照数发给交苏尔迈、富拉他。

雍正十一年七月初七日档子房保常发。

16. 雍正十一年九月杂项买办库票①

永字九十号鋄作。为做安宁宫门上中闩用红铜长贰尺伍寸、宽贰寸柒分、厚伍厘壹块，长贰寸伍分、宽伍分、厚伍厘叁条，紫檀木长贰尺伍寸、宽壹寸、厚柒分壹根，李元查收。

九月十四日，吴花子领红铜叶一斤二两七钱，武格、李元发。

紫檀木一斤五两，折耗四两二钱。

以上用本库材料照数发给交吴花子。

雍正十一年九月十四日档子房八十三发。

17. 雍正十一年九月木作②

十四日，催总吴花子来说，内大臣海望传，安宁宫板房后开一门，再平台板房下亦开一门，门上贴画假古玩书格画。钦此。③

于二十九日画得假古玩书格画一张，催总吴花资④持进贴讫。

18. 雍正十一年九月杂项买办库票⑤

永字乙百七号。鋄作。为做安宁宫门上滑车用红铜土曹长伍分、宽五分、厚贰分伍块，铅五觔，拉门用绦子长捌尺、粗贰分壹根，每尺用黄衣线贰钱，共用黄衣线壹两陆钱，黄杭细见方伍寸壹块。李元查收。

---

① 本条档案录入以《总汇》第6册第216页所收档案为基准。《辑录》第597—598页亦有收录。
② 《总汇》第5册第742页为基准。《总汇》第5册第687页、《辑录》第528页亦有收录。
③ 《总汇》第5册第687页作"记此"。《总汇》第5册第687页收录档案至此处。
④ 《辑录》第528页作"吴花子"。
⑤ 《总汇》第6册，第218页。

十七日王文举领红铜叶二两二分，杭细?① 寸四分，铅叁斤，丝绵?② 两六分。李元、官保发。

以上用本库材料照数发给，交出总吴花子。
雍正十一年九月十六日档子房八十三发。

19. 雍正十一年九月杂项买办库票③
永字一百十四号。油画房为画安宁宫门上假书格画壹张，用：画绢，长陆尺贰寸、宽贰尺六寸壹块；绵榜纸肆张。李元查收。
本日戴越领画绢宽六尺、长二尺六寸，绵榜纸四张。官保、李元发。
以上用本库材料照数发给，交王幼学。
雍正十一年九月十八日档子房八十三发。

20. 雍正十一年九月杂项买办库票④
永字一百十四号。油画房为画安宁宫门上假书格画壹张，买：朱砂壹两，银玖分叁厘柒毫伍丝；松花石录⑤贰两，银壹钱；双红胭脂捌张，银壹钱肆厘；藤黄肆两，银壹钱壹分贰厘伍毫；赭石叁两，银贰分贰厘伍毫；定粉肆两，银贰分柒厘伍毫；梅花青壹两，银叁钱肆分叁厘柒毫伍丝；广靛花肆两，银壹钱伍分；广胶壹斤，银柒分厘；香墨伍钱，银壹钱；大着色笔伍枝，银伍分；小着色笔伍枝，银伍分；白描笔伍枝，银伍分；金不换笔叁枝，银壹钱伍分；高香壹束，银壹分；白磁盘拾个，银壹钱伍分；白汤碗叁个，银陆分；共银壹两陆钱肆分肆厘。李元查收。
十九日，丁观朋⑥领银一两六钱四分四厘。四达子发。
以上用本库材料照数发给，交王幼学。
雍正十一年九月十八日档子房八十三发。

---

① 此字难以辨识。或为"九"。
② 此字难以辨识。或为"九"。
③ 《总汇》第6册，第219页。
④ 同上书，第200页。
⑤ 当指石绿。
⑥ 当指丁观鹏。

21. 雍正十一年九月杂活作①

二十八日，据圆明园来帖内称，内大臣海望传：圆明园安宁居画书格②门改做铜镀金吊牌拨浪，记此。③

于本月二十九日做得铜镀金吊牌拨浪一分，司库常保持至圆明园安宁居画书格门上锭④讫。

22. 雍正十一年十月木作⑤

十二日，据圆明园来帖内称，太监沧州交洋漆雕填金边玻璃穿衣镜一架⑥，传旨：此玻璃镜照先做过半腿安轱轮玻璃穿衣镜⑦做法，酌量配合⑧做一高些漆座，俟得时安在安宁居陈设。钦此。⑨

于十二年二月二十一日做得安轱轮漆座玻璃镜一件，司库常保持进安在安宁居讫。

23. 雍正十一年十月画作⑩

二十九日，据圆明园来帖内称，宫殿监副侍李英传旨：着唐岱画画二张，内一张照安宁居的画画，一张随意画。⑪再着郎石宁⑫亦画画二张，内一张画径一寸三分竹子，一张随意画。⑬钦此。⑭

---

① 本条档案录入以《总汇》第 6 册第 36 页收录档案为基准。《总汇》第 5 册第 690 页亦有收录。
② 《总汇》第 5 册第 690 页作"阁"。
③ 《总汇》第 5 册第 690 页作"钦此"。《总汇》第 5 册第 690 页收录档案至此处。
④ 此字难以辨识，似为"锭"。
⑤ 本条档案录入以《总汇》第 5 册第 746 页收录档案为基准。《辑览》第 396 页、《总汇》第 5 册第 695—696 页亦有收录。《总汇》第 5 册第 695—696 页为"漆作"。
⑥ 《总汇》第 5 册第 695—696 页作"件"。
⑦ 《总汇》第 5 册第 695—696 页无"穿衣"二字。
⑧ 《总汇》第 5 册第 695—696 页无"酌量"。
⑨ 《总汇》第 5 册第 695—696 页收录档案至此处。
⑩ 本条档案整理入录以《总汇》第 5 册第 797—798 页所收档案为基准。《总汇》第 5 册第 706 页、《辑览》第 390 页、《圆明园（下）》第 1235 页亦有收录。
⑪ 《总汇》第 5 册第 706 页多"一张"二字。
⑫ 《圆明园（下）》作"郎世宁"。
⑬ 《总汇》第 5 册第 706 页多"一张"二字。
⑭ 《总汇》第 5 册第 706 收录档案至此处。

于十二月二十七日画得恩泽万方一张、风雨归舟画①一张、绿竹画一张、野外咸宁画一张，司库常保、首领太监②萨木哈呈览。奉旨：着将绿竹画、恩泽万方画送往圆明园，贴在玻璃镜上，野外咸宁画贴在九州清晏玻璃镜上，风雨归舟画③持去收贮。再照此画尺寸，照安宁宫西墙上贴的章法，着唐岱画一幅。钦此。

于十二年正月初五日将绿竹画、恩泽万方画、野外咸宁画三张，司库常保持赴圆明园贴讫。唐岱又画得照安宁宫墙上画的章法画一张，司库常保持进贴讫。

24. 雍正十一年十一月裱作④

二十七日，宫殿监督领侍苏培盛交楞严佛绢字一张，传旨：着安铜倒环壁子二面。钦此。

于十二月初四日做得安铜镀金倒环楠木边壁子二块，并原交楞严佛绢字一张，司库常保持至安宁宫安讫。

25. 雍正十一年十二月木作⑤

二十四日，太监王常贵、高玉交释迦眸呢⑥佛一尊。传旨：此佛像开的光不好，着李正芳另开光，再配一紫檀木龛，供在安宁宫佛堂。钦此。⑦ 于二十九日做得备用紫檀木佛龛一件，并佛一尊，交太监张文保讫。⑧

26. 雍正十二年正月木作⑨

---

① 《辑览》无"画"字。
② 《辑览》无"首领"二字。
③ 《辑览》无"画"字。
④ 本条档案录入以《总汇》第 5 册第 794 页收录档案为基准。《辑览》第 541 页亦有收录。
⑤ 本条档案录入以《总汇》第 5 册第 749 页收录档案为基准。《总汇》第 5 册第 723 页、《辑览》第 396 页、《辑录》第 531 页亦有著录。
⑥ 其余档案作"释迦牟尼"。
⑦ 《总汇》第 5 册第 723 页收录档案至此处。
⑧ 《辑览》作"口文保"。
⑨ 本条档案录入以《总汇》第 6 册第 416 页收录档案为基准。《总汇》第 6 册第 312 页、《辑览》第 422—423 页、《辑录》第 609 页亦皆有著录。

初七日，司库常保传做：安宁居楠木闲①余板一分②、乐志山村楠木闲③余板一分④、西峰秀色楠木闲⑤余板一分。⑥ 记此。⑦ 于五月二十四日做得楠木闲⑧余板三分⑨，司库常保持进安讫。

27. 雍正十二年三月木作⑩

二十六日，据圆明园来帖内称，司库常保来说，首领太监郑爱贵传旨：着安宁居西间西墙上做高四尺五寸五分、宽五尺三寸二分五厘⑪糊绢壁子四扇。钦此。⑫

于九月三十日做得二面安铜镀金倒环楠木壁子四扇，司库常保持进安在安宁居讫。

28. 雍正十二年四月木作⑬

初三日，员外郎满毗、三音保仝⑭传：安宁居用的羊皮帐一架，着做木箱一件盛装收贮。记此。于八月二十日做得杉木箱一件，交催总五十八讫。

于乾隆十二年十一月十七日司库白世秀、七品首领萨木哈来说太监胡世杰传旨：将羊皮帐送进呈览。钦此。

---

① 《总汇》第6册第312页作"间"。
② 《辑录》作"份"，第609页。
③ 《总汇》第6册第312页作"间"。
④ 《辑览》、《辑录》作"份"。
⑤ 《总汇》第6册第312页作"间"。
⑥ 《辑录》作"份"，第609页。
⑦ 《总汇》第6册第312页收录档案至此处。
⑧ 《总汇》第6册第312页作"间"。
⑨ 《辑览》、《辑录》作"份"。
⑩ 本条档案录入以《总汇》第6册第421页收录档案为基准。《总汇》第6册第340—341页、《辑录》第611页亦有收录。
⑪ 《辑录》作"高五尺三寸二分里"。
⑫ 《总汇》第6册第340—341页收录档案至此处。
⑬ 本条档案录入以《总汇》第6册第422页收录档案为基准。《辑录》第611—612页亦收录。
⑭ 《辑录》为"同"。

于本日司库白世秀、七品首领萨木哈将白羊皮帐一分①随围墙二块持进，交太监胡世杰呈览，奉旨：着留下。钦此。

29. 雍正十二年四月木作②
二十四日，据圆明园来帖内称，司库常保传：做西峰秀色楠木闲余板三分③。记此。

于五月二十四日做得楠木闲余板二分④，司库常保持进安在安宁居、九洲清晏、西峰秀色讫。

30. 雍正十二年五月木作⑤
初九日，据圆明园来帖内称，司库常保来说，太监沧洲⑥传旨：着将安宁居东暖阁北面方床改做楠木床口。钦此。⑦

于本日司库常保带领匠役进内将床口改讫。

31. 雍正十二年五月木作⑧
二十七日，内大臣海望传：做安宁宫安供楠木方佛龛三座、供桌二张、地平四件。记此。⑨

于九月二十五日做得方佛龛三座、供桌二张、地平四件，司库常保持进安安宁宫讫。

---

① 《辑录》为"份"。
② 本档案录入以《总汇》第 6 册第 423 页收录档案为基准。《辑录》第 612 页亦著录。
③ 《辑录》作"份"。
④ 《辑录》作"份"。
⑤ 本条档案录入以《总汇》第 6 册第 424 页收录档案为基准。《总汇》第 6 册第 359 页、《圆明园（下）》第 1237—1238 页、《辑录》第 613 页亦有收录。
⑥ 《辑录》作"刘沧洲"。
⑦ 《总汇》第 6 册第 359 页收录档案至此处。
⑧ 本条档案录入以《总汇》第 6 册第 425 页收录档案为基准。《总汇》第 6 册第 363 页亦收录。
⑨ 《总汇》第 6 册第 363 页收录档案至此处。

32. 雍正十二年十月木作①

初七日，据圆明园来帖内称，本月初六日总管②李英交花梨木案一张，随新楠木香几二个，传旨：着照安宁宫陈设案样式，另做花梨木几二个安在花梨木案上，其交出新楠木几二个另配楠木面，改做香几用。钦此。③

于十三年二月十二日将花梨木案一张配得花梨木几二件，改做得楠木香几二件，司库常保持进交总管太监李英讫。

33. 雍正十二年十一月铜作④

初一日，催总五十八来说，安宁宫前殿迎门书格围屏一座，今欲添半元铜古子二个。记此。⑤

于本日行得黄铜古子两个，催总五十八持进交讫。

34. 雍正十二年十一月记事录⑥

初五日，太监刘沧洲传旨：安宁宫后殿净房西边板墙上着开一门，照北面板墙的⑦门一样做。钦此。⑧

本日交总理监修处员外郎德尔格讫。

35. 雍正十二年十一月表作⑨

初五日，首领太监夏安持来楞严观世音白佛横披一张，说太监郑爱贵

---

① 本条档案录入以《总汇》第 6 册第 422 页收录档案为基准。《总汇》第 6 册第 389 页、《辑录》第 616 页亦收录。
② 《总汇》第 6 册第 389 页作"宫殿监副侍"。
③ 《总汇》第 6 册第 389 页收录档案至此处。
④ 本条档案录入以《总汇》第 6 册第 490 页收录档案为基准。《总汇》第 6 册第 397 页亦收录。
⑤ 《总汇》第 6 册第 397 页收录档案至此处。
⑥ 本条档案录入以《总汇》第 6 册第 480—481 页收录档案为基准。《总汇》第 6 册第 399 页、《圆明园（下）》第 1239—1240 页亦有收录。
⑦ 《总汇》第 6 册第 399 页无"的"字。
⑧ 《总汇》第 6 册第 399 页收录档案至此处。
⑨ 本条档案录入以《总汇》第 6 册第 458 页收录档案为基准。《总汇》第 6 册第 399 页亦有收录。

传旨：着托表，贴在安宁宫后殿东墙。钦此。①

于初八日托表得楞严观世音白佛横披一张，司库常保持进贴讫。

36. 雍正十二年十一月木作②

初九日，内大臣海望奉旨：安宁宫后殿板房三间东西门着安曲尺壁子。钦此。③

于二十日做得壁子二扇，司库常保、首领太监萨姆哈持进安讫。

37. 雍正十二年十一月木作④

二十六日，催总存住持来安宁宫后殿陈设楠木包瓖⑤床三张，说原系总理监修处⑥做的，今总理监修处工程已完，无处可收等语回明内大臣海望，着交造办处，俟明年春季安设。记此。⑦

于十三年二月二十八日将楠木包瓖⑧床三张仍交催总存住持去安讫。

38. 雍正十二年十二月表作⑨

二十四日，宫殿监副侍李英传旨：安宁宫前殿东暖阁门内安曲尺围屏一分。钦此。⑩

于二十九日做得曲尺围屏一分，司库常保、首领太监萨木哈持进安讫。

---

① 《总汇》第 6 册第 399 页收录档案至此处。
② 本条档案录入以《总汇》第 6 册第 431 页收录档案为基准。《总汇》第 6 册第 401 页亦有著录。
③ 《总汇》第 6 册第 401 页收录档案至此处。
④ 本条档案录入以《总汇》第 6 册第 432 页收录档案为基准。《总汇》第 6 册第 406 页、《辑录》第 617 页亦有收录。
⑤ 《辑录》作"镶"。
⑥ 《辑录》无"处"。
⑦ 《总汇》第 6 册第 406 页收录档案至此处。
⑧ 《辑录》作"镶"。
⑨ 本条档案录入以《总汇》第 6 册第 462 页收录档案为基准。《总汇》第 413 页亦皆有著录。
⑩ 《总汇》第 6 册第 413 页收录档案至此处。

39. 雍正十二年十二月，奉命充校对三朝实录总裁官。二十五日，上御安宁宫，召公侯大臣二十余人入见，并命内廷供奉之翰林随入。上亲书"福"字以赐。第一幅赐臣廷玉，以后诸臣依次受赏，若霭得最后一幅。上大笑，谓若霭曰今日乃写"福"字第一日也，汝父得第一幅，汝得最后一幅，无意中有此恰好事，岂非吉祥之征乎？①

40. 雍正十三年正月绣作②

初七日，宫殿监副侍李英传旨：安宁居东边佛堂内着做旛③一对，或绣或穿珠。钦此。

于九月二十日做得绣黄缎穿珠旛④一对，上穿珠子九千二百三十二粒，重十八两七钱，铜烧古座，红漆挑杆。司库常保、首领太监萨木哈交首领太监张文保安供讫。

41. 雍正十三年鋄作⑤

正月⑥十三日司库常保传：做圆明园安宁居挂灯铁圈四十个。记此。⑦
于十三日做得铁圈四十个，司库常保持进挂灯用讫。

42. 雍正十三年表作⑧

二十六日，据圆明园来帖内称，太监王之信持来汉字帖内开，太监胡应瑞传旨：着将安宁居⑨正宝座东西暖阁所贴的字俱各起下来，贴在乐志山村。钦此。⑩

---

① （清）张廷玉撰，江小角、杨怀志点校：《张廷玉全集（下）》，安徽大学出版社2015年版，第415页。
② 本条档案录入以《总汇》第6册第691页收录为基准。《辑览》第447页亦有收录。
③ 《辑览》作"幡"。
④ 《辑览》作"幡"。
⑤ 本条档案录入以《总汇》第6册第705页收录档案为基准。《总汇》第6册第626页、《辑览》第453页、《圆明园（下）》第1241页亦有著录。
⑥ 《总汇》第6册第626页作"三月"。
⑦ 《总汇》第6册第626页收录档案至此处。
⑧ 本条档案录入以《总汇》第6册第709页收录档案为基准。《总汇》第6册第649页亦有收录。
⑨ 《总汇》第6册第649页作"安宁宫"。
⑩ 《总汇》第6册第649页收录档案至此处。

二十八日司库常保带领匠役俱各起下，持赴乐志山村处贴讫。

43. 乾隆二年十一月记事录①

初一日，员外郎满毗、七品首领萨木哈、催总白世秀来说，宫殿监正侍李英、谢成传旨与海望：将安宁宫板房拆出，交造办处，酌量有当用处用金殿南边通中正殿新开门砌了。钦此。

于本月十五日起，至二十日，员外郎满毗、苏和带领栢唐阿匠役人等将安宁宫板房一所拆出，俱收在南厂讫。

于本日总管周世辅将拆出板房一所内，留下凑宽九丈有余，板墙一槽，奉旨拆安宁宫板房时，尔等如有用木板处选用。钦此。

于乾隆三年五月初四日奉内大臣海望交将拆去安宁宫板房处地面，有无墁砖之处，墁砖。记此。

于本年五月二十五日员外郎满毗带领匠役进安宁宫墁饰讫。

44. 乾隆四年四月内务府奏案

雍正八年九月二十二日，内务府总管，今升内大臣、户部尚书、兼内务府总管臣海望奉旨：尔降旨与庄亲王、内务府总管等，大内宫殿朕早欲见新、油饰、修理，今应如何见新、油饰之处，尔等会同工部详议具奏。大殿之油饰未久，倘殿柱之油饰有爆裂者，只将殿柱油饰，或彩画颜色有脱落者，粘补修理。钦此。

又于十一月初五日，臣海望奉旨：凡宫殿墙垣闪裂之处，修理之时务令坚固修理。钦此。……臣等遵即逐细定议，踏勘估计，将内务府、各部院衙门派出之员分路监修，于雍正九年三月初六日兴工，雍正十二年全行告竣。内新建斋宫殿宇房一百四十五间，安宁宫殿宇房屋六十六间，粘补大内宫殿等处及紫禁城内一切库署，御花园内亭台殿阁，大清门、天安门、端门、午门楼阁及内外朝房、神厨门、社左门、左阙门、右阙门、东

---

① 《总汇》第 7 册，第 788 页。

华门、西华门、神武门、地安门,并门内两傍楼房,共计大小殿宇房屋五千六百二十五间。又自地安门东边转角楼房东山起至沙滩皇墙,东安门、西安门、景山东门、西门、北上门、紫禁城墙粘补。太和殿、中和殿、保和殿台基、地面,及紫禁城内御道、各处地面、甬路俱各敬谨修理铺墁。其宫殿处所,俱各油饰彩画糊裱见新。除所需库贮绫、绢、纸张、赤金等项移取应用外,户部办买颜料用过银八万七创二百八十两九钱四分八厘九毫;工部办买木、石、砖、灰、绳斤、杂料,并架木、席、杆、琉璃、瓦料等项,用过银四十万二千八百一十一两一钱九分四厘;总理监修处给发匠夫工价,用过银三十二万八千八百二十一两四钱一分五厘一毫;给地安门内楼房房价银三千九百九十两。以上通共用过银八十二万二千九百三两五钱五分八厘零,俱经节次奏请银两发给在案。①

45. 乾隆七年七月库贮②

二十七日,司库白世秀、副催总达子为做节活因无玻璃使用,每遇别项活计亦有需用玻璃之处因,查得活计库现存内交旧贮之玻璃大小二十一块,缮写折片一件,并为珐琅处做节活、造办处做节活,共用大小玻璃十四块,贴得玻璃尺寸长二尺七寸五分、宽一尺三寸一分一块,持进交太监高玉呈览,奉旨:所贴之玻璃准用,其余之玻璃二十块,交造办处材料库库贮,用时请旨再用。钦此。

原奏玻璃数目、尺寸、地方之折片开后:

造办处库旧贮:安宁宫玻璃长一尺九寸七分、宽一尺六寸五分一块;养心殿玻璃长二尺七寸五分、宽一尺三寸一分一块,长九寸五分、宽七寸八分一块;破羊皮帐上玻璃长二尺三寸七分、宽一尺八寸四分一块,长一尺七寸七分、宽一尺四寸一分一块,长一尺三寸一分、宽九寸五分一块,圆光玻璃一块径过五寸,八方玻璃一块长一尺五分、宽八寸九分;养心殿西暖阁仙楼下如意床北窗户上玻璃长六寸二分、宽五寸七分十二块,内一块破角。

于本日将玻璃大小二十一块,交材料库库使德福领去。

---

① 杨乃济:《西华门札记(一)》,第305—306页。
② 《总汇》第11册,第56—57页。

古代文献研究

国家图书馆藏宋淳祐十年魏克愚刻本《周易要义》考异[*]

孔祥军

(扬州大学　社会发展学院)

南宋刊《周易要义》为南宋魏了翁《九经要义》之一，魏氏所编《九经要义》，其中《周易》《毛诗》《仪礼》《礼记》四种有宋本传世，全帙者有《毛诗》《仪礼》两种，《中华再造善本》丛书收录宋本《周易要义》《仪礼要义》《礼记要义》[①]，皆非全本，日本天理大学图书馆藏有全本宋刊《毛诗要义》一部，有《续修四库全书》影印本[②]，台湾"国立故宫博物院"藏有全本宋刊《仪礼要义》一部，1992年曾影印出版。

此《中华再造善本》影印《周易要义》本，乃国家图书馆所藏"宋淳祐十二年魏克愚紫阳书院刻本"，"框高二十·六厘米，宽十五厘米，每半页九行，行十八字，白口，左右双边"[③]。此宋刊《周易要义》今存六卷，卷一至卷二、卷七至卷十[④]，虽非全帙，但主要节录自魏了翁所见

---

[*] 本文为国家社科基金项目"阮刻《十三经注疏》圈字汇校考正集成研究"（项目号：19BTQ049）阶段性成果。

① 详参王锷、瞿林江《礼记要义整理与研究》，高等教育出版社2016版。
② 参看拙文《日本天理大学附属图书馆藏宋淳祐十二年徽州刻本〈毛诗要义〉考异（郑风前部分）》，《域外汉籍研究集刊》第十四辑。
③ 《中华再造善本总目提要·唐宋编》"周易要义"条，国家图书馆出版社2013年版，第10页。
④ 《文渊阁四库全书》收录《周易要义》一部，为全本，正可补宋本之阙，笔者将有专文《试述四库本〈周易要义〉的校勘价值》探讨，此处不赘。

《周易》经注疏文，保留了大量重要异文，是今日校勘《周易》文献的重要佐证材料。然而迄今为止，并未引起学界的充分重视。本文尝试通过将宋刊《周易要义》与目前最为通行的清南昌府学嘉庆二十年阮元重刊《周易注疏》对校，汇勘众本，考辨异同，故名之曰"考异"，以见此本之文献校勘价值，为今日整理《周易》系列文献提供参考。

本文主要引据文献，为省篇幅，率用简称，详情如下。

《中华再造善本丛书·周易要义》，北京图书馆出版社2003年影印国家图书馆藏宋淳祐十二年魏克愚刻本，简称《要义》。各条所标卷数页码即此影印本之卷数和版心页码，每页再分左右。

《阮刻周易兼义》，浙江大学出版社2014年影印上海图书馆藏嘉庆年间江西南昌府学刊本《重刊宋本周易注疏附校勘记》，简称阮本，所附校勘记简称卢记。阮本类多缺笔避讳之字，为便行文，所引者一律改作通行文字。参考艺文印书馆2007年影印嘉庆本《十三经注疏·周易兼义》。

阮元《宋本十三经注疏并经典释文校勘记·周易注疏校勘记》，《续修四库全书》第一八〇册，上海古籍出版社2002年影印南京图书馆藏清嘉庆阮氏文选楼刻本，简称阮记。参考《皇清经解·十三经注疏挍勘记·周易校勘记》，上海书店1988年影印道光九年学海堂原刊本、凤凰出版社2005年影印上海书局光绪十三年直行本。

《中华再造善本丛书·周易正义》，北京图书馆出版社2003年影印国家图书馆藏宋刻递修本，简称单疏本。

《周易注疏》，汲古书院昭和四十八年影印足利学校藏宋刊八行本，简称足利本。

《中华再造善本丛书·周易注疏》，北京图书馆出版社2003年影印国家图书馆藏宋两浙东路茶盐司刻宋元递修本，简称八行本。

《周易兼义》，美国加利福尼亚大学伯克利分校藏元刊本，简称十行本。

《中华再造善本丛书·十三经注疏·周易兼义》，北京图书馆出版社2006年影印北京市文物局藏刘盼遂旧藏元刊明修本，简称刘本，并据版式、字体等特征于括号内注明其印面所见版片时代。

《原国立北平图书馆甲库善本丛书·永乐二年刻本周易兼义》，国家图书馆出版社2013年本，简称永乐本。

《十三经注疏·周易兼义》，日本内阁文库藏明嘉靖李元阳刊本，简称闽本。

《十三经注疏·周易兼义》，德国巴伐利亚国家图书馆藏本，简称监本；日本内阁文库藏万历年间刊重修本，简称重修监本。

《十三经注疏·周易兼义》，日本东京大学东洋文化研究所藏汲古阁刊本，简称毛本。《释文》部分据《津逮秘府》本，简称毛本。

《四部丛刊初编·周易》，民国线装影印本，简称抚本。

《中华再造善本丛书·周易》，北京图书馆出版社2003年影印国家图书馆藏宋建阳坊刻本，简称建本。

《中华再造善本丛书·周易》，北京图书馆出版社2003年影印国家图书馆藏元相台岳氏荆谿家塾刻本，简称岳本。

《中华再造善本丛书·周易要义》，北京图书馆出版社2003年影印国家图书馆藏宋淳祐十二年魏克愚刻本，简称《要义》。其所阙诸卷则据《景印文渊阁四库全书·周易要义》，台湾商务印书馆1983年影印本。

山井鼎、物观《七经孟子考文补遗·周易》，《百部丛书集成》，台湾艺文印书馆影印日本原刊本，简称《考文》、《考文·补遗》。

浦镗《十三经注疏正字·周易》，《四库全书珍本初集》经部二十六集，沈阳出版社1998年影印本，简称《正字》。

瞿镛《铁琴铜剑楼藏书目录》卷一"周易兼义"条附校记，《清人书目题跋丛刊》三，中华书局1990年版，简称瞿记。

《中华再造善本丛书·经典释文》，北京图书馆出版社2003年影印国家图书馆藏宋刻宋元递修本，简称《释文》。

周易要义序

1. **页五左** 王辅嗣等以为伏牺重卦

按："重"，单疏本、十行本、永乐本同；阮本作"画"，刘本（嘉靖）、闽本、明监本、毛本同。阮记云："闽、监、毛本同，卢文弨云：当作'重卦'，'画'字误。"卢记同。《正字》云："'重'，误'画'。"考上《疏》云"然重卦之人，诸儒不同，凡有四说"，明谓重卦之人，则作"重"是也，《要义》是也，浦说是也。瞿记云"重不误画"，则其家藏十行本不误，与刘本、阮本之底本不同，而与元刊十行本同。又张尔耆过录卢文弨批校云："召音弟云：'画'当是'重'，沈同"，卢文韶，字召音，据此，则阮记所引卢文韶之说，乃本卢文弨批语所引也。

卷一上

1. 页五右　且大人之文不专在九五与九二

按："文"，单疏本、足利本、十行本、永乐本同；阮本作"云"，刘本（正德十二年）、闽本、明监本、毛本同。阮记云："闽、监、毛本同，宋本'云'作'文'。"卢记同。大人之云，不辞，考经云"九二见龙在田利见大人"，"九五飞龙在天利见大人"，则九二、九五皆有"大人"之文，又《疏》云"不专在九五与九二，故《讼》卦云'利见大人'，又《蹇》卦'利见大人'，此'大人'之文，施处广矣"，此处之"大人之文"，正与上文"大人之文"，前后呼应，故当从《要义》，作"云"皆误。

2. 页五右　三与上相应是上下两体

按："是"，单疏本、足利本、十行本、永乐本同；阮本作"矣"，刘本（正德十二年）、闽本、明监本、毛本同。阮记云："闽、监、毛本同，钱本无'矣'字，宋本作'是'。"卢记补云："案：'是'字是也。"此处之"是"字，乃总述上文，并启下文之连词，考单疏本《疏》文云"先儒以为重卦之时，重于上下两体，故初与四相应，二与五相应，三与上相应，是上下两体论天地人各别"，所谓"上下两体论天地人各别"者，意指上体有三爻分谓天地人，所谓三才也，下体有三爻亦分谓天地人，下体之初与上体之四相应，下体之二与上体之五相应，下体之三与上体之上相应，皆分谓天地人也，故初四、二五、三上论天地人各别也，"是"字不可阙，当从《要义》，卢记是也。

3. 页三右　是九二处于地上所田食之处

按：单疏本、足利本、十行本、永乐本同；阮本作"是九二处其地上所田食之处"，刘本（正德十二年）、闽本同；明监本作"是九二处其地上所由食之处"，毛本同。阮记云："闽本同，宋本'其'作'于'、监、毛本'田'误'由'。"卢记同。此《疏》释注，注"处于地上，故曰在田"，《疏》文之"于"字正本注文之"于"字，作"于"是也，当从《要义》。又，"由"字之讹，不辨可知，阮记是也。

4. 页五左　地之萌芽

按："芽"，单疏本作"牙"，足利本、十行本、刘本（正德十二年）、永乐本、闽本、明监本、毛本、阮本同。阮记云："闽、监、毛本同，李鼎祚《集解》亦作'牙'，钱本作'芽'。按：古多以牙为芽。"卢记同。诸本皆作"牙"，惟《要义》所引作"芽"，或为别本之异。

5. 页六左　常若厉也

按："常"，单疏本、足利本、十行本、永乐本同；阮本作"当"，刘本（正德十二年）、闽本、明监本、毛本同。阮记云："闽、监、毛本同，宋本'当'作'常'。"卢记补云："案：'常'字是也。"单疏本、八行本、十行本皆作"常"，作"常"是也，当从《要义》。刘本此叶为正德十二年补板，作"当"者，显为"常"字之讹，而为闽本等所承，阮本亦作"当"，则其底本亦当为元刊明修本也。卢记是也。

6. 页七左　纯阳进极未至大凶

按："进"，足利本同；阮本作"虽"，单疏本、十行本、刘本（嘉靖）、永乐本、闽本、明监本、毛本同。阮记云："闽、监、毛本同，宋本'虽'作'进'。"卢记同。"未至"者，进而未至也，作"进"是也，当从《要义》。

7. 页十右　以能保安和会大和之道乃能利贞于万物

按："和"，单疏本、足利本、永乐本同；阮本作"利"，十行本、刘本（嘉靖）、闽本、明监本、毛本同。阮记云："闽、监、毛本同，钱本、宋本'利'作'和'，是也。"卢记同。考此段《疏》文乃释经，经文云"保合大和乃利贞"，"大和之道"正释经文"大和"也，则作"和"是也，当从《要义》，阮记是也。

8. 页八右　然则天是体名乾是用名

按："是"，单疏本、足利本、十行本、永乐本同；阮本作"则"，刘本（嘉靖）、闽本、明监本、毛本同。阮记云："闽、监、毛本同，钱本'则'作'是'。"卢记同。"天是体名""乾是用名"，前后皆以"是"字连缀，则作"是"是也，当从《要义》。瞿记云"是不误则"，则其家藏十行本不误，与刘本、阮本之底本不同，而与元刊十行本同。

9. 页二十右　若天欲雨而柱础润是也

按："柱础"，单疏本、足利本、永乐本同；阮本作"础柱"，十行本、刘本（嘉靖）、闽本、明监本、毛本同。阮记云："闽、监、毛本同，宋本作'而柱础润',是也。"卢记同。雨气所润者木柱之础也,作"础柱"显误,作"柱础"是也,当从《要义》,阮记是也。

10. 页廿一左　感应之事广

按:"广",单疏本、足利本同;阮本作"应",十行本、刘本(嘉靖)、永乐本、闽本、明监本、毛本同。阮记云:"钱本、闽、监、毛本同,宋本下'应'作'广',是也。"卢记同。考单疏本《疏》文云"感应之事广,非片言可悉",因事广故非片言可尽,作"应"显误,作"广"是也,当从《要义》,阮记是也。

卷一中

1. 页一左　乾之所利利于万事为贞

按:单疏本、足利本、八行本、十行本、永乐本同;阮本作"贞",毛本同;刘本(元补)墨钉,闽本同,明监本作"□"。阮记云:"十行本、闽、监本'贞'字缺,毛本如此,钱本、宋本作'利'。"卢记同。揆诸文义,显当作"利",乾卦所利,利于万物,故乾卦爻辞"元亨利贞",作"利"是也,当从《要义》。阮本此"贞"字或从毛本而来,此前各本皆无作"贞"字者,元刊十行本此处板裂,"利"字漫漶不清,故其后补板时此字未刻,留为墨钉,闽本承之亦未刻,留为墨钉,明监本改墨钉为空格,毛本以意补之作"贞",或为挍者所信而著录于阮氏所藏十行本之上,待李锐作挍勘记即以此校本为准,阮本重刊或亦以此校本为准,故反与十行本本文有异。

2. 页一左　所行亦能广远

按:"所行",单疏本、足利本、八行本、永乐本、闽本同;阮本作"所而",十行本、刘本(元补)同;明监本作"□而";毛本作"钝而"。阮记云:"闽、监本阙'所'字,毛本作'钝'属上句,非也,钱本、宋本'而'作'行',是。"卢记同。所行广远,文义晓畅,作"所行"是也,当从《要义》。闽本之"所行",有磨改描写之迹,日本京都大学东洋文化研究所藏闽本为墨钉"而",明监本作"□而",乃承闽本而来,毛本以意补之作"钝而",实不可信。

3. 页二右　今以阴诣阴是得朋

按:"是",单疏本、足利本、八行本、永乐本同;阮本作"乃",毛本同;十行本漫漶,刘本(元补)作墨钉,闽本同,明监本作"□"。阮记云："十行本、闽、监本'乃'字缺，毛本如此，钱本、宋本作'是'。"卢记同。揆诸文义，作"是"似胜，当从《要义》。元刊十行本此处板裂，其字漫漶不清，故其后补板时此字未刻，留为墨钉，闽本承之亦未刻，留为墨钉，明监本改墨钉为空格，毛本以意补之作"乃"，实不可信。

4. 页三右　以和顺承奉于天

按："奉"，单疏本、足利本、八行本、十行本、永乐本、闽本同；阮本作"平"，刘本（元补）、明监本、毛本同。阮记云："闽、监本、毛本同，钱本、宋本'平'作'奉'，是也。"卢记同。《正字》云："'平'，当'奉'字误。"承平于天，不辞，显当作"奉"，当从《要义》，浦说是也。闽本之"奉"字有描改之迹，检日本京都大学东洋文化研究所藏闽本为"平"，则闽本此处作"奉"，乃后改写也。十行本此处板裂，遂致此字漫漶，勉强可识读为"奉"字，其后补板，乃误刻作"平"，遂为闽本等所承，相沿不替也。

5. 页三左　故分爻之象辞

按："象辞"，单疏本、足利本、八行本同；阮本作"象辞"，十行本、刘本（元补）、永乐本、闽本、明监本、毛本同。阮记云："闽、监、毛本同，钱本、宋本'辞象'作'象辞'。"卢记同。《正字》云："'象辞'，字误倒。"考足利本《疏》云："夫子所作象辞，元在六爻经辞之后辞之后，以自卑退，不敢干乱先圣正经之辞，及至辅嗣之意，以为象者，本释经文，宜相附近，其义易了，故分爻之象辞，各附其当爻下言之。"揆诸文义，显作"象辞"，当从《要义》，浦说是也。

6. 页四右　正义曰直方大不习无不利者文言云

按：单疏本、足利本、八行本同；阮本作"正义曰文言云"，十行本、刘本（元补）、闽本、明监本、毛本同；永乐本作"文言云"。阮记云："闽、监、毛本同，宋本'文言云'上有'直方大不习无不利者'九字，山井鼎云：宋板爻、象连为一节，经文终，乃有《疏》，每卦为然……今本断章裁句与宋板稍异。"卢记同。单疏本此段《疏》文前，有"六二直方至光也"，此标起止，意谓下文所释乃经文"六二直方大不习无不利……地道光也"，则其释经文"直方大不习无不利"时，必须加以说明，故云"正义曰直方大不习无不利者文言云"，足利本将经注本文字插入《疏》文，《疏》文一仍其旧，故与单疏本同，而十行本则将《疏》

文割裂分别插入经注文本中，此处直接插入经文"六二直方大不习无不利"之后，若仍原《疏》，则颇显重复，故删去九字，直作"正义曰文言云"矣。据此，可知《要义》节录底本为八行本系统《周易注疏》，而非十行本系统也。

7. 页五右　由（其谨慎）

按："由"，单疏本、足利本、八行本同；阮本作"曰"，十行本、刘本（元补）、永乐本同；闽本作"施"，明监本、毛本同。阮记云："钱本、宋本'曰'作'由'，闽、监、毛本作'施'字。"卢记同。考单疏本《疏》云"由其谨慎，不与物竞，故不被害也"，"由"者，因也，因其谨慎，故不与物竞，则不被加害也，作"由"是也，当从《要义》，十行本作"曰"，或因与"由"形近而讹，闽本重刊时或以"曰其谨慎"义不可解，遂改作"施"，误也。

8. 页七左　然犹未能离其阴类

按："阴"，单疏本、足利本、八行本、十行本、永乐本、毛本同；阮本作"阳"，刘本（嘉靖）、闽本、明监本同。阮记云："闽、监本同，毛本'阳'作'阴'。"卢记同。《正字》云："'阴'，监本误'阳'。"考单疏本《疏》文云"虽阴盛似阳，然犹未能离其阴类，故为阳所伤"，既为"阳"所伤，则作"阴"是也，当从《要义》，浦说是也。瞿记云"阴不误阳"，则其家藏十行本不误，与刘本、阮本之底本不同，而与元刊十行本同。

9. 页七左　而成灭也

按："成灭"，阮本作"见成"，刘本（嘉靖）、闽本同；单疏本作"见灭"，足利本、八行本、十行本、永乐本同；明监本作"见血"，毛本同。阮记云："闽本同，钱本、宋本'成'作'灭'，监、毛本作'血'。"卢记同。考单疏本《疏》文云"虽阴盛似阳，然犹未能离其阴类，故为阳所伤而见灭"，因伤而被灭，作"灭"是也，《要义》作"成灭"似非。刘本等作"成"，乃因元刊十行本"灭"字字画不清，故讹作"成"，明监本见作"成"不可通，故据经文改作"血"，然经文云"犹未离其类也故称血焉"，此《疏》文若作"见血"，与经义有违，故所改非也。

10. 页八右　得主则定

按："主"，足利本、八行本、十行本、永乐本、闽本、明监本、毛本、抚本、建本、岳本同；阮本作"王"，刘本（嘉靖）同。阮记云："'王'，'主'之误，岳本、闽、监、毛本不误，《释文》：'则定'，本亦作'则宁'，古本下有'也'字。"卢记同。此王注，经云"利建侯"，建侯则主定，主定则宁，侯为主，非王也，作"主"是也，当从《要义》。《释文》、古本所见异文，皆为别本也。

11. 页八左　纶谓绳纶

按："绳"，单疏本、足利本、八行本、十行本、永乐本同；阮本作"纲"，闽本、明监本、毛本同；刘本（元补）漫漶。阮记云："闽、监、毛本同，钱本、宋本'纲'作'绳'，是也。"卢记同。殿本《考证》云"'绳'，监本讹作'纲'，下文云'约束于物'，则从绳是"，揆诸文义，其说是也，故当从《要义》，阮记是也。

12. 页十一左　故不得为几微之几

按："几"，单疏本、足利本、八行本、十行本、永乐本同；阮本作"义"，刘本（嘉靖）、闽本、明监本、毛本同。阮记云："闽、监、毛本同，宋本'义'作'几'。"卢记同。考前《疏》云："几为语辞，不为义也，知此几不为事之几微几"，不为事之几微，即不得为几微之几也，作"几"是也，当从《要义》。瞿记云"下几字，不误义"，则其家藏十行本不误，与刘本、阮本之底本不同，而与元刊十行本同。

13. 页十四左　出往行之

按："行"，单疏本、足利本、八行本、永乐本同；阮本作"往"，十行本、刘本（嘉靖）、闽本、明监本、毛本同。阮记云："闽、监、毛本同，宋本下'往'作'行'。"卢记同。此释经文"以往吝"，考单疏本《疏》文云"'以往吝'者，若以正道而往，即其事益善矣，若以刑人之道出往，行之即有鄙吝"，"往"、"行"不相重复，且作"往之"不辞，作"行"是也，当从《要义》也。

卷一下

1. 页六右　何知象辞刚来得中

按："何"，单疏本、足利本、八行本同；阮本作"也"，十行本、刘本（元）、永乐本、闽本、明监本、毛本同。阮记云："闽、监、毛本同，钱本、宋本'也'作'何'。"卢记同。单疏本《疏》文云"案：上《象辞》'刚来而得中'，今九五《象辞》云：讼元吉，以中正，何知《象辞》'刚来得中'非据九五也?"若阙"何"字则句义不明，语气有滞，则作"何"是也，当从《要义》。

2. 页七右　正义曰师贞丈人吉无咎者

按：足利本、八行本同；阮本作"师贞丈人吉无咎。正义曰"，十行本、刘本（元补）、闽本、明监本、毛本同；单疏本作"正义曰师贞丈人吉九咎者"；永乐本作"师贞丈人吉无咎。"。阮记云："闽、监、毛本同，钱挍本作'正义曰师贞丈人吉无咎者'，按：钱挍《正义》每卦分数段，繇辞下一段，'彖曰'下一段，'象曰'下一段，六爻下六段，或'彖''象'下共一段，并在经注之末，释经在前，释注在后，其释经者，皆引经文，不标起止，释注者，标起止，所标起止，较今本为省文，后皆放此。"卢记同。阮记此条正述单疏本系统、八行本系统、十行本系统格式之异也，究其原因，或因经注、单疏合刻时插入方式不同所致也，据其格式文字，可知永乐本乃属十行本系统，而《要义》所引之底本当为八行本系统也。又，单疏本之"九"字，显为"无"字之讹。

3. 页十三右　非为上之道

按：足利本、八行本、抚本、建本、岳本同；阮本作"非为上道也"，十行本、刘本（嘉靖）、永乐本、闽本、明监本、毛本同。阮记云："岳本、钱本、宋本、足利本作'非为上之道'，古本作'非为上之道也'。"卢记又补云："案：《正义》标起止作'非为上之道'，又曰'非为上之道者'，又'故云非为上之道'，则《正义》本作'非为上之道'，是也。"考《疏》文云"九五居上之位，若为行如此，身虽为王，止可为上使之人，非是为王之道，故云'非为上之道'"，"之位""之使""之道"为辞，则当作"非为上之道"，检敦煌残卷伯二六一六《易·比》注文亦作"非为上之道"，正可为证，当从《要义》，卢氏所补是也。

4. 页十五左　夫阴能固之

按："夫"，足利本、八行本、闽本、明监本、毛本、抚本、建本、岳本同；阮本作"去"，十行本、刘本（元）、永乐本同。阮记无说，卢记补云："案：'去'当作'夫'，形近之讹。"考前注"夫能为雨者，阳上薄阴，阴能固之，然后烝而为雨"，则此处作"去"显与前文有违，作"夫"是也，当从《要义》，检敦煌残卷伯二六一六《易·小畜》注文亦作"夫"，正可为证，卢记是也。

5. 页十九右　而不见咥者

按："而"，足利本、八行本、永乐本、抚本、建本、岳本同；阮本作"有"，十行本、刘本（元）、闽本、明监本、毛本同。阮记云："闽、监、毛本同，岳本、宋本、古本、足利本'有'作'而'。"卢记同。抚本王注"履虎尾，而不见咥者"，前后文义晓畅，语气连贯，若作"有不见咥者"，则义不可解，故作"而"是也，当从《要义》，检敦煌残卷伯二六一六《易·履》注文亦作"而"，正可为证。《正字》云："'而'，误'有'。"是也。

6. 页十九左　易含万象

按："含"，单疏本、足利本、八行本、闽本、明监本、毛本同；阮本作"合"，十行本、刘本（元）、永乐本同。阮记无说，卢记补云："毛本'合'作'含'，案：'含'字是也。"万象如何可合？作"含"是也，当从《要义》，卢记是也。

卷二上

1. 页一右　物既大通

按："大"，单疏本、足利本、八行本同；阮本作"太"，十行本、刘本（嘉靖）、永乐本同；闽本作"泰"，明监本、毛本同。阮记云："宋本'太'作'大'，闽、监、毛本作'泰'。"卢记同。下《疏》云"物得大通"，前后相证，则作"大"是也，当从《要义》。

2. 页八左　成物之美顺夫天德休物之命

按：足利本、八行本、十行本、抚本、建本、岳本同；阮本作"成物之性顺天休命顺物之命"，刘本（正德）、闽本、明监本、毛本同；永乐本作"□□□□□□天德休物之命"。阮记云："闽、监、毛本同，岳本、宋本作'成物之美顺夫天德休物之命'，古本、足利本与岳本同，唯'夫'作'奉'，一本无'奉'字。"卢记同。考抚本注文"成物之美，顺夫天德，休物之命"，此释经文"顺天休命"，文义明白，当从《要义》。若作"成物之性，顺天休命，顺物之命"，命在于天，物何有命，如何可顺，不知所云，此句十行本文字模糊，依稀可辨，或重刊时已无法辨识，故孳讹误，而为诸本所沿袭。

3. 页九左　凡易经之体

按："凡"，单疏本、足利本、八行本、十行本、永乐本同；阮本作

"况"，刘本（嘉靖）、闽本、明监本、毛本同。阮记云："闽、监、毛本同，宋本'况'作'凡'。"卢记同。考单疏本《疏》文云"谦必获吉，其吉可知，故不言之也。凡《易》经之体，有吉理可知而不言吉者"，作"况"则前后无转折之义，显非，则作"凡"是也，当从《要义》。

卷二下

1. 页八右　又于此宣令之后

按："于"，单疏本、足利本、八行本、十行本、永乐本同；阮本作"如"，刘本（嘉靖）、闽本、明监本、毛本同。阮记云："闽、监、毛本同，钱本、宋本'如'作'于'。"卢记同。单疏本《疏》文云"故先此宣令之前三日，殷勤而语之，又于此宣令之后三日，更丁宁而语之"，若作"如"，如此宣令，不知何义，揆诸文义，显当作"于"，当从《要义》，《正字》云："'如'，疑'继'字误。"非也。瞿记云"于不误如"，则其家藏十行本不误，与刘本、阮本之底本不同，而与元刊十行本同。

2. 页十右　乃诛诛

按："诛"，单疏本、足利本、八行本、十行本、永乐本、闽本、明监本、毛本同；阮本作"专"，刘本（嘉靖）同。阮记无说，卢记补云："毛本'专'作'诛'，下'诛'字属下读"。单疏本《疏》文云"使晓知新令，而后乃诛，诛谓兼通责让之罪"，若作"专"，而后乃专，不知何义，揆诸文义，显当作"诛"，当从《要义》等。

3. 页十右　非专谓诛杀也

按："专"，单疏本、足利本、八行本、十行本、永乐本、闽本、明监本、毛本同；阮本作"尊"，刘本（嘉靖）同。阮记无说，卢记补云："毛本'尊'作'专'，案：'专'字是也。"单疏本《疏》文云"诛谓兼通责让之罪，非专谓诛杀也"，若作"尊"，非尊谓，不知何义，揆诸文义，显当作"专"，当从《要义》，卢记是也。十行本上"专"字与此"尊"字，二者两行并列，颇疑重刊者将左列之"专"字误刻于右列，而左列又讹作"尊"，故有此不可思议之错谬。此二处错讹，唯刘本与阮本同，可见阮本之底本乃与刘本极为接近，当为元刊明修十行本也。

4. 页十三左　趣顺而已

按："趣"，足利本、八行本、十行本、永乐本、闽本、明监本、毛本、抚本、建本、岳本同；阮本作"巽"，刘本（正德十二年）同。阮记云："岳本、闽、监、毛本'巽'作'趣'，《释文》出'趣'字，《疏》云：'趣在顺从而已'，作'巽'，非。"卢记同。巽顺，不辞，作"趣"是也，当从《要义》阮记是也。

5. 页十四左　故观民以察我道

按："观"，单疏本、足利本、八行本、十行本、永乐本、闽本、明监本、毛本同；阮本作"则"，刘本（正德十二年）同。阮记云："闽、监、毛本'则'作'观'，是也。"则民，不辞，抚本王注"故观民之俗，以察己道"，《疏》文本注释经，则作"观"是也，当从《要义》，阮记是也。

卷七上

1. 页九右　有二有三不得为一

按："有三"，单疏本、足利本、八行本、十行本、永乐本、闽本、明监本、毛本同；作"有"，刘本（嘉靖）同。阮记无说，卢记补云："毛本作'有二有三不得为一'。"有二有，不辞，可有二，可有三，然不得为一，则"三"字不可阙，当从《要义》。瞿记云"三字不脱"，则其家藏十行本不误，与刘本、阮本之底本不同，而与元刊十行本同。

2. 页十右　欻爾而自造矣

按："欻爾"，十行本、永乐本、闽本、明监本、毛本、抚本、建本、岳本同；阮本作"故两"，刘本（嘉靖）同；足利本作"欻尔"，八行本同。阮记云："岳本、闽、监、毛本'故两'作'欻爾'，《释文》出'欻爾'。"卢记同。考抚本注云"莫不独化于大虚，欻爾而自造矣"，对仗工整，则作"欻爾"是也，当从《要义》。

卷八

1. 页四左　取其备豫

按："备豫"，足利本、八行本、抚本、建本、岳本同；阮本作"豫备"，十行本、刘本（嘉靖）、永乐本、闽本、明监本、毛本同。阮记云："闽、监、毛本同，岳本、宋本、古本作'取其备豫'。"卢记同。考下《疏》云"取备豫之义"，则其所见本作"备豫"，作"备豫"是也，当从《要义》。

2. 页四左　特以此豫文取备豫之义

按："豫"，单疏本、足利本、八行本同；阮本作"象"，十行本、刘本（嘉靖）、永乐本、闽本、明监本、毛本同。阮记云："闽、监、毛本同，宋本'象'作'豫'。"卢记同。考单疏本《疏》云"韩氏以此九事，皆以卦名而为义者，特以此《豫》文，取备豫之义"，既云卦名，则作"豫"是也，当从《要义》。

3. 页十左　所以辨失得

按："辨"，十行本、永乐本、抚本、建本、岳本同；阮本作"明"，刘本（正德）、闽本、明监本、毛本同；足利本作"辯"，八行本同。阮记云："闽、监、毛本同，岳本'明'作'辨'，宋本、古本、足利本作'辯'。"卢记同。所辨者失得也，揆诸文义，作"辨"是也，当从《要义》。

4. 页十五右　不劳探射

按："射"，单疏本、足利本、八行本、十行本、永乐本同；阮本作"讨"，刘本（嘉靖）、闽本、明监本、毛本同。阮记、卢记皆无说。此《疏》文本注释经，宋元刊本注文皆作"射"，检敦煌残卷伯二六一七《释文》出字"探""射"，作"射"是也，则《疏》文作"射"是也，当从《要义》。

卷九

1. 页二左　辅嗣以文言分附乾坤二卦

按："以"，单疏本、足利本、八行本同；阮本作"之"，十行本、刘本（嘉靖）、永乐本、闽本、明监本、毛本同。阮记云："闽、监、毛本同，钱本、宋本'之'作'以'。"卢记同。揆诸文义，作"以"是也，当从《要义》。

2. 页三右　今言作易明是伏羲非文王等

按："明"，单疏本、足利本、八行本、十行本、永乐本同；阮本作"言"，刘本（嘉靖）、闽本、明监本、毛本同。阮记云："闽、监、毛本同，钱本、宋本'言'作'明'。"卢记同。考单疏本《疏》云"今言'作《易》'，明是伏羲，非文王等"，若作"言是"，则前"言"后"言"，显然重复，故作"明"是也，当从《要义》，《正字》云"'明'，误'言'"，是也。

3. 页三左　断割人伦之正义

按："断割"，单疏本、足利本、八行本同；阮本作"断"，十行本、刘本（元）、永乐本、闽本、明监本、毛本同。阮记云："闽、监、毛本同，宋本'断'下有'割'字。"卢记同。断人伦，不辞，作"断割人伦"是也，当从《要义》。

4. 页七右　既兼备三才之道

按："兼备"，单疏本、足利本、八行本同；阮本作"备"，十行本、刘本（元）、永乐本、闽本、明监本、毛本同。阮记云："闽、监、毛本同，钱本、宋本'备'上有'兼'字。"卢记同。考经文云"兼三才之道而两之"，单疏本《疏》云"既兼备三才之道而皆两之"，《疏》文之"兼"正本经文之"兼"，"兼"字不可阙也，当从《要义》。

5. 页八左　令八卦相错

按："令"，单疏本、足利本、八行本同；阮本作"今"，十行本、刘本（元）、永乐本、闽本、明监本、毛本同。阮记云："闽、监、毛本同，宋本'今'作'令'。"卢记补云："案：'令'字是也。"考单疏本《疏》云"令八卦相错，乾、坤、震、巽、坎、离、艮、兑莫不交互而相重"，揆诸文义，作"令"是也，当从《要义》。

6. 页十左　正秋而万物

按："正"，单疏本、足利本、八行本同；阮本作"立"，十行本、刘本（嘉靖）、永乐本、闽本、明监本、毛本同。阮记云："闽、监、毛本同，宋本'立'作'正'。"卢记同。考单疏本《疏》云"斗柄指西，是正秋八月也，正秋而万物皆说成也"，"正秋"二字，正承前文而来，作"正"是也，当从《要义》。

7. 页十二左　羊者顺从之畜

按："顺从"，单疏本、足利本、八行本同；阮本作"顺"，十行本、刘本（嘉靖）、永乐本、闽本、明监本、毛本同。阮记云："闽、监、毛本同，钱本、宋本'顺'下有'从'字。"卢记同。顺之畜，不知何义，作"顺从"是也，当从《要义》。

8. 页十四右　取其尊首

按："首"，单疏本、足利本、八行本同；阮本作"道"，十行本、刘本（嘉靖）、永乐本、闽本、明监本、毛本同。阮记云："闽、监、毛本同，宋本'道'作'首'。"卢记同。考单疏本《疏》云"取其尊首，而为万物之始","首""始"正相对应,作"首"是也,当从《要义》。

9. 页十四右　取其刚而清明也

按:"而",单疏本、足利本、八行本同;阮本作"之",十行本、刘本(嘉靖)、永乐本、闽本、明监本、毛本同。阮记云:"闽、监、毛本同,钱本、宋本'之'作'而'。"卢记同。刚之清明,不知何义,作"而"是也,当从《要义》。

10. 页十五左　取其万物之所生出也

按:"生出",单疏本、足利本、八行本同;作"生",十行本、刘本(嘉靖)、永乐本、闽本、明监本、毛本同。阮记云:"闽、监、毛本同,宋本'生'下有'出'字。"卢记同。考单疏本《疏》云"为大涂,取其万物之所生出也",大涂非万物所生,乃万物生出之所也,则作"生出"是也,当从《要义》。

11. 页十八右　取其水行有孔穴也

按:"水行",单疏本、足利本、八行本同;阮本作"行",十行本、刘本(嘉靖)、永乐本、闽本、明监本、毛本同《要义》所引亦同。阮记云:"闽、监、毛本同,钱本、宋本'行'上有'水'字。"卢记同。若无"水"字,则不知何物所行,"水"字不可阙也,当从《要义》。

12. 页十九右　取阴在于下为止

按:"在于",单疏本、足利本、八行本同;阮本作"在",十行本、刘本(元)、永乐本、闽本、明监本、毛本同。阮记云:"闽、监、毛本同,钱本、宋本'在'下有'于'字。"卢记同。考单疏本《疏》云"取阴在于下为止,取阳在于上为高",前后"在于"相对成文,"于"字不可阙也,当从《要义》。

13. 页十左　以六门往摄

按:"往",单疏本、十行本、刘本(元)、永乐本、闽本、明监本、毛本同;足利本作"往主",八行本同,《要义》所引亦同。阮记云:"闽、监、毛本同,钱本、宋本'往'作'主'。"卢记同。摄有主义,主摄意通,作"主"似胜也。

卷十

1. 页四左　不系之于杂也

按:"离",足利本、八行本、十行本、永乐本、抚本、建本、岳本同;阮本作"杂",刘本(元)、闽本、明监本、毛本同。阮记云:"闽、监、毛本同,岳本、宋本、古本、足利本'杂'作'离'。"卢记补云:"案:'离'字是也。"此句之"离",乃指《离》卦,又下注云"先儒以《乾》至《离》为上经",则作"离"是也,当从《要义》。瞿记云"离不误杂",则其家藏十行本不误,与刘本、阮本之底本不同,而与元刊十行本同。

从文本校勘管窥文献流传谱系
——以校勘"五仪之教"为例[*]

秦 飞

(东北大学秦皇岛分校 社会科学研究院)

"哀公问孔"材料是一批特殊的孔子遗说,其是以哀公问、孔子答的宾主问答体形式记录的对话材料,涉及先秦、两汉时期17部传世文献中的69个对话主题的内容。这批材料内容丰富、真伪叠加,多重文,文献流传复杂。需充分运用文献学中校勘、考据、辨伪、目录、辑佚等理论与方法,以考察文本可靠性为突破口,厘清周秦两汉文献形成、流传的过程,揭示孔子思想传播、嬗变的理路,发掘中国早期学术发展的规律。以下我们试图以"哀公问孔"中的"五仪之教"为例,通过文本校勘,探查所涉周秦两汉文献的流传谱系。

"五仪之教"的校勘

"五仪之教"是结合篇题对文本主旨的概括。文中哀公就如何"取人"请教孔子,对此,孔子将人分为庸人、士人、君子、贤人和圣人五等,即"五仪",通过具体论述每类人的特点为哀公介绍了他的人才观之后,孔子又因材施教,结合哀公"生于深宫之内,长于妇人之手"的特点,向他阐释如何行"五仪之教",体现了孔子"内圣外王""修齐治平"

---

[*] 本文系2018年中央高校基本科研业务费、国家社科基金重大项目"儒家文化视域下的中国社会研究培育项目",项目编号N172301007。

的思想。本篇见于《孔子家语·问礼》①（甲）、《荀子·哀公》②（乙）、《大戴礼记·哀公问五义》③（丙）、《新序·杂事第四》④（丁）四篇传世文献⑤，以及八角廊汉简《哀公问五义》。对以上不同文本校勘如下：

<u>哀公</u>（1乙丙为"鲁哀公"）问于孔子曰："<u>寡人欲论鲁</u>（2乙丙为'吾欲论吾'）国之士，与之为治，<u>敢问如何取之</u>（3乙'敢问何如取之邪'，丙'何如者取之'）？"孔子对曰："<u>生</u>（4丙多'乎'）<u>今之世，志古之道；居今之俗，服古之服。舍此而为非者，不亦鲜乎</u>？"（5乙丙多"哀公"）曰："<u>然则章甫绚履</u>（6丙为'然则今夫章甫句履'），绅带缙⑥（7乙丙为'而搢'）笏者，<u>皆贤人也</u>（8乙'此贤乎'，丙'此皆贤乎'）。"孔子（9乙丙多"对"）曰："不必然<u>也</u>（10乙无'也'，丙'否！不必然'）。<u>丘之所言，非此之谓也。</u>（11乙丙均无此句）（12丙多'今'）夫端衣玄裳，<u>冕而乘轩者</u>（13乙为'绕而乘路者'，丙为'冕而乘路者'），<u>则</u>（14乙丙均无）志不在于食荤；斩衰管⑦菲（15乙为'菅履'，丙为'菅履'），杖而<u>歠</u>（16乙为'啜'）粥者，<u>则志不在于酒肉</u>（17乙丙均无'则'，丙'酒肉'为'饮食'）。'生今之世（18丙为"故生乎今之世"），志古之道；居今之俗，服古之服'，<u>谓此类也</u>（19乙丙'舍此而为非者，虽有，不亦鲜乎！'乙还有'哀公曰："善！"一句'）。"

公曰："善哉！尽此而已乎？"孔子曰："<u>人有五仪：有庸人，有士人，有君子，有贤人，有圣人。审此五者，则治道毕矣。</u>"（20乙为"孔子曰：'人有五仪：有庸人，有士，有君子，有贤人，有大

---

① （魏）王肃注：《孔子家语》（四部丛刊本），上海书店1989年版。
② 王先谦：《荀子集解》，中华书局1988年版。
③ （清）王聘珍撰，王文锦点校：《大戴礼记解诂》，中华书局1983年版。
④ （汉）刘向编著，石光瑛校释，陈新整理：《新序校释》，中华书局2001年版。
⑤ 为方便校勘及研究，第一，在进行具体的文献校勘时，因《孔子家语》所涉篇章最多、记载的篇幅长，相对完整，故我们多以它为底本，少量不以《孔子家语》为底本的，我们将会注明。第二，将重文所涉典籍编以甲、乙、丙、丁等名目，在校勘中方便比对。第三，与底本文献比时，与底本相同者不作注明，差别之处则在底本的原文处标以横线注明，并编以数字作为序号，并注明不同版本之间的不同，以方便后面行文。
⑥ 四库本、备要本、同文本作"搢"。
⑦ 原作"管"，据四库本、备要本改。

圣。'"丙无此节)

公（21乙丙均为"哀公"）曰："敢问何如斯可谓之庸人？"（22乙在句尾多一"矣"字，丙为"善！何如则可谓庸人矣"）孔子（23乙丙多一"对"字）曰："所谓庸人者，心不存慎终之规，口不吐训格之言，不择贤以托其身，不力行以自定。见小暗大，而不知所务；从物如流，不知其所执，此则庸人也。"（24乙为"所谓庸人者，口不能道善言，心不知色色；不知选贤人善士托其身焉以为己忧；勤行不知所务，止交不知所定；日选择于物，不知所贵；从物如流，不知所归；五凿为正，心从而坏。如此，则可谓庸人矣。"丙为"所谓庸人者，口不能道善言，而志不邑邑。不能选贤人善士托其身焉以为己忧；动行不知所务，止立不知所定；日选于物，不知所贵；从物而流，不知所归；五凿为政，心从而坏。若此，则可谓庸人矣。"）①

公曰："何谓士人？"（25乙为"哀公曰：'善！敢问何如斯可谓士矣？'"丙为"哀公曰：'善！何如则可谓士矣？'"）孔子（26乙丙多"对"）曰："所谓士人者，心有所定，计有所守。虽不能尽道术之本，必有率也；（27乙为'所谓士者，虽不能尽道术，必有率也。'丙为'所谓士者，虽不能尽道术，必有所又焉。'）虽不能备百善之美（28乙为'遍美善'，丙为'尽善尽美'），必有处也（29丙为'必有所处焉'）。是故知不务多，必（30乙为'务'，丙为'而务'）审其所知；言不务多，必审其所谓；行不务多，必审其所由。（31乙此处两个'必'均为'务'，丙则为'行不务多，而务审其所由；言不务多，而务审其所谓'）智②既知之（32乙为'故知既知之矣'，丙横行处为'知'），言既道之（33乙为'言既已谓之矣'，丙为'行既由之'），行既由之（34乙为'行既已由之矣'，丙为'言既顺之'），则若（35丙为'若夫'）性命之形骸（36乙丙均为'肌肤'，）之不可易也。富贵不足以益（37乙此句前后分别多一'故'、

---

① 《韩诗外传》卷四云对庸人亦有记载，云："所谓庸人者，口不能道乎善言，心不能知先王之法，动作而不知所务，止立而不知所定，日选于物，而不知所贵，不知选贤善士而托其身焉，从物而流，不知所归，五藏无政，心从而坏遂不反，是以动而形危，静则名辱。诗曰：'之子无良，二三其德。'"

② 智，同文本作"知"。

'也'),贫贱不足以损(38 乙多'也')。此则士人也(39 乙为'如此,则可谓士矣',丙为'若此,则可谓士矣')。"

公曰:"何谓君子?"(40 乙为"哀公曰:'善!敢问何如斯可谓之君子矣?'"丙为"哀公曰:'善!何如则可谓之君子矣?'")孔子(41 乙丙多"对")曰:"所谓君子者,言必忠信而心不怨(42 乙为'德'),仁义在身而色无伐,思虑通明而辞不专(43 乙为'思虑明通而辞不争')。笃行信道,自强不息,(44 乙无此)油然若将可越而终不可及者。此则君子也。(45 乙为'故犹然如将可及者,君子也'。)(46 丙为"所谓君子者,躬行忠信,其心不买;仁义在己,而不害不志;闻志广博而色不伐,思虑明达而辞不争。君子犹然如将可及也,而不可及也。如此可谓君子矣")。

公曰:"何谓贤人?"(47 乙为"哀公曰:'善!敢问何如斯可谓之贤人矣?'"丙为"哀公曰:'善!敢问何如则可谓之贤人矣?'")孔子(48 乙丙多"对")曰:"所谓贤人者,德不逾闲(49 乙无此,丙为'好恶与民同情,取舍与民同统'),行中规绳(50 乙为'行中规绳而不伤于本',丙与乙同,仅将'规'作'矩'),言足以法于天下而不伤于身(51 乙无'以';丙为'言足法于天下而不害于其身'),道足以化于百姓而不伤于本(52 乙丙无此句)。富则天下无宛财,施则天下不病贫(53 乙为'富有天下而无怨财,布施天下而不病贫',丙为'躬为匹夫而愿富,贵为诸侯而无财')。此则贤者也(54 乙、丙为'如此,则可谓贤人矣')。"

公曰:"何谓圣人?"(55 乙为"哀公曰:'善!敢问何如斯可谓大圣矣?'"丙为"哀公曰:'善!敢问何如可谓圣人矣?'")孔子(56 乙丙多"对")曰:"所谓圣者,德合于天地,变通无方,穷万事之终始,协庶品之自然,敷其大道而遂成情性。明并日月,化行若神。下民不知其德,睹者不识其邻。此谓圣人也。"(57 乙为"所谓大圣者,知通乎大道,应变而不穷,辨乎万物之情性者也。大道者,所以变化遂成万物也;情性者,所以理然不取舍也。是故其事大辨乎天地,明察乎日月,丙为'所谓大圣者,知通乎大道,应变而不穷,能测万物之情性者也。大道者,所以变化而凝成万物者也;情性也者,所以理然不然取舍者也。故其事大,配乎天地,参乎日月,杂于云霓')总要万物于风雨(58 丙无此),缪缪肫肫(59 丙为'穆穆纯纯'），其事不可循（60 丙为'其莫之能循'），若天之嗣（61 丙为'司'），其事不可识（62 丙为'莫之能职'），百姓浅然不识其邻（63 丙为'知其善'），若此，则可谓大圣（64 丙为'圣人'）矣。"

（65 乙于此以"哀公曰：'善！'"结束关于"五仪"的讨论；丙则以"哀公曰：'善！'孔子出，哀公送之。"结尾）

公曰："善哉！非子之贤，则寡人不得闻此言也。虽然，（66 乙丁均无此句，乙作'鲁哀公问于孔子曰'；丁为'哀公问孔子曰'）寡人生于深宫之内（67 乙为'寡人生于深宫之中'；丁为'寡人生乎深宫之中'），长于妇人之手，未尝知哀，未尝知忧，未尝知劳，未尝知惧，未尝知危，恐不足以行五仪之教，若何？"（68 乙丁在"未尝知哀"前多一"寡人"；并在"哀""忧""劳""惧""危"后分别多一"也"字，且无横线处内容）孔子对曰："如君之言，已知之矣。则丘亦无所闻焉。"（69 乙为"孔子曰：'君之所问，君之问也。丘，小人也，何足以知之？'"丁为"孔子辟席曰：'吾君之问，圣君之问也。丘，小人也，何足以言之？'"）

公曰："非吾子，寡人无以启其心，吾子言也。"（70 乙为"曰：'非吾子无所闻之也。'"丁为"哀公曰：'否。吾子就席，微吾子，无所闻之矣。'"）孔子曰："君①入庙，如右，登自阼阶，仰视榱桷，俯察几②筵，其器皆存，而不睹其人。君以此思哀，则哀可知矣。（71 乙为'君入庙门而右，登自阼阶，仰视榱栋，俛见几筵，其器存，其人亡，君以此思哀，则哀将焉而不至矣！'丁为'君入庙门，升自阼阶，仰视榱栋，俯见几筵，其器存，其人亡，君以此思哀，则哀将安不至矣！'）昧爽夙兴，正其衣冠，（72 乙丁均为'君昧爽而栉冠'）平旦视朝，虑其危难，一物失理，乱亡之端。君以此思忧，则忧可知矣。（73 乙为'平明而听朝，一物不应，乱之端也，君以此思忧，则忧将焉而不至矣！'丁为'平明而听朝，一物不应，乱之端也，君以此思忧，则忧将安不至矣！'）日出听政，至于中冥，诸侯子孙，往来为宾，行礼揖让，慎其威仪。君以此思劳，则劳亦可知矣。（74 乙为'君平明而听朝，日昃而退，诸侯之子孙必有在君之末

---

① 原"君"后有"子"字，据同文本及文意删。
② "几"原作"机"，据四库本改。

庭者，君以思劳，则劳将焉而不至矣！'丁为'君平明而听朝，日昃而退，诸侯之子孙必有在君之门廷者，君以思劳，则劳将安不至矣！') <u>缅然长思，出于四门，周章远望，睹亡国之墟，必将有数焉。君以此思惧，则惧可知矣。</u>(75乙为'君出鲁之四门以望鲁四郊，亡国之虚则必有数盖焉，君以此思惧，则惧将焉而不至矣！'丁为'君出鲁之四门以望鲁四郊，亡国之虚列必有数矣，君以此思惧，则惧将焉而安不至矣！') <u>夫君者，舟也；庶人者，水也。水所以载舟，亦所以覆舟。君以此思危，则危可知矣。</u>(76乙为'且丘闻之：君者舟也；庶人者水也。水则载舟，水则覆舟；君以此思危，则危将焉而不至矣！'丁为'丘闻之：君者舟也；庶人者水也。水则载舟，水则覆舟；君以此思危，则危将安不至矣！') <u>君既明此五者，又少留意于五仪之事，则于政治何有失矣？</u>(77乙丁均无此句)"(78丁又多出"'夫执国之柄，履民之上，懔乎如以腐索御奔马。《易》曰：履虎尾。《诗》曰：如履薄冰。不亦危乎。'哀公再拜曰：'寡人虽不敏，请事斯语矣。'")

本章主要围绕"五仪"即庸人、士人、君子、贤人、圣人这五等人进行论述，通过校勘我们认为：

首先，就篇题而言，《孔子家语》为《五仪解》，《大戴礼记》为《哀公问五义》，本题在《荀子》中则是《哀公》。与本题相关的定县八角廊汉简《哀公问五义》根据当时发表的出土简报来看，其取题应本于《大戴》，文载："定县竹简中的《哀公问五义》和《保傅传》两篇简文，按其内容，都为《大戴礼记》的一部分。"但简报中也说出土的"竹简形制和其他各书不一样，可能是另一种抄本。"[①] 由于该墓早年被盗被焚，竹简已经炭化，残碎严重，且简文字迹模糊，察辨十分困难，后未形成进一步研究。而对于篇名应是"五仪"还是"五义"，《荀子集解》注云：古"仪"字正作"义"；王先谦按，"仪，犹等也"。"仪"与"义"假借，从文字的演变规律讲，"义"字更古朴，但在《荀子·王制》篇中云"丧祭械用皆有等宜"，王先谦注曰："宜通'仪'，法度、标准。"故按

---

① 有关情况可参见国家文物局古文献研究室、河北省博物馆、河北省文物研究所定县汉墓竹简整理组：《定县40号汉墓出土竹简简介》，载《文物》1981年第8期。

意思讲，"仪"字更为恰当。"义"与"仪"在先秦均有使用，但"义"字更为古老，"仪"或为后人"隶古定"而改，概是"文随义变而加偏旁例"①的结果。

其次，从文本对比来看，首段中多为用字上的分歧，很可能是后世在传抄过程中的增损和改订，其于文意宏旨无碍，但却反映了不同时代的措辞特点。第1例，开篇《孔子家语》为"哀公问于孔子曰"，《荀子》《大戴礼记》为"鲁哀公问于孔子曰"。春秋战国时期，诸侯林立，国君众多，谥号相同的国君亦有许多，谥为"哀"的国君不止鲁哀公，还有秦哀公、陈哀公等，但可以与孔子发生对话的则仅有鲁哀公。但按照当时的写作习惯，称本国国君一般很少冠以国别加以区别。以今本《论语》为例，其对鲁君的称呼就不以国别区分，《左传》则不尽然。就此而言，《孔子家语》此处的记载应出自于鲁国，这与《孔子家语》的成书与流传是匹配的。第7例，《孔子家语》之四库本、备要本、同文本同《荀子》《大戴》，也作"撎"。"缙"与"撎"双声叠韵可假借。第8例，《孔子家语》作"皆贤人也"，《大戴》作"此皆贤乎"，《荀子》作"此贤乎"。俞樾在《荀子集解》中曰："'此'当作'比'。"徐锴在《系传》有曰："比，皆也。"另据《说文》："皆，俱词也，从比，从白。"三书互相参照，盖"此"为"皆"之误，而《大戴》又增"皆"，应为衍文，此应以《孔子家语》为优。第13、15、16、17四例中，相同、相似的措辞，《荀子》《大戴》所用字词较为浅白，而《孔子家语》的修辞则较为奥涩。同样的记载，按照周秦到两汉的语言习惯，应是《孔子家语》更加古朴。总之，此段虽各书记载互有优劣，但总体《孔子家语》应更贴近此材料原貌。

第二段在校勘方面主要涉及行文问题。具体来说，第20例，《大戴》中全无此节而直接过渡到介绍何谓"庸人"，行文并不连贯，盖此有脱文。《荀子》有孔子之答语，简单列举了"五仪"所指，但其在哀公与孔子之间，仍缺少必要的呼应，《孔子家语》中段首之"善哉！尽此而已乎"（哀公语）以及段末的"审此五者，则治道毕矣"，不仅再现了当时的对话情景，而且使得文章记载一气贯通，前后呼应。我们认为，《孔子家语》的记载应更接近材料的原貌。

---

① 俞樾等著：《古书疑义举例五种》，中华书局1956年版，第145页。

第三段主要论述的是何谓"庸人"。本段在称谓上稍有不同，第21例，在《孔子家语》作"公曰"，《荀子》《大戴》作"哀公问"。后者有改动之嫌，因为前面已提及哀公之名，后面直言"公"并不会引起误解。且"哀"是鲁哀公的谥号，直接记为"公曰"，不仅简练而且对话的情景感更强。此外，整体而言，此节对"庸人"的讨论，《孔子家语》的记载与其他文献记载差别较大，《荀子》《大戴》均涉及《孔子家语》中未提及的"五凿"的概念。对此，《荀子集解》中云："凿，窍也。五凿，谓耳目鼻口及心之窍也。言五凿虽似于正，而其心已从外物所诱而坏矣，是庸愚之人也。"另一观点认为，五凿，五情也。结合郭店简《性自命出》"性自命出，命自天降。道始于情，情生于性""喜、怒、哀、悲之气，性也"等简文，以及先秦儒家对于"性"的认识①。我们认为，这里的"五凿"很可能就是指五情，情是性的外在表现，有《庄子》"六凿相攘"（谓六情）为旁证，王念孙等前辈持此观点。另外，从文字分析，"凿"为从纽药部，"情"为从纽耕部，两字双声叠韵，可作假借字。于此，"已忧""所务""所定""所贵""所归"五者与"五凿"密切相关，皆从其"心"，若"心从而坏"，那么此五者也会"不正"，由此"心"的状态就变得很重要。另外，《荀子》在此五者之前，有"口不能道善言，心不知色色"一句，此句《大戴》中作"而志不邑邑"，"邑邑"与"悒悒"同，忧逆短气貌也。《曾子立事》篇云："终身守此悒悒。"其意为心志放荡不羁，与下文之"五凿为正，心从而坏"互相照应。故这里的"色色"当为"邑邑"，概为形似而误。总体上，《荀子》与《大戴》记载是基本一致，只是个别字词的不同，如"心"与"志"意思接近，常互用；"勤"和"动"、"交"和"立"，概为形似而误；"政"和"正"、"如"和"若"古字通用。《孔子家语》与两者应不属于一个流传系统，虽有重文，文意大致相近，但行文差别较大。概先秦时流传有几个不同的版本，而三书各有所本，又或本于一源，而各书改动程度不同所致。从逻辑上看，《荀子》《大戴》所记显然层次性更强，《孔子家语》则显得粗疏，疑《荀子》《大戴》改动整理的程度更大。

---

① 如《大戴礼·文王官人》云："民有五性，喜怒欲惧忧也。喜气内畜，虽欲隐之，阳喜必见。怒气内畜，虽欲隐之，阳怒必见。欲气内畜，虽欲隐之，阳欲必见。惧气内畜，虽欲隐之，阳惧必见。忧悲之气内畜，虽欲隐之，阳忧必见。五气诚于中，发形于外，民情不隐也。"

第四段是关于对"士人"的讨论。本节《孔子家语》《荀子》《大戴》三者记载差异很小。其中《孔子家语》与《荀子》记载最接近，不同多为虚词的差异。通过比对，发现《荀子》的记载似在《孔子家语》的基础上，于其句首、句尾等位置增改"故""所""焉""矣""也""已"等虚词。汉时行文多有语气词等虚词缀入，而先秦刚好相反。另外，《孔子家语》中多处之"必"在《荀子》中为"务"，两字音近、形异、义有关，均有必须、一定之义，是为同源字，可互用，但用"务"字，则前后行文一律，盖为后人润饰。第28例，《孔子家语》中"虽不能备百善之美"一句中的"备百善之美"，在《荀子》中为"遍美善"，在《大戴》中为"尽善尽美"。显然，按照语言自身发展规律来说，它们之间是递进的，《孔子家语》所言较为朴实，更显古朴，类似的还有第36例。第32例中的"智既知之"之"智"，《孔子家语》之同文本作"知"，《荀子》《大戴》也为"知"。《释名》："智，知也，无所不知也。"古字两者可以通用，但根据前后行文，此处"智"与"言""行"并列，应为名词，此用"智"更为准确。此外，《大戴》中的此节内容，与《孔子家语》《荀子》大意差别不大，但却有错简之嫌。在第31、33、34例中，均将"行"放于"言"之前，强调对"行"的重视。

　　第五段介绍的是"君子"的品行。其中《孔子家语》《大戴》的记载较为相近，但仍有优劣之别。如根据下文"色无伐""辞不专"的记载，"伐""专"均属于贬义词。第42例，《孔子家语》记为"心不怨"，而《荀子》为"心不德"，似《孔子家语》更加顺畅。第45例中，"油"与"犹"虽为假借字，但在《孔子家语》中，王肃对"油然"注曰："不进之貌也。"《孟子》有云："油油然与之偕。"此言无以异于凡人也。而"犹然"为连词，表示陪衬，以引起推论，常与"况""安"等前后呼应，可译为尚且、还。如《史记·游侠列传》："此皆学士所谓有道仁人也，犹然遭此灾，况以中材而涉乱世之末流乎！"故根据上下文意，此处应为"油然"，概《荀子》因假借而误。总之，观此三者，《孔子家语》《荀子》的记载虽有差别，但多有重叠，《大戴》则有别于两者。或前两者属一个流传系统，有共同的史料来源，而《大戴》另有所本，但三书记载基本都"不失其意"，近于夫子本旨。

　　第六段是对"贤人"的讨论。对读三文可知，如同前面介绍"君子"的记载，《孔子家语》与《荀子》记载较为接近，但仍有差异。具体来说，第 49 例，对于"德不逾闲"一句，王肃在《孔子家语》中注曰："闲，法。"《荀子》无此句，概是脱文所致。因为贤人是仅次于圣人的第二等人，"德"已在贤人身上表征明显，如"德行"中的典范颜回，孔子对他曾评价说："贤哉，回也！一箪食，一瓢饮，在陋巷。人不堪其忧，回也不改其乐。贤哉，回也！"① 并以"贤"许之。而且孔子曾说："有德者，必有言。有言者，不必有德。"② 由此，再谈"行""言"等似乎更加顺畅，且与"不逾闲"相统一，可以说这是"德"的外化表现。第 50 例，《孔子家语》为"行中规绳"，《荀子》为"行中规绳而不伤于本"，根据上下文，疑《孔子家语》此处有脱文。第 52 例，则刚好相反，应是《荀子》脱文。而《大戴》的行文、框架与《荀子》相似，概本于《荀子》并有所增改。

  第七段是对"圣人"的讨论，《孔子家语》《荀子》与《大戴》的记载多有不同，总体而言，它们应拥有共同的材料来源，但对比发现，《孔子家语》的记载古朴，语言简洁，文意相对晦涩；《荀子》的记载似乎是对原材料做了进一步的阐释、细化；而《大戴》则又有解释之嫌。如就《孔子家语》和《荀子》而言，他们都在讲"大道"和"情性"，但《荀子》语言逻辑性显然要优于《孔子家语》。《荀子》此节对圣人先是总括，言"知通乎大道，应变而不穷，辨乎万物之情性者也"；进而对"大道""情性"单独作以解说；最后用"是故"再作总结和深化。而《孔子家语》之条理与之相较则显得杂乱，主题不明确。但两者所言主旨内容十分接近。而且第 58 例至第 64 例，两书记载一致，但《大戴》对此变动较大，有进一步解释的痕迹，如第 59 例，《孔子家语》《荀子》为"缪缪肫肫"，《大戴》为"穆穆纯纯"，"缪"与"穆"古字通，"肫"与"纯"声近可假借，改字之后，更加简单而易懂。但《大戴》的结构框架似更近于《荀子》，似乎又有润饰。最明显的例子是第 57 例，在字词上，《荀子》中"辨乎万物之情性者也"之"辨"，显然不如《大戴》之"能测万物之情性者也"之"能测"更浅显易懂；在行文上，《大戴》常四字成句，句式工整而朗朗上口，《荀子》为"是故其事大辨乎天地，明察乎日月"，《大戴》为"故其事大，配乎天地，参乎日月，杂于云霓"。

---

① 《论语·雍也》。
② 《论语·宪问》。

第八段中的第65例，《荀子》和《大戴》分别以"哀公曰：'善'"和"哀公曰：'善！'孔子出，哀公送之"结束关于"五仪"的讨论。但《孔子家语》此后却还有一节关于如何行"五仪之教"的讨论，上下文语义连贯，是一个连贯的整体。相同的内容虽然也见于《荀子·哀公》篇，但前后却隔了一章"鲁哀公问舜冠于孔子"而成为独立的一章，有乱简之嫌。就此而言，《孔子家语》在保存史料上应比其他典籍更加完整，或如孔安国自序所言，是为保存"先人之典辞"而整理，期间改动较少。

第九段是过渡段，哀公听完"五仪之教"的论述之后，提出如何行"五仪之教"的疑问。此节在《荀子》《新序》中独立成章，故而与"五仪之教"似无关联。如第66、68例中，两书没有《孔子家语》中的公曰："善哉！非子之贤，则寡人不得闻此言也"和"恐不足以行五仪之教，若何"，这两句是连接上下文的关键句。《孔子家语》中的记载不仅完整的保留了孔子的言行，而且还可以从中探查孔子因材施教、从哀公生活经历启迪其践行仁德的思想。而单独成章的《荀子》和《新序》记载，则难以了解此节的谈话背景，文章连贯性与完整性显然也不及《孔子家语》。

第十段是孔子针对哀公疑问的详细论述。从第70例至第76例的校勘来看，文意一致，表述也很接近，只是在措辞上有所差别。如第71例，《孔子家语》作"仰视榱桷，俯察机筵"，而《荀子》作"仰视榱栋，俛见几筵"，《说文》云："榱，椽也，齐鲁谓之桷。"《孔子家语》此处的记载似更加贴近材料的原貌，沿袭鲁习所作的可能性更大。又如第75例，《孔子家语》为"缅然长思，出于四门，周章远望，睹亡国之墟，必将有数焉。君以此思惧，则惧可知矣"，《荀子》为"君出鲁之四门以望鲁四郊，亡国之虚则必有数盖焉，君以此思惧，则惧将焉而不至矣！"《荀子》一句"君出鲁之四门以望鲁四郊"显然要比《孔子家语》的"缅然长思，出于四门，周章远望"更易懂而平易；而"亡国之虚则必有数盖焉"也比《孔子家语》的"睹亡国之墟，必将有数焉"，更有对比之感，尤其是"盖"字的增加，"盖"古字作"盇"，《说文》："盇，苫也。"而苫，本指盖屋的茅苫，可以作房屋的代称。如《管子·侈靡》篇云："百盖无筑，千聚无社，谓之陋，一举而取。"此字的增添，使"数盖"与"亡国之虚"之间的今昔对比更加强烈而语意明了。至于《新序》中关于此段的记载，《新序校释》中直言："《荀子·哀公篇》作'鲁哀公问于孔子曰'，此文采自《荀书》。"① 此话言之有理，经仔细对比，《新序》与《荀子》几近一致，仅是个别文字的增损，两者很可能是一个流传系统，而且根据成书先后，《新序》很可能本于《荀子》，但也不排斥两者有共同史料来源的可能。

结语

整体而言，四书所载虽互有优劣，但对比起来《孔子家语》的记载似更加古朴，且符合四书成书、流传的规律。孔安国作《孔子家语》后序时曾云："秦昭王时，孙卿入秦……孙卿以孔子之语及诸国事、七十二弟子之言凡百余篇与之，由此秦悉有焉。"可见荀子也应见过《孔子家语》的原材料，在他写作《荀子》时，对这些材料做了一些润饰，进行引用、简化等也是很可能的。或许这可以解释《荀子》的表述，为什么较旨在"先人之典辞"的《孔子家语》而言，会相对浅白易懂而畅通。《新序》是负有校书之职的刘向所作，成帝河平三年（前26），奉诏领校中秘图书，所以他应看到并整理过藏于秘府的史料，其中应该就包括《孔子家语》材料在内的"天下礼书"②。所以，《新序》的编撰可能本于秘府以及《荀子》。而《大戴礼记》编撰时间相对较晚，流传过程也较为复杂，有大量依据汉代纲纪观念以及当时的编撰习惯而进行的改动。

---

① （汉）刘向编著，石光瑛校释，陈新整理：《新序校释》，中华书局2001年版，第581页。

② 据孔安国作的《孔子家语》后序，"天下礼书"为景帝末年所募求的很多古书典籍。

《孙子算经》(卷上)译注

衣抚生

(河北经贸大学 发票博物馆)

《孙子算经》是我国古代的"算经十书"之一，在我国古代数学史上占据重要地位。唐高宗时，著名数学家李淳风奉命整理包含《孙子算经》在内的十部算学经典著作。书成之后，唐高宗颁行全国。此即为"算经十书"的由来。"算经十书"在流传过程中多有散佚，幸而南宋鲍瀚之所翻刻《孙子算经》尚存，且可与清儒戴震所整理的四库本对读。目前，《孙子算经》最好的版本有两个。一为钱宝琮先生整理的《算经十书》[1]，另一为郭书春、刘钝点校的《算经十书》[2]。

吴文俊先生主编的数学史权威著作《中国数学史大系》中，对《孙子算经》的历史地位有非常全面而准确的总结。[3] 概言之，主要有如下几点：第一，至少从唐代开始，《孙子算经》就成为古代研习算学者的启蒙书和必读书。第二，在元代珠算大规模推广之前，算筹一直都是我国古代最重要的运算工具。算筹的计数法和运算方法最早、最完整地保存在《孙子算经》中。第三，《孙子算经》记载了我国古代最早的同余式组的解法。第四，《孙子算经》对某些复杂算题，提出了很巧妙的解法。

迄今为止，学界对《孙子算经》的整理和研究尚较为薄弱，远不能和《九章算术》之类的显学相比。造成这种现象的原因，是《孙子算经》

---

[1] 中华书局1963年版，另有辽宁教育出版社1998年《李俨钱宝琮科学史全集》本。
[2] 辽宁教育出版社1998年版。
[3] 吴文俊主编，沈康身分主编：《中国数学史大系》(第4卷)，北京师范大学出版社1999年版，第40—50页。

自身的数学成就不能和《九章算术》相比。然而,《孙子算经》有其独特的价值,那就是:它是学习中国古代数学史的入门书——既是学习《九章算术》之类传统数学文献的入门书,也是研究岳麓秦简《数》、张家山汉简《算数书》等出土数学文献的入门书,其中包含着各种度量衡的换算比例、九九乘法表、算筹的使用方法等必备基础知识。

可以想见,如果有一本好的注释本《孙子算经》,就有可能会让更多的人进入中国古代数学史研究之门。可惜的是,尚未有一流学者从事这种基础而琐屑的工作。虽然有一两本书对《孙子算经》进行过简单的白话文翻译工作,但这些工作很是差强人意,问题有二:第一,只是简单的翻译,而没有注释,更没有对其中蕴含的数学原理进行阐释,这样的翻译读者是看不懂的,等于没翻译。第二,缺乏学术史的梳理,没有跟《九章算术》《数》《算数书》等学界主流研究对象的对比与衔接,不能让读者借此进入学术研究前沿。这种状况在一定程度上限制了中国古代数学史的纳新与良性发展。

有鉴于此,我写作了本文。本文由原文、注释、翻译、解题、数学原理等5部分组成。注释用于文字校勘、疑难字解释,以求能帮助读者读懂原文文字;数学原理讲解数学知识,以求能让读者读懂其中的数学运算;解题介绍相关问题(不局限于本算题),尤其是跟《九章算术》《数》《算数书》等学界主流研究对象进行对比与衔接,以求能让读者快速进入学术研究前沿。原文以文渊阁《四库全书》本为底本,参以钱宝琮《算经十书》和郭书春、刘钝《算经十书》,并对其间异同进行辨析,以求文本准确。当然,笔者最希望的,还是能够展现数学史在这一时期的发展脉络,能够帮助更多的读者进入中国古代数学史研究的前沿领域,为培养这一学科的新生力量打下基础。

【原文】

度之所起,起于忽。欲知其忽,蚕吐丝为忽[1]。十忽为一丝,十丝为一毫[2],十毫为一厘,十厘为一分,十分为一寸,十寸为一尺,十尺为一丈,十丈为一引,五十引为一端[3]。四十尺为一匹。六尺为一步,二百四十步为一亩。三百步为一里。

称之所起,起于黍[4]。十黍为一絫,十絫为一铢,二十四铢为一两,十六两为一斤,三十斤为一钧,四钧为一石。

量之所起，起于粟[5]。六粟为一圭，十圭为一撮，十撮为一抄，十抄为一勺[6]，十勺为一合，十合为一升，十升为一斗，十斗为一斛。斛得六千万粟。所以得知者，六粟为一圭，十圭六十粟为一撮，十撮六百粟为一抄，十抄六千粟为一勺，十勺六万粟为一合，十合六十万粟为一升，十升六百万粟为一斗，十斗六千万粟为一斛，十斛六亿粟，百斛六兆粟，千斛六京粟，万斛六陔粟，十万斛六秭粟，百万斛六穰粟，千万斛六沟粟，万万斛为一亿斛六涧粟，十亿斛六正粟，百亿斛六载粟。

凡大数之法，万万曰亿，万万亿曰兆，万万兆曰京，万万京曰陔，万万陔曰秭，万万秭曰穰，万万穰曰沟，万万沟曰涧，万万涧曰正，万万正曰载。

注释

[1] 蚕吐丝为忽：郭书春据《隋书·律历志》，改为"蚕所生，吐丝为忽"。加上"所生"两个字，很不容易理解，不应补。

[2] 十忽为一丝，十丝为一毫：郭书春说，唐代以前，称"秒"；从唐开始，称"丝"。原文的"丝"应为"秒"。译文据四库馆臣的说法，"无妨参差互见"，不作修改。

[3] 郭书春注："引"当为"尺"。

[4] 黍：黄米。这里应指一粒黄米的重量。

[5] 粟：小米。这里应指一粒小米的体积。

[6] 郭书春指出，"撮"和"抄"的位置应该颠倒。译文据四库馆臣的说法，不作修改。

翻译

长度单位从忽开始。什么叫忽呢？蚕一次吐出来的丝的长度为1忽。10忽为1丝（秒），10丝（秒）为1毫，10毫为1厘，10厘为1分，10分为1寸，10寸为1尺，10尺为1丈，10丈为1引，50尺为1端。40尺为1匹。6尺为1步，240步为1亩。300步为1里。

重量单位从黍开始。10黍为1絫，10絫为1铢，24铢为1两，16两为1斤，30斤为1钧，4钧为1石。

容量单位从粟开始。6粟为1圭，10圭为1撮，10撮为1抄，10抄为1勺，10勺为1合，10合为1升，10升为1斗，10斗为1斛。1斛为

6000万粟。之所以知道1斛为6000万粟，是因为6粟为1圭，10圭为60粟（1撮），10撮为600粟（1抄），10抄为6000粟（1勺），10勺为6万粟（1合），10合为60万粟（1升），10升为600万粟（1斗），10斗为6000万粟（1斛）。10斛为6亿粟，100斛为6兆粟，1000斛为6京粟，1万斛为6陔粟，10万斛为6秭粟，100万斛为6穰粟，1000万斛为6沟粟，1万万斛为1亿斛（6涧粟），10亿斛为6正粟，100亿斛为6载粟。

大数的换算方法，1万万为1亿，1万万亿为1兆，1万万兆为1京，1万万京为1陔，1万万陔为1秭，1万万秭为1穰，1万万穰为1沟，1万万沟为1涧，1万万涧为1正，1万万正为1载。

解题

钱宝琮先生敏锐地发现，这里的大数（亿、兆、京、陔、秭、穰、沟、涧、正、载）的进位有两种，一种为十进位的（上引第一段），一种为万进位的（上引第二段）。前者"皆以十进（位），与《诗经·周颂·丰年》'万亿及秭'，《毛传》'数万至万曰亿，数亿至万曰秭'大数进法正同"。后者则"显有后人增窜之证"[①]。

我们认为，钱宝琮先生的论断是非常正确的。从战国开始，出现了大数万进位的情况。此后，万进位逐渐取代了十进位，成为大数进位的主流。十进位逐渐被一般人所不知。如此，则《孙子算经》中的十进位算题当来源甚早，很可能是来自战国以前的材料。详情请参见拙著《〈孙子算经〉成书时代考》（即将刊出）。

【原文】

周三径一[1]。方五邪七[2]。见邪求方，五之，七而一；见方求邪，七之，五而一。

注释

[1] 周三径一：圆的周长是直径的3倍，即π取值为3。这是古代常

---

① 李俨、钱宝琮：《李俨钱宝琮科学史全集》卷九《孙子算经考》，辽宁教育出版社1998年版，第96页。

用的π的近似值。

[2] 方五邪七：方五，正方形的边长为5；邪七，正方形的对角线长度为7。这里说的5和7是指比例，即正方形的边长和对角线的长度比值为5∶7。我们都知道，正确的比值为1∶$\sqrt{2}$，这里用1.4作为$\sqrt{2}$的近似值。

翻译

圆的周长是直径的3倍。正方形的边长和对角线的长度比值为5∶7。已知正方形的对角线长度，求边长，计算方法是：边长＝对角线×5÷7。已知正方形的边长，求对角线长度，计算方法是：对角线＝边长×7÷5。

【原文】

黄金方寸重一斤[1]。白银方寸重一十四两[2]。玉方寸重一十两。铜方寸重七两半。铅方寸重九两半。铁方寸重七两。石方寸重三两。

注释

[1] 方寸：1立方寸。
[2] 白银：郭书春本作"白金"。

翻译

1立方寸的黄金重1斤。1立方寸的白银重14两。1立方寸的玉重11两。1立方寸的铜重7.5两。1立方寸的铅重9.5两。1立方寸的铁重7两。1立方寸的石头重3两。

解题

我国古代的度量衡的演变情况，非常复杂。本算题中，由于缺乏必要的历史信息，导致我们不知道应该用什么时期的度量衡，来进行推演。幸运的是，我们都知道，两个体积相同的物品，重量之比等于密度之比。因此，我们可以用文中的黄金、白银、铜、铅、铁等物质的密度之比，进行合理的推测。我经过若干复杂推演之后，证明此算题应成书于先秦时期的齐国（及其周边地区）。详情请参见拙著

《〈孙子算经〉成书时代考》。

【原文】

凡算之法,先识其位[1]。一从十横,百立千僵。千十相望,万百相当[2]。

注释

[1] 位:数位,即个位、十位、百位、千位等。

[2] "从"和"立"意思相同,都是指将算筹纵排。"横"和"僵"意思相同,都是指将算筹横排。这么一来,千位和十位的算筹摆放相同,都是横排,叫作"千十相望";万位和百位的算筹摆放相同,都是纵排,叫作"万百相当"。

四库本校:案"万百"原本讹作"百万",今据《夏侯阳算经》改正。

翻译

要进行筹算,首先需要知道数位。个位数的算筹纵排,十位数的算筹横排,百位数的算筹纵排,千位数的算筹横排。总之,相隔一位数位的算筹摆放是相同的,千位和十位相同,万位和百位相同。

数学原理

纵排和横排如下图所示:

	1	2	3	4	5	6	7	8	9
纵	|	||	|||	||||	|||||	丅	开	ⅢI	Ⅲ|
横	—	=	≡	≣	≣	⊥	⊥	⊥	≜

注:0用空来表示。

【原文】

凡乘之法,重置其位[1]。上下相观,头位有十步至十,有百步至百,有千步至千[2]。以上命下[3],所得之数列于中位。言十即过,不满自如[4]。头位乘讫者,先去之[5]。下位乘讫者,则俱退之[6]。六不积[7],

五不只[8]。上下相乘,至尽则已。

注释
[1] 重置其位:将被乘数、乘数分别置于上、下位。
[2] 上下相观:将乘数的最低位和被乘数的最高位对齐。头位:被乘数的最高位。
[3] 以上命下:上位乘以下位。
[4] 言十即过,不满自如:超过10,向前进位;不超过,不进位。
[5] 头位乘讫者,先去之:每次只用上位的最高位来乘下位,乘完后,就把它去掉。
[6] 下位乘讫者,则俱退之:乘完一轮之后,下位向后退一位。
[7] 六不积:从1到5,是用1到5根算筹来表示的。6不能这样,不能用6根算筹来表示。
[8] 五不只:5不能只用一根算筹来表示:纵排时,不能用"一"来表示;横排时,不能用"｜"来表示;虽然它们的意思都是5。

翻译
用算筹进行乘法运算时,首先要将被乘数和乘数分别置于上、下位。将下位的最低位和上位的最高位对齐——被乘数最高位是十位,就和十位对齐;被乘数最高位是百位,就和百位对齐;被乘数最高位是千位,就和千位对齐(表1步骤1)。每一步所得的结果,都要放在中位(要和下位参与操作的数位对齐)。如果结果超过10,向前进位;不超过,不进位。每次只用上位的最高位来乘下位(步骤2、3),乘完后,就把它去掉(步骤4)。乘完一轮之后,下位向后退一位(步骤5)。6不能用6根算筹来表示。5不能只用一根算筹来表示。上位和下位相乘,直到乘完为止(步骤8)。

数学原理
下面,我们以56×78为例,进行说明:

表1　　　　　　　　　　　**56×78 的计算步骤**

	步骤1	步骤2	步骤3	步骤4	步骤5	步骤6	步骤7	步骤8
上位	5 6	5 6	5 6	6	6	6	6	合并中位，得到最终结果4368
中位		3 5 □ □	3 5 □ □ 4 0 □	3 5 □ □ 4 0 □	3 5 □ □ 4 0 □	3 5 □ □ 4 0 □ 4 2 □	3 5 □ □ 4 0 □ 4 2 □ 4 8	
下位	7 8 □	7 8 □	7 8 □	7 8 □	7 8	7 8	7 8	
操作	置位	5×7	5×8	去5	下位退	6×7	6×8	

说明：在该算法中，移位是非常重要的步骤，它影响到计算结果的数位。为了便于读者看清移位的关系，我们用□来表示空格。根据前文的描述，读者容易改换为算筹表示的形式，这里不赘述。下同。

【原文】

凡除之法，与乘正异。乘得在中央[1]，除得在上方[2]。假令六为法[3]，百为实[4]。以六除百，当进之二等。令在正百下，以六除一，则法多而实少，不可除。故当退就十位。以法除实，言一六而折百为四十，故可除。若实多法少，自当百之，不当复退。故或步法十者置于十位[5]，百者置于百位（头位有空绝者[6]，法退二位）。余法皆如乘时。实有余者，以法命之。以法为母，实余为子。

注释

[1] 乘得：乘法的结果。用算筹计算乘法的时候，结果在中央。后面有示例。

[2] 除得：除法的结果。用算筹计算除法的时候，结果在上方。后面有示例。

[3] 法：我国古代数学用语，即现代数学所说的分母或除数。

[4] 实：我国古代数学用语，即现代数学所说的分子或被除数。

[5] 步法十者置于十位：如果被除数的最低位在十位，那么计算的结果也在十位。

[6] 空：即0，0用空位表示。绝：指之前的运算没有余数。比如，1206÷6，计算完前面的12后，没有余数；被除数6要后移一位。由于0

也不参与运算中,所以要再往后移动一位。如果有余数,那就只需要移动一位。

翻译

算筹除法和乘法有不同之处:乘法的计算结果在中间,除法的计算结果在上方(其实都是大数在中间)。我们以100÷6为例进行说明。首先是将除数6进位到和被除数最高位相同的位置,即进位两位。1÷6,被除数小而除数大,不能除,所以要将6后移一位,移到十位的位置上。10÷6,可以除,商为1 100-10×6=40。则参与下一轮运算的就是40。如果百位数能除,就在百位进行运算,不需要像这个例子那样,移到十位数运算。如果被除数的最低位在十位,那么计算的结果也在十位;如果被除数的最低位在百位,那么计算的结果也在百位。如果之前的运算没有余数,被除数的下一位又是0,那么除数就要后退两位。其余的计算和乘法相同。算到最后,如果分子还有剩余,那就要把它变成分数形式——除数为分母,余数为分子。

数学原理

下面我们以算题中的100÷6为例,进行说明:

表2　　　　　　　　　　100÷6的计算步骤

	步骤1	步骤2	步骤3	步骤4	步骤5	步骤6	步骤7
上位			1	1	1	16	16
中位	100	100	100	40	40	40	4
下位	6□□	6□	6□	6□	6	6	6
操作	移2位	退1位	1×6	10-1×6	退1位	6×6	40-6×6

说明:可知100÷6的整数部分是16,分数部分的分子是4,分母是6。

【原文】

以粟求粝米[1],三之,五而一。以粝米求粟,五之,三而一。以粝米求饭,五之,二而一。以粟米求粝饭,六之,四而一。以粝饭求粝米,二之,五而一。以繫米求饭[2],八之,四而一。

注释

[1] 粝 lì 米：糙米。

[2] 糳 zuò 米：舂过的精米。

翻译

已知粟的量，求粝米，计算方法是：粝米 = 粟 × 3 ÷ 5。

已知粝米的量，求粟，计算方法是：粟 = 粝米 × 5 ÷ 3。

已知粝米的量，求饭，计算方法是：饭 = 粝米 × 5 ÷ 2。

已知粟米的量，求粝饭，计算方法是：粝饭 = 粟米 × 6 ÷ 4。

已知粝饭的量，求粝米，计算方法是：粝米 = 粝饭 × 2 ÷ 5。

已知糳米的量，求饭，计算方法是：饭 = 糳米 × 8 ÷ 4。

解题

不同粮食之间的换算，为秦汉时期非常常见的问题。岳麓秦简《数》、张家山汉简《算数书》《九章算术》中均有所记载，可见其应用范围非常广泛。现将相关记载整理如下。

（1）岳麓秦简《数》中的相关记载是[1]：

以米求麦，倍母三实。以麦求米，三母倍实。以粟求麦，十母九实。以麦求粟，九母十实。（第 84 简正）[2]

以米求粟，三母五实。以粟求米，五母三实。以稗求米，九母十实。以米求稗，十母九实。（第 85 简正）

以稗求粟，廿七母五十实。以粟求稗，五十母廿七实。以毇求米[3]，八母十实。以米求毇，十母八实。（第 86 简正）以稗求毇，九母八实。以毇求稗，八母九实。以稻米求毇米，三母倍实。以毇米求

---

[1] 朱汉民、陈松长主编：《岳麓书院藏秦简》（贰），上海辞书出版社 2011 年版，第 79—94 页。

[2] 翻译：已知米，求它等同于多少麦。麦 = 米 ÷ 2 × 3。已知麦，求它等同于多少米。米 = 麦 ÷ 3 × 2。已知粟，求它等同于多少麦。麦 = 粟 ÷ 10 × 9。已知麦，求它等同于多少粟。粟 = 麦 ÷ 9 × 10。后面的算法与此类似，不再翻译。

[3] 毇为比稗精的米，《说文·毇部》："毇，米一斛舂为八斗也。"

稻米，倍母三实。（第87简正）

以粟求毇，五十母廿四实。以毇求粟，廿四母五十实。粟一升为米五分升三，米一升为粟一升大半升。（第88简正）①

米一升少半升，为粟二升九分二。米一升少半半升，为粟三升十八分升一。米一升大半半升，为粟三升十八分升十一。米一升大半半升四分升一，为粟［四升卅（三十）六分升一］。（第89简正）。②

粟一升为米五分升三。粟一升少半升为米五分升四。粟一升大半升为米一升。粟一升少半半升为米一升十分升一。（第90简正）

粟一升大半半升为米一升十分升三，粟一升少半半升四分升一为米一升四分升一。（第91简正）

粟半升为米十分升三，米半升为粟少半半升。麦少半升为米九分升二。麦半升为米九分三。（第92简正）

麦少半升为米九分升二。麦半升为米九分升三。米半升为麦四分升三。米少半升为麦半升。（第93简正）

麦一升为米大半升。米一升为麦一升半升。粝一升为粺十分升九。粺一升为粝一升九分升一。（第94简正）

米大半升为麦一升。米半升为粺廿分升九。米少半升为粺十分升三。米大☐（第95简正）

米一升为毇十分升八。米一升为菽、荅、麦一升半升。以粟求粺，廿七之，五十而成一。以粺求粟，五十之，廿七而成一。（第96简正）③

以米求菽，因而三之，二成一。以菽求米，因而倍之，三成一。以粺求米，因而十之，九成一。以米求粺，因而九之，十成一。（第97简正）

以米求毇，八之，十而成一。以毇求米，十之，八而成一。以粺求毇，八之，九而成一。以毇求粺，九之，八而成一。（第98简正）

以粟求毇，廿四之，五十而成一。以毇求粟，五十之，廿四而成一。以米求粺，九之，十成一。以粺求米，十之，九成一。（第99

---

① "大半"即三分之二。
② "少半"即为三分之一。"一升少半半升"即为一升加三分之一升加半升。
③ "五十而成一"即分母为50。

简正）

以麦求粟，因倍之，又五之，九成一。以粟求麦，因九之，十成一。以粺求粟，因而五［十］之，又置三一方而九之，以为法，如法而一。（第 100 简正）①

以粟求菽、荅、麦，九之，十而成一。以米求菽、荅、麦，三之，二成一。以稻粟求菽、荅、麦，三之，四成一。米一升少半半升四分升一为粟三升卅六分升廿七。（第 101 简正）

☐☐粺，因而三之，又九之，置五一方而☐之，以为法，如法而成一。毇米一升为粟二升又十［二］分升一。（第 102 简正）

说明：《数》的表达比较乱，算法多有重复，这说明《数》是摘抄性质的，并未有严密而准确的统稿。现将重复的部分总结为表3：

表3　　　　　《数》中有关粮食换算的重复内容

重复内容1	重复内容2
以米求麦，倍母三实（84）	以米求菽、荅、麦，三之，二成一（101）
以粟求麦，十母九实。以麦求粟，九母十实（84）	以麦求粟，因倍之，又五之，九成一。以粟求麦，因九之，十成一（100）
以粺求米，九母十实。以米求粺，十母九实（85）	以粺求米，因而十之，九成一。以米求粺，因而九之，十成一（99）
以粺求粟，廿七母五十实。以粟求粺，五十母廿七实（86）	以粟求粺，廿七之，五十而成一。以粺求粟，五十之，廿七而成一（96）
以粟求毇，五十母廿四实。以毇求粟，廿四母五十实（88）	以粟求毇，廿四之，五十而成一。以毇求粟，五十之，廿四而成一（99）
粟一升为米五分升三（88）	粟一升为米五分升三（90）
米一升为粟一升大半升（88）	粟一升大半升为米一升（90）
麦少半升为米九分升二，麦半升为米九分升三（92）	麦少半升为米九分升二，麦半升为米九分三（93）
以粺求米，因而十之，九成一。以米求粺，因而九之，十成一（97）	以米求粺，九之，十成一。以粺求米，十之，九成一（99）

---

① "三一方而九之"即三乘以九。

(2)《算数书》中的相关记载是①：

程禾　程曰：禾黍一石为粟十六斗泰半斗，舂之为粝米一石，粝米一石为毇米九斗，毇米九斗为毇米八斗。程曰：稻禾一石为粟廿斗，舂之为米，十斗为毇，粲米六斗泰半斗。麦十斗为䵂三斗②。（第89简）程曰：麦、菽、荅、麻十五斗一石，禀毇、毇者，以十斗为一石。（第90简）

粺毇　米少半升为粺十分升之三，九之，十而一；米少半升为毇米十五分升之四，八之，十而一；米少半升为麦半升，三之，二而一。麦少（第98简）半升为粟廿七分升之十，九母、[十子，十之，九而一；麦少半]升为米九分升之二，参母、再子，二之，三而一；麦少半升为（第99简）粺五分升之一，十五母、九子，九之，十五而一；麦少半升为毇卌（四十）五分升之八，十五母、八子。（第100简）粺米四分升之一为粟五十四分升之廿五，廿七母、五十子；粺米四分升之一为米十八分升之五上，九母、十子；粺米（第101简）四分升之一为毇米九分升之二，九母，八子；粺米四分升之一为麦十二分升之五，九母，十五子。毇米四分升之一为米（第102简）十六分升之五，八母，十子；毇四分升之一为粺卅（三十）二分升九，八母，九子；毇米四分升之一为麦卅二分升之十五，八母，（第103简）十五子；毇米四分升之一为粟卌（四十）八分升之廿五，廿四母上、五十子。（第104简）

粟为米　麻、麦、菽、荅三而当米二；九而当粟十。粟五为米三；米十为粺九，为毇八。麦三而当稻粟四，禾粟（第109简）五为稻粟四。（第110简）

粟求米　粟求米三之，五而一；粟求麦，九之，十而一；粟求粺廿七之，五十而一；粟求毇廿四之，五十而一。米求（第111简）粟五之，三而一。（第112简）

粟求米　粟求米因而三之，五而成一。今有粟一升七分升三，当

---

① 张家山二四七号汉墓竹简整理小组：《张家山汉墓竹简[二四七号墓]：释文修订本》，文物出版社2006年版，第144—147页。

② 䵂 zhí：麦麸与面合在一起，未分开。

为米几何？曰：为米七分升六。术曰：母相乘为法，以三（第113简）乘十为实。（第114简）

米求粟 以米求粟因而五之，三成一。今有米七分升六，当为粟几何？曰：为粟一升七分升三。术曰：母相（第115简）乘为法，以五乘六为实。（第116简）

由于出于摘抄，《算数书》中也有重复，比如两章"粟为米"中的"粟求米三之，五而一""粟求米因而三之，五而成一"就完全相同。不过，它重复的部分比《数》要少很多。

(3)《九章算术》中的相关记载是①：

粟米之法：粟率五十　粝米三十　粺米二十七　毇米二十四　御米二十一　小䵂十三半　大䵂五十四　粝饭七十五　粺饭五十四　毇饭四十八　御饭四十二　菽、荅、麻、麦各四十五　稻六十　豉六十三　飧九十　熟菽一百三半　糵一百七十五

今有术曰：以所有数乘所求率为实，以所有率为法，实如法而一。

《九章算术》中还有31道例题。由于《九章算术》的描述特别清晰，无须算题帮助理解，因此这里不详细著录算题。

通过对比秦简《数》、汉简《算数书》和定稿于魏晋时期的《九章算术》，我们可以发现两点：第一，民以食为天，粮食问题始终是数学书籍最为关注的话题之一，其中存在大量的例题。第二，随着时间的流逝和研究的深入，相关问题的表述越来越简明、清晰。

【原文】

十分减一者，以二乘，二十除。减二者，以四乘，二十除。减三者，以六乘，二十除。减四者，以八乘，二十除。减五者，以十乘，二十除。减六者，以十二乘，二十除。减七者，以十四乘，二十除。减八者，以十六乘，二十除。减九者，以十八乘，二十除。

---

① 《九章算术》卷二，今有术。

九分减一者，以二乘，十八除。八分减一者，以二乘，十六除。七分减一者，以二乘，十四除。六分减一者，以二乘，十二除。五分减一者，以二乘，十除。

翻译

将一个数减去十分之一，（被减数的计算方法是）将这个数乘以2，除以20。将一个数减去十分之二，（被减数的计算方法是）将这个数乘以4，除以20。将一个数减去十分之三，（被减数的计算方法是）将这个数乘以6，除以20。将一个数减去十分之四，（被减数的计算方法是）将这个数乘以8，除以20。将一个数减去十分之五，（被减数的计算方法是）将这个数乘以10，除以20。将一个数减去十分之六，（被减数的计算方法是）将这个数乘以12，除以20。将一个数减去十分之七，（被减数的计算方法是）将这个数乘以14，除以20。将一个数减去十分之八（被减数的计算方法是）将这个数乘以16，除以20。将一个数减去十分之九，（被减数的计算方法是）将这个数乘以18，除以20。

将一个数减去九分之一，（被减数的计算方法是）将这个数乘以2，除以18。将一个数减去八分之一，（被减数的计算方法是）将这个数乘以2，除以16。将一个数减去七分之一，（被减数的计算方法是）将这个数乘以2，除以14。将一个数减去六分之一，（被减数的计算方法是）将这个数乘以2，除以12。将一个数减去五分之一，（被减数的计算方法是）将这个数乘以2，除以10。

数学原理

这里的计算方法都不是最简形式，而是最简形式的分子、分母都乘以2。联系到下文的"一乘不长"（一个数乘以1，它的值不增长），而不是"一乘不变"，这似乎说明作者不喜欢或者不熟悉与1有关的操作。

需要注意的是，题目里虽然说减去若干分之一或十分之某，但是计算的并不是结果，而是被减数。

解题

此类算题在《算数书》中被称为"增减分"，意思是分数值的增大或缩小。

《数》《九章算术》中都没有专门的"增减分"算法。这是因为,"增减分"是分数乘除法的一种较为简单的例子,不需要单独列出。《算数书》中,跟"增减分"相关的算题有两道,分别是:

  增减分 增分者,增其子;减分者,增其母。
  分当半者 诸分之当半者,倍其母;当少半者,三其母;当四分者,四其母;当五分者,五其母;当十、百分者,辄十、百其母,如欲所分。①

我们可以看出,《算数书》中的计算,比《孙子算经》简便很多。比如,如果要算一个数的十分之一,只需要"十……其母"即可,即将该数除以 10,而不必像《孙子算经》那样,先乘以 2,再除以 20。如果要算一个数的五分之一,只需要"五其母",即将该数除以 5,而不必像《孙子算经》那样,先乘以 2,再除以 10。也就是说,《算数书》用的是最简单的形式,计算方法比《孙子算经》好很多。

而且,我们可以很轻易地通过《算数书》的记载,给出这类问题的一般解决形式:如果要算一个数的 M 分之 1,只需要将 M 作为分母就可以了;如果要算一个数的 M 分之 N,可以先求得 M 分之 1,再将分子乘以 N 就可以了。

【原文】
  九九八十一,自相乘,得几何?答曰:六千五百六十一。术曰:重置其位,以上八呼下八,八八六十四,即下六千四百于中位。以上八呼下一,一八如八,即于中位下八十。退下位一等,收上头位八十[1]。以上位一呼下八[2],一八如八,即于中位下八十。以上一呼下一,一一如一,即于中位下一。上下位俱收,中位即得六千五百六十一。

注释
  [1] 四库本校:案原本脱"上"字,今补。
  [2] 四库本校:案"上位"原本讹作"头位",今改正。

---

 ① 彭浩:《张家山汉简〈算数书〉注释》,科学出版社 2001 年版,第 42 页。

翻译

$9 \times 9 = 81$，81×81 得数是多少？答：6561。计算方法是：将乘数81和被乘数81分别置于上位和下位，中位空出（表4步骤1）。用上位的8乘以下位的8，八八六十四，因此要在中位写上6400（步骤2）。用上位的8乘以下位的1，八八六十四，因此要在中位加上80（步骤3）。由于十位数的计算已经结束，下面要去掉上位的十位数8，轮到上位的个位数进行计算（步骤4）。用上位的1乘以下位的8，一八如八，因此要在中位加上80（步骤5）。用上位的1乘以下位的1，一一如一，因此要在中位加上1（步骤6）。到了这一步，计算就完成了，把上、下位都去掉，将中位相加，即可得到最终结果6561（步骤7）。

数学原理

表4　　　　　　　　　　　　81×81 的计算步骤

	步骤1	步骤2	步骤3	步骤4	步骤5	步骤6	步骤7
上位	81	81	81	1	1	1	
中位	0	+6400	+80		+80	+1	6400+80+80+1
下位	81	81	81	81	81	81	
计算		上8×下8	上8×下1		上1×下8	上1×下1	

这里使用的是整数乘法的分配率。下文从"八九七十二"到"一一如一"，均使用了同样的方法。

【原文】

六千五百六十一，九人分之，问人得几何？答曰：七百二十九。术曰：先置六千五百六十一于中位，为实。下列九人为法。上头位置七百[1]，以上七呼下九，七九六十三，即除中位六千三百。退下位一等，即上位置二十[2]。以上二呼下九，二九一十八，即除中位一百八十。又更退下位一等，即上位更置九[3]。即以上九呼下九，九九八十一，即除中位八十一。中位并尽，收下位。头位所得，即人之所得。自八八六十四至一一如一，并准此。

注释

[1] 四库本注：案原本脱"上"字，今补。

[2] 四库本注：案"上位"原本讹作"头位"，今改正。

[3] 四库本注：案"上位"原本亦讹作"头位"，今改正。

翻译

将6561分给9个人，每人分得多少？答：729。计算方法是：先将6561当作除数，放在中位；将9当作被除数，放在下位；上位用于存放计算结果（表5步骤1）。$7 \times 9 = 63$，可知结果的百位数是7（步骤2）。$6561 - 6300 = 261$，然后，再计算结果的十位数。则新的中位为261（步骤3）。$2 \times 9 = 18$，可知结果的十位数为2（步骤4）。$261 - 180 = 81$，然后，再计算结果的个位数（步骤5）。$9 \times 9 = 81$，可知结果的个位数为9（步骤6）。至此，中位全部除尽，把下位去掉，上位即为最终结果。下文的"八八六十四"至"一一如一"的计算，全都是这样的。

表5　　　　　　　　6561÷9的计算步骤

	步骤1	步骤2	步骤3	步骤4	步骤5	步骤6	步骤7
上位	0	7	7	72	72	729	729
中位	6561	6561	261	261	81	81	0
下位	9	9	9	9	9	9	
计算		上7×下9	6561-6300	上2×下9	261-180	上9×下9	

数学原理

该计算实际上是把除法化为乘法和减法，从高位开始乘起，每乘完一部分，就减去，直至得到最终的结果。

【原文】

八九七十二，自相乘，得五千一百八十四。八人分之，人得六百四十八。

七九六十三，自相乘，得三千九百六十九。七人分之，人得五百六十七。

　　六九五十四，自相乘，得二千九百一十六。六人分之，人得四百八十六。

　　五九四十五，自相乘，得二千二十五。五人分之，人得四百五。

　　四九三十六，自相乘，得一千二百九十六。四人分之，人得三百二十四。

　　三九二十七，自相乘，得七百二十九。三人分之，人得二百四十三。

　　二九一十八，自相乘，得三百二十四。二人分之，人得一百六十二。

　　一九如九，自相乘，得八十一。一人得八十一。

　　右九九一条，得四百五，自相乘，得一十六万四千二十五。九人分之，人得一万八千二百二十五。

翻译

　　8×9＝72，72×72＝5184。将5184分给8个人，每人分得648。

　　7×9＝63，63×63＝3966。将3966分给7个人，每人分得567。

　　6×9＝54，54×54＝2916。将2916分给6个人，每人分得486。

　　5×9＝45，45×45＝2025。将2025分给5个人，每人分得405。

　　4×9＝36，36×36＝1296。将1296分给4个人，每人分得324。

　　3×9＝27，27×27＝729。将729分给3个人，每人分得243。

　　2×9＝18，18×18＝324。将324分给2个人，每人分得162。

　　1×9＝9，9×9＝81。将81分给1个人，每人分得81。

　　将上面跟9的乘法有关的九条，加起来，即9×9＋8×9＋7×9＋6×9＋5×9＋4×9＋3×9＋2×9＋1×9，结果是450。450×450＝164025。将164025分给9个人，每人分得18225。

【原文】

　　八八六十四，自相乘，得四千九十六。八人分之，人得五百一十二。

　　七八五十六，自相乘，得三千一百三十六。七人分之，人得四百四十八。

　　六八四十八，自相乘，得二千三百四。六人分之，人得三百八十四。

　　五八四十，自相乘，得一千六百。五人分之，人得三百二十。

　　四八三十二，自相乘，得一千二十四。四人分之，人得二百五十六。

《孙子算经》(卷上)译注　　81

三八二十四,自相乘,得五百七十六。三人分之,人得一百九十二。

二八十六,自相乘,得二百五十六。二人分之,人得一百二十八。

一八如八,自相乘,得六十四。一人得六十四。

右八八一条,得二百八十八,自相乘,得八万二千九百四十四。八人分之,人得一万三百六十八。

翻译

$8\times8=64$,$64\times64=4096$。将4064分给8个人,每人分得512。

$7\times8=56$,$56\times56=3136$。将3136分给7个人,每人分得448。

$6\times8=48$,$48\times48=2304$。将2304分给6个人,每人分得384。

$5\times8=40$,$40\times40=1600$。将1600分给5个人,每人分得320。

$4\times8=32$,$32\times32=1024$。将1024分给4个人,每人分得256。

$3\times8=24$,$24\times24=576$。将576分给3个人,每人分得192。

$2\times8=16$,$16\times16=256$。将256分给2个人,每人分得128。

$1\times8=8$,$8\times8=64$。将4096分给1个人,每人分得64。

将上面跟8的乘法有关的八条,加起来,即$8\times8+7\times8+6\times8+5\times8+4\times8+3\times8+2\times8+1\times8$,结果是288。$288\times288=82944$。将82944分给8个人,每人分得10368。

【原文】

七七四十九,自相乘,得二千四百一。七人分之,人得三百四十三。

六七四十二,自相乘,得一千七百六十四。六人分之,人得二百九十四。

五七三十五,自相乘,得一千二百二十五。五人分之,人得二百四十五。

四七二十八,自相乘,得七百八十四。四人分之,人得一百九十六。

三七二十一,自相乘,得四百四十一。三人分之,人得一百四十七。

二七一十四,自相乘,得一百九十六。二人分之,人得九十八。

一七如七,自相乘,得四十九。一人得四十九。

右七七一条,得一百九十六,自相乘,得三万八千四百一十六。七人分之,人得五千四百八十八。

翻译

7×7=49，49×49=2401。将2401分给7个人，每人分得343。

6×7=42，42×42=1764。将1764分给6个人，每人分得294。

5×7=35，35×35=1225。将1225分给5个人，每人分得245。

4×7=28，28×28=784。将784分给4个人，每人分得196。

3×7=21，21×21=441。将441分给3个人，每人分得147。

2×7=14，14×14=196。将196分给2个人，每人分得98。

1×7=7，7×7=49。将49分给1个人，每人分得49。

将上面跟7的乘法有关的七条，加起来，即7×7+6×7+5×7+4×7+3×7+2×7+1×7，结果是196。196×196=38416。将38416分给7个人，每人分得5488。

【原文】

六六三十六，自相乘，得一千二百九十六。六人分之，人得二百一十六。

五六三十，自相乘，得九百。五人分之，人得一百八十。

四六二十四，自相乘，得五百七十六。四人分之，人得一百四十四。

三六一十八，自相乘，得三百二十四。三人分之，人得一百八。

二六一十二，自相乘，得一百四十四。二人分之，人得七十二。

一六如六，自相乘，得三十六。一人得三十六。

右六六一条，得一百二十六，自相乘，得一万五千八百七十六。六人分之，人得二千六百四十六。

翻译

6×6=36，36×36=1296。将1296分给6个人，每人分得216。

5×6=30，30×30=900。将900分给5个人，每人分得180。

4×6=24，24×24=576。将576分给4个人，每人分得144。

3×6=18，18×18=324。将324分给3个人，每人分得108。

2×6=12，12×12=144。将196分给2个人，每人分得72。

1×6=6，6×6=36。将36分给1个人，每人分得36。

将上面跟6的乘法有关的六条，加起来，即6×6+5×6+4×6+3×6+2×6+1×6，结果是126。126×126=15876。将15876分给6个人，

每人分得2646。

【原文】

五五二十五，自相乘，得六百二十五。五人分之，人得一百二十五。
四五二十，自相乘，得四百。四人分之，人得一百。
三五一十五，自相乘，得二百二十五。三人分之，人得七十五。
二五一十，自相乘，得一百。二人分之，人得五十。
一五如五，自相乘，得二十五。一人得二十五。
右五五一条，得七十五，自相乘，得五千六百二十五。五人分之，人得一千一百二十五。

翻译

$5 \times 5 = 25$，$25 \times 25 = 625$。将625分给5个人，每人分得125。
$4 \times 5 = 20$，$20 \times 20 = 400$。将400分给4个人，每人分得100。
$3 \times 5 = 15$，$15 \times 15 = 225$。将225分给3个人，每人分得75。
$2 \times 5 = 10$，$10 \times 10 = 100$。将100分给2个人，每人分得50。
$1 \times 5 = 5$，$5 \times 5 = 25$。将25分给1个人，每人分得25。

将上面跟5的乘法有关的五条，加起来，即 $5 \times 5 + 4 \times 5 + 3 \times 5 + 2 \times 5 + 1 \times 5$，结果是75。$75 \times 75 = 5625$。将5625分给5个人，每人分得1125。

【原文】

四四一十六，自相乘，得二百五十六。四人分之，人得六十四。
三四一十二，自相乘，得一百四十四。三人分之，人得四十八。
二四如八，自相乘，得六十四。二人分之，人得三十二。
一四如四，自相乘，得一十六。一人得一十六。
右四四一条，得四十，自相乘，得一千六百。四人分之，人得四百。

翻译

$4 \times 4 = 16$，$16 \times 16 = 256$。将256分给4个人，每人分得64。
$3 \times 4 = 12$，$12 \times 12 = 144$。将144分给3个人，每人分得48。
$2 \times 4 = 8$，$8 \times 8 = 64$。将64分给2个人，每人分得32。

$1 \times 4 = 4$，$4 \times 4 = 16$。将 16 分给 1 个人，每人分得 16。

将上面跟 4 的乘法有关的四条，加起来，即 $4 \times 4 + 3 \times 4 + 2 \times 4 + 1 \times 4$，结果是 40。$40 \times 40 = 1600$。将 1600 分给 4 个人，每人分得 400。

【原文】

三三如九，自相乘，得八十一。三人分之，人得二十七。

二三如六，自相乘，得三十六。二人分之，人得一十八。

一三如三，自相乘，得九。一人得九。

右三三一条，得一十八，自相乘得三百二十四。三人分之，人得一百八。

翻译

$3 \times 3 = 9$，$9 \times 9 = 81$。将 81 分给 3 个人，每人分得 27。

$2 \times 3 = 6$，$6 \times 6 = 36$。将 36 分给 2 个人，每人分得 18。

$1 \times 3 = 3$，$3 \times 3 = 9$。将 9 分给 1 个人，每人分得 9。

将上面跟 3 的乘法有关的三条，加起来，即 $3 \times 3 + 2 \times 3 + 1 \times 3$，结果是 18。$18 \times 18 = 324$。将 324 分给 3 个人，每人分得 108。

【原文】

二二如四，自相乘，得一十六。二人分之，人得八。

一二如二，自相乘，得四。一人得四。

右二二一条，得六，自相乘，得三十六。二人分之，人得一十八。

一一如一，自相乘，得一。一乘不长。

右从九九至一一，总成一千一百五十五，自相乘，得一百三十三万四千二十五，九人分之，人得一十四万八千二百二十五。

翻译

$2 \times 2 = 4$，$4 \times 4 = 16$。将 16 分给 2 个人，每人分得 8。

$1 \times 2 = 2$，$2 \times 2 = 4$。将 4 分给 1 个人，每人分得 4。

将上面跟 2 的乘法有关的两条，加起来，即 $2 \times 2 + 1 \times 2$，结果是 6。$6 \times 6 = 36$。将 36 分给 2 个人，每人分得 18。

$1 \times 1 = 1$，将得到结果 1 乘以自己，还是 1。跟 1 相乘，其值不增加。

将上面的从 9×9 到 1×1 的八十一条，加起来，即 9×9+8×9+……+8×8+7×8+……+7×7+6×7+……+6×6+5×6+……+5×5+4×5+……+4×4+3×4+……+3×3+2×3+……+2×2+1×2+1×1，结果是 1334025。将 1334025 分给 9 个人，每人分得 148225。

【原文】

以九乘一十二，得一百八。六人分之，人得一十八。

以二十七乘三十六，得九百七十二。一十八人分之，人得五十四。

以八十一乘一百八，得八千七百四十八。五十四人分之，人得六十二[1]。

以二百四十三乘三百二十四，得七万八千七百三十二。一百六十二人分之，人得四百八十六。

以七百二十九乘九百七十二，得七十万八千五百八十八。四百八十六人分之，人得一千四百五十八。

以二千一百八十七乘二千九百一十六，得六百三十七万七千二百九十二。一千四百五十八人分之，人得四千三百七十四。

以六千五百六十一乘八千七百四十八，得五千七百三十九万五千六百二十八。四千三百七十四人分之，人得一万三千一百二十二。

以一万九千六百八十三乘二万六千二百四十四，得五亿一千六百五十六万六百五十二。一万三千一百二十二人分之，人得三万九千三百六十六。

以五万九千四十九乘七万八千七百三十二，得四十六亿四千九百四万五千八百六十八。三万九千三百六十六人分之，人得一十一万八千九十八。

以一十七万七千一百四十七乘二十三万六千一百九十六，得四百一十八亿四千一百四十一万二千八百一十二。一十一万八千九十八人分之，人得三十五万四千二百九十四。

以五十三万一千四百四十一乘七十万八千五百八十八，得三千七百六十五亿七千二百七十一万五千三百八。三十五万四千二百九十四人分之，人得一百六万二千八百八十二。

注释

[1]"六十二"有误,应改为"一百六十二"。

翻译

$9 \times 12 = 108$。将108分给6个人,每人分得18。

$27 \times 36 = 972$。将972分给18个人,每人分得54。

$81 \times 108 = 8748$。将8748分给54个人,每人分得162。

$243 \times 324 = 78732$。将78732分给162个人,每人分得486。

$729 \times 972 = 708588$。将798588分给486个人,每人分得1458。

$2187 \times 2916 = 6377292$。将6377292分给1458个人,每人分得4374。

$6561 \times 8748 = 57395628$。将57395628分给4374个人,每人分得13122。

$19683 \times 26244 = 516560652$。将516560652分给13122个人,每人分得39366。

$59049 \times 78732 = 4649045868$。将4649045868分给39366个人,每人分得118098。

$177147 \times 236196 = 41841412812$。将41841412812分给118098个人,每人分得354294。

$531441 \times 708588 = 376572715308$。将376572715308分给354294个人,每人分得1062882。

数学原理

这些数据看似很复杂,仔细分析就会发现:相邻的两条相比,下一条的乘数、被乘数、分给的人数、每人所得,均为上一条的3倍。

论类书学的建构与类书研究的疆域*

刘全波

(兰州大学 敦煌学研究所)

一 类书知多少?

类书是一种辑录各种门类或某一门类的资料,按照一定的方法加以编排,以便于寻检、征引的一种知识性资料汇编。一千多年来,类书作为典籍之荟萃,知识之精华,对文献保存、知识传播和学术研究都产生了重要作用。曹之先生在《中国古籍编撰史》中曾发问道:古代类书知多少?据其粗略统计,有六百余种,现存类书二百余种。[①] 张涤华先生《类书流别》之《存佚第六》将古今类书分为存目、存疑、黜伪、补遗、新增五部分,但张氏书中未有类书数量的最终统计数据,据笔者统计,除去黜伪部分,有近一千种。[②] 戴克瑜、唐建华先生主编《类书的沿革》第九章《现存类书书目》以朝代顺序对现存类书做了统计,共载类书 263 种。[③] 庄芳荣先生《中国类书总目初稿》根据《燕京大学图书馆目录初编类书之部》《江苏省立国学图书馆图书总目》《类书流别》《哈佛大学哈佛燕京学社图书馆藏明代类书概述》《四库未收明代类书考》《国立中央图书馆善本书目增订本》等 15 种目录书编成,其言:"计得八二四种,其中

---

* 基金项目:贵州省哲学社会科学规划国学单列课题青年项目"敦煌写本类书《语对》整理研究"(项目编号:18GZGX29)阶段性成果。

① 曹之:《中国古籍编撰史》,武汉大学出版社 2006 年版,第 410 页。

② 张涤华:《类书流别(修订本)》,商务印书馆 1985 年版,第 42 页。

③ 戴克瑜、唐建华主编:《类书的沿革》,四川省图书馆学会编印 1981 年版,第 105—115 页。

扣除同书异名或疑为同书者，约得七六六种。"① 吴枫先生《中国古典文献学》言："自六朝至清末，据历代艺文、经籍志著录，约有六百余种，其中大部分已经散失，今存者约有二百种左右。"② 赵含坤先生《中国类书》对古往今来的类书做了编目叙录，并收录了民国乃至中华人民共和国成立以来所编纂的类书，其言中国古代所编纂的类书达1600余种（包括存疑的125种）。③虽然，诸位先生的统计方法不同，对类书的去取或有问题，但毋庸置疑的是，我们从中可以发现类书数量之众多。

陈垣先生做过《四库全书》所收篇幅最大的古籍排序，结论是清代类书《佩文韵府》列第一，为28027页，宋代类书《册府元龟》列第二，为27269页。④可见类书卷帙之大，无可匹敌者。陈垣先生亦做过《文津阁四库全书册数页数表》，我们将其所做统计整理如下：类书类，3375册，227739页；子部典籍，9055册，564344页；四库所有典籍，36277册，2291100页。⑤通过陈垣先生的统计，类书类之页数在整个《四库全书》页数中所占分量为9.94%，而在子部典籍中所占比例达40.4%；类书一类之页数在整个《四库全书》44类中占近一成，而在子部典籍竟然超过了四成，亦可见类书数量之巨大！影印本文渊阁《四库全书》共1500册，类书则占据了150册，编号887册至1034册。而陈垣先生所统计的仅仅是《四库全书》全文著录的类书，而存目类类书的数量就更多了。《四库全书总目》载："右类书类六十五部，七千零四十五卷，皆文渊阁著录。"⑥"右类书类二百一十七部，二万七千五百零四卷（内七部无卷数），皆附存目。"⑦

张涤华《类书流别》言："夫六艺纷纶，百家踳驳，穷理尽性，则劳而少功；周览泛观，则博而寡要；且或细族寒家贫士，则艰于购求；或乡曲浅儒，则疏于铨别：学者所以勤苦而难就，皆职此之由也。若有类书，

---

① 庄芳荣：《中国类书总目初稿（书名·著者索引篇）》，学生书局1983年版，第9页。
② 吴枫：《中国古典文献学》，齐鲁书社2005年版，第132页。
③ 赵含坤：《中国类书·凡例》，河北人民出版社2005年版。
④ 陈垣：《陈垣学术论文集》第2集，中华书局1982年版，第35页。
⑤ 陈垣：《陈垣学术论文集》第2集，第26—34页。
⑥ （清）永瑢等撰：《四库全书总目》卷一三六《类书类二》，中华书局1965年版，第1159页。
⑦ （清）永瑢等撰：《四库全书总目》卷一三九《类书类存目三》，第1181页。

以博稽众籍，标其菁粹，则守兹一帙，左之右之，俱足以达津梁。其为功易而速，为学精而要，不假从师聚学，区以别矣。"① 诚然，类书是文献的渊薮，其将各种具有相同性的资料分门别类的汇集在一起，对于古人来说就是一个资料宝库，是古人进行资料检索征引的万宝全书。临事骤然，问答应急，博闻强记者也难免遗忘，翻阅检索也需要方法，也应该快捷便利，而类书征引繁富，检索便利，一本类书在手，即便不能应对所有的问题，但是遇事检索征引，还是十分方便的。董治安主编《唐代四大类书·前言》言："在我国源远流长的学术史和文化史上，数量可观的一批类书，以其特殊的文献保存价值和资料查询功能，一直受到广泛的重视。"② 今天的人们或许体会不到古人的感觉，古人的世界没有今天这般多姿多彩，古人获取知识也没有今天这般便捷多途，而作为典籍之荟萃、知识之精华的类书，在古人的眼中就算是奇书、万宝全书，故类书在古代中国拥有众多的编纂者、使用者、收藏者，且不断被刊刻、补编、续编、新编，类书与中国古代政治、文学、科举、教育乃至日常生活都紧密相连。

　　类书是文献学研究的重要内容，近年来，类书研究取得了巨大的进步，论著大增，每一年论著皆多达百余种（篇），百万字不止，其中有专著，有精辟的研究论文，有简短的介绍性论文，更有不少博硕士研究生学位论文，可谓是绝对丰富，远远超出我们的想象，对比2000年以前之类书研究，进步巨大。而在此新的形势下，类书研究的理论却相对滞后，甚至是停滞不前。历来有一种偏见，认为古文献研究只有方法没有理论，也不需要理论，受此影响，多年来古文献学的理论建设非常薄弱，而类书研究理论的建设更加薄弱。众所周知，一门成熟的学科，如果只是停留在实证研究的层面而没有系统的理论和方法论的提升，就不可能有规律性的认识和持续的传承创新。具体到类书研究，我们有很多理论问题都没有彻底解决，比如，类书的定义、定位问题，这个问题关系类书研究的定位，是一个如何立论的问题，如若没有一个明确的纲领，就无法开展研究。所以，学者们往往从自身的研究侧重点出发，各为自战，自说自话，于是关于类书的定义也就千差万别，莫衷一是。关于类书数量的统计更是大相径

---

① 张涤华：《类书流别（修订版）》，第35页。
② 董治安主编：《唐代四大类书》，清华大学出版社2003年版，出版说明，第3页。

庭，多者达1500余种，少者仅二三百种。人文学科研究的常识告诉我们，学术研究的质量首先取决于学术资料的真伪，因此任何学术研究都应该以文献作为基础，倘若没有扎实的文献作基础，所谓的学术研究只能是空中楼阁和过眼烟云，故从事类书研究也必须要重视对资料的搜集、整理和考辨，传世文献之外还应该尽可能利用出土文献、域外文献。而在重视资料的基础上，类书研究亟须建立一套系统完整的理论，对类书的流传、演变、体例、流弊、功能、价值等问题做全面的分析，不至于使类书研究没有独立性，甚至成为其他学科的附庸。正如刘乃和先生所说的："要把文献工作当作一门学问，只作事务是不行的；要把文献工作当作具有科学性的学问，只凭技术也是不行的。""研究历史文献，不可避免地要涉及理论和观点的问题。"① 基于这些认识，我们大胆地提出类书学概念，旨在提升类书在整个文献学中的地位，或者说是特殊性、独特性，并就类书研究的疆域也就是方向进行一个简单的整体性划分。

二 官修类书

历代王朝都很重视对文献的搜集整理，并形成了通过编修典籍来昭示文治之盛的传统，新王朝不惜人力、财力编纂大型图籍，很多是带有某种政治色彩的，自三国以来，类书的编纂与修史成为开国之初最为重要的两项文化工程。《皇览》之后历代王朝都组织人手编纂类书，南朝有《四部要略》《寿光书苑》《华林遍略》等，北朝有北齐后主高纬敕修的《修文殿御览》，隋朝有《长洲玉镜》，唐有《艺文类聚》《文思博要》《三教珠英》，宋有《太平御览》《册府元龟》，明有《永乐大典》，清有《古今图书集成》等。毫无疑问，带有浓厚政治色彩的官修类书一直是中国类书编纂的主流，因为只有官方才可以组织当时的精英编纂出一部卷帙浩繁、资料磅礴的鸿篇巨著。② 随着文献的聚集，历代积累下来的典籍，可谓是浩如烟海、汗牛充栋，怎么才能在最短的时间内，获得最多的知识，帝王及皇子皇孙于是就借助编纂类书熟悉封建文化的全部知识，封建士大夫更要依靠类书熟悉这些知识，以达到明于治乱，娴于辞令。明焦竑《国史

---

① 刘乃和：《历史文献研究论丛》，广西师范大学出版社1998年版，第32—33页。
② 刘全波：《魏晋南北朝类书发展史论纲》，《天府新论》2011年第1期。

经籍志》类家《小叙》说："盖施之文为通儒,厝于事为达政,其为益亦甚巨已!"① 古今学者多言官修类书有笼络文人士大夫的功效,厚禄高官,使文人士大夫老死于书籍之中,借以消磨他们的意志,其实,官修类书的编纂更具有锻炼、培养人才的作用,通过类书编纂,很多学者成为博学多识之士,成为王朝的中流砥柱。

梁启超言:"纂辑类书之业,亦文化一种表征。"② 张涤华言:"类书之升降,恒依政治、学术及社会制度诸方面为之进退,而其间尤以政治之关系为切。"③ 唐光荣亦言:"虽然类书只是一种钞撮群书的资料汇编,学术地位远不及正史,但在历代帝王的眼里,编纂类书与编纂正史几乎是同等的润色鸿业的盛事。"④ 总之,从魏晋至明清,历代帝王出于国家政治或学术的需要,皆组织当时的文化精英编纂出一部部卷帙浩繁、资料磅礴的鸿篇巨著。每一次大的类书编纂,朝野之文人雅士、宿学老儒、高僧道师等都被网罗其中,天下文艺之英,济济乎咸集于京师,可见,类书之编纂一点也不逊色于开国修史,类书编纂所拥有的官方地位、学术地位与正史编修处于伯仲之间,类书编纂已然成为一个王朝的文化工程,甚至成为一个王朝文治兴盛与否的标志。

三 私纂类书

伴随着官修大型类书的发展,民间私人编纂类书的现象逐渐流行起来。南北朝时期由于文学创作乃至追求博学的需要,众多的文人学者已经开始编纂类书。陆机之《要览》,戴安道、颜延之、梁元帝、何承天之《纂要》,沈约之《袖中记》《袖中要集》,庾肩吾之《采璧》,朱澹远之《语对》《语丽》,张缵之《鸿宝》就是此类。加之,齐梁之间的"征事""策事"之风盛行,为了能够在"征事""策事"中占尽先机,文人学士必定会不自觉加入类书的编纂中来,以加强自己的知识积累,以应时需,于是私纂类书乃至抄书、书钞,成为当时文学风气之下的一种必然。唐代

---

① (明) 焦竑:《国史经籍志》,《丛书集成初编》第27册,中华书局1985年版,第237页。
② 梁启超:《中国历史研究法》,上海古籍出版社1998年版,第63页。
③ 张涤华:《类书流别(修订本)》,第34页。
④ 唐光荣:《唐代类书与文学》,巴蜀书社2008年版,第2页。

乃至其后的不少文人、学士往往也自己编纂类书，以储备撰文作诗之资料，如张楚金《翰苑》、陆贽的《备举文言》、张仲素《词圃》、元稹《类集》、白居易《白氏经史事类》、于立政《类林》、温庭筠《学海》、李途《记室新书》、孙翰《锦绣谷》、皮日休《皮氏鹿门家钞》、秦观《精骑集》等。

王应麟《玉海》卷五十四《艺文·承诏撰述篇、类书》载："学古贵乎博，患其不精；记事贵乎要，患其不备。古昔所专，必凭简策，综贯群典，约为成书。"[1] 博览与精通，精要与完备，似乎从来就是一对冤家，博览不易，精通更难，若再强求完备，则是对古今文人最大的折磨了，因为任何一个人，哪怕是最聪明、最勤奋、最博学的人都是很难做到的。黄侃先生《文心雕龙札记·事类第三十八》中对古人为何多从事类书编纂做了透彻的分析："浅见者临文而踌躇，博闻者裕之于平素，天资不充，益以强记，强记不足，助以抄撮，自《吕览》《淮南》之书，《虞初》百家之说，要皆探取往书，以资博识。后世《类苑》《书抄》，则输资于文士，效用于谀闻，以我搜辑之勤，袪人翻检之剧，此类书所以日众。"[2] 王瑶先生《中古文学史论》则言："人类的记忆力毕竟是有限度的，正如同货物囤积多了必须有保管的仓库一样，这些知识也同样需要分类地去保管。只有这样才可以用起来方便，节省记忆的功夫；齐梁时编纂类书的盛行，便是适应着这一要求的。""随着数典用事之风的流行，齐梁时编纂类书的风气也盛极一时，都是为了适应文人们隶事属对之助的。"[3] 诚然，人的记忆力是有限的，为了博闻强记，就需要把难以记忆的知识按类编排，抄撮在一起，以便随时翻阅，加深记忆。先之抄撮之力，继之编撰之功，私纂类书就在官修类书的带动下发展起来了。

四 佛教类书

佛教类书是类书家族中的一个重要组成部分，他是佛教徒模仿世俗类书编纂模式编纂出来的以利僧众行文翻检之用的资料汇编，佛教类书是

---

[1] （宋）王应麟撰：《玉海（合璧本2）》，中文出版社1977年版，第1074页。
[2] 黄侃：《文心雕龙札记·事类第三十八》，上海古籍出版社2000年版，第188页。
[3] 王瑶：《中古文学史论》，北京大学出版社1998年第2版，第286—287页。

类书编纂形式在佛教典籍中的应用与发展。中古时期中国佛教获得了巨大的发展与进步，如译经事业，各类佛典的翻译基本齐全，印度各派经典皆在中国流传，各种学说相互激荡，随着译经事业的相对性消歇，中古佛教出现了一股重视讲诵佛典的学风。这种学风的转变，即是由译经到讲经的转变，当然此种转变并不是暴风骤雨式的，而这个转变无疑是需要大量的知识积累的，并且随着讲诵佛典的深入，大量的故事、譬喻、典故就越发需要。如何在浩瀚的佛经中汲取、驾驭大量的故事、譬喻、典故，于是佛经"抄集""纂集"也就是佛教类书就出现了，或是奉帝王之敕令，或是诸法师、学者之自觉，这个过程带来了佛教类书编纂、发展的一个高峰。纵观整个中古时期，高僧大德、文人学士编纂了多部举世闻名的佛教类书，如《众经要抄》《义林》《经律异相》《法宝联璧》《内典博要》《真言要集》《菩萨藏众经要》《金藏论》《玄门宝海》《法苑珠林》《释氏六帖》等，他们的出现构建了中古时期佛教类书的发展史、编纂史。

在佛典浩瀚或佛典不足的情况下，佛教类书都是最实用的利器，尤其是编纂质量较好的佛教类书，其内容博而卷帙约，可以提供各种佛教知识，弥补所见不足的缺憾。此外，佛教类书编纂与世俗类书最大的不同，是佛教类书有为宣讲佛法做资料准备的作用，其或者就是佛教讲经、说法的底本，直接应用到佛法的弘传中。[①] 佛教类书既是中古类书发展史的一部分，也是中古佛教发展史的一部分，需要从两方面进行考察探究，不能忽视他的任何一面，只有认识到他的两面性，才能够更加清晰、更加清楚地认知他们的存在价值。具体到佛教类书研究，还有很多理论问题都没有彻底解决，比如佛教类书的定位、功能、价值、流变，佛教类书与世俗类书之间的关系等问题。总之，我们需要把佛教类书研究放在大文献学、宗教学、历史学的视野下，不断提升佛教类书研究的理论水平，考镜源流，推动佛教类书研究的不断深入。

五 道教类书

北周武帝宇文邕崇信道教，曾多次召集百官僧道讨论三教先后，后以

[①] 刘全波：《论中古时期佛教类书的编纂》，《敦煌学辑刊》2017年第2期。

儒教为先，道教为次，佛教为后。因群臣、沙门皆持异议，乃于建德三年（574）并废佛、道二教，不久下诏立通道观，令道士王延校理道书，后又自撰道书，号曰《无上秘要》。其实，《无上秘要》是一部通道观学士奉北周武帝敕令编纂的道教类书，① 而此《无上秘要》的出现，标志着道教类书的诞生。如此一部体例完备的《无上秘要》的出现，绝不会是横空出世，必然是中古时期类书发展的结果。《无上秘要》被称为"六世纪的道藏"，内容之丰富，绝对超乎想象，而目前学界对《无上秘要》的考察是单薄的，所以不断加强对于《无上秘要》的研究就显得尤为重要。总体来看，历代编纂的道教类书不是很多，但却十分重要，除了《无上秘要》，宋代亦有《云笈七签》，亦被称为"小道藏"。如此两部鼎鼎有名的道教类书之分别研究、比较研究都是很重要的，但是目前还是少有人关注，或者说力度不够。我们认为，"六世纪的道藏"与11世纪的"小道藏"之比较研究必然是极其有意义的，不仅对道教研究有重大意义，更会对中国类书史研究有重大意义。

六 敦煌类书

据王三庆先生《敦煌类书》统计，敦煌写卷中的类书或部分接近类书的书抄，凡112卷，可归纳为六体43种。这六体43种的类书，是从六朝以来迄于五代宋初，民间私纂类书的一个雏形。在学术史上，对于类书体制的发展及源流脉络的沿革流变，无疑更具有廓清的明证作用，可说是类书史上一批极其珍贵的素材和史料。② 《隋书》《旧唐书》《新唐书》以及稍后的书志目录里，关于五代以前的各家类书记载不详，至于《四八目》《编珠》《锦带》《珊玉集》等不是被认为伪作即是残篇剩纸，以至于面对着宋代之后出现的诸多类书，在体制上竟然被认作是新开创的体例。当我们看到敦煌类书之后，我们就可以知道其来有自，而且各种体例的类书均可以在敦煌类书中找到蛛丝马迹。敦煌类书介于六朝至宋初之间，填补了类书发展中的空白，使类书的发展、编纂源流变得清晰。郑阿财先生言："敦煌蒙书具有实用、通俗与乡土的特性，内容颇有涉及当时

---

① 胡孚琛：《中华道教大辞典》，中国社会科学出版社1995年版，第232页。
② 王三庆：《敦煌类书》，丽文文化事业股份有限公司1993年版，第149页。

社会风俗及生活习尚的材料,可据以探讨唐五代敦煌地区的文化风俗。"①同样,敦煌类书中保存的大量中国古代典籍和历史文献,对于研究中国传统文化及其在西北地区的传播也具有十分重要的学术价值,通过敦煌类书的研究,可以窥见中国传统文化与少数民族文化、西域文化乃至西方文化的融合碰撞,可以窥见唐五代宋初敦煌等边地基层组织的文化传播途径、道德教化方式。百年匆匆而过,海内外敦煌类书研究取得了丰硕的成果,但总体来看,主要是对知名类书的研究,如《修文殿御览》《类林》《励忠节钞》《籯金》等,而对于大部分不知名类书、残类书的研究则仍然较为薄弱,如《对语甲》《类辞甲》《北堂书抄体甲》等。并且,诸位学者多是各据所学在自己所熟知的领域内就某一部类、某一体例、某一种类书进行研究,而能够将敦煌类书作为一个整体、一个系统加以研究的还是少数,所以敦煌类书的研究水平还没有达到全面系统而深入的程度。另外,对于敦煌类书的研究已不能局限于敦煌所出类书文献了,如果单单就敦煌所出类书文献进行研究的话,很难发掘出类书的流传轨迹及其流传背后的故事。

七　域外类书

类书不仅在中国大量流传,在古代日本、朝鲜、越南等东亚汉字文化圈也曾广泛流传,在今天日本、韩国、越南现存的古籍中有不少是从中国流传过去的古类书,甚至不少在中国已经失传的古类书在域外重新被发现,古代日本、朝鲜、越南学者依据中国类书又编纂出了不少类书,这些类书共同构成了异中有同、同中有异的东亚类书共同体。

《日本国见在书目录》记载了已经流传到日本的类书:"《华林遍略》《修文殿御览》《类苑》《类文》《艺文类聚》《翰苑》《初学记》《玉府新书》《玉苑丽文》《玉苑》《编珠录》。"②《日本国见在书目录》中记载的类书,《隋书·经籍志》亦多有记载,但是由于年代久远,散佚严重,往

---

① 郑阿财:《敦煌蒙书研究的回顾与前瞻》,《敦煌吐鲁番研究》第7卷,中华书局2004年版,第268页。

② 宫内厅书陵部所藏室生寺本:《日本国见在书目录》,名著刊行会1996年版,第52—54页。

往不得见,但部分古籍在日本的重现,着实拓宽了我们的视野。白化文、李鼎霞先生《日本类书简述》言:"日本一向善于汲取外来文化尤其热衷于吸收中国文化。日本历代引进了大量中国的类书,又仿效中国的办法自编了许多类书。"①日本学者一般将流传在日本的中国古籍称为"汉籍",而日本古代学者用汉文编纂的典籍则被称为"准汉籍",其中,中国典籍的日本刻本又被称之为"和刻本汉籍"。纵观日本所存类书文献,既有从中国流传来的"汉籍",又有日本学者编纂、抄写、刊刻的"准汉籍""和刻本汉籍"。为了更加清晰地区分他们,我们也可以将之分为"汉籍类书""准汉籍类书""和刻本类书";"汉籍类书"就是《瑶玉集》《玉烛宝典》《文馆词林》《翰苑》等,"准汉籍类书"就是《秘府略》《香字抄》《拾芥抄》等,而"和刻本类书"则是《三才图会》《事林广记》等。

朝鲜半岛在地理位置上与中国大陆直接相连,故其与古代中国的交往更是十分紧密,类书在朝鲜半岛的流传也是十分的广泛。《韩国所藏中国汉籍总目》子部下《类书类》收录了目前韩国各大图书收藏机构如高丽大学、庆尚大学、奎章阁、成均馆大学、韩国国立中央图书馆等所藏中国古类书的情况,从唐宋至明清的中国古类书触目可见,其中亦不乏精本、善本。如《北堂书钞》《艺文类聚》《白孔六帖》《册府元龟》《事文类聚》《事类赋》《翰苑新书》《三才图会》《唐类函》《图书编》《山堂肆考》《百家类纂》《图书集成》《渊鉴类函》《骈字类编》《广事类赋》《格致镜原》等。②《奎章阁图书韩国本总目录》则记载了朝鲜古代学者编纂的朝鲜本土类书,其子部《类书》载有:"《简牍精要抄》《经史集说》《经书类抄》《考事新书》《考事撮要》《万象丛玉》《星湖先生僿说》《五洲衍文长笺散稿》《类苑丛宝》《杂同散异》《篆海心境》《竹侨便览》《芝峰类说》等。"③可见,朝鲜古代学者在接受中国类书的同时也依据自己的实际情况编纂了大量具有朝鲜本土特色的类书。

同日本和朝鲜一样,越南曾使用汉字作为书写文字,较之日、朝等

---

① 白化文、李鼎霞:《日本类书简述》,《社会科学战线》1981年第3期,第346—348页。
② [韩]全寅初:《韩国所藏中国汉籍总目(4)》子部下《类书类》,学古房2005年版,第649—747页。
③ 《奎章阁图书韩国本总目录》,东亚文化研究所1965年版,第549—554页。

国，他拥有最长久的使用汉字的历史，越南完好保存了大量汉文古籍，据统计其数量不下 7000 余种。刘春银、王小盾、陈义主编《越南汉喃文献目录提要》共收录越南古籍文献 5027 笔，其中汉文 4232 种，喃文 795 种，其中子部类书共 19 种，汉文书 16 种，中国重抄重印本 3 种。[①] 他们是《天南余暇集》《村学指径》《芸台类语》《典林撷秀》《采玉捷录》《钦定人事金鉴》《酬奉骈体》《群芳合录长编》《摘锦汇编》《诗学圆机活法大成》《翰墨名家记》《学源摘对》《渊鉴类函略编》《古事苑》《源流至论》等。

八 日用类书

明清时代，书肆中又出现了大量日用类书，这些类书主要是为适应普通百姓日常生活而编写的，书里有大量的实用知识和经验总结，甚至还有许多修身齐家、劝人行善的治家格言。吴蕙芳说："最早的日用类书应为南宋时陈元靓的《事林广记》，以后陆续有元代的《启札青钱》《居家必用事类全集》，乃至明代前期的《多能鄙事》《便民图纂》《居家必备》《家居要览》《日用便览事类全集》等书。"[②] 真正专供庶民百姓、士农工商使用的日用类书，大量出现在明朝后期的万历年间。日本学者酒井忠夫、坂出祥伸、小川阳一收集日本各机构所藏的日用类书善本编成《中国日用类书集成》，其收录影印了《五车拔锦》《三台万用正宗》《万书渊海》《五车万宝全书》《万用正宗不求人》《妙锦万宝全书》六种明清时期乃至今天都流传极广的日用类书。此外，流传较广的还有《博览不求人》《万象全编不求人》《万事不求人博考全书》《万珠聚囊不求人》《一事不求人》《文林聚宝万卷星罗》《诸书博览》《学海群玉》《文林广记》《积玉全书》《全书备考》《博览全书》《燕闲秘录》《酬世锦囊》《商贾指南》《士商类要》等。日用类书的内容十分庞杂，可谓无所不包。以《三台万用正宗》为例，其内容包括"天文门、地舆门、时令门、音

---

① 刘春银、王小盾、陈义主编：《越南汉喃文献目录提要》，"中央研究院"中国文哲研究所 2002 年版，第 373—378 页。

② 吴蕙芳：《万宝全书：明清时期的民间生活实录》，政治大学历史学系 2001 年版，第 623 页。

乐门、书法门、画谱门、文翰门、四礼门、蹴鞠门、博戏门、商旅门、算法门、金丹门、养生门、医学门、护幼门、胎产门、星命门、相法门、卜筮门、梦珍门、营宅门、牧养门、农桑门"等43门,[1]囊括了民众居家生活所能遇见的各种事情,是当之无愧的民众生活指南。

　　日用类书以便利快捷地服务民众为主旨,故日用类书题名多标有"天下""四民""士民""便用""利用""便观""便览"等字眼。日用类书实现了生活常识的系统化,将四民百姓日常生活中所能遭遇到的问题全部聚合在一起,且提供了解决之道、应急之方。在没有现代化联络工具的古代,四民百姓所能接触到的世界毕竟是有限的,他们所能得到的信息也是有限的,而日用类书这个知识宝库,就给四民百姓提供了一个窗口。日用类书的流传极广,版本众多,不断有新刊新刻本出现。吴蕙芳《万宝全书:明清时期的民间生活实录》共搜集到66种版本的《万宝全书》。[2] 如此多的刊刻版本只能说明市场需求量十分得大,进一步则展现了日用类书的流传之广,如此众多的日用类书流散在民间,这对于社会文化的影响该是多么巨大,反过来,民众为何乐于接受日用类书呢?无疑还是因为它的强大的知识性,所谓一册在手,万事不求人。日用类书的繁荣源于当时商品经济的兴盛,经济的繁荣造成了生活环境的改变,教育也得到一定程度的普及,于是,庶民阶层识字的人增多了,普通百姓、农牧商贾对于知识的需求开始增加,日用类书成为最佳选择。日用类书收录了较多的市井生活资料,今天看来,这些资料确有不少早已过时甚至是错误的内容,但其与民众生活之紧密相连则无可置疑,其所载之天下路程、双陆投壶、蹴鞠武术、酒令灯谜、养生去病恰恰就成为我们研究明清民众日常生活史的绝佳史料,无疑给我们提供了一部生动鲜活的民众社会史。

九　结语

　　我们大胆地提出类书学概念,旨在提升类书在整个古典文献学中的地位,或者说是强调其特殊性、独特性,使更多的学者关注类书、研究类书。只有更多的学者参与进来,只有进行更为细致的研究,我们才能从整

---

[1]　《三台万用正宗》,《中国日用类书集成》第3卷,汲古书院2000年版。
[2]　吴蕙芳:《万宝全书:明清时期的民间生活实录》,第87页。

体上提升类书研究的理论水平。类书研究的边界也就是方向，我们提出了官修类书、私纂类书、佛教类书、道教类书、敦煌类书、域外类书、日用类书七个方向，当然其中亦有交叉与重复，或有界限不清之憾。比如，我们对官修类书、私纂类书、佛教类书、道教类书的定义乃至分类并不是十分严格，主要的原则是以类相从，便于考察探究，其实佛教类书也有官修与私纂之区分，道教类书亦然。但是为了展现佛教类书、道教类书的整体性，我们不对之进行细分。再比如，私纂类书与敦煌类书之间亦是多有交叉，敦煌类书多是私纂小型教材性类书，但是为了展现敦煌类书为代表的出土文献中的类书的整体性，我们将之作为一个方向专门介绍，但是研究中敦煌类书与私纂类书之间必然是可以相互补充的，不可顾此失彼。域外类书也是一个整体性的方向，《秘府略》是日本官方编纂的大型类书，而《翰苑》则是仅存日本的唐代私纂类书，对于他们的归属，究竟是置于官修类书，还是私纂类书之中，亦是需要推敲，但是为了保持域外类书的完整性，我们不对域外类书再进行细分，但是研究中仍然需要具体问题具体分析。总之，聊胜于无，这个对于类书研究领域的分类，主要目的是引起学界的共鸣或争鸣，以推动类书研究的新发展、新进步，其不合理之处，仍有待继续补充与完善。

五代金石著录的重新编号[*]
——以三种著录比勘为基础

谢宇荣 胡耀飞

（陕西师范大学历史文化学院）

近年来，随着出土文献的日益丰富，对五代十国史的进一步研究颇可助益。学界对此已有一些综合性文本整理，比如周阿根编《五代墓志汇考》[①]（以下简称《汇考》）、章红梅校注《五代石刻校注》[②]（以下简称《校注》）等。也有一些条目汇编，比如张兴武《五代金石辑录》[③]（以下简称《辑录》）、高桥继男，竹内洋介编《中国五代十国时期墓志综合目录（增订稿）》[④]（以下简称《目录》）、罗立刚，吴在庆《唐五代文编年史·五代十国卷》[⑤]（以下简称《编年》）等。

大体而言，从墓志的收罗范围来说，《目录》比《汇考》大有扩展；从包括墓志在内的金石的收罗范围而言，《校注》比《辑录》大有扩展，但《辑录》包含了许多从古代金石书中摘录的已经亡佚的石刻信息；《编年》虽然出版较近，但成稿时间较早，则最为不足。从整理方法来说，《汇考》和《校注》都基本根据原石或拓片对文本进行校勘，且《校注》

---

[*] 本文为国家社科基金重大项目"五代十国历史文献的整理与研究"（编号：14ZDB032）阶段性成果。
① 黄山书社2012年版。
② 凤凰出版社2018年版。
③ 氏著《补五代史艺文志辑考》，上海古籍出版社2016年版。
④ 《东洋大学アジア文化研究所研究年报》第52号，2018年2月。
⑤ 黄山书社2018年版。

的范围和细致程度更深入一些；《编年》《辑录》和《目录》都是仅列目录并予以编年。从归类方法来说，《编年》《汇考》《目录》都是按照时间顺序将五代十国诸政权金石不分国别一起编年，《辑录》和《校注》则分国别进行编年。最后，从对金石来源的梳理而言，要数《目录》最为全面，《校注》次之，其余再次之。

本文则试图在以上学者整理的基础上，比勘《汇考》《校注》《目录》这三种比较全面的五代金石著录，按国别进行全面的编年，并予以编号索引。当然，也要剔除掉上述整理中并非金石的内容，比如《目录》中收录的一些行状。目前的整理，大多有编号，但都较为简单，仅仅根据时间先后以数字编号。比如《汇考》《目录》并未区分国别，故而将全部墓志条目以入葬时间为序用数字编号。稍微复杂的仅有《校注》，以入葬时间或题记时间，用对应公历年份加农历月日进行编号。这两类编号，前一类难以对日后新发现的金石进行插入，后一类则较为方便加入新条目。本文编号，拟在借鉴《校注》编号的基础上，采取稍为复杂，且方便加入新条目的方式。具体而言，相关字母和数字代码示意如下：

国别字母：L＝后梁；T＝后唐（包括前身晋国和后梁时期北方地区其他依旧使用唐朝年号的地域）；J＝后晋；H＝后汉；Z＝后周（部分入宋标记为ZS）；W＝杨吴；NT＝南唐（部分入宋标记为NTS）；WY＝吴越；M＝王闽；QS＝前蜀；HS＝后蜀；NH＝南汉；BH＝北汉；C＝马楚；CX＝朝鲜半岛（新罗、高丽）。

金石字母：C＝册（哀册、谥册）；SD＝神道碑；MZ＝墓志（包括墓铭、墓砖、墓莂、羡道铭等别称，权葬、权厝等不同阶段性，砖志、瓷志等不同质地）；TM＝塔铭（塔记、舍身记，以及以墓志、碑铭命名的僧人墓志）；MQ＝墓券（包括买地券、买墓券等）；XG＝玄宫记；ZX＝造像；JZ＝经幢（幢记）；TJ＝题记；TL＝投龙简；B＝其他记事碑。

数字：公历年份≈农历年份，如开平元年≈908，暂不考虑农历岁末跨公历年份问题；农历月日直接以数字显示，如正月一日＝0101。

若年月日百位数、十位数、个位数等不详，则以x代替。若是闰月，则在月份前加r。若国别、金石类别和年月日相同，则附a、b以示区别。若年份或月日在某年或某月日之后不确定，则在某年或某月日后加＋号。

根据这一编号原则，基本能够囊括所有五代十国金石，并予以编号。

表1　　　　　　　　后梁（L）

本文编号	志主/愿主	汇考（编号）	校注（编号）	目录（番号）
L-MZ-9070727	崔君			001
L-ZX-9080915	山可球		001	
L-MZ-9090804	郑璩	2	002	005
L-MZ-9090922	高继蟾	3	003	006
L-MZ-909xxxx	李派朦	4		007
L-MZ-9100312	裴筠	6		010
L-MZ-9100904	石彦辞	7	004	012
L-MZ-9101017	穆君弘及妻张氏	8	005	014
L-MZ-9101104	纪丰及妻牛氏	9	006	015
L-MZ-9110419	钟遂？	10	007	016
L-MZ-9120305	卢真启	11	008	017
L-MZ-9120621	薛贻矩			018
L-MZ-9121104	孙公瞻	12	009	020
L-MZ-9131002a	韩仲举妻王氏	15	010	028
L-MZ-9131002b	韩恭妻李氏	14	011	029
L-MZ-9131229	李望			034
L-MZ-9140118	张荷	18	012	035
L-TM-9150408	槛山大师			042
L-MZ-9150512	贾邠	23	016	043
L-ZX-9150603	李琮		013	
L-MZ-9150725a	国礠	24	014	044
L-MZ-9150725b	孙君妻李氏			045
L-TM-91512xx	惠光	25	015	047
L-QT-9160101	张筠			049
L-MZ-9160217	张蒙	27	017	051
L-MZ-9160723	魏王妻姜氏		018	054
L-MZ-9160724	牛存节	30		055
L-SD-9161012	葛从周		019	
L-B-9170327	南溪池亭及九龙庙		020	
L-MZ-9180726	宋铎	35	021	063

续表

本文编号	志主/愿主	汇考（编号）	校注（编号）	目录（番号）
L–MZ–9180914	崔君妻郑琪		022	064
L–MZ–9190304	张珍		023	070
L–MZ–9190424	孙偓及妻郑氏			071
L–XG–9200723	程紫霄		024	078
L–MZ–9201115	谢彦璋	40	025	079
L–MZ–9201213	储德充	41		080
L–MZ–9210122	秦君	42	026	081
L–ZX–9210408	崔建昌等		027	
L–MZ–9211121	雷景从	45	028	086
L–MZ–9220128	李君妻崔氏			092
L–MZ–9220130	郏璘			093
L–B–9220203	牛知业		029	
L–MZ–9220725	黄晓	50		096
L–MZ–9221120	崔枑妻李珩	52	030	102
L–MZ–9221120	崔崇素	51	031	103
L–MZ–9230801	萧符	54	032	107

表2　后唐（T）

本文编号	志主/愿主	汇考（编号）	校注（编号）	目录（番号）
T–B–9070514	神福山寺		033	
T–MZ–90801xx	杨仪及妻武氏			002
T–MZ–9090218	李克用	1	034	004
T–MZ–9100103	毕刚妻赵氏			008
T–MZ–9121008	郝章			019
T–MZ–9121105	丘礼及妻武氏			021
T–MZ–91301xx	张君			024
T–MZ–9130410	李敏			026
T–MZ–9130413	延君			027

续表

本文编号	志主/愿主	汇考（编号）	校注（编号）	目录（番号）
T-MZ-9131005	王让			030
T-MZ-9131017	王君			031
T-MZ-9131022	邢汴及妻周氏	16	035	032
T-MZ-9131023	梁重立	17		033
T-MZ-9151027	韩君			046
T-MZ-9160205	王琮及妻张氏	26		050
T-MZ-9160401	张宗谏	29	036	053
T-B-9161003	王处直北岳庙		037	
T-MZ-9170223	郭君妻李氏	28	038	058
T-MZ-9181020	李修	36		065
T-MZ-9191015	宋俦？			072
T-MZ-9191027	元璋		039	074
T-MZ-9210215	孟弘敏及妻李氏	43	040	082
T-MZ-9211104	窦真及妻李氏	44	041	085
T-MZ-9211121	王君	46		087
T-MZ-9220115	秦君	47		089
T-MZ-9220125	任茂弘？妻高氏	38		090
T-MZ-9220127	王神贵			091
T-B-9220226	法门寺塔庙		042	
T-MZ-9220420	王弘裕			094
T-MZ-9221015	王照			099
T-MZ-9221024	唐君及妻□氏		043	100
T-MZ-922122x	王镕	48		104
T-MZ-923xxxx	韦君			111
T-MZ-9240205	王处直	62	044	112
T-MZ-9240211	卢文亮①	55	045	113
T-MZ-9240910	赵洪			118
T-MZ-9241025	薛昭序		046	119

---

① 《目录》《校注》作卢文度，拓片模糊，然其字子澄，疑亮是。

五代金石著录的重新编号

续表

本文编号	志主/愿主	汇考（编号）	校注（编号）	目录（番号）
T-MZ-9241108	邢恕			121
T-SD-9241108	李存进		047	
T-MZ-9241115	赵睿宗			122
T-MZ-9241126	王璠	57	048	123
T-MZ-9241126	左环	58	049	124
T-MZ-9250122	吴君妻曹氏	61	050	126
T-MZ-9250221	张继业	63	051	127
T-MZ-9250328	成宗			128
T-MZ-9250830	李仁钊		052	129
T-TM-9250906	舍利山禅师			130
T-MZ-9250913	张君妻苏氏	64		131
T-MZ-9251108	任□			132
T-MZ-9251113	崔协妻卢氏		053	133
T-MZ-9251225	李茂贞	65	054	134
T-TM-9260316	行钧	66	055	138
T-MZ-9260714	康赞羙	67	056	139
T-MZ-9270215	孔谦及妻刘氏王氏	68	057	140
T-MZ-9270215	孙拙	69	058	141
T-MZ-9271022a	万重庆			143
T-MZ-9271022b	成敬武			143
T-MZ-9271101	张穑	72	060	145
T-MZ-9271107	崔詹			146
T-MZ-9271125a	任元贞①	71	059	147
T-MZ-9271125b	张春及妻李氏			148
T-MZ-9271125c	刘琪妻苏氏			149
T-MZ-927xxxx	牟尚书			150
T-MZ-9280125	许仁杰		061	151
T-JZ-9280405	常庭训		062	

① 《汇考》作任元页，疑非。

续表

本文编号	志主/愿主	汇考（编号）	校注（编号）	目录（番号）
T-MZ-9280413	白全周			152
T-MZ-9280810	张居翰	73	063	154
T-MZ-9281113	王言妻张氏	74	064	155
T-MZ-9291015	韩汉臣	75	065	157
T-MZ-9291017	韩恭	76		158
T-MZ-9291018	西方邺	77	067	159
T-MQ-9291105	钱氏		068	160
T-MZ-9300129	崔协		069	161
T-MZ-9301019	李仁宝妻破丑氏	79	070	163
T-MZ-9301107a	毛璋	80	071	164
T-MZ-9301107b	秦进举	81	072	165
T-MZ-9301113	严二铢		073	166
T-MZ-9301114	杨弘寔			167
T-MZ-9301119	李君妻聂氏	82	074	168
T-ZX-9301229	程光远等		075	
T-MZ-9310203	张祐贤			171
T-MZ-9310302	张唐及妻李氏	83	076	172
T-MZ-9310314	王素	84	077	173
T-MZ-9310715	令狐琪			174
T-MZ-9311019a	李继	85	078	176
T-MZ-9311019b	霍财及妻赵氏			177
T-MZ-9311101	赵君			178
T-MZ-9311125	李佐			179
T-MZ-9320103	李德休	89	079	180
T-JZ-9320125	怀州		080	
T-JZ-9320222	张思录		081	
T-TM-93206xx	明惠	86	082	181
T-JZ-9320822	净土寺		083	
T-MZ-9321124	孟知祥妻福庆长公主	87	084	184
T-MZ-9321128	高晖	88	085	185

续表

本文编号	志主/愿主	汇考（编号）	校注（编号）	目录（番号）
T－MZ－9330810	毛璋妻李氏	91	086	186
T－MZ－9330828	张继达			187
T－MZ－9331118	王禹	92	087	189
T－MZ－9331130	张文宝	93	088	190
T－MZ－933xxxx	阴海晏	96		191
T－MZ－9340120	顾德升	94	089	192
T－JZ－934r0123	朱弘昭		090	
T－MZ－9341107	杨洪			197
T－MZ－9341118	赵裕			198
T－MZ－9341219	李重吉	97	091	199
T－MZ－9350320	商在吉	98	092	200
T－MZ－9360207	戴思远	100	093	204
T－JZ－9360212	僧行□		094	
T－MZ－9360213	张季澄	101	095	205
T－MZ－9360402	张珽		096	206
T－MZ－9360904	张涤妻高氏	102	097	207
T－MZ－9xx0804	赵淮		098	208
T－MZ－9xxxxxx	□楚	232		210
T－MZ－9430706	李存勗德妃伊氏			276

表3　　　　　　　　　　后晋（J）

本文编号	志主/愿主	汇考（编号）	校注（编号）	目录（番号）
J－MZ－936xx22	路君及妻郭氏		099	211
J－ZX－9370408	百岩寺		100	
J－MZ－9370418	王氏小娘子①		101	215
J－MZ－9370820	阴善雄	104		217

---

①　该志具体葬月参考太原市文物考古研究所《山西太原晋祠后晋墓发掘简报》，《文物》2018年第2期。

续表

本文编号	志主/愿主	汇考（编号）	校注（编号）	目录（番号）
J – JZ – 9370828	佛顶尊胜陀罗尼		102	
J – MZ – 9371006	罗周敬	105	103	218
J – MZ – 9371017	牛崇		104	219
J – MZ – 9371023	宋廷浩	106	105	220
J – MZ – 9371117a	安万金	107	106	221
J – MZ – 9371117b	浩义伏			222
J – MZ – 9371123	杜光义		107	223
J – MZ – 9371212	申鄂		108	224
J – MZ – 937xxxx	王君			225
J – JZ – 9380209	花敬迁		109	
J – JZ – 938xxxx	十力世尊经		110	
J – MZ – 9390230	郭斌		111	
J – B – 9390325	造观音殿		112	
J – MZ – 9390804a	安万金妻何氏	109	114	231
J – MZ – 9390804b	郭洪铎		113	232
J – B – 93909xx	□日寺		115	
J – MZ – 9391017	王化文	113		233
J – JZ – 9391023	太原郡小娘子			234
J – MZ – 9391111	祖贯	111		236
J – MZ – 9391117	何君政及妻安氏	112	116	237
J – MZ – 9391225	张继升	115	117	238
J – MZ – 9400101	孙璠			241
J – B – 9400210	斛律光庙		118	
J – MZ – 9400211	郭彦琼	116	119	242
J – MZ – 9400318	梁璨及妻王氏	117	120	243
J – MZ – 9400401	李寔及妻栗氏连氏马氏	118	121	244
J – TM – 9400718	忠湛		123	
J – MZ – 9401005	崔琳			246
J – SD – 9401017	相里金		124	
J – MZ – 9401017	王建立	119		247

续表

本文编号	志主/愿主	汇考（编号）	校注（编号）	目录（番号）
J-MZ-9401111	孙思畅及妻刘氏赵氏	120	125	248
J-MZ-9401123a	张季宣妻李氏	121		249
J-MZ-9401123b	潘景厚			250
J-MZ-9401229	封准	122	126	251
J-SD-9410525	马文操		127	
J-MZ-9411116	权君妻崔氏	125	128	254
J-MZ-9411211	宋武			255
J-MZ-94202xx	李仁福妻溇氏	124		256
J-MZ-9420501	吕远母刘氏	170		258
J-MZ-9420809	周令武	127	129	261
J-MZ-9420909	毛汶	128	130	262
J-MZ-9421022	任景述	129		264
J-MZ-9421023	郭君			265
J-MZ-9421125	吴蔼妻李氏	131	131	266
J-MZ-94211xx	高君妻王氏			267
J-MZ-9430106	张明	140		268
J-MZ-9430111	蔡君及妻周氏	132	132	269
J-SD-9430423	史匡翰①	130		
J-MZ-9430425	何德璘		133	273
J-MZ-9430714	刘敬瑭	137	134	277
J-MZ-9430916	罗盈达	139		
J-MZ-9431004	西方大德母刘氏	138	135	278
J-MZ-9431009	梁汉颙	141	136	279
J-MZ-9431110	王行宝	143	137	280
J-MZ-9431128	韩琮			281
J-MZ-9xxxxxx	张昭允（佚）	241		283
J-MZ-9440803	白万金	233		284
J-MZ-9441115	郭在岩			285

① 《汇考》归入墓志类，误，据《金石萃编》所载录文，实为神道碑。

续表

本文编号	志主/愿主	汇考（编号）	校注（编号）	目录（番号）
J-JZ-9450101	郭昌嗣		138	
J-B-9450115	赵重进		139	
J-MZ-9450414	王廷胤	144	140	286
J-JZ-9450621	尊胜陀罗尼		141	
J-MZ-9451009	吕行安			289
J-MZ-9451115	阎弘祚	146		291
J-MZ-9451127	李茂贞妻刘氏	147	142	293
J-B-9460115	文宣王庙		143	
J-MZ-9460205	李仁宝	149	144	296
J-MZ-9460211	李实及妻王氏	151		297
J-ZX-9460522	杨珙杨迁		145	
J-MZ-9460715	马拯			300
J-MZ-9460903	李真		146	301
J-MZ-9461028	裴德			302
J-MZ-9461204a	李俊	153	147	303
J-MZ-9461204b	李继忠		148	304
J-MZ-9461223	李行恭及妻陈氏	154	149	305
J-MZ-9xx0822	王万荣？妻关氏	103	150	307
J-MZ-9xx1005	张奉林			308
J-MZ-9xxxxxx	石昂（残）	238		309
J-MZ-9471122	刘衡	156	151	310
J-MZ-9480223	吴廷祚			315
J-MZ-9741011	石重贵			491
J-MZ-9870924	石延煦			501

表4　　　　　　后汉（H）

本文编号	志主/愿主	汇考（编号）	校注（编号）	目录（番号）
H-MZ-9480122	庞令图	157	152	312
H-MZ-9480210	夏光逊	158	153	313
H-MZ-9480222	张逢望		154	314

续表

本文编号	志主/愿主	汇考（编号）	校注（编号）	目录（番号）
H-MZ-9480229	崔赟及妻孙氏			316
H-MZ-9480311	杨千及妻李氏	159	155	317
H-MZ-9480423	颜拱			318
H-MZ-9480814	罗周辅	161	156	319
H-MZ-9481016	郑君	164	157	323
H-MZ-9481115	潘庸及妻王氏	165	158	324
H-MZ-948xx16	韩悦以		159	326
H-TM-9490102	思道和尚	166		327
H-MZ-9490412a	张备	167	160	328
H-MZ-9490412b	尚洪迁			329
H-MZ-9490711	王建立妻田氏	168	161	331
H-B-9491009	祭渎		162	
H-MZ-94910xx	董君			332
H-MZ-9491121	王琼			333
H-MZ-9491121	王买		163	334
H-ZX-9500321	郭张		164	
H-MZ-9500418	邢德昭	171	165	335
H-B-9500715	岱岳祠		166	
H-MZ-9500819	李彝谨妻里氏	169		337
H-MZ-9500825	王匡时		167	
H-MZ-9501109	高洪谨		168	338
H-MZ-9xxxxxx	韩传以		170	

表5　　　　　　　　　后周（Z）

本文编号	志主/愿主	汇考（编号）	校注（编号）	目录（番号）
Z-MZ-9510725	□殷		171	339
Z-MZ-9510913	王进威		172	341
Z-MZ-9511012	张邺及妻刘氏	176	173	343

续表

本文编号	志主/愿主	汇考（编号）	校注（编号）	目录（番号）
Z-MZ-9511109	李沼			344
Z-MZ-9511121	王玗妻张氏	177	169	345
Z-MZ-9520424	李彝谨	179		354
Z-MZ-9520802	马从徽	180	174	355
Z-MZ-9521014	刘琪及妻杨氏	182	175	357
Z-MZ-9521020	关钦裕	183	176	358
Z-MZ-9521026a	薄可扶	184	177	359
Z-MZ-9521026b	王重立			360
Z-MZ-9521103	武敏	185		361
Z-MZ-9521120	马赟？	187	178	362
Z-MZ-9521202	王行实		179	363
Z-JZ-9530421	殷遇		180	
Z-B-9531018	云门山大云寺		181	
Z-MZ-9531025	范密			368
Z-MZ-9540429	刘彦融	191	182	371
Z-MZ-9540930	索君妻张氏	193		373
Z-MZ-9541029a	刘密			376
Z-MZ-9541029b	张真		183	377
Z-MZ-9541108	安重遇	195	184	378
Z-MZ-9541120a	秦思温	196	185	379
Z-MZ-9541120b	李景蒙			380
Z-MZ-9541126a	曲询	199		381
Z-MZ-9541126b	刘光赞	197	187	382
Z-MZ-9541126c	刘祕	198	186	383
Z-MZ-9541220	某府君	200		384
Z-MZ-9541227	陈晟			385
Z-B-95412xx	万佛沟		188	
Z-MZ-954xxxx	李本	201		386
Z-MZ-9550127	李重直		189	387
Z-MZ-9550204	赵凤	202	190	388

续表

本文编号	志主/愿主	汇考（编号）	校注（编号）	目录（番号）
Z-MZ-9550221	王虔真	203		389
Z-MZ-9550303	石金俊及妻元氏	204	191	391
Z-MZ-9550417	吴譙·吴涓	205		392
Z-B-9550511	郭进		193	
Z-MZ-9550x03	王柔	206	192	393
Z-MZ-9550719	祁氏			394
Z-MZ-9550801	苏逢吉	207	194	395
Z-MZ-9550907	韩通妻董氏	208	195	396
Z-TM-9550928	普静			397
Z-B-955r0901	任公		196	
Z-MZ-955r0929	张仁嗣及妻郭氏	209		399
Z-B-95510xx	广慈禅院		197	
Z-MZ-9551108	裴简	210	198	402
Z-MQ-9551202	刘厶乙①		199	403
Z-MZ-9551202	李行思及妻宋氏		200	404
Z-MZ-9551203	田仁训及妻王氏	211	201	405
Z-B-955xxxx	妙乐寺		202	
Z-MZ-9560713	袁彦进	213	203	409
Z-MZ-9560724	萧处仁	214	204	410
Z-MZ-9561114	张公	217	205	413
Z-SD-9561210	景范		206	
Z-B-9561215	妙法莲华经		207	
Z-MZ-9570213	阎知远			415
Z-MZ-9570214	王弘实及妻许氏		208	416
Z-MZ-9570902	麻君妻王氏	218	209	418
Z-MZ-9581108	连思本	219	210	419
Z-MZ-95801xx	李从曤妻朱氏	220	211	421
Z-JZ-9580203	颜弘德		212	

---

① 《目录》作"刘乞合"，拓片残泐，暂从《校注》作"厶乙"。

续表

本文编号	志主/愿主	汇考（编号）	校注（编号）	目录（番号）
Z-B-9580415	董池圣母庙		213	
Z-B-9580712	敕留启母少姨庙		215	
Z-MZ-9580922	索万进	222	216	426
Z-MZ-9581007	梁氏	223		427
Z-MZ-9581011	宋彦筠	224	217	428
Z-MZ-9581017	赵莹		218	429
Z-MZ-9581025	张实			430
Z-MZ-9581114	范琮			431
Z-MZ-9581218	段延勋	226	219	434
Z-MZ-958xxxx	冯晖	228	214	435
Z-B-95907xx	黎阳大伾山寺		221	
Z-B-9590909	栖霞寺舍利殿		222	
Z-MZ-9591022	张绍及妻程氏			439
Z-MZ-9591124	杨氏			440
Z-MZ-9xxxxxxa	符君妻张氏			442
Z-MZ-9xx0802	窦禹钧（残）	235		443
Z-MZ-9xxxxxxb	亡宫五品①			444
Z-MZ-9xxxxxxc	王义立			445
Z-B-9xxxxx	二圣庙		224	
ZS-MZ-9600114	卢价	230	220	446
ZS-MZ-9600202	韩通			447
ZS-TM-9600209	智坚	229	223	448
ZS-MZ-9600214a	王守恩			449
ZS-MZ-9600214b	符彦能			450
ZS-MZ-9600220	步文□妻马氏王氏			451
ZS-MZ-9601004	张实			453
ZS-MZ-9601124	边敏			455

---

① 此志未见原文，疑为武周墓志。

续表

本文编号	志主/愿主	汇考（编号）	校注（编号）	目录（番号）
ZS－MZ－9601201	孙延郜			456
ZS－MZ－960xxxx	吴从实			457
ZS－MZ－9640424	石暎①	231		

表6　　　　　　　　　　　杨吴（W）

本文编号	志主/愿主	汇考（编号）	校注（编号）	目录（番号）
W－MZ－915r0205	孟璠	20	225	039
W－MZ－9150319	张康	22	226	041
W－MZ－9161027	孙彦思	31	227	056
W－MQ－9191104	随氏娘子			075
W－MZ－920r0614	陈瓒	39	228	077
W－MZ－92412xx	李涛及妻汪氏	60	229	125
W－MZ－9290324	寻阳长公主	70		156
W－MQ－930xxxx	王君妻某氏			169
W－MQ－9310724	李赞		230	175
W－MZ－9330929	赵思虔妻王氏	90	231	188
W－MQ－9340916	汲君		232	195
W－MZ－9341018	陶敬宣妻李娍			196
W－MZ－9350810	王仁遇	99	233	201
W－MQ－9370125	赵氏娘子		234	212
W－MZ－9370212	钱匡道			213

---

① 《汇考》作"石映"，且时间标注为"后汉天会八年"，然天会为北汉年号，而墓志出土于长安龙首原，不在北汉境内，盖墓主所尊为后汉，故《唐文拾遗》附于周末，今亦同之。

表7　　　　　　　　　　南唐（NT）

本文编号	志主/愿主	汇考（编号）	校注（编号）	目录（番号）
NT－MZ－938xx20	江延穗			226
NT－MQ－938xx05	陈尊			227
NT－TM－9380xxx	仰山光涌	108		228
NT－MZ－938＋xxxx	□君			229
NT－MZ－9391106	包咏	110		235
NT－MZ－940xxxxa	杜继元	123		252
NT－MZ－940xxxxb	杜昌胤			253
NT－MZ－9420523	姚嗣骈	126	326	260
NT－MZ－94306xx	平昌郡君孟氏	136		275
NT－C－94311xx	李昇玉谥册和玉哀册		327	282
NT－MZ－9450702	昭容吉氏	152		288
NT－MQ－9451022	某氏			290
NT－MZ－9451115	姚锷			292
NT－MZ－9460114	王氏	148	328	294
NT－MZ－9460205	王坦	150		295
NT－MQ－9460412	汤氏县君		329	298
NT－C－94604xx	元恭皇后玉谥册和玉哀册			299
NT－B－9461028	谦公安公		330	
NT－MZ－9480921	贾潭	163		322
NT－MZ－9510702	卢文进	174	331	340
NT－MZ－9511227	苗延禄	178		346
NT－MZ－951xxxx	陶敬宣	172		347
NT－MQ－9520101	陈氏十一娘		332	348
NT－MZ－9520227	范韬	188		349
NT－MQ－9520228	范韬			350
NT－MZ－9520913	江文蔚	181		356
NT－MQ－9530624	姜氏亡妹			366
NT－MZ－9530812	马光赞	190		367
NT－MQ－9540601	孙君			372
NT－MQ－9541020	周一娘		333	375

续表

本文编号	志主/愿主	汇考（编号）	校注（编号）	目录（番号）
NT－MZ－9550xxx	徐延佳	192	334	390
NT－MZ－9560825	王继勋	215	335	411
NT－MZ－9xx1217	姚君妻徐氏			414
NT－MZ－9580218	锺君妻王氏	221		422
NT－MZ－95802xx	包谔	227		423
NT－MZ－95806xx	□承进妻刘氏			425
NT－C－9591213	李弘冀			441
NT－MZ－9610826	吴宣懿皇后			458
NT－C－96201xx	李璟石哀册			461
NT－MZ－9621023	乔匡舜			463
NT－MZ－9630403	何延徽			465
NT－MZ－9630510	李景遏乳母杏氏			466
NT－MZ－9641018	李仲宣			468
NT－C－96510xx	元宗光穆皇后钟氏谥册			470
NT－MZ－9660116	方讷			474
NT－MZ－96606xx	刘鄱			475
NT－MZ－96604xx	印君			476
NT－MZ－96701xx	周廷构			477
NT－B－9670719	本业寺		336	
NT－MZ－9681023	徐铉妻王畹			479
NT－TM－9691220	净照			481
NT－MZ－97009xx	韩熙载			482
NT－C－97111xx	李景达哀册			485
NT－MZ－97209xx	陈德成			486
NT－TM－9730624	智实			487
NT－TM－9740625	慧悟			488
NT－TM－9740715	法灯			489
NT－MZ－9741010	戚恭妻倪氏			490
NT－MZ－9741223	尚全恭			493
NT－MZ－9xxxxxxa	崔致尧			494

续表

本文编号	志主/愿主	汇考（编号）	校注（编号）	目录（番号）
NT-MZ-9xxxxxxb	李俛妻王氏			495
NT-MZ-9xxxxxxc	卢夫人			496
NTS-MZ-97810xx	李煜			499
NTS-MZ-9871013	李从善			502
NTS-MZ-9xx02xx	赵宣辅			506

表8　吴越（WY）

本文编号	志主/愿主	汇考（编号）	校注（编号）	目录（番号）
WY-MZ-9080218	熊允韬		240	003
WY-B-908xxxx	墙隍神庙		241	
WY-MZ-9100123	罗隐	5		009
WY-MZ-9100705	某君			011
WY-MZ-9100929	俞君妻黄氏			013
WY-MZ-9121117	吴歆			022
WY-MZ-912xxxx	屠璟智	13		023
WY-MZ-9140803	乐君妻徐氏	19		036
WY-MZ-9141010	余君妻严氏			037
WY-MZ-9141128	余备妻刘氏			038
WY-MZ-915r0229	王彦回	21	242	040
WY-MZ-9160323	张儒			052
WY-MZ-9171227	魏靖			062
WY-MZ-9190228	萧章妻陆氏	34		069
WY-MZ-9211103	方積			084
WY-MZ-9221003	任珽			097
WY-MZ-9221005	卓从			098
WY-MZ-9221109	罗曷妻刘氏			101
WY-QT-9240510	张君妻黄氏			114
WY-MZ-9240524	张君妻黄氏			115

续表

本文编号	志主/愿主	汇考（编号）	校注（编号）	目录（番号）
WY－MZ－9240818	危公妻璩氏		243	116
WY－MZ－9240828	李邯			117
WY－MZ－9241106	朱行先	142		120
WY－MZ－9270922	项峤			142
WY－TL－9280326	钱镠投龙简		244	
WY－B－9310723	凤山灵德王庙		245	
WY－JZ－9330326	化度禅院		246	
WY－TM－9340519	普光大师	95		193
WY－MZ－9xxxxxxa	杨从鲁			209
WY－MZ－9391225	恭穆王后马氏	114		239
WY－MZ－9430218a	李章	133	247	270
WY－MZ－9430218b	李章妻金氏	134	248	271
WY－B－9440717	瑞像保安禅院		249	
WY－ZX－9441010	何承渥		250	
WY－ZX－9441111	吴实		251	
WY－ZX－9441124	法□		252	
WY－ZX－944xxxxa	汪仁胜		253	
WY－ZX－944xxxxb	李七娘		254	
WY－ZX－944xxxxc	金珂		255	
WY－ZX－944xxxxd	孙十娘		256	
WY－ZX－944xxxxe	孙郜□		257	
WY－ZX－944xxxxf	徐安		258	
WY－ZX－944xxxxg	沈珪		259	
WY－ZX－944xxxxh	沈八娘		260	
WY－ZX－944xxxxi	符三娘		261	
WY－ZX－944xxxxj	智宝		262	
WY－ZX－944xxxxk	潘彦□及妻陈十二娘		263	
WY－ZX－944xxxxl	张宗		264	
WY－ZX－944xxxxm	陆一娘		265	
WY－ZX－94xxxxx	金君德		266	

续表

本文编号	志主/愿主	汇考（编号）	校注（编号）	目录（番号）
WY-B-9450121	顾亭林法云寺感梦伽蓝		267	
WY-ZX-9450302	郭令威		268	
WY-ZX-94503xx	朱四娘		269	
WY-ZX-94504xx	张敬安等		270	
WY-ZX-9450601	寿存古		271	
WY-MZ-9450620	钱君义妻殷氏	145	272	287
WY-ZX-94509xx	马珞及妻金一娘		273	
WY-ZX-94510xxa	王二十娘		274	
WY-ZX-94510xxb	袁文铉		275	
WY-MZ-9461228	袁从章	155	276	306
WY-MZ-947xx13	长洲某君（残）	234①		311
WY-MZ-9481228	陈仕安妻王氏			325
WY-ZX-9510403	滕绍宗		277	
WY-MZ-9520304	元图			351
WY-ZX-9520912	曹德驯		278	
WY-MQ-9521203	林十七娘			364
WY-MZ-9531108	羊蟾		279	369
WY-MZ-9531114	邹君妻陆氏	186	280	370
WY-MZ-9541013	俞让	194		374
WY-ZX-9560302	夏保威		281	
WY-MZ-9561014	李诃妻徐氏	216		412
WY-MZ-9571220	许氏夫人			420
WY-B-9580728	崇化寺		282	
WY-ZX-95810xx	王林及妻何四娘		283	
WY-ZX-95811xx	高四娘		284	
WY-ZX-95911xxa	梁文谊		285	
WY-ZX-95911xxb	张万进		286	
WY-ZX-95xxxxxa	志从		287	

① 编号中的日期据《汇考》补。

续表

本文编号	志主/愿主	汇考（编号）	校注（编号）	目录（番号）
WY－ZX－95xxxxxb	金匡艺		288	
WY－ZX－95xxxxxc	张仁裕		289	
WY－ZX－95xxxxxd	张福		290	
WY－ZX－95xxxxxe	翁松		291	
WY－MZ－9601101	钱云脩			454
WY－MZ－9680312	姜希业			480
WY－MZ－9xxxxxxb	吴随□（残佚）			497
WY－MZ－9xxxxxxc	霍蕴			498
WY－MZ－9xxxxxxd	徐淑清			504
WY－MZ－9890115	钱俶			503

表9　　　　王闽（M）

本文编号	志主/愿主	汇考（编号）	校注（编号）	目录（番号）
M－MZ－9130306	王福			025
M－MZ－915xxxx	伍梦授			048
M－MZ－9300807	王延钧妻刘华	78	237	162
M－TM－930xxxx	宗一			170
M－MZ－9320919a	王审知妻任内明	59	235	182
M－MZ－9320919b	王审知	56	236	183
M－B－9380318	林兴阝等		238	
M－MZ－9390308	王绍仙			230
M－MQ－9430222	郑雄			272
M－B－9xxxxxx	坚牢塔		239	
M－MZ－97411xx	薛廷璋			492

表10　　　　　　　　　　　　前蜀（QS）

本文编号	志主/愿主	汇考（编号）	校注（编号）	目录（番号）
QS－B－9080413	王公造弥勒殿		292	
QS－B－9080515	王常键造三圣龛		293	
QS－ZX－9150706	种审能		294	
QS－MQ－916xxxx	阿住			057
QS－MZ－9170505	王君妻李氏	32	295	059
QS－C－9181025	王建谥册		297	066
QS－C－9181103	王建哀册		296	067
QS－MZ－918xxxx	王公			068
QS－MZ－9191015	李会		298	073
QS－MZ－9220623	许璠	49	299	095
QS－MZ－9230225	王宗侃妻张氏		300	106
QS－MZ－9231106	王宗侃		300	109
QS－MZ－9231203	晋晖	53	302	110
QS－ZX－9240715	四十二娘		303	
QS－MZ－9xxxxxxa	王君		304	135
QS－MZ－9xxxxxxb	王公妻李氏			136
QS－MZ－9xxxxxxc	樊德邻		305	137
QS－MZ－9xxxxxxd	太原王君（残）	239		505

表11　　　　　　　　　　　　后蜀（HS）

本文编号	志主/愿主	汇考（编号）	校注（编号）	目录（番号）
HS－C－93407xx	孟知祥玉哀册			194
HS－MQ－9351104	任菩提			202
HS－MQ－935xxxx	某氏			203
HS－MZ－9370308	崔有邻及妻卢氏			214
HS－MQ－9370722	杨浔求		306	216
HS－MQ－939xxxx	某君			240
HS－MZ－9480915	张虔钊	162	307	320

五代金石著录的重新编号

续表

本文编号	志主/愿主	汇考（编号）	校注（编号）	目录（番号）
HS－MQ－9480915	张虔钊		308	321
HS－MQ－9500529	袁氏		311	336
HS－MQ－9510925	王君			342
HS－MZ－9520401	徐铎	436	309	352
HS－MQ－9520401	徐铎		310	353
HS－ZX－9540211	刘恭		312	
HS－MQ－955r0925	谯氏		313	398
HS－MZ－9551008	韦毅妻张氏			400
HS－MZ－9551206	孙汉韶	212	314	406
HS－MQ－9551220	宋琳		315	407
HS－MQ－9570407	□□		316	417
HS－MZ－958xxxx	李𩨘			436
HS－MQ－9590410	陈氏		317	437
HS－B－9590906	武氏新庙		318	
HS－JZ－9610815	王彦昭		319	
HS－MQ－961xx27	□□		320	460
HS－MQ－9621218	李才		321	464
HS－TJ－9630210	张匡翊		322	
HS－B－9630515	报国院		323	
HS－MQ－96406xx	徐延		324	467
HS－MQ－9xx04xx	某君			471
HS－MZ－9xxxxxxa	韦致文			472
HS－MZ－9xxxxxxb	高晖妻张氏（佚）	236		522
HS－MQ－9xxxxxx	某君			473
HS－ZX－9xxxxxx	王启仲		325	

表12　　　　　　　　　南汉（NH）

本文编号	志主/愿主	汇考（编号）	校注（编号）	目录（番号）
NH-MZ-9171109	吴存锷	33	337	060
NH-MQ-94203xx	金元			257
NH-C-9420921	刘䶮哀册		340	263
NH-B-9460815	五百阿罗汉		341	
NH-TM-9581201	云门匡真	225		433
NH-B-9590924	宴石山		342	
NH-MQ-9600724	刘氏二十四娘			452
NH-MQ-9621001	马二十四娘		343	462
NT-MZ-9680525	苏英			478

表13　　　　　　　　　北汉（BH）

本文编号	志主/愿主	汇考（编号）	校注（编号）	目录（番号）
BH-MZ-9611112	刘珣			459
BH-MZ-9710728	王太惠妃		345	484

表14　　　　　　　　　马楚（C）

本文编号	志主/愿主	汇考（编号）	校注（编号）	目录（番号）
C-MZ-921xxxx	周□□			088

表15　　　　　　　　　朝鲜半岛（CX）

本文编号	志主/愿主	汇考（编号）	校注（编号）	目录（番号）
CX-TM-91711xx	朗空大师			061

中华书局二〇〇四年整理本《续资治通鉴长编》太祖朝十七卷校补

张 剑

(山东大学 儒学高等研究院)

南宋李焘所著《续资治通鉴长编》(以下简称《长编》),原本九百八十卷,现存五百二十卷。宋元时期,该书应该未能全部付梓,今存世宋椠者,仅为北宋前五朝内容,且文字稍有省略,计一百零八卷。明初,《长编》收入《永乐大典》,疑《永乐大典》所据底本并非宋刻,而是曾经藏于赵宋内府的全本(写本)。清乾隆年间,又从《永乐大典》中抄出,形成另一写本,[①] 为《四库全书》系列《长编》的底本。嘉庆年间,张金吾爱日精庐据文澜阁《四库全书》本排印活字,雕印成书,即爱日精庐本《长编》。光绪年间,浙江书局又以爱日精庐本为底本,详加校勘,形成浙江书局刊本[②]。中华书局 2004 年整理本,即以浙江书局刊本为底本,点校出版。

本文主要对中华书局 2004 年整理本《续资治通鉴长编》太祖朝十七卷进行再校订,参校版本主要有宋本、撮要本《长编》,必要处引文渊阁本进行判断。宋史学者或在相关专著、论文当中提及某些文本问题,指正了中华本《长编》部分问题,由于此类札记较为分散,不易一一检阅,本文个别札记或不慎与前人研究存在相似之处,若如此,请恕笔者疏于检索之过。

---

① 中华书局 2016 年曾据此进呈本影印出版,此写本原本藏于湖南省图书馆。
② 清浙江书局本《续资治通鉴长编》有 1986 年上海古籍出版社影印本。

兹列各本信息如下：

1. 宋本《续资治通鉴长编》，108卷，辽宁省图书馆藏，《中华再造善本》影印本，北京图书馆出版社2003年版。简称"宋本"。

2. 撮要本《续资治通鉴长编》，108卷，国家图书馆藏，《中华再造善本》影印本，北京图书馆出版社2003年版。简称"撮要本"。

3. 影印文渊阁《四库全书》本《续资治通鉴长编》，上海古籍出版社1987年版，简称"文渊阁本"。

卷一：建隆元年

1. 中华本第4页。韩通仓卒被杀，未尝交锋。

"未尝交锋"，宋本、撮要本作"兵未尝交锋"。

按：宋太祖自陈桥回京师，韩通自内廷奔归，欲率众备御，王彦升杀之，故而韩通未能率兵与王彦升交锋。当从宋本、撮要本补"兵"字为宜。

2. 中华本第7页。酬其翊戴之勋也。

"翊戴"，宋本、撮要本作"翼戴"。

按：文渊阁本作"翼戴"，与宋本、撮要本同。作"翼戴"是。

3. 中华本第17页。泽州城逾旬未下。

"未下"，宋本、撮要本作"不下"。

按：当从宋本作"不下"。

4. 中华本第17页。料见马且千匹，将出，左右或阻之曰……

"阻之"，宋本、撮要本作"沮之"。

按：检文渊阁本作"沮之"，与宋本、撮要本同，作"沮之"是。

5. 中华本第22页。此据曾颜渤海行年纪。

"渤海行年纪"，宋本作"渤海行年记"；

按：文渊阁本作"渤海行年记"，与宋本同。又《宋史》卷二〇四《艺文志三》载"曾颜《渤海行年记》十卷"，宋本亦作"渤海行年记"。当据宋本改正。

6. 中华本第24页。是日，贬中书舍人怀戎赵逢。

又中华本第24页。行逢惮涉险，伪伤足，留怀州不行。

"赵逢"，宋本、撮要本作"赵逢"。

"行逢"，宋本作"逢"。

按：中华本此处校勘记云："按《宋史》卷一《太祖纪》作'赵行逢',卷二七〇本传则作'赵逢'……宋本亦正作'赵逢',今改回。"

将"赵行逢"改为"赵逢"不误，但校勘记称宋本作"赵逢"，误。宋本作"赵逄"。

7. 中华本第 25 页。庭璋姊，故周祖妃，上疑有异志。

"上疑有异志"，宋本作"上疑其有异志"。

按：宋太祖因杨庭璋姊为后周太祖妃，故疑其有异志。不可略去"其"字，当据宋本补"其"字。

8. 中华本第 29 页。其小臣杜著、颇有辞辩、伪作商人，由建安渡来归；

按：中华本"其小臣杜著、颇有辞辩"标点有误，当作"其小臣杜著，颇有辞辩"。

卷二：建隆二年

9. 中华本第 53 页。极土木之巧。

"巧"，宋本作"功"。

按：疑当从宋本作"功"是。

卷三：建隆三年

10. 中华本第 64 页。己卯，封邱县令苏允元，坐申雨降不实免官。

"封邱县"，宋本作"封丘县"。

按：检文渊阁本作"封丘县"，与宋本同。《宋史》卷八五《地理志一》开封府下有县曰"封丘"。疑当作"封丘"为宜。

卷四：乾德元年

11. 中华本第 81 页。染坊副使康延泽等率步骑数千人并赴襄州。

"染坊副使"，宋本作"染院副使"。

按：《宋史》卷四八三《世家六·湖南周氏》载"染院副使康延泽"。此外，据《宋史》卷一六九《职官九》有西染院使、西染院副使、东染院使、东染院副使、西京作坊使、西作坊使、东作坊使，而无"染坊副使"一职。当从宋本及《宋史》改作"染院副使"。

12. 中华本第 86 页。俘斩数千骑，溺死者甚众。

"俘斩数千骑"，宋本、撮要本作"俘斩数千计"。

按：《长编》此处正文记载慕容延钊遣战棹都监武怀节等分兵取岳州，大破贼军于三江口，获船七百余艘，斩首四千余级，遂取岳州。正文之中记载三江口之战，言其"斩首四千余级，获船七百余艘"，水战，不言俘斩骑兵。《宋史》卷二七一《解晖传》作"俘斩数千"，时任战棹都指挥使的解晖参与了此次战斗，率舟师讨平之，生擒从志及伪将校十四人，俘斩数千，溺死者甚众。亦不言俘斩骑兵。结合《长编》正文与《宋史·解晖传》可知，三江口之战，乃双方水师战棹之争无疑，故而俘斩数千的同时，"溺死者甚众"。今本《长编》"俘斩数千骑"，其中"骑"字，乃"计"字之讹，当从宋本、撮要本作"俘斩数千计"。

13. 中华本第87页。据法书轻重等第用常刑杖施行，令臣等详定可否闻奏者。

"常刑杖"，宋本、撮要本作"常行杖"。

按：检文渊阁本作"常行杖"，与宋本、撮要本同。据中华本《长编》记载，乾德元年三月癸酉，吏部尚书张昭等人的上言，"准诏徒、流、笞、杖刑名应合该除免当赎上请外，据法书轻重等第用常刑杖施行，令臣等详定可否闻奏者"，对五刑之制轻重等第进行规定后，群臣又决定了"常行杖"的形制，其称"旧据狱官令用杖，至是定折杖格，常行官杖长三尺五寸，大头阔不过二寸……徒、流、笞、杖，通用常行杖"，其提及"常行官杖""常行杖"，皆不言"常刑杖"，《长编》前后文叙述对象相同，而文字却有"常行杖""常刑杖"之差别；宋本、撮要本前后皆作"常行杖"。盖浙本、中华本作"常刑杖"误，"刑"为"行"字之讹无疑。综上所述，中华本《长编》"常刑杖"当改作"常行杖"。

14. 中华本第105页。故事，每岁知举官将赴贡院，台阁近臣得保荐抱文艺者。

"文艺"，宋本、撮要本作"至艺"。

按：《宋史》卷一五五《选举志一》作"故事，知举官将赴贡院，台阁近臣得荐所知之负艺者"，与中华本《长编》所载"文艺"又不同。按文意，当从宋本作"至艺"为宜。

15. 中华本第110页。延进又弗听。

"延进又弗听"，宋本作"延进等又弗听"。

按：中华本《长编》载："初，上将有事于南郊，命沿边诸将分道略北汉境。磁州刺史、晋隰等州都巡检使孟人李谦溥与郑州防御使孙延进、绛州防御使沈维深、通事舍人王睿等率师出阴地。以谦溥为先锋，会霍邑。谦溥因画攻取之策，延进等不能用，军还至白璧关谷口，谦溥又曰：'敌必乘我后，当整众备之。'延进又弗听。"李谦溥前谏言，"延进等不能用"，盖指孙延进、沈维深、王睿不用谦溥之言；还军白璧关谷口，谦溥再次谏言，宋本作"延进等又弗听"，是孙延进、沈维深、王睿再次摒弃谦溥谏言，非唯独孙延进一人不采谦溥建议。故而宋本有"等"字是。

16. 中华本第111页。杨徽之与郑起同，此据《实录》及《本传》，事则取《记闻》。

"杨徽之与郑起同"，宋本、撮要本作"杨徽之与郑起同出"。

按：检文渊阁本作"杨徽之与郑起同出"，与宋本、撮要本同。《长编》乾德四年十二月己亥条记载，以殿中侍御史郑起为西和令，太祖于前朝曾掌禁兵，郑起言于范质，质不听；后郑起因它事为人所奏，郑起左迁，太祖出其为西河令。此外，右拾遗浦城杨徽之，亦尝言于世宗，以为上有人望，不宜典禁兵。上即位，将因事诛之，其时赵光义曰："此周室忠臣也，不宜深罪。"于是亦出为天兴令。李焘自注中所言"杨徽之与郑起同出"，即指杨徽、郑起同时出为县令。中华本作"杨徽之与郑起同"显然有阙文。当从宋本、撮要本补"出"字。

17. 中华本第114页。尔先人穷来归我。

"先人"，宋本作"先父"。

按：疑当从宋本。

18. 中华本第114页。尔父据有汾州七年。

"汾州"，宋本作"汾国"。

按：检文渊阁本作"汾国"，与宋本同。北汉都晋阳，称太原府；北汉又统有汾州、代州、石州、宪州、岚州、忻州等地，不唯据汾州，且汾州非都城，似难代指北汉疆域。宋本作"汾国"，盖以"汾国"代称北汉。当从宋本改为"汾国"。

卷五：乾德二年

19. 中华本第135页。臣等仗天威，遵妙算，克日可定也。

"妙算"，宋本、撮要本作"庙算"。

按：检文渊阁本作"庙算"，与宋本、撮要本同。当从宋本作"庙算"。

20. 中华本第137页。北军涉险远来，利在速战，当坚壁待之。

"当"，宋本、撮要本作"宜"。

按：疑当从宋本作"宜"。

21. 中华本第138页。济又劝其归降。

"济又劝其归降"，宋本、撮要本作"济又劝其降"。

按：检文渊阁本作"济又劝其降"，亦无"归"字，与宋本、撮要本同。"归"字为衍文，当从宋本、撮要本略去"归"字。

卷六：乾德三年

22. 中华本第144页。以其偏将守剑门。

"以"，宋本、撮要本作"留"。

按：据《宋史》卷二五五《王全斌传》作"留其偏将守剑门"。据此当从宋本、撮要本作"留"。

23. 中华本第152页。上始即位，犹循常制，牧守来朝，皆有贡奉。

"常制"，宋本、撮要本作"前制"。

按：疑当从宋本作"前制"。

24. 中华本第157页。人主非时登楼，则近侍咸望恩宥，辇下诸军亦希赏给。

"近侍"，宋本、撮要本作"近制"。

按：《宋史》卷二六三《刘温叟传》作"人主非时登楼，则近制咸望恩宥，辇下诸军亦希赏给"。据此，疑当从宋本作"近制"。

25. 中华本第160页。何况三年之内，几筵尚存，岂可夫衣衰麤，妇袭纨绮？

"何况"，宋本、撮要本作"况"。

按：检文渊阁本作"况"，无"何"字，与宋本、撮要本同。《宋史》卷一二五《礼志二十八》作"况三年之内，几筵尚存，岂可夫衣衰麤，妇袭纨绮"，与宋本、撮要本同，且文渊阁本亦与宋本、撮要本同，"何"字乃衍文无疑。

卷七：乾德四年

26. 中华本第170页。宜追寝其事，勿复颁行。除官所定耗外，严加禁之。

"禁之"，宋本、撮要本作"止绝"。

按：检《宋会要辑稿》食货六二之五三"诸州仓库""出纳之吝，谓之有司。傥规致于羡余，必深务于掊克。知光化军张全操言：'《三司令》：诸处仓场主吏有羡余，粟及万硕、刍五万束以上者，上其名，请行赏典。'此苟非倍纳民租，私减军食，亦何以致之乎？宜追寝其事，勿复颁行。除官所定耗外，严加止绝"。

《宋会要辑稿》作"止绝"，与宋本、撮要本同，疑当从宋本、撮要本作"止绝"。

卷八：乾德五年

27. 中华本第 186 页。令中书门下逮仁赡及全斌、彦进与讼者质证。

"逮"，宋本、撮要本作"追"。

按：检文渊阁本亦作"追"，与宋本同。疑中华本此处"逮"当作"追"。

28. 中华本第 187 页。并按以擅克削兵士装钱、杀降致寇之由，全斌、仁赡、彦进皆具伏。

"克"，宋本、撮要本作"免"。

按：疑当从宋本作"免"。

29. 中华本第 188 页。何以自安？臣不敢奉诏。

"臣不敢奉诏"，宋本、撮要本作"不敢奉诏"。

按：疑"臣"字衍。

30. 中华本第 195 页。知施州王仁都敛于民以修贡，甲申，命仁都还民钱。（仁都，未见。）

三处"仁都"，文渊阁本均作"仁郁"。

按：《长编》卷一建隆元年五月，"上以畿甸委输京师，吏多旁缘为奸，民或咨怨。乙巳，命殿中侍御史王伸、监察御史王祐、户部郎中沈义伦等八人，分领在京诸仓"。此事亦见于《宋会要辑稿》"食货六二之一·京诸仓"，"太祖建隆元年五月，命殿中侍御史王伸、监察御史王佑、户部郎中沈义伦、殿中丞王仁郁、太常博士夏侯澄、太子左赞善大夫陈泛、左龙武将军韩令升、左千牛卫将军时赞，分掌在京仓庾。先是，京畿近辅租调委输，吏缘为奸，民多咨怨，至是，始择庭臣总之。"建隆元年五月之时，王仁郁任殿中丞。且文渊阁本《长编》该段三处"仁都"皆作"任郁",疑当作"任郁"。

31. 中华本第 195 页。丁酉,诏勿复毁,仍令所在存奉,但毋更铸。

"存奉",宋本、撮要本作"崇奉"。

按:疑当从宋本作"崇奉"。

卷九:开宝元年

32. 中华本第 199 页。上坐寝殿,令洞开诸门,皆端直轩豁,无有拥蔽。

"拥蔽",宋本、撮要本作"壅蔽"。

按:检文渊阁本作"壅蔽",与宋本、撮要本同。当从宋本、撮要本改作"壅蔽"。

33. 中华本第 200 页。三年有成,前典之明训,一日必葺,昔贤之能事。

"前典",宋本、撮要本作"前朝"。

按:疑当从宋本作"前朝"。

34. 中华本第 200 页。诏曰:"……其治所廨舍,有隳坏及所增修……"

"有隳坏及所增修",宋本、撮要本作"有无隳坏及所增修"。

按:据《容斋四笔》卷一二"当官营缮"条,洪迈称其"恭览国史",并载有此条诏令,作"有无隳坏及所增修",其有"无"字。疑当从宋本、撮要本增补"无"字。

35. 中华本第 200 页。着以为籍,迭相付授。

"付授",宋本、撮要本作"符授"。

按:检《容斋四笔》卷一二"当官营缮"条,洪迈称其"恭览国史",并载有此条诏令,作:"迭相符授"。据此,则当从宋本、撮要本改"付"为"符"。

36. 中华本第 201 页。亲切之地,鱼贯其间。

"亲切",宋本、撮要本作"清切"。

按:疑当从宋本、撮要本作"清切"。

37. 中华本第 205 页。胡不改图,使一方之人困苦兵战。

"人",宋本、撮要本作"民"。

按:疑当从宋本作"民"。

38. 中华本第 209 页。何继筠以先锋击破之，斩首二千余级，获马五百疋，擒其将张环、石斌，遂夺汾河桥，薄太原城下，焚延夏门。

"薄太原城下"，宋本"传太原城下"。

按：疑当从宋本作"传"。

39. 中华本第 211 页。《邵氏见闻录》云："太祖初即位……康节先生曰：'太祖之于礼也，可谓达古今之宜矣。'"

"太祖之于礼也"，宋本、撮要本作"太祖其于礼也"。

按：检《邵氏闻见录》卷一作"太祖皇帝其于礼也，可谓达古今之宜矣"。据此当从宋本、撮要本作"太祖其于礼也"。

40. 中华本第 212 页。案史记封禅书，秦常以十月郊见，通爟火，状若桔槔，欲令光明远照，通于祀所。望敕有司率循前制。

"爟火"，宋本、撮要本作"权火"。

按：《史记》卷二八《封禅书》作"秦以冬十月为岁首，故常以十月上宿郊见，通权火，拜于咸阳之旁"。裴骃《集解》曰："张晏曰：'权火，烽火也。状若井絜皋矣。其法类称，故谓之权。欲令光明远照通祀所也。汉祠五畤于雍，五里一烽火。'如淳曰：'权，举也。'"司马贞《索隐》曰："权，如字，解如张晏。一音爟，《周礼》有司爟。爟，火官，非也。"《汉书》卷二五《郊祀志上》亦载"秦以冬十月为岁首，故常以十月上宿郊见，通权火"。据此，疑当从宋本作"权火"。

41. 中华本第 213 页。游寻病殂，铉戏谓人曰……

"病殂"，宋本、撮要本作"病疽"。

按："游"乃南唐文安郡公徐游。中华本作"病殂"，即谓徐游开宝元年病亡，然而中华本《长编》此处有误，当改作"病疽"。据陆游《南唐书》卷五《徐游传》记载："方金陵之将亡也，徐锴属疾，忽梦巨人持大筵，取己及兄铉并游，同纳筵中筵之，锴与游皆堕地，而铉独否。俄锴、游皆以疾卒云。"据此，徐游与徐锴卒年相近。再据《长编》记载，开宝六年四月辛丑，"国主亟令缮写，命中书舍人徐锴等通夕绚对，送与之，多逊乃发"。

此外，陆游《南唐书》卷二《徐锴传》记载："开宝七年七月卒。"徐锴至开宝七年卒，而《长编》开宝元年称徐游"病殂"，此时方开宝元年，如何能与开宝七年而亡的徐锴"俄锴、游皆以疾卒"？且宋本、撮要本皆作"病疽",徐游此时病而未亡。故开宝元年徐游并未"病殂",而是"病疽"。中华本《长编》当据宋本、撮要本改正。

卷十：开宝二年

42. 中华本第223页。贫困不能自存者给饮食。

"饮",宋本、撮要作"饭"。

按：《长编》记载："上以暑气方盛,深念缧绁之苦。乃诏西京诸州,令长吏督掌狱掾五日一检视,洒扫狱户,洗涤杻械,贫困不能自存者给饮食,病者给药,轻系小罪实时决遣,无得淹滞。自是每岁仲夏,必申明是诏,以戒官吏焉。"《宋史全文》(中华书局2016年版)卷二亦载有此条开宝二年五月诏令,其作"贫困不能自存者给饭食",与宋本、撮要本同,疑当从宋本、撮要本改"饮"为"饭"字。

43. 中华本第224页。上使伺之,果谍者诈为也。

"为",宋本、撮要本作"伪"。

按：疑当从宋本作"伪"为宜。

44. 中华本第224页。仁浦尝侍春宴,上笑谓仁浦曰："何不劝我一杯?"仁浦因前上寿,上密谕曰："朕欲亲征太原,如何?"仁浦曰："欲速则不达,惟陛下审思。"上嘉其对。

"谕",宋本、撮要本作"谓"。

按：宋太祖此时乃询问魏仁浦意见,故而魏仁浦答以"欲速则不达"后,"上嘉其对"。当从宋本、撮要本改"谕"为"谓"为宜。

45. 中华本第225页。况时属炎蒸,候当暑雨,傥或河津泛滥。

"滥",宋本、撮要本作"溢"。

按：检文渊阁本亦作"溢"字,与宋本、撮要本同。此外,据《宋史》卷四八二《北汉世家》,其载李光赞此次进言,称"今时属炎蒸,候当暑雨,傥河津泛溢";据《宋会要辑稿》兵七之四,作"况时属炎蒸,候当暑雨,傥或河津泛溢"。以上诸材料所载李光赞进言,皆作"溢",且宋本、撮要本作"溢",疑中华本《长编》此处"滥"字当改作"溢"。

46. 中华本第225页。按欧阳修志薛奎墓云。

"按欧阳修志薛奎墓云",宋本作"按欧阳修志薛奎墓乃云"。

按：疑当从宋本补"乃"。

47. 中华本第 231 页。丁亥，令川、陕诸州，察民有父母在而别籍异财者，其罪死。

此段宋本、撮要本阙。"川、陕"，文渊阁本作"川、峡"。

按：据《宋史》卷二《太祖纪二》记载，开宝二年八月丁亥，"诏川峡诸州察民有父母在而别籍异财者，论死"。中华本《长编》此处当据文渊阁本以及《太祖纪》改"陕"为"峡"。

卷十一：开宝三年

48. 中华本第 243 页。审琦曰："五代以来，诸侯强横，令宰不能专县事。今天下治平……何按之有！"闻者叹服。

"能"，宋本、撮要本作"得"。

按：《宋史》卷二五〇《王审琦传》亦载有王审琦此番言论，"五代以来，诸侯横强，令宰不得专县事……"《王审琦传》亦作"得"。作"得"是。

49. 中华本第 246 页。命翰林学士、文班常参官等。

"命"，宋本、撮要本作"令"。

按：疑当从宋本作"令"。

50. 中华本第 249 页。上尝命有司为洺州防御使郭进治第。

"防御使"，宋本、撮要本作"防禦使"。

按：当作"防禦使"。

51. 中华本第 249 页。厅堂悉用瓴瓦。

"厅堂悉用瓴瓦"，宋本、撮要本作"凡厅堂悉用瓴瓦"。

按：疑中华本缺漏"凡"字，当从宋本补"凡"字。

52. 中华本 254 页。仁肇，仁翰弟，初见显德二年。

"二年"，宋本、撮要本作"三年"。

按：未能断，存而待考。

卷十二：开宝四年

53. 中华本第 266 页。仁瑀领帐下十余人入泰山。

"余"，宋本作"数"。

按：疑当从宋本作"数"。

54. 中华本第 268 页。令府吏封识以去。

"以",宋本、撮要本作"乃"。

按：疑当从宋本作"乃"。

55. 中华本第 270 页。余虽以兴化为心，未能力致，傥便以成功自大，是所难安。

"是所难安",宋本、撮要本作"实所难安"。

按：疑"是"字为"实"字之讹，当从宋本作"实所难安"。

56. 中华本第 271 页。理虽若此，然不可轻改。

"轻",宋本作"辄";撮要本作"辙"。

按：疑当从宋本作"辄"。

卷十三：开宝五年

57. 中华本第 284 页。因告谕愿归其家者，具以情言，得百五十余人。

"得百五十余人",宋本、撮要本作"得百名"。

按：未能断，两存之。

58. 中华本第 287 页。今仓储垂尽，乃请分屯兵旅。

"兵旅",宋本、撮要本作"兵师"。

按：当从宋本作"兵师"。

59. 中华本第 290 页。禁玄象器物、天文、图谶、七曜歴、太一雷公、六壬遁甲等不得藏于私家。

"歴",宋本、撮要本作"曆"。

按：作"曆"为宜。

卷十四：开宝六年

60. 中华本第 304 页。及卒，上甚叹惜。

"叹惜",宋本作"嗟惜"。

按：疑"叹"为"嗟"字之讹，当从宋本作"嗟惜"。

61. 中华本第 305 页。以新及第进士、九经五经及选人资序相当者为司寇参军。

"资序",宋本、撮要本作"资叙"。

按：当从宋本作"资叙"

62. 中华本第305页。有权酤主吏武希珽等三十余辈。

"三"，宋本、撮要本作"二"。

按：未能断，存而待考。

63. 中华本第310页。仁朗神色不挠。

"神色"，宋本、撮要本"神意"。

按：疑当从宋本作"神意"。

卷十五：开宝七年

64. 中华本第319页。得一初以五经教授乡里，弟子自远而至。

"弟子"，宋本、撮要本作"子弟"。

按：按文意，当从宋本作"子弟"为宜。

卷十六：开宝八年

65. 中华本第336页。以手搏得状元事，载举种放事时。

"举"，宋本、撮要本作"与"。

"事时"，宋本作"争时"；撮要本作"同时"。

按：中华本《长编》出校勘记云："载举种放事时。'事时'原作'时事'，据宋本、阁本及《大典》卷一二三〇七改。"宋本"事时"作"争时"，不作"时事"。中华本《长编》校勘记有误。

66. 中华本第342页。八十三日乃没。

"没"，宋本、撮要本作"灭"。

按：未能断，存而待考。

67. 中华本第347页。而此特追感从镒未还时并蒙恤养故耶？

"而"，宋本、撮要本无"而"字。

按：此处《长编》文，为李焘所作小字注，其云："据此，则似从镒与从善俱未尝还也。从镒既还，而此书亦无一言及之，不知何故。或者李穆归朝，煜已具谢，而此特追感从镒未还时并蒙恤养故耶？"按语法，不当在"此特追感从镒未还时并蒙恤养故耶"前加"而"字。检宋本，此为双行小字注，前文"而此书亦无一言及之"之"而"字，与"此特追感从镒未还时并蒙恤养故耶"之"此"字，并排。后世抄写《长编》时或因此产生衍文。

68. 中华本第 355 页。令谕旨于其主俶曰。
"主",宋本、撮要本作"王"。
按:未能断,两存之。

卷十七:开宝九年
此卷无校记。

赵鼎年谱[*]

刘云军

（河北大学　宋史研究中心）

赵鼎（1085—1147），字元镇，号得全居士，解州闻喜（今山西闻喜）人。登北宋徽宗崇宁五年（1106）进士第。绍兴四年（1134）二月，召拜参知政事。九月，除尚书右仆射。次年，迁左仆射。后罢相出知绍兴府。绍兴七年（1137）九月二度拜相。后因与宋高宗、秦桧在政策上有矛盾，罢相复知绍兴府。在秦桧的一再打击下，赵鼎连遭贬斥，并于绍兴十七年（1147），在吉阳军不食而死，享年六十三岁。宋孝宗时，谥忠简，并配享高宗庙庭。《宋史》卷三六〇有传。

对于赵鼎，后人评价很高，如元人修《宋史》，称赞他"中兴贤相，鼎为称首"。本文依据相关史料，勾勒出赵鼎一生事迹。

赵鼎，字元镇

《三朝北盟会编》[①]卷一九九引《林泉野记》（以下简称"林泉野记"）："赵鼎，字元镇"。

号得全居士

《吹剑录外集》《花庵词选续集》卷二。

---

[*] 本论文系2019年度高校古委会直接资助项目《〈忠穆集〉整理》（项目批准号1921）成果。

[①] 上海古籍出版社影印本，2008年。

谥忠简

《忠穆集》卷八、《文忠集》卷五四、《宋会要辑稿》礼五八之八、《宋史》卷三六〇《赵鼎传》等所记同。

解州闻喜人

《宋宰辅编年录校补》①卷十四："鼎，闻喜人也。"

《自志》②："赵氏得姓于赵城始封之地，晋赵成季其后也。余家出成季之裔，世居汾晋，历古仕宦不绝。艺祖初，征河东，举族内徙，居解州闻喜县，今为闻喜县人。"

解州闻喜，宋时属永兴军路解州，今山西运城闻喜县。

有文集，后散佚，今存清人辑本十卷

《宋史》卷三六〇《赵鼎传》③："鼎为文浑然天成，凡高宗处分军国机事，多其视草，有拟奏表疏、杂诗文二百余篇，号《得全集》，行于世。"

按，赵鼎生前似乎并无文集传世。去世后，其孙谥将赵鼎遗稿搜集整理，以《得全居士集》《别集》名义分别刊刻。《文忠集》卷五四《忠正德文集序》："始公适潮，潮人敬爱不忘。天道好还，谥今来守兹土，追怀祖烈，将刻遗稿附昌黎文以传。凡拟诏百有十，杂著八、古律诗四百余首，奏疏、表札各二百余篇，号《得全居士集》。而以乐府四十为《别集》，属某题辞。"④（晁公武《郡斋读书志》卷五下与周必大所记同。）

《直斋书录解题》卷十八《别集类下·〈忠正德文集〉十卷》："丞相闻喜赵鼎元镇撰。四字，高庙所赐宸翰中语也。"⑤ 同书卷二十："《得全居士集》三卷，赵鼎元镇撰，全集号《忠正德文集》。其曾孙璧别刊其诗，附以乐府。"

《宋史》卷二〇八《艺文志》著录赵鼎《得全居士集》二卷、《忠正

---

① 中华书局校补本，1988年。
② 大象出版社点校本，2008年。
③ 中华书局点校本，1977年。
④ 影印文渊阁《四库全书》本。
⑤ 上海古籍出版社点校本，1986年。

德文集》十卷。

按，《忠正德文集》除四库本外，尚有多种清抄本、清刻本行世。

此外，赵鼎所撰《建炎笔录》《辨诬笔录》《家训笔录》除收录于文集中，尚有单行本行世。

远祖赵成子衰

《自志》："赵氏得姓于赵城始封之地，晋赵成季其后也。余家出成季之裔，世居汾晋，历古仕宦不绝。"

按，赵成季即赵成子衰（？—前622年），字子余，辅佐晋文公重耳，拜为上大夫。因其在兄弟中排行最小，故谥为季。

曾祖赵荣，名位不显。曾祖母李氏，累赠秦国夫人

《斐然集》[1] 卷十四《赵鼎赠三代》。

《家训笔录》[2]："曾祖累赠太师；曾祖母李氏，累赠秦国夫人。"

祖父赵有直，赠太师，追封申国公。祖母牛氏累赠秦国夫人

《斐然集》卷十四《赵鼎赠三代》。

《自志》："祖累赠太师，追封申国公；祖母牛氏，累赠秦国夫人。"

父赵珒，累赠太师，追封秦国公。生母李氏、继母樊氏累赠秦国夫人

《自志》："父累赠太师，追封秦国公；母李氏累赠秦国夫人，母樊氏累赠秦国夫人。"

《斐然集》卷十四《赵鼎赠三代》。

至少有两个姐姐

《永乐大典》[3] 卷六六四一《思乡》："何意分南北，无由问死生。永缠风树感，深动渭阳情。两姊各衰白，诸甥未老成。尘烟渺湖海，恻恻寸心惊。"

---

[1] 中华书局1993年版。
[2] 大象出版社2008年版。
[3] 中华书局2000年版。

赵鼎拜相前，妻子已逝

《斐然集》卷十四《赵鼎赠三代》："具官妻行应仪矩，化行闺门。德则可师，宜享成家之报；仁而不寿，空余异室之悲。眷尔良人，位予元弼。玉瑟之音虽□，金花之诰加荣。改卜名邦，以荐膏沐。往奠厥壤，永康后人。"

有婢妾三十六娘

《家训笔录》："第二十七项，三十六娘，吾所钟爱。他日吾百年之后，于绍兴府租课内拨米二百石充嫁资，仍经县投状，改立户名。"

有四子：长子赵洙、次子赵汾、三子赵□、四子赵渭

《林泉野记》："（赵鼎）有子四人"。

《中兴小纪》① 卷二八引《赵鼎事实》："时鼎连失洙、渭二子，与亲知书曰：'幼子之病，以某谪温陵，失于医理而死。长子之病，以某谪潮阳，惜于离别而死。'"

《（民国）闻喜县志》卷十六《名贤·赵鼎》："次子汾，举孝廉。"②

有女儿

《杂著述》卷六《泛舟游山录二》："新监杂卖场门范从事华相访，淳夫曾孙、元长之孙、赵元镇外孙。"③

与范仲熊为姻亲

《要录》卷八一："（绍兴四年十月二十一日丙申）范仲熊叙右承事郎。仲熊始坐明受中为郎远谪，至是刑部引赦，乞叙右通直郎与差遣。赵鼎以仲熊连姻，特降五官。"④

按，范仲熊，字舜元，成都华阳（今四川成都）人。范冲子，范祖

---

① 广雅书局本。
② 《中国方志丛书》影印本。
③ 影印文渊阁《四库全书》本。
④ 影印文渊阁《四库全书》本。

禹孙。

与常同为姻亲

《彝斋文编》卷三《耕读堂记》："（赵）孟坚曾外祖中司常公，与丰公俱以正论入绍兴戊午党议，二家姻好尤笃。"[1]

神宗元丰八年乙丑（1085）一岁
正月初五日，赵鼎生

《辨诬笔录》[2]："过岁，某始生之日。"

《忠正德文集》卷六《醉蓬莱·庆寿》："破新正春到，五叶尧蓂，弄芳初秀。剪彩然膏，灿华筵如昼。家庆图中，老莱堂上，竞祝翁遐寿。喜气欢容，光生玉珲，香霏金兽。"[3]

按，尧蓂，相传帝尧时阶前所生瑞草。五叶尧蓂，即五月初五日。故赵鼎生于正月初五日。

哲宗元祐三年戊辰（1088）　四岁
父亲赵玘去世，继母樊氏躬自抚养

《自志》："余四岁而孤，太夫人樊氏躬自训导。"

《宋史》卷三六〇《赵鼎传》："生四岁而孤，母樊教之。通经史百家之书。"

徽宗崇宁四年乙酉（1105）　二十一岁
乡试中选

《自志》："二十一岁，乡里首荐。"

徽宗崇宁五年丙戌（1106）　二十二岁
登进士第，对策斥章惇误国

《家训笔录》："二十一岁，乡里首荐。明年，登进士第，崇宁五

---

[1] 影印文渊阁《四库全书》本。
[2] 大象出版社点校本，2008年。
[3] 影印文渊阁《四库全书》本。

年也。"

《宋史》卷三六〇《赵鼎传》："登崇宁五年进士第，对策斥章惇误国。"

初任凤州两当县尉

《家训笔录》："二十一岁，乡里首荐。明年，登进士第，崇宁五年也。初调凤州两当尉，次任岷州长道尉，以劳改京秩。调同州户曹，次任河中府河东县丞。丁秦国太夫人樊氏忧。服阕，调河南府洛阳县。靖康元年，除开封府士曹，寻改右判官，累迁朝请郎，赐绯鱼袋。"

凤州两当县，宋代属于秦凤路凤州，今甘肃两当县。

钦宗靖康元年丙午（1126）　　四十二岁

五月，擢为开封府士曹参军，赴陕西募兵

《自志》："靖康元年，除开封府士曹，寻改右判官，累迁朝请郎，赐绯鱼袋。"

六月，陕西制置司都统制解潜为制置副使领兵解太原围，解潜辟赵鼎为制置司勾当公事

《会编》卷一六八："先是，解潜提兵解团太原也。赵鼎尝居其幕中主事。"

十一月，朝廷议割让三镇予金人，持不可割之说

《宋史》卷三六〇《赵鼎传》："金人陷太原，朝廷议割三镇地。鼎曰：'祖宗之地不可以与人，何庸议？'"

金人陷开封，与张浚、宋齐愈等俱困于围城之中

《辨诬笔录》："丙午冬，金人分两路渡河，直抵畿内。西自洛阳，东至南都，南自颍昌，北至大河，皆为金人占据，京师在数千里重围之中。仰视但见青天白日，而道路不通，中外断绝。四方万里之远，郡县栉比，官吏享厚俸、兵级坐食衣粮者，不可以数计，而优游自若，无一人回首一顾者，安得所谓勤王之师？月余城破，敌分兵屯列城上下，瞰城中百万生灵犹俎上之肉。"

十二月末，得省札，除直秘阁、京畿提刑兼转运副使

《辨诬笔录》："靖康元年十二月末得省札，称朝夕大金师退，奉圣旨差府曹一员、省郎一员抄札遗下军粮马料。次日，工部侍郎司马文季与余简，封题云'提刑、直阁'。继得开封通引官姓白人札探除目帖子报：开封士曹赵某除直秘阁、京畿提刑兼转运副使。其日，余在同舍陈士曹阁子内与数同官会话。今刑掾郭璋独在可以为证。时十二月二十七、八间也。"

按，司马文季即司马朴，司马光兄司马旦之孙。靖康之变后，曾拒绝金人欲立其为帝，后随徽钦二帝一同北迁。

高宗建炎元年丁未（1127）　　四十三岁

三月丁酉，金人立张邦昌为楚帝，赵鼎与张浚等人逃入太学中，不书议状

《要录》卷二："始百官既集，……而秘书省校书郎胡寅、太常寺主簿张浚、开封府司仪曹事赵鼎相率逃太学中以避乱，故皆不书议状。"

四月，除直秘阁、京畿提刑兼权转运副使

《辨诬笔录》："后数日，余得行首司帖子，请召议事。至崇政殿门外阁子中，见王时雍、吕好问、冯澥同坐。时雍顾谓余曰：'烦公以畿内之事。'出除目一纸示余，除直秘阁、京畿提刑、兼权转运副使。余起立白时雍，以私计不便，不愿就此。时雍作色曰：'今日之事，须大家担负。'余曰：'府官冗贱，何预国论？'时雍怒甚，不复言。舜徒恐激作祸生，谓时雍曰：'且只以府曹兼权。'又谓余曰：'府界职事，府曹兼领何害？兼有正月初成命。'余谓：'若于差权札子内备坐。正月初指挥，乃敢就职。'时雍益怒，面色变青，徐取笔勾去'直秘阁'字。舜徒又曰：'府界事无限，且先理会东路，祗各元帅之归。所以烦公，正为此也。'余曰：'闻金人留兵二万屯河南武阳县界，如此即□骑四出，府界何以措手？'舜徒曰：'近遣从官数辈至军前恳告，今则尽发过河，更不留一人一骑在河南。'余曰：'东路蹂践尤甚，直抵南都，更无片瓦。'舜徒曰：'元帅府官兵极多，须广作席屋以待。'余曰：'府界无一人百姓，使谁为之？又无一钱支用。'时雍方发言曰：'此等事自当应副，公可条具申来。'余归，至晚得差权札子，犹豫未决，适提刑属官孟某来参（不记名）。问知是后家，因叩吕言问所说。孟曰：'此议已定。某适离家时，见街道司已在宅前治道，恐亦非晚矣。'余既得此说，走见户侍邵泽民问子细。未及坐定，泽民曰：'适自部中来，朝廷要二十副珠子花镮头面装裹内人，就孟宅迎太后还内。于诸人家抄札家资内寻觅，竟不得足。'余曰：'定在何日？'泽民曰：'数日前马仲时（谓殿院马伸）已上书太宰相公，请速出外第，且乞遣使迎元帅。邦昌得书极惶恐，便欲出居。东府诸公谓敌骑尚有在青城者，恐别有交生，少隐忍数日为便。今闻后骑已过中牟，邦昌岂敢一日留滞？当亟请垂帘，一如初议也。如遣使，见已发数辈，近又差谢任伯（克家）捧宝而往。'余曰：'何宝？'泽民曰：'大宋受命之宝，的当无如此者。'余既闻此，始敢交职事。"

《要录》卷三，建炎元年三月丁酉条注释："按绍兴中，王次翁、曾统、谢祖信劾赵鼎受邦昌伪命为京畿提刑，退而告人，有'亲奉玉音'之语，而《实录》不书，盖诬之也。"

建炎三年己酉（1129）　　四十五岁
二月二十二日，迁居衢州
《建炎笔录》卷上："（建炎三年二月）二十二日，某买舟泛钱塘江之衢。"

四月初二日，至杭州。
《建炎笔录》卷上："是日，某至杭州门外，且闻勤王兵至，乃入门。"

以张浚荐，初十日，除司勋员外郎
《中兴小纪》卷六："（建炎三年四月）乙卯，大赦天下，知枢密院事张浚荐朝奉大夫赵鼎。《赵鼎事实》曰：'上初渡江，诏郎官以上荐士，时都司黄槩以鼎应诏。至杭，闻复辟，始入城，而张浚又荐之。'鼎见浚，首曰：'隆祐复辟，其功甚大，当检累朝卷帘故事，推恩其家。'丁巳，常德军承宣使孟忠厚除宁远军节度、醴泉观使，遂以鼎为司勋郎官。"

五月初三日，供职

《建炎笔录》卷上："初三日，车驾至镇江。某始供职，百司水陆从便。"

二十五日，上书陈防秋利害

《宋史》卷三六〇《赵鼎传》："上幸建康，诏条具防秋事宜，鼎言：'宜以六宫所止为行宫，车驾所止为行在，择精兵以备仪卫，其余兵将分布江、淮，使敌莫测巡幸之定所。'上纳之。"

按，赵鼎疏文见《忠正德文集》卷一《陈防秋利害疏（建炎三年五月十五日，奉旨许郎官以上条具防秋利害，二十五日上)》。

六月初一日，入对

《建炎笔录》卷上："六月，车驾在建康。初一日对。先是，以黄槩荐，得旨上殿；张浚至杭，又荐对。至是，以郎官初除，合是三者，对于行宫。"

初三日，上书请罢王安石配神宗庙庭

《宋会要辑稿》①又礼一一之六："（建炎）三年夏，久阴不解，诏百执事赴都堂，给札条具时政阙失。司勋员外郎赵鼎言：'自绍圣以来，学术、政事败坏残酷，致祸社稷，其源实出于安石。今安石之患未除，不足以言政。'于是罢安石配飨神宗庙庭。寻诏以富弼配飨神宗庙庭。此据《王安石传》修入，月日检未获。"

按，赵鼎上书全文见《忠正德文集》卷1《论时政得失疏》。

二十日，以为右司谏

《要录》卷二四："（六月）丁卯，右司谏袁植罢。……尚书司勋员外郎赵鼎行右司谏。"

七月初七日，除殿中侍御史

《建炎笔录》卷上："初七日，某蒙恩除殿中侍御史。"

---

① 中华书局影印本，1956年。

《浮溪集》（四部丛刊初编本）卷八《左司谏赵鼎殿中侍御史制》。

九月十二日，除侍御史。
《要录》卷二八："殿中侍御史赵鼎为侍御史。先是，御史中丞范宗尹因奏事论鼎自司谏迁殿中非故事，上亦嘉鼎敢言，故有是除。"

十二月初十日，除御史中丞
《建炎笔录》卷上："初十日，某蒙恩除御史中丞，日下供职。"

建炎四年庚戌（1130）　四十六岁
三月初一日，上疏建议俟浙西平定再出发
《忠正德文集》卷一《论回跸》："臣于今月初一日，尝具愚恳，仰渎圣听，乞候浙西平定，及建康已有渡船的耗，乃议进发。"

初四日，高宗欲往平江府，言金兵去未远，遂缓其行
《建炎笔录》卷上："初四日，有旨以初十日车驾进发，某力言其未可。初六日，有旨未行，展至月半。"

初九日，入对，言所获生口内契丹并燕蓟及诸路签军皆不可杀，高宗可之
《建炎笔录》卷上："初九日，对，论诸所获生口内契丹并燕蓟及诸路签军皆不可杀。上曰：'正与吾意合。'"

四月十四日，改翰林学士，不肯就职
《要录》卷三二："（四月）乙酉，御史中丞赵鼎为翰林学士。自建炎初置御营使，本以行幸总齐军中之政，而宰相兼领之，遂专兵柄，枢密院几无所预。吕颐浩在位，颛恣尤甚，议者数以为言。上自海道还，鼎率其属共论颐浩之过，会鼎复驳亲征之议，颐浩闻之，乃移鼎翰林。鼎引司马光故事，以不习骈丽之文，不肯就职。"

十九日，改吏部尚书，不受
《要录》卷三二："庚寅，御史中丞赵鼎为吏部尚书。鼎力辞翰林，因卧家不出。诏以鼎刚毅有守，不可使去朝廷，故有是命。鼎不受。"

二十六日，复为御史中丞
《要录》卷三二："丁酉，御笔赵鼎依旧御史中丞，鼎即出视事。"

十一日，上《乞令侍从荐举人才》札子
《忠正德文集》卷一《乞令侍从荐举人才建炎四年五月十一日》。

十二日，签书枢密院事
《要录》卷三三："癸丑，端明殿学士、同签书枢密院事张守参知政事。……御史中丞赵鼎为端明殿学士、签书枢密院事兼权御营副使。"

十一月初五日，罢签书枢密，提举宫观
《自志》："十月引疾奉祠，提举临安府洞霄宫，寓居衢州常山县黄岗山永平寺。"

《建炎笔录》上："是年十月初，以议辛企宗建节不合，眷意稍替，由是间言得入。初，降出企宗论功札子皆无实状，余谓诸公曰：'企宗正任承宣，不知何以酬之意在节旄乎。'范觉民叹曰：'此则不可当，优与军职耳。'"

绍兴二年壬子（1132） 四十八岁
十月二十一日，除知平江府，又改为江东安抚大使
《要录》卷五九："（绍兴二年十月）戊申，端明殿学士、新知平江府赵鼎为江东安抚大使兼知建康府，许过阙。"

十一月，过行在，入对
《建炎笔录》卷上："十一月，过行阙，初对上，玉色怡然，顾劳甚至。余进曰：'建康，残破之余，又宣督、两司屯驻大军皆招收群寇，上下忧疑，在今最为艰难之地。臣之此行，或因庙堂进拟，则臣断不敢往，敢以死请。万一出於宸断，臣亦不复辞也。'上曰：'江东阙帅，朕晓夕思之，无以过卿者，实出朕意也。卿到官，有奏陈事，朕当自主之。'余顿首谢。"

十二月十二日，至建康视事

《要录》卷六一："（十二月戊戌）端明殿学士、江东安抚大使赵鼎始至建康视事。时参知政事、权同都督江淮荆浙诸军事孟庾，太尉、江南东西路宣抚使韩世忠皆驻军府中。军中多招安强寇。鼎为二府，素有刚正之风，庾、世忠皆加札，两军肃然知惧。民既安堵，商贾通行焉。"

绍兴三年癸丑（1133） 四十九岁
三月初九日，为江南西路安抚大使兼知洪州

《要录》卷六三："（三月甲子）端明殿学士、知建康府赵鼎为江西安抚大使兼知洪州。"

六月二十一日，舒、蕲、黄三州钱粮乞令淮西应副

《宋会要辑稿》职官四一之一〇五："绍兴三年六月二十一日，江南西路安抚大使赵鼎言：'本路昨兼管江北七路州军，内舒、蕲、黄三州见今分屯本司军马，那移钱粮等应副，即日兴葺，渐成次第。近据报到，淮南西路安抚使胡舜陟乞节制舒、蕲、黄三州人马。本司契勘上项逐州军马既听淮西帅臣节制，若本路不合兼管，其钱粮乞从淮西应副，并江西系子淮西相接。今蒙将舒、蕲、黄三州拨归淮西，万一上流有警，则沿江一带并无军马应援。本司相度，遇有沿江探报，即乞许本司时暂勾索逐州人兵，权行使唤。'诏令江西帅司依旧那融应副钱粮，遇盗贼发，令听淮西帅臣措置应大事，兼仍旧听江西安抚大使司节制。"

九月十五日，以为江西安抚制置大使

《要录》卷六八："（绍兴三年九月丙寅）端明殿学士、江南西路安抚大使兼知洪州赵鼎为江南西路安抚制置大使兼知洪州。"

十月十八日，上疏乞免勘乔信

《宋会要辑稿》刑法六之二七："（绍兴三年）十月十八日，江南西路安抚制置大使赵鼎言：'乞将乔信特降官资，免行取勘，或与放罪，责其后效。'诏依奏免勘，特与放罪，令本司责其后效。以信军马把截捕杀彭支等，贼火徒党数多，众寡不敌，是致不能成功，日夕忧疑，不能安职，

故贷之。"

按，赵鼎上疏全文见《忠正德文集》卷二《乞免勘乔信状》。

绍兴四年甲寅（1134）　　五十岁
三月初八日，参知政事

《要录》卷七四："（绍兴四年三月）戊午，端明殿学士、江南西路制置大使赵鼎参知政事。时鼎已召而未至也，上命鼎荐举人才，鼎即以王居正、吕祉、董弅、林季仲、陈桌、朱震、范同、吕本中上之。乃诏三省公共随器任使。"

八月初三日，为知枢密事、川陕宣抚处置使

《会编》卷一六一："八月三日庚辰，赵鼎为知枢密事、川陕宣抚处置使。赵鼎为都督川陕荆襄诸军事。当时献言者谓得荆襄乃可以制中原，朝迁是之，乃命枢臣赵鼎都督川陕荆襄诸军事。"

十一日，知枢密院事、都督川、陕、荆、襄诸军事

《宋会要辑稿》职官三九之六："（绍兴）四年八月十一日，诏川陕宣抚处置使赵鼎为都督川陕荆襄诸军事。孟庾等言：'赵鼎除川陕宣抚处置使，恐与王似、卢法原、吴玠使名相似，乞自睿旨别易一使名。'上顾鼎曰：'此是朕不思，不曾与大臣商议，所以然者。'故续有是诏。"

九月二十七日，为尚书右仆射兼枢密院事

《要录》卷八十："（绍兴四年九月）癸酉，左中大夫、知枢密院事、都督川陕荆襄诸军事赵鼎为左通议大夫、守尚书右仆射同中书门下平章事兼知枢密院事。初，鼎奏禀朝辞，上曰：'卿岂可远去？当相卿，付以今日大计。'制下，朝士动色相庆。《赵鼎事实》：时独给事中孙近直学士院，时传锁院，莫知为谁。诸侍从谋于近曰：'非晚必命相公，当草制，幸密报髣髴以解我忧。'近入院，诸人聚于沈与求之家，近密报取枢府细位，诸人喜而散。明日，拜鼎右相。按此时近与沈与求并直，此云独直，误也。又朱胜非既罢，人望次辅，皆应在鼎，此云莫知为谁，恐亦非其实。今姑附此，更须详之也。"

绍兴五年乙卯（1135）　　五十一岁

二月十二日，为尚书左仆射、同中书门下平章事、都督诸路军马

《宋会要辑稿》职官三九之七："（绍兴）五年二月十二日，制以左通议大夫、守尚书右仆射、同中书门下平章事兼知枢密院事赵鼎特授左正奉大夫、守尚书左仆射、同中书门下平章事兼知枢密院事、都督诸路军马，左通奉大夫、知枢密院事张浚特授左宣奉大夫、守尚书右仆射、同中书门下平章事兼知枢密院事、都督诸路军马。十四日，诏都督府以诸路军事为名。"

二十七日，监修国史

《要录》卷八五："（二月）辛丑，尚书左仆射赵鼎监修国史。鼎奏：'范冲直史馆，于臣为外姻，愿以授浚。'上曰：'安可以冲故废祖宗故事？况史馆非朝廷政令之地，可无辞。'"

三月初二日，荐解潜

《中兴小纪》卷十八："三月乙亥，赵鼎荐荆南镇抚使解潜召为主管马军司公事。初，靖康中，潜副李纲宣抚河东鼎在纲幕中与潜有旧，至是引用之。"

初九日，奏开启乾龙节道场

《宋会要辑稿》礼五七之二五："绍兴五年三月九日，尚书左仆射赵鼎言：'今月十一日，枢密院开启乾龙节道场，是日既为渊圣皇后祝寿开启，恐当崇重其礼。欲权免常参、六参官起居。将来开启满散天宁节道场，亦乞依此。'从之。"

二十一日，奏下临安府乞晴

《要录》卷八七："甲午，赵鼎奏近久雨恐伤苗稼，欲下临安府祈晴。孟庾、沈与求曰：'以天气久寒，蚕损甚众。'上曰：'朕见令禁中养蚕，庶使知稼穑艰难。祖宗时于延春阁两壁画农家养蚕织绢甚详，元符间因改山水。'"

六月初一日，乞修葺资善堂

《要录》卷九十："绍兴五年六月癸卯朔，赵鼎言资善堂极褊隘，恐方暑不便。上曰：'粗令整葺可也。朕常以营造为戒，居处不敢求安。前日孙近乞罢修学士院，今虽艰难之际，然学士院上漏下湿如此，若不略与修葺，非朕待遇儒臣之意。'"

八月初八日，上《乞追赠邵伯温状》

《要录》卷九二："尚书左仆射赵鼎言故右奉直大夫邵伯温大贤之后，行义显著，元符末以上书得罪，书名党籍坐废者四十年，伏望优加褒赠。鼎，伯温门人也。诏赠秘阁修撰，官其家一人。"

《忠正德文集》卷三《乞追赠邵伯温状》。

九月十五日，上重修《神宗实录》五十卷并具《重修神宗皇帝实录缴进表》

《要录》卷九三："（九月）乙酉，尚书左仆射监修国史赵鼎上重修《神宗实录》五十卷，旧文以墨，新修以朱，删出以黄。"

二十日，上亲书"忠正德文"四字赐，又以御书《尚书》一帙赐之

《宋会要辑稿》崇儒六之十五："（绍兴五年）九月二十日，赐赵鼎御书《尚书》一部。翌日，鼎称谢，上曰：'《尚书》所载君臣相戒敕之言，所以赐卿，乃欲共由此道以成治功。'六年十月，摹勒上石，鼎乞安于私第。"

十月初一日，赐银帛、衣带、子品服

《要录》卷九四："赐宰相赵鼎银帛五百匹两，对衣金带一，子六品服。鼎力辞进书转官，故用元丰旧制而有是赐。"

绍兴六年丙辰（1136） 五十二岁

正月十三日，廖刚乞回赠其祖父官，上《进廖刚世彩堂集札》

《要录》卷九七："（绍兴六年正月辛巳）刑部侍郎廖刚乞以磨勘一官回赠其祖父丕右承务郎，从之。"

《忠正德文集》卷三《进廖刚世彩堂集札》："臣今早进呈廖刚乞以一官回授封赠祖父，已得旨依所乞施行。窃惟陛下以孝治天下，故凡人子欲褒显其亲者莫不曲留圣意，俯遂其请。臣愚固知陛下孝养之心未尝少忘，今复览廖氏事迹，圣怀不无感叹。所有廖刚所编《世彩堂集》，谨具进入。"

十五日，上重修《神宗实录》二百卷

《要录》卷九七："癸未，尚书左仆射兼监修国史赵鼎上重修《神宗实录》通成二百卷。"

十二月初九日，以观文殿大学士知绍兴府

《自志》："十二月引疾，除观文殿大学士、充浙东安抚制置大使、知绍兴府。"

《宋会要辑稿》职官七八之四十："（绍兴六年）十二月九日，左正奉大夫、守尚书左仆射、同中书门下平章事、兼知枢密院事、都督诸路军马鼎罢为观文殿大学士、两浙东路安抚制置使、知绍兴府。制书以'粤惟入辅之初，密赞亲征之议，捷方奏而求去，章屡却而复来'。故也。"

绍兴七年丁巳（1137）　　五十三岁
三月二十六日，上《知绍兴乞差兵马防海道奏》

《忠正德文集》卷三《知绍兴乞差兵马防海道奏》。

八月十四日，召为万寿观使兼侍读

《宋会要辑稿》职官五四之十三："（绍兴七年）八月十四日，观文殿大学士、左正奉大夫、浙东安抚制置大使兼知绍兴府赵鼎除万寿观使兼侍读。"

二十三日，奏辞新命

《要录》卷一一三："（癸丑）观文殿大学士赵鼎奏辞新命，上不许，继遣中使往绍兴宣押赴行在，又以御札趣行。此以鼎奏议修入，《日历》并无之。"

九月十六日，入对

《建炎笔录》卷下："（绍兴七年）九月，自绍兴被召。是月十六日入建康，对于便殿，叙志已。上曰：'卿人望所归，岂应久外。'某辞以今日规模与臣所见不同。上曰：'将来别作措置。'十七日，宣制，授左仆射。"

十七日，拜尚书左仆射、同中书门下平章事兼枢密使，进四官

《自志》："九月授金紫光禄大夫、尚书左仆射兼枢密使、监修国史。"

《要录》卷一一四："（绍兴七年九月）丙子，观文殿大学士、左正奉大夫、万寿观使兼侍读赵鼎为左金紫光禄大夫、守尚书左仆射同中书门下平章事兼枢密使。鼎再相，进四官，异礼也。"

二十六日，监修国史

《要录》卷一一四："乙酉，赵鼎监修国史。"

十月初七日，封谪张浚贬书

《建炎笔录》卷下："初七日夜，内降周秘、石公揆、李谊弹章，后批：张浚谪授散官、安置岭表。中书旧例：凡御书批出文字，多在暮夜，不问早晚实时行出。至是，余封起，未即施行。"

初八日，与同列解救张浚

《建炎笔录》卷下："明日，榻前解救，开陈再三，上意终不解，余乃曰：'浚所犯不过公罪。'上曰：'是何公罪误国如此，私罪有余。'又奏曰：'前日赵令衿之言外颇传播，谓浚之出皆诸将之意，今又行遣如此之重，外间益疑矣。'上曰：'安有此理！若宰相出入出于诸将，即唐末五代衰乱之风，今幸未至于此。'余又曰：'虽非诸将之言，今谪浚如此，亦足少快诸将之意。'上曰：'此不恤也。'余又曰：'向来浚母未出蜀时，陛下特遣中使宣谕勿遣，今乃使之为万里之别，生死固未可知，岂不伤陛下孝治之意。'上意少解，乃曰：'与岭外善地可也。'余曰：'湖南永州等处，与岭外何异但且名目不谓之过岭也。'上曰：'可散官，安置永州。'余又曰：'若令分司，便是致仕。'上曰：'且更商量，来日再将

上。'余又留身，再三恳奏，拜于榻前。上曰：'浚平日兄事卿，卿一旦去国，浚所以挤陷卿者无所不至，今浚得罪天下，卿乃极力营救，卿贤于浚远矣。然今日作坏得如此，使朕极难处置，卿亦难做。'余曰：'此则天下共知，虽为国家无穷之患，原其初不过措置失当而已，偶因措置失当，遂投岭峤之外，臣恐后来者以浚为戒，不复以身任责矣。'上意乃解。于是，分司之议始定。初九日，降旨张浚责授左朝请郎、秘书少监、分司南京，永州居住。"

绍兴八年戊午（1138）　　五十四岁
六月初九日，上重修《哲宗实录》

《要录》卷一二〇："（绍兴八年六月）癸亥，尚书左仆射、监修国史赵鼎、中书舍人、史馆修撰勾涛、秘书少监尹焞、著作郎兼史馆校勘张嵲、佐郎胡珵、史馆校勘邓名世、朱松、李弥正、高闶、范如圭等上重修《哲宗皇帝实录》，九月书成，凡百五十卷。"

二十一日，乞回授

《宋会要辑稿》职官六一之二四："（绍兴）八年六月二十一日，尚书左仆射、同中书门下平章事赵鼎以累辞免特进恩命不允，乞回授，从之，仍赐一子六品服。"

十月二十一日，罢相

《自志》："十月引疾，除检校少傅、奉国军节度使，充浙东安抚大使、知绍兴府。"

《宋会要辑稿》职官七八之四十至四一："（绍兴八年十月）二十一日，特进、尚书左仆射、同中书门下平章事、兼枢密院事赵鼎罢授检校少傅、奉国军节度使、充两浙东路安抚制置大使、兼知绍兴府。制书以'虏曾攻于合肥，决汉相亲征之计；民未安于建业，赞商盘旧土之迁。正资一德以相扶，亦赖同心而共济。遽乃抗章请去，力挽莫回'。故有是命。"

十二月初二日，充醴泉观使，免奉朝请

《宋会要辑稿》职官五四之一三："（绍兴八年）十二月二日，检校少保、奉国军节度使、知绍兴府赵鼎除醴泉观使，免奉朝请，任便居住。先

是，鼎乞收还节钺，改除在外宫观，从其请也。"

绍兴九年己未（1139）　　五十五岁
二月二十一日，知泉州
《要录》卷一二六："（绍兴九年二月）壬申，检校少傅、奉国军节度使、醴泉观使赵鼎知泉州。鼎寓居会稽，秦桧犹忌其逼，乃以远郡处之。"

四月初四日，夺节
《自志》："四月落检校官、节度使，依旧特进。"

《宋会要辑稿》职官七十之二一："（绍兴九年）四月四日，奉国军节度使、检校少傅赵鼎落节度使、检校少傅，依旧特进、知泉州。以臣僚言鼎自知绍兴府乞闲，既遂其请，乃安于近辅，故有是命。"

绍兴十年庚申（1140）　　五十六岁
四月十八日，提举洞霄宫
《要录》卷一三五："（绍兴十年四月）壬戌，特进、知泉州赵鼎提举临安府洞霄宫。鼎既谪温陵，累章丐罢，上不许。时检校少傅、保信军节度使汪伯彦守宣州，端明殿学士徐俯守信州。前数日，御史中丞王次翁入对，论鼎不法，因奏伯彦不恤饥民而兴土木之工，俯安自尊大，不亲郡政，乞与外祠。秦桧请以章示鼎等，上曰：'人臣有小过，朕不欲扬之，使自为进退。'会鼎再乞宫观，遂有是命。"

闰六月二十五日（丁酉），谪居兴化军
《宋会要辑稿》职官四六之八："（绍兴）十年闰六月二十五日，诏前相赵鼎责授中大夫、秘书少监、分司南京、兴化军居住。"

二十八日，潮州安置
《宋会要辑稿》职官七十之二二："（绍兴十年闰六月）二十八日，赵鼎责授清远军节度副使，潮州安置。鼎初知泉州，论罢，以特进领祠。还至绍兴，言者论列，遂责授太中大夫、秘书少监、分司南京、兴化军居住。既而再责左朝奉大夫，余依旧，漳州居住。论者未已，

卒有是命。"

七月，长子洙病卒

《中兴小纪》卷二八引《赵鼎事实》："时鼎连失洙、渭二子，与亲知书曰：'幼子之病，以某谪温陵，失于医理而死。长子之病，以某谪潮阳，惜于离别而死。'"

《忠正德文集》卷四《谢到潮州安置表》："而臣忧患踵至，羸癯日增。始抱疾以还家，即衔悲而哭子。齿发雕瘁于感伤之后，精神昏耗于驱驰之余。"

十二月二十六日，移漳州居住

《要录》卷一三八："（绍兴十年十二月丙戌）责授清远军节度副使、潮州安置赵鼎移漳州居住，左通议大夫王庶复端明殿学士，左朝议大夫折彦质复龙图阁学士，皆用明堂恩也。言者奏庶之饰奸惑众，彦质之败事误国，罪皆显著，今遽牵复，恐天下之人心不能无疑。又言鼎之罪恶类入于无将，十恶之诛，恐难以常法从事而行原赦，命乃寝。"

绍兴十二年壬戌（1142） 五十八岁

十一月十八日，责遇赦更不检举

《会编》卷二一二："（绍兴十二年十一月）八日丙申，臣僚言沮挠和议者，秦桧欲深赵鼎等罪，未有名以处之，乃令臣僚言鼎与王庶、曾开、李弥逊昔年沮挠和议事，鼎更不量移，弥逊、会、开并落职，庶已卒于道州矣。"

绍兴十四年甲子（1144） 六十岁

四月十五日，作《家训笔录》

《家训笔录》："吾历观京洛士大夫之家，聚族既众，必立规式为私门久远之法。今参取诸家简而可行者，付之汝曹，世世守之，敢有违者，非吾之后也。绍兴甲子岁四月十五日，得全居士亲书。"

九月二十四日，移吉阳军

《要录》卷一五二："（绍兴十四年九月）辛未，御史中丞詹大方奏：

'责授清远军节度副使、潮州安置赵鼎辅政累年，不顾国事，邪谋密计，深不可测。与范仲辈咸怀异意，以徼无妄之福，用心如此，不忠孰甚焉！王文献一狂士也，鼎方在贬所，尚啖之以利，使之游说，偶然败露者，独文献耳。其诡计所施，人所不知者，又不知几十百人。今文献与守臣龚宽已有行遣，而鼎为诛首，置之不问，则鼎与其党转相惑乱，决无安静之理，非宗庙社稷之福也。'壬申，秦桧进呈，上曰：'可迁之远地，使其门生、故吏知不复用，庶无窥伺之谋。'于是移吉阳军安置。"

绍兴十五年乙丑（1145）　六十一岁
二月初一日渡海，二十五日至吉阳军
《自志》："乙丑二月一日，渡海。二十五日，至吉阳军。"
按，吉阳军，宋属广南西路，治所在今海南省崖县西北崖城镇。

绍兴十六年丙寅（1146）　六十二岁
十一月，得疾
《自志》："丙寅十一月，得疾"。

绍兴十七年丁卯（1147）　六十三岁
四月二十六日，诏遇赦永不检举
《要录》卷一五六："（绍兴十七年四月）己未，诏责授清远军节度副使、吉阳军安置赵鼎遇赦永不检举。"

八月十二日，不食卒，寿六十三
《要录》卷一五六："（绍兴十七年八月）癸卯，责授清远军节度副使赵鼎卒。鼎在吉阳三年，故吏、门人皆不敢通问，广西经略使张宗元时遣使渡海以醪米馈之，太师秦桧令本军月具鼎存亡申尚书省，鼎知之，遣人呼其子汾，谓之曰：'桧必欲杀我，我死，汝曹无患；不尔，诛及一家矣。'乃不食而卒，年六十三。四方人闻之，有泣下者。"

遗言以高宗所赐《中庸》书卷赠汪应辰
《楼钥集》卷六九《御书〈中庸〉篇》："时赵鼎为左仆射，例得墨迹为家藏，仍摹刻分赐。鼎晚谪海上，而素重应辰，遗言以此卷归汪氏。

应辰次子逑既以御题示臣,并示此卷,可谓汪氏二宝矣。"①

绍兴十八年戊辰（1148）
二月二十三日,得旨归葬

《宋会要辑稿》选举三二之二三:"(绍兴)十八年二月二十三日,诏责授清远军节度副使赵鼎卒于吉阳军,许令归葬。"

绍兴二十年庚午（1150）
六月,归葬衢州常山县

《中兴小纪》卷三四:"六月丁未,是夏,故相赵鼎之子汾奉鼎之丧,归葬于衢州常山县。"

绍兴二十六年丙子（1156）
正月初九日,追复观文殿大学士

《宋会要辑稿》职官七六之六七至六八:"(绍兴)二十六年正月九日,右正言凌哲言:'大礼肆赦,凡命官编置流窜之人,轻者原放,重者量移,或乃尽复原官,还其职任。然尚有负罪越在异土者未蒙检举施行,欲望特命大臣检会昨来臣僚坐罪死于贬所者,量其原犯事因,条具以闻,或复其官爵,或禄其子孙,诚圣政之不可阙者。'有旨依。于是诏故责授清远军节度副使、吉阳军安置赵鼎追复观文殿大学士,故责授左朝散郎、秘书少监、分司南京、赣州居住孙近追复资政殿学士、左通议大夫,故勒停人前左朝议大夫、南剑州居住胡思可追复左朝议大夫,故责授濠州团练副使、封州安置郑刚中追复资政殿学士、左朝奉大夫,故左太中大夫、提举江州太平兴国宫、永州居住汪藻追复显谟阁学士。先是,宰执进呈死于贬所之人,上曰:'迁谪之人自郊祀赦降及节次检举,尽行牵复,士大夫翕然称快。'魏良臣等奏曰:'仁泽漏泉,天下幸甚。'又奏孙近亦已死于贬所,上为之恻然,故有是命。是年五月八日,进呈御史台看详责降及事故宰执并侍从官十五人情犯,分为五等。上曰:'朕尝细阅,甚当,可依此议定,便批旨下。'遂诏赵鼎特与致仕恩泽四名。"

---

① 浙江古籍出版社点校本,2010 年。

五月初八日，特与致仕恩泽四名

《要录》卷一七二："（绍兴二十六年五月）戊申，宰执进呈御史台看详到责降及事故前宰执并侍从官十五人情犯，或与叙复职名，或给还致仕恩泽，轻重分为五等，欲更取圣裁。上曰：'甚当，可依此行下。'遂诏故追复观文殿大学士赵鼎特与致仕恩泽四名。"

绍兴三十二年壬午（1162）

八月二十四日，追还合得恩数

《宋史》卷三三《孝宗纪一》："戊子，追复李光资政殿学士，赵鼎、范冲并还合得恩数。"

孝宗乾道四年戊子（1168）

五月二十三日，谥忠简

《宋会要辑稿》礼五八之八："乾道四年五月二十三日，宰执进呈礼官拟故相赵鼎谥忠简，上曰：'此谥甚称。'陈俊卿奏曰：'真所谓正直无邪曰简。'上曰：'近降赐谥指挥，甚合众论。'俊卿奏曰：'中外无不称朝廷此举得宜，皆陛下圣明，奖励忠嘉，为天下后世劝。'蒋芾奏曰：'前日韩世忠封王，赵鼎赐谥，一将一相，皆合公议。'"

淳熙二年乙未（1175）

九月，赠太傅，给还元爵邑，追封丰国公

《宋宰辅编年录校补》卷一六："淳熙二年九月，赠故追复特进、观文殿大学士、谥忠简赵鼎为太傅，给还元爵邑，追封丰国公，以其家乞依吕颐浩、张浚封国公故也。闰九月，审察故相赵鼎孙辒，上因问赵鼎比吕颐浩何如？参政龚茂良奏，吕颐浩有胆略，缓急之际，能任大事；赵鼎有学问气节，皆名相也。上曰：'太上南渡之初，再造国事，正赖诸人。如朱胜非，亦有调护之功。'"

淳熙十五年戊申（1188）

三月十七日，用洪迈议，配飨高宗庙庭

《宋会要辑稿》仪制八之二二："（淳熙）十五年三月十七日，诏令侍从、台谏、礼官详议高宗圣神武文宪孝皇帝祔庙配飨功臣。既而兵部尚书宇文价、翰林学士洪迈、权刑部尚书葛邲、权工部尚书韩彦质、户部侍郎叶翥、刑部侍郎刘国瑞、给事中王信、中书舍人陈居仁、李巘、右谏议大夫谢谔、敷文阁待制、提举佑神观吴琚、权吏部侍郎章森、权兵部侍郎林栗、起居舍人郑侨,议以故大师、秦国公谥忠穆吕颐浩,特进、观文殿大学士谥忠简赵鼎,太师、蕲王谥忠武韩世忠,太师、循王谥忠烈张俊配飨,从之。"

文史专题研究

西汉列侯的爵位继承[*]

师彬彬

（许昌学院 魏晋文化研究所）

爵位既是衡量两汉有爵者个人及其家庭成员社会等级地位和政治影响的一项标志，又与社会成员的经济权益密切相关。两汉列侯的爵位继承受到社会成员的高度重视，汉代铭文中已存在"富贵昌宜侯王传子"[①]的记载。

爵位继承权是西汉政府赐予列侯的重要权益，并事关有爵者个人及其家庭成员政治地位、社会等级地位和经济权益的传递。汉律规定列侯后子嗣爵者可以享有原爵主五分之四的食邑，"律，非始封，十减二"[②]。西汉列侯的爵位继承属于列侯家庭成员的一种身份传承，反映了"善善及子孙，古今之通谊也"[③]的政治理念。西汉列侯的爵位继承不仅成为法律重点调整的一种社会等级关系，而且是家庭关系、爵位制度与身份继承制度的重要组成部分。迄今为止，学术界对西汉列侯爵位继承问题尚缺乏系统性、深入性的探讨[④]，并未将继承法与列侯的爵位继承紧密结合。另外，

---

[*] [基金项目] 本文是2018年度河南省哲学社会科学规划基金青年项目"'爵—秩体制'视角下的西汉列侯问题研究"（项目编号：2018CLS020）的阶段性成果。

[①] 容庚编著：《秦汉金文录》，"中央研究院"历史语言研究所1982年版，第634页。

[②] （汉）班固：《汉书》卷八《宣帝纪》颜师古注引张晏曰，中华书局1962年版，第247页。

[③] 《汉书》卷七四《丙吉传》，第3150页。

[④] 参见［日］牧野巽《西汉的封建相续法》，《东方学报》第3册，1932年，后收入《中国家族研究》，生活社1944年版；尤佳《从考古资料再看汉代列侯的爵位继承制度》，《四川文物》2016年第2期；刘欣宁《由张家山汉简〈二年律令〉论汉初的继承制度》，台湾大学出版委员会2007年版。

学术界对西汉列侯爵位继承问题的研究大多局限于西汉初期，部分结论仍可商榷。如杨光辉先生认为："推恩爵制完善于汉武帝之世。汉推恩爵制，王之次子为列侯，列侯之次子为关内侯"①，与西汉列侯的爵位继承状况并不相符。

本文拟在梳理史料与总结前人研究成果的基础上，注重在"运作过程"中动态地考察西汉列侯爵位继承的形式、特征、社会功能、发展规律及其深层原因。笔者运用"二重证据法"、群体考察和个案分析相结合的研究方法探讨这一问题，不仅有助于全面理解西汉列侯经济权益、政治身份与社会等级地位的变迁，而且成为我们深入研究中国古代身份继承法发展和爵位继承制度演变的一个重要切入点。

西汉列侯的爵位继承既成为皇帝对有爵者群体实施政治管理与身份控制的一项措施，又对社会秩序维持、统治集团构成、二十等爵制变迁与政治等级结构调整均产生了深远影响。如高祖十二年（前195）三月，"封爵之誓曰：'使河如带，泰山若厉，国以永宁，爰及苗裔。'"②汉高祖通过封爵之誓的形式维护功臣侯的爵位继承权，不仅和西汉初期大规模战争频发的政治形势密切相关，而且产生了巩固政权基础和增强统治集团凝聚力的社会功能。

西汉政府通过颁布法律的形式规范列侯的爵位继承制度并以政权强制力保证实施，形成了列侯后子与其他家庭成员身份等级差距。西汉爵位继承机制既成为政府协调列侯家庭成员关系与统治集团成员关系的一项措施，又产生了维护社会稳定、维持统治秩序、巩固政权基础、调整社会等级秩序和增强统治集团凝聚力的社会功能。

西汉的后子即死者生前选定并上报政府登记认可的作为合法继承人的儿子，后子的选择以嫡长子优先。汉政府重视维护后子的爵位继承权，而列侯的后子亦称嗣子。如高后二年（前186）春二月诏曰："今欲差次列侯以定朝位，臧于高庙，世世勿绝，嗣子各袭其功位。"③另如，"孝文二年，（阏氏）文侯（冯）遗以它遗腹子嗣"④。

---

① 杨光辉：《汉唐封爵制度》，学苑出版社2004年版，第148页。
② （汉）司马迁：《史记》卷一八《高祖功臣侯者年表》，中华书局2014年修订本版，第1049页。
③ 《汉书》卷三《高后纪》，第96页。
④ 《汉书》卷一六《高惠高后文功臣表》，第592页。

日本学者守屋美都雄认为："在西汉的封建实践中，只有事先经由正规手续、并为国家认定其继嗣资格的亲生子，才被承认对封爵的继承。"① 西汉政府通过立法规定列侯的嗣子选择具有一定仪式（立嗣）和法定程序，反映了政府重视对高爵群体的爵位继承权实施政治管理和法律控制。如景帝中元二年（前148）诏："（令）列侯薨，遣大中大夫吊祠，视丧事，因立嗣。"② 汉律规定列侯的嗣子选择必须得到政府派遣使者（太中大夫）的认定，体现了政府重视对高爵群体实施政治管理和身份控制。西汉列侯的爵位继承权主要取决于皇权支配与法律规范，并由太中大夫负责主持列侯的爵位继承仪式。立嗣目的在于"名分定则觊觎绝，此圣人之用心也"③，有助于调整西汉高爵群体家庭成员之间的关系。立嗣不仅成为西汉政府维护列侯后子爵位继承权的一项措施，而且产生了加强君臣关系、维持统治秩序、调整社会等级秩序、巩固政权基础与增强统治集团凝聚力的社会功能。

此外，西汉皇帝通过颁布诏令调整爵位继承形式。这一政治现象既反映了西汉儒家伦理思想与现实政治的紧密结合，又成为皇权协调与高爵群体关系的一项措施。如平帝元始元年（公元1年）诏："令诸侯王、公、列侯、关内侯亡子而有孙若子同产子者，皆得以为嗣。"颜师古注曰："子同产子者，谓养昆弟之子为子者。"④ 西汉末期，权臣王莽以平帝名义颁布诏令规定列侯在无子条件下可以以孙子、收养的侄子为嗣子并继承爵位，但控制在父系血缘范围之内。平帝元始元年诏令不仅扩大了西汉末期列侯爵位继承人的选择范围，而且调整了政治秩序、统治集团构成和社会等级结构。

西汉列侯的爵位继承权并不完整⑤，主要取决于皇权支配和继承法的规范。西汉皇帝通过颁布法律与诏令以调整列侯爵位继承方式，既有助于

---

① ［日］守屋美都雄：《关于曹魏爵制若干问题的考察》，钱杭、杨晓芬译，《中国古代的家族与国家》，上海古籍出版社2010年版，第180页。
② 《汉书》卷五《景帝纪》，第145页。
③ 杨树达：《春秋大义述》卷五《正继嗣》，上海古籍出版社2013年版，第242页。
④ 《汉书》卷一二《平帝纪》及颜师古注，第349—350页。
⑤ 西汉政府取消了少数列侯的爵位继承权，如《汉书》卷一七《景武昭宣元成功臣表》载："（武帝元封三）四月丁卯封（荻苴侯韩陶），十九年，延和二年薨，封终身，不得嗣。"（第659页）

控制列侯的爵位继承规模，又成为削弱列侯势力和减轻国家财政负担的一项措施。西汉列侯的爵位继承与列侯的政治身份、社会等级地位、经济权益变动密切相关，并反映了皇权重视对列侯实施政治管理和身份控制，有助于加强中央集权和调整社会等级秩序。

西汉列侯的爵位继承具有伦理性、制度化、阶段性、严格等级化、鲜明时代性与形式多元化的特征，经历了从皇权主导到权臣支配的过程。这一政治现象不仅反映了西汉统治集团内部的政治矛盾和权力斗争趋于激化，而且在各个阶段产生了不同的社会功能。由于皇权与列侯关系复杂并存在政治矛盾和经济利益冲突，西汉爵位继承产生了导致列侯规模急剧膨胀、削弱高爵阶层活力、增加国家财政负担、助长社会上等级观念与特权思想盛行、激化统治集团内部的政治矛盾和权力斗争等弊端，在西汉后期尤为显著。

一　后子嗣爵

后子是西汉列侯法定的爵位继承人，后子的选择注重嫡庶之别与长幼有序。西汉列侯的置后也称立嗣，政府重视维护后子的爵位继承权以维持社会等级秩序。西汉列侯的嫡长子如果早死或有罪，那么由其他嫡子依据年龄长幼顺序为后子并继承爵位。西汉列侯的爵位继承以后子嗣爵作为法定形式和一项重要内容，政府重视维护列侯后子的爵位继承权。

西汉皇帝对列侯爵位继承人的选择拥有裁决权，既反映了西汉列侯拥有较高的政治身份与社会等级地位，又体现了皇权重视对高爵群体爵位继承权实施政治管理。例如，"其兄绛侯（周）胜之有罪，孝文帝择绛侯（周勃）子贤者，皆推亚夫，乃封亚夫为条侯，续绛侯后"[1]。另如，"孝惠二年，（酇侯萧）何薨，谥曰文终侯。子禄嗣，薨，无子。高后乃封何夫人同为酇侯，小子延为筑阳侯。孝文元年，罢同，更封延为酇侯。薨，子遗嗣。薨，无子。文帝复以遗弟则嗣，有罪免"[2]。再如，"（武帝）太初二年中，丞相（牧丘侯石）庆卒，谥为恬侯。庆中子德，庆爱用之，

---

[1]《史记》卷五七《绛侯周勃世家》，第2519页。
[2]《汉书》卷三九《萧何传》，第2012页。

上以德为嗣,代侯"①。又如宣帝时期,"(韦玄成)当袭爵(扶阳侯),以病狂不应召。大鸿胪奏状,章下丞相御史案验。玄成素有名声,士大夫多疑其欲让爵辟兄者。……而丞相御史遂以玄成实不病,劾奏之。有诏勿劾,引拜。玄成不得已受爵"②。西汉皇帝对列侯爵位继承人的选择拥有裁决权,不仅成为皇权对高爵群体实施奖惩、政治管理和身份控制的一项措施,而且具有加强君臣关系、巩固政权基础与增强统治集团凝聚力的社会功能。

汉律规定遗腹子可以成为后子并继承爵位、户主地位,反映了政府重视维护遗腹子的身份继承权,如《二年律令·置后律》曰:"死,其寡有遗腹者,须遗腹产,乃以律为置爵、户后。"③ 西汉遗腹子继承爵位者一般为嫡子,以"君薨,适夫人无子,有育遗腹,必待其产立之何?专适重正也"④ 作为理论依据。西汉遗腹子继承父亲爵位规模较大,有助于协调有爵者的家庭成员关系和维持社会等级秩序。例如,"孝文二年,(阏氏)文侯(冯)遗以它遗腹子嗣"⑤。另如成帝河平元年(前28),"安成侯(王)崇薨,谥曰共侯。有遗腹子奉世嗣,太后甚哀之"⑥。汉律维护了列侯遗腹子的爵位继承权并得到了执行,不仅反映了政府重视维护列侯后代的权益、政治身份与社会等级地位,而且有助于保障爵位继承的持续性。西汉列侯爵位继承人的选择范围虽较大,但大多数时期一般仅限于亲生儿子,无子则国除。

置后即有爵者生前依法选定并上报政府登记认可的身份继承人以继承爵位和户主地位,包括置爵后、置户后。西汉置后以法律作为重要依据,如《二年律令·捕律》规定:"吏将徒,追求盗贼,必伍之,盗贼以短兵杀伤其将及伍人,而弗能捕得,皆戍边二岁。卅(三十)日中能得其半以上,尽除其罪;得不能半,得者独除;死事者,置后

---

① 《史记》卷一〇三《万石张叔列传》,第3350页。
② 《汉书》卷七三《韦玄成传》,第3108页。
③ 彭浩、陈伟、[日]工藤元男主编:《二年律令与奏谳书——张家山二四七号汉墓出土法律文献释读》,上海古籍出版社2007年版,第237页。
④ (清)陈立撰,吴则虞点校:《白虎通疏证》卷四《封公侯·右论诸侯继世》,中华书局1994年版,第148页。
⑤ 《汉书》卷一六《高惠高后文功臣表》,第592页。
⑥ 《汉书》卷九《元后传》,第4018页。

如律。"① 西汉初期关于置后的法律规定集中于《二年律令·置后律》，如《二年律令·置后律》曰："死，其寡有遗腹者，须遗腹产，乃以律为置爵、户后。"② 李学勤先生认为："置后律详述有爵者如何置后。由于当时爵级相当普遍，置后自然是很大的问题。"③ 西汉置后的社会基础较广，反映了有爵者较多的社会背景。如文帝元年（前179）春正月立刘启为皇太子，"因赐天下民当代父后者爵各一级。《史记集解》韦昭曰：'文帝以立子为后，不欲独飨其福，故赐天下当为父后者爵。'"④ 西汉政府通过置后加强了对社会成员的政治支配性和身份控制力，成为政府维护二十等爵制与维持家庭宗法伦理关系的一项措施。

西汉置后以法律条文的形式规定了继承人的权利和选择范围，成为身份继承的法定形式与重要组成部分。西汉因重罪不得置后者不可继承爵位，不仅限定了爵位继承人的选择范围，而且有助于维护法律秩序和社会等级秩序。例如，"（文帝）后元年，（棘蒲）侯（陈）武薨。嗣子奇反，不得置后，国除"⑤。置后既成为西汉政府保障爵位和户主地位正常传递的一项措施，又反映了政府重视通过法律条文的形式对社会成员实施政治管理与身份控制。置后不仅成为西汉政府协调有爵者家庭成员关系和社会成员关系的一项措施，而且具有维护社会稳定、维持爵制秩序、加强中央集权、调整社会等级秩序、巩固政权基础与增强统治集团凝聚力的社会功能。

依据被继承人死亡原因的差异，汉律规定置后分为疾死置后、死事置后两种形式，继承人的权利与范围亦不同。西汉的置后以疾死置后为主要内容，并以死事置后作为补充。

疾死置后即有爵者因病自然死亡后，依据生前依法选定并上报政府登记认可的继承人，继承爵位和户主地位。疾死置后是西汉列侯爵位继承的重要形式，并确定了"立嗣必子"的原则。《二年律令》规定了西汉初期

---

① 彭浩、陈伟、[日]工藤元男主编：《二年律令与奏谳书——张家山二四七号汉墓出土法律文献释读》，第148—149页。
② 同上书，第237页。
③ 李学勤：《论张家山247号墓汉律竹简》，《简帛佚籍与学术史》，江西教育出版社2001年版，第211页。
④ 《史记》卷一〇《孝文本纪》及《史记集解》韦昭曰，第532—533页。
⑤ 《史记》卷一八《高祖功臣侯者年表》，第1079页。

列侯疾死置后者的选择范围，《二年律令·置后律》曰："疾死置后者，彻侯后子为彻侯，其毋（无）適（嫡）子，以孺子子、良人子。"①《二年律令》规定列侯疾死置后者，后子可以原级继承爵位，嫡子的爵位继承权优于庶子，嫡庶之别分明。《二年律令》规定爵位继承人的选择仅限于其子，加强了宗法血缘关系。汉律规定列侯后子的选择以嫡子优先为一项原则，有助于巩固政权基础、维持统治秩序、调整二十等爵制、维护社会等级秩序与增强统治集团凝聚力。西汉初期列侯的爵位继承机制既反映了列侯群体拥有较高的政治身份和社会等级地位，又体现了政府重视对高爵阶层实施政治管理与身份控制。

死事置后即有爵者战死或因公殉职后，依据生前依法选定并上报政府登记认可的继承人，继承爵位和户主地位。西汉初期的继承法规定死事置后者，爵位继承人的选择不仅以父系血缘关系作为主要依据，而且兼顾了婚姻关系，维护了妻子和其他家属的爵位继承权。如张家山汉简《奏谳书》载："故律曰：死□以男为后。毋男以父母，毋父母以妻，毋妻以子女为后。"② 另如《二年律令·置后律》曰："□□□□为县官有为也，以其故死若伤二旬中死，□□□皆为死事者，令子男袭其爵。毋（无）爵者，其后为公士。毋（无）子男以女，毋（无）女以父，毋（无）父以母，毋（无）母以男同产，毋（无）男同产以女同产，毋（无）女同产以妻。诸死事当置后，毋（无）父母、妻子、同产者，以大父，毋（无）大父以大母与同居数者。……□及（?）爵，与死事者之爵等，各加其故爵一级，盈大夫者食之。"③《二年律令》规定西汉初期死事置后者，爵位继承人的选择顺序依次为儿子、未婚的女儿、父亲、母亲、男同产（兄弟）、女同产（姐妹）、妻子、大父（祖父）、大母（祖母）与被继承人同居并在同一户籍上的其他家属（如侄子），反映了西汉初期家属在家庭中拥有不同的政治身份和社会等级地位。如高祖六年（前201），"（鲁侯奚涓）以将军从定诸侯，侯，四千八百户，功比舞阳侯。死事，母（疵）代侯"。《史记索隐》："（鲁侯奚）涓无子，封中母侯疵也。"④

---

① 彭浩、陈伟、[日]工藤元男主编：《二年律令与奏谳书——张家山二四七号汉墓出土法律文献释读》，第235页。
② 同上书，第374页。
③ 同上书，第236—237页。
④ 《史记》卷一八《高祖功臣侯者年表》及《史记索隐》，第1090页。

高祖时期，鲁侯奚涓死事并无子，而以其母疵继承列侯。西汉初期死事置后者的爵位继承人选择范围较广，不仅成为保障爵位继承持续性的一项措施，而且有助于稳定家庭关系、巩固政权基础和维护社会等级秩序。这一政治现象既反映了西汉政府重视对战死者和因公殉职实施抚恤，又产生了一定的社会激励功能。

《二年律令》规定死事置后成为西汉初期爵位继承的补充形式，与大规模战争频发、军功集团势力强大相关。汉律规定死事置后不仅成为鼓励社会成员建功立业的一项措施，而且具有笼络功臣、维护家庭稳定、维持二十等爵制、调整社会等级秩序、巩固政权基础与增强统治集团凝聚力的社会功能。

汉律规定列侯爵位继承人的选择范围和继承顺序既以父系血缘关系作为重要依据，又兼顾了婚姻关系和收养关系，形成了家庭成员的身份等级差距。西汉列侯爵位继承人的选择不仅反映了爵位继承法与父系宗法伦理原则的逐渐结合，而且成为政府协调高爵群体家庭成员关系和维持社会等级秩序的一项措施。

汉律规定了爵位继承的三个限制性条款，既反映了有爵者的爵位继承权不完整并趋于弱化，又体现了政府重视以法律形式管理爵位继承权。为了规范爵位继承、维持法律秩序并调整社会等级结构，西汉政府在大多数时期严格执行爵位继承法中的限制性条款。这一法律现象不仅成为西汉政府控制有爵者规模、削弱列侯势力的一项措施，而且具有协调有爵者家庭成员关系、调整统治集团构成和维持社会等级秩序的社会功能。

首先，汉律规定故意自杀者不得置后，剥夺其后代的爵位继承权。如《二年律令·置后律》规定："其自贼杀，勿为置后。"[1] 这项法律条文成为西汉政府对故意自杀者的一项惩罚措施，有助于预防和减少有爵者的犯罪，进而加强中央集权、维持法律秩序与调整社会等级秩序。例如，"（武帝）元鼎元年，（堂邑）侯（陈季）须坐母长公主卒，未除服奸，兄弟争财，当死，自杀，国除"[2]。另如，"至（平帝）元始中，王莽为

---

[1] 彭浩、陈伟、[日]工藤元男主编：《二年律令与奏谳书——张家山二四七号汉墓出土法律文献释读》，第237页。
[2] 《史记》卷一八《高祖功臣侯者年表》，第1060页。

安汉公，诛不附己者，乐昌侯（王）安见被以罪，自杀，国除"①。西汉列侯因自杀而除国者规模较大②，集中于西汉中后期。这一政治现象既反映了政府重视对高爵群体实施政治管理与身份控制，又体现了统治集团内部的政治矛盾和权力斗争趋于激化。

其次，汉律剥夺了曾经有罪被处以耐刑以上刑罚者的爵位继承权。如《二年律令·置后律》规定："尝有罪耐以上，不得为人爵后。"③ 这一法律条文不仅成为汉政府预防与减少爵位继承人犯罪的一项措施，而且有助于维护法律秩序和调整社会等级结构。西汉列侯嗣子因有罪而不得继承爵位者规模较大，反映了政府重视列侯爵位继承人的选择以维持统治秩序。例如，"（文帝）后元年，（棘蒲）侯（陈）武薨。嗣子奇反，不得置后，国除"④。另如宣帝神爵元年（前61），"（扶阳侯韦贤）病死，而长子有罪论，不得嗣"⑤。再如，"（平帝）本始元年（随桃侯赵昌乐）薨。嗣子有罪，不得代"⑥。上述史料说明，西汉嗣子有罪不得继承爵位的法律条文得到了严格执行。

再次，为了维护列侯后子的爵位继承权，汉律规定了非子罪（非亲生儿子继承爵位的犯罪）、非正罪（非嫡子继承爵位的犯罪）。日本学者守屋美都雄先生认为："在西汉的封建实践中，只有事先经由正规手续并为国家认定其继嗣资格的亲生子，才被承认对封爵的继承；若无亲子，则将面临除国的规定。"⑦ 西汉列侯因非子罪和非正罪而除国者规模较大，可考者集中于西汉中后期。例如，"（文帝前元）五年，（涅阳）庄侯子成实非子，不当为侯，国除"⑧。另如，"（昭帝）元凤三年，（益都侯刘嘉）坐非广子，免"⑨。再如，"（成帝）河平四年，（杜侯复

---

① 《汉书》卷八二《王商传》，第3375页。
② 参见刘欣宁《由张家山汉简〈二年律令〉论汉初的继承制度》，第53—63页。
③ 彭浩、陈伟、[日]工藤元男主编：《二年律令与奏谳书——张家山二四七号汉墓出土法律文献释读》，第240页。
④ 《史记》卷一六《高祖功臣侯者年表》，第1079页。
⑤ 《史记》卷九六《张丞相列传》，第3255页。
⑥ 《汉书》卷一七《景武昭宣元成文功臣表》，第656页。
⑦ [日]守屋美都雄：《关于曹魏爵制若干问题的考察》，钱杭、杨晓芬译，《中国古代的家族与国家》，第180页。
⑧ 《史记》卷一八《高祖功臣侯者年表》，第1104页。
⑨ 《汉书》卷一五上《王子侯表上》，第441页。

福）坐非子免"①。又如，"（哀帝元寿二）八月，（汝昌侯傅昌）坐非正免"②。此外，"（平帝）元始三年，（平周侯丁满）坐非正免"③。上述案例反映了西汉政府严厉打击列侯的非子罪、非正罪，产生了削弱高爵群体势力、维护法律秩序、维持统治秩序、调整社会等级结构与加强中央集权的社会功能。

最后，西汉列侯的爵位继承权不完整并趋于弱化，既反映了列侯的政治身份与社会等级地位下降，又体现了皇权对高爵群体利用和限制并存的政策。西汉列侯的爵位继承成为皇权加强与高爵群体关系的一项措施，有助于加强君臣关系、维护社会稳定、维持统治秩序、巩固政权基础、增强统治集团凝聚力、调整二十等爵制和社会等级结构。

二　绍封继绝

日本学者牧野巽先生认为西汉诸侯王、列侯儿子的无条件袭封称为"嗣"，而例外的继承则称为"绍封"④。汉代大多数时期，诸侯王和列侯如果自杀、犯罪⑤、无后（无嫡子或嫡子早死），除皇帝以特别恩典的形式颁布制书允许继承爵位之外，一般应除国。例如，"汉兴，功臣受封者百有余人。……（高祖功臣侯）子孙骄溢，忘其先，淫嬖。至（武帝）太初百年之间，见侯五，余皆坐法陨命亡国，耗矣。罔亦少密焉，然皆身无兢兢于当世之禁云"⑥。另如，"汉定百年之间，亲属益疏，诸侯或骄奢，邪臣计谋为淫乱，大者叛逆，小者不轨于法，以危其命，殒身亡

---

① 《汉书》卷一七《景武昭宣元成功臣表》，第651页。
② 《汉书》卷一八《外戚恩泽侯表》，第712—713页。
③ 同上书，第711页。
④ ［日］牧野巽：《西汉的封建相续法》，《中国家族研究》，第357页。
⑤ "凡有罪失侯者，大约如酎金、如为太常牺牲不如令、如为太常酒酸，罪之轻者也。余罪如为太守知民不用赤仄钱为赋、如不偿人责、如尚南宫公主不敬、如出入属车间、如坐出界、如买塞外禁物、如入上林谋盗鹿、如为太常与乐舞人阑入函谷关、如卖宅县官故贵，犹皆在可议之列也。余重罪则谋为大逆、大不敬、过律、奸、淫、略人、伤人，总之，所谓不奉上法者也。或但云有罪，疑狱也，不明所坐，或史阙之。"［清］汪越撰：《读史十表》，收入二十五史补编编委会编：《史记两汉书三史补编》第一册，北京图书出馆出版社2005年版，第16页。］
⑥ 《史记》卷一八《高祖功臣侯者年表》，第1049—1050页。

国"①。再如西汉后期,"至(营平侯赵充国)孙钦,尚敬武主,无子,国除"②。西汉列侯的除国规模较大,既反映了汉律严酷与皇权强化,又体现了皇权重视对高爵群体实施政治控制和身份管理。

绍封继绝简称绍封,即皇帝通过特别恩典颁布制书,允许少数除国诸侯王、列侯的后代或亲族成员继承诸侯王、列侯、关内侯等爵位以彰显皇恩③。尤佳老师认为:"绍封之制是在侯国废除后所采取的一种继承方式,它允许从除国列侯的子孙、亲族中选立一位继承人来奉祀继统。这位继承人可以是除国者的嫡子孙,也可以是庶子孙,还可以是兄弟或者兄弟之子,甚至是其叔伯与祖父辈的亲族成员。"④ 台湾学者廖伯源先生认为两汉绍封继绝"纯粹为皇帝对列侯后裔之恩泽"⑤ 并不确切,汉代诸侯王后代也有绍封继绝者。西汉政府对列侯的爵位继承在大多数时期严格执行"无子国除"的政策,但在一定阶段以有限的绍封继绝作为补充。西汉皇帝通过实施绍封继绝削弱了亲子继承的社会功能,有助于保障列侯爵位传承的稳定性和持续性。

两汉的绍封继绝继承了"兴灭国,继绝世,举逸民,天下之民归心焉"⑥ 的历史传统,不仅具有"褒功德,继绝统,所以重宗庙,广圣贤之路也"⑦ 社会功能,而且产生了"褒显先勋、纪其子孙"⑧ 的社会影响。如西汉时期,"(酂侯萧何)后嗣以罪失侯者四世,绝,天子辄复求何后,封续酂侯,功臣莫得比焉"⑨。西汉的绍封继绝重视对爵位继承人政治身份的选择,以皇帝特别恩典颁布制书并派遣使者主持分封仪式而实施。西汉的绍封继绝改变了列侯无子除国的状况,既扩大了列侯爵位继承人的选

---

① 《史记》卷一七《汉兴以来诸侯王年表》,第968—969页。
② 高文:《赵宽碑》,《汉碑集释》(修订本),河南大学出版社1997年版,第433页。
③ 日本学者牧野巽认为西汉绍封是基于皇帝旨意的例外性、恩惠性的措施,绝非制度上的规定,参见[日]牧野巽《西汉的封建相续法》,《中国家族研究》,第416页。
④ 尤佳:《东汉列侯爵位制度》,云南大学出版社2015年版,第179页。
⑤ 廖伯源:《汉代爵位制度试释(上编)》,《新亚学报》1973年第1期(下册),第169页。
⑥ (魏)何晏注,(宋)邢昺疏:《论语注疏》卷二九《尧曰》,收入(清)阮元校刻:《十三经注疏》,中华书局1980年版,第2535页。
⑦ 《汉书》卷七四《丙吉传》,第3150页。
⑧ 《后汉书》卷二六《韦彪传》,第917页。
⑨ 《史记》卷五三《萧丞相世家》,第2452页。

择范围，又调整了统治集团构成与社会等级秩序。

西汉绍封继绝的列侯规模较小，可考者集中于西汉中后期。另如平帝元始二年（2）夏四月，"封故大司马博陆侯霍光从父昆弟曾孙阳、宣平侯张敖玄孙庆忌、绛侯周勃玄孙共、舞阳侯樊哙玄孙之子章皆为列侯，复爵"①。再如，"元始五年闰月丁酉，（爰氏）侯（便）凤以乐成曾孙绍封"②。西汉皇帝以功臣侯的后代作为绍封列侯的重要对象，反映了功臣侯拥有强大的政治势力和社会影响，也成为笼络列侯群体以巩固政权统治基础的一项措施。

西汉绍封继绝的列侯以功臣侯为主导，并以外戚恩泽侯和王子侯作为补充对象。如元帝颁布诏书绍封外戚侯许嘉，"初元元年，（平恩）共侯（许）嘉以广汉弟子中常侍绍侯"③。另如成帝颁布诏书绍封王子侯刘嫋、刘舜，"元延元年，（新昌）釐侯（刘）嫋以未央弟绍封"④"元延二年，（桑中）侯（刘）舜以敬弟绍封"⑤。西汉绍封列侯的对象构成不仅反映了不同类型列侯政治身份与社会等级地位的差异，而且体现了皇权和列侯之间的关系演变。西汉绍封列侯的对象构成特征反映了皇权重视维护功臣、外戚、高官、宗室等政治势力基本平衡，有助于维持统治秩序、调整社会等级秩序、巩固政权基础与增强统治集团凝聚力。

西汉的绍封继绝成为皇权笼络宗室、功臣、高官和外戚以获取统治集团成员支持的一项措施，并具有制度化、对象选择性与身份多元化的特征。西汉实施绍封继绝不仅加强了皇权对列侯的政治管理与社会控制，而且具有维持二十等爵制、调整社会等级秩序、巩固政权基础、增强统治集团凝聚力、调整社会等级秩序和维护多种政治势力基本平衡的社会功能。

由于皇权与列侯存在一定的政治矛盾与经济利益冲突，西汉的绍封继绝也产生了加重国家财政负担、导致列侯人数迅速增加、削弱二十等爵制生命力、激化统治集团内部的政治矛盾和权力斗争等弊端，在西汉末期尤为明显。西汉皇帝重视对列侯绍封规模的政治控制，既成为削弱列侯政治势力与维持统治集团生命力的一项措施，又产生了减轻国家财政负担、加

---

① 《汉书》卷一二《平帝纪》，第353页。
② 《汉书》卷一八《外戚恩泽侯表》，第695页。
③ 同上书，第696页。
④ 《汉书》卷一五下《王子侯表下》，第488—489页。
⑤ 同上书，第489页。

强中央集权、调整社会等级秩序、维持各种政治集团实力基本平衡的社会功能。

西汉绍封少数除国列侯的后代为列侯可考者仅见于西汉后期，具有阶段性、身份多元化和对象选择性的特征。绍封继绝成为西汉列侯爵位继承的一种补充，扩大了爵位继承人的选择范围。西汉末期绍封少数除国列侯的后代为列侯，既体现了列侯群体的分化，又与不同类型列侯的政治身份和社会影响相关。

西汉绍封除国列侯的后代为列侯经历了从皇权主导到权臣支配的过程，不仅在各个阶段产生了不同的社会功能，而且反映了统治集团内部的政治矛盾和权力斗争趋于激化。平帝时期的大司马王莽建议分别绍封诸侯王、高祖以来功臣侯的后代为列侯，并得到了实施。这一政治措施不仅成为西汉末期权臣王莽扩大权势和笼络统治集团成员的一项措施，而且助长了高爵群体对皇权的离心力并推动了王朝更迭过程。如平帝元始元年（1），"（王莽）建言宜立诸侯王后及高祖以来功臣子孙，大者封侯"[①]。西汉末年，权臣王莽以平帝名义颁布制书对列侯的绍封继绝拥有支配权。这一政治现象既反映了西汉末期皇帝和权臣对列侯爵位继承权的争夺趋于激化，又体现了国家权力对社会等级秩序的调整。

三　其他形式

西汉列侯的爵位继承具有四种形式，以后子嗣爵为法定形式与重要内容，并以绍封继绝和其他两种类型作为补充。西汉列侯的爵位继承具有形式多元化的特征，主要取决于皇权支配和继承法的规定。西汉列侯的爵位继承拥有多种形式，不仅有助于保障列侯爵位传承的稳定性和持续性，而且成为皇权对高爵群体实施政治控制与身份管理的一项措施。

其一，汉文帝元年（前179）以来，西汉皇帝多次赐予有爵者（包括列侯）的后子一级爵位，其中两次还赐列侯嗣子五大夫（第九等爵位）。这一爵位继承形式成为西汉皇帝广施恩泽的一种表现，属于西汉爵位继承的补充形式。如文帝元年（前179）立刘启为皇太子，"因赐天下民当代父后者爵各一级。《史记集解》韦昭曰：'文帝以立子为后，不欲独飨其

[①] 《汉书》卷九九上《王莽传上》，第4048页。

福,故赐天下当为父后者爵。'"① 另如,"(武帝元狩元年四月)丁卯,立皇太子。赐中二千石爵右庶长,民为父后者爵一级"②。再如宣帝五凤元年(前57),皇太子刘奭行冠礼,"赐列侯嗣子爵五大夫,男子为父后者爵一级"③。又如元帝竟宁元年(前33),"皇太子冠。赐列侯嗣子爵五大夫,天下为父后者爵一级"④。此外,成帝绥和元年(前8)诏亦曰:"其立(刘)欣为皇太子。……赐诸侯王、列侯金,天下当为父后者爵。"⑤ 这一爵位继承形式不仅有助于提高西汉有爵者后子的政治地位、社会身份并协调有爵者家庭成员关系,而且成为巩固政权基础与增强统治集团凝聚力的一项措施。西汉皇帝多次赐予有爵者(包括列侯)的后子爵位,集中于西汉中后期。

西汉皇帝多次赐爵有爵者(包括列侯在内)的后子,不仅提高了后子的政治地位和社会等级地位,而且反映了当时"以孝治天下"的政治传统。西汉皇帝多次赐爵有爵者(包括列侯在内)的后子,既扩大了后子与其他儿子家庭地位差异与爵位等级差距,又反映了皇权重视维护后子的权益、政治身份和社会等级地位。这一政治现象不仅成为西汉皇权对有爵者实施政治管理的一项措施,而且具有维护社会稳定、维持二十等爵制、调整社会等级秩序、协调高爵阶层家庭关系和统治集团成员关系的社会功能。

其二,汉平帝元始元年(1)诏令规定列侯在无子时,可以以孙子、收养的同产子(侄子)为嗣子并继承爵位。这一规定既扩大了西汉末期列侯爵位继承人的选择范围,又调整了高爵群体构成与社会等级秩序。汉平帝元始元年(1),"令诸侯王、公、列侯、关内侯亡子而有孙若子同产子者,皆得以为嗣"。颜师古注曰:"子同产子者,谓养昆弟之子为子者。"⑥ 这一诏令属于西汉末期列侯爵位继承的补充形式,严重削弱了后

---

① 《史记》卷一〇《孝文本纪》及《史记集解》韦昭注,第532—533页。
② 《汉书》卷六《武帝纪》,第174页。
③ 《汉书》卷八《宣帝纪》,第265页。
④ 《汉书》卷九《元帝纪》,第298页。
⑤ 《汉书》卷一〇《成帝纪》,第328页。
⑥ 《汉书》卷一二《平帝纪》及颜师古注,第349—350页。

子嗣爵的政治功能和社会影响，但不属于绍封继绝的内容①。汉平帝元始元年（1）诏令成为权臣王莽（以平帝名义颁布诏令）笼络列侯与扩大权势的一项措施，不仅助长了高爵群体对皇权的离心力，而且严重干扰了皇权运行并加速了西汉王朝的衰亡过程。与这一诏令相似的规定见于《居延新简》E. P. T5：33："☐同产子皆得以为嗣继统☐☐……"②，这一法律条文颁布于西汉中后期。元帝时期，列侯已有以同产子为嗣子并继承爵位的事例。如初元元年（前48），"（元帝）封外祖父平恩戴侯同产弟子中常侍许嘉为平恩侯，奉戴侯后"③。

西汉列侯的爵位继承经历了从皇权主导到权臣支配的过程，不仅在各个阶段产生了不同的社会功能，而且反映了统治集团内部的政治矛盾和权力斗争趋于激化。西汉列侯的爵位继承产生了笼络高爵群体、加强君臣关系、维护社会稳定、维持二十等爵制、调整社会等级秩序、形成皇权效忠机制、巩固政权基础和增强统治集团凝聚力的社会功能，在西汉中前期表现得尤为显著。然而由于皇权与列侯复杂关系并存在政治矛盾和经济利益冲突，西汉列侯的爵位继承也产生了增加国家财政负担、降低列侯素质、导致列侯规模急剧膨胀、削弱二十等爵制生命力、激化统治集团内部的政治矛盾和权力斗争等弊端，在西汉后期体现得尤为明显。汉平帝元始元年（1）诏令规定列侯在无子时，可以以孙子、收养的同产子（侄子）为嗣子并继承爵位。这一诏令成为西汉末期权臣王莽（以平帝名义颁布诏令）笼络列侯与扩大权势的一项措施，不仅助长了部分统治集团成员对皇权的离心力，而且干扰了皇权运行并加速了西汉王朝的衰亡过程。

就整体发展而言，西汉列侯爵位继承产生的社会功能居于主导地位。西汉皇帝通过制定法律和颁布诏令调整列侯爵位继承形式并控制列侯爵位继承规模，不仅成为削弱列侯政治势力与减轻国家财政负担的一项措施，而且有助于加强中央集权、调整统治集团构成和维持社会等级秩序。

---

① 尤佳老师认为汉平帝元始元年（1）诏令属于绍封继绝的一种形式，参见尤佳《从考古资料再看汉代列侯的爵位继承制度》，第60—61页。笔者认为汉平帝元始元年（1）诏令并不符合绍封继绝的定义，即未出现国绝的现象，尤佳老师的这一观点有待商榷。
② 甘肃省文物考古研究所、甘肃省博物馆、文化部古文献研究室、中国社会科学院历史研究所编：《居延新简：甲渠候官与第四燧》，中华书局1990年版，第20页。
③ 《汉书》卷九《元帝纪》，第279页。

四 结语

综上所述，西汉列侯的爵位继承拥有严密程序并趋于规范化，体现了法律与礼制的逐渐融合。西汉列侯的爵位继承是列侯管理制度的重要组成部分，既反映了政府对列侯利用和限制并存的政策导向，又成为政府维持统治秩序与调整社会等级结构的一项措施。西汉列侯的爵位继承不仅以法律和皇帝诏令作为主要依据，而且以政权强制力保障爵位继承实施。

西汉列侯的爵位继承机制趋于完备，主要涉及爵位继承程序、继承形式及时间、继承人的选择范围和继承顺序三项内容。汉律规定列侯爵位继承人的选择范围与继承顺序主要依据父系血缘关系而确定，并在西汉初期死事置后时可以兼顾婚姻关系。西汉政府对列侯爵位继承人的选择不仅嫡庶之别分明，而且长幼有序，形成了列侯后子与其他家庭成员之间的爵位等级差距。汉平帝元始元年（1），权臣王莽以平帝名义颁布诏令的形式规定列侯在无子的条件下可以以孙子和收养的侄子作为爵位继承人。这一诏令不仅调整了西汉末期爵位继承形式并扩大了列侯爵位继承人的选择范围，而且反映了爵位继承法与儒家宗法伦理原则的结合。西汉列侯爵位继承人的选择取决于诏令规定和继承法规范，并受到皇权支配与权臣干预。汉律关于列侯爵位继承的规定在西汉大多数时期得到了认真执行，列侯绍封继绝的规模较小并集中于西汉中后期。

西汉列侯的爵位继承以后子嗣爵为法定形式和一项重要内容，并以绍封继绝与其他三种类型作为补充。西汉政府对列侯爵位继承政策的选择比较灵活，综合运用上述五种继承形式以调整二十等爵制和维持社会等级秩序。西汉政府在不同时期对列侯的爵位继承灵活运用多种形式，不仅有助于维护列侯爵位继承的稳定性与持续性，而且体现了皇权和高爵群体的政治势力对比关系变动。

西汉列侯的爵位继承权不完整并趋于弱化，部分列侯因犯罪、连坐、无后、权力斗争失败和皇帝制书的规定而丧失爵位继承权。西汉政府重视对列侯爵位继承权的法律控制，既加强了政府对高爵群体的政治管理，又反映了列侯政治身份与社会地位的变动。为了加强对列侯爵位继承权的管理，西汉政府不仅制定了严密继承法和设置官吏办理置后，而且严厉惩治列侯爵位继承中的犯罪。通过实施上述措施，西汉政府既规范了列侯的爵位继承，又调整了统治秩序、二十等爵制和社会等级结构。

西汉列侯的爵位继承经历了从皇权主导到权臣支配的过程，并呈现伦理性、制度化、阶段性、形式多元化和鲜明时代性的特征。这一政治现象不仅反映了西汉统治集团内部的政治矛盾和权力斗争趋于激化，而且在各个阶段产生了不同的社会功能。西汉中前期，列侯的爵位继承所发挥的笼络高爵群体、加强君臣关系、巩固政权基础、维护社会稳定、维持二十等爵制、调整社会等级秩序、形成皇权效忠机制和增强统治集团凝聚力的社会功能尤为显著。

由于皇权与列侯之间的复杂关系并存在一定的政治矛盾与经济利益冲突，西汉后期列侯的爵位继承也存在弊端，如导致列侯规模急剧膨胀、削弱高爵群体活力、增加国家财政负担、激化统治集团内部的政治矛盾和权力斗争等。另外，西汉末期列侯的爵位继承既成为权臣王莽笼络列侯和扩大权势的一项措施，又反映了皇帝与权臣对爵位继承权的激烈争夺。这一政治现象不仅助长了西汉末期高爵群体对皇权的离心力，而且阻碍了皇权正常运转并推动了王朝更迭过程。

西汉大多数时期，皇帝通过颁布制书对列侯的爵位继承拥有最终裁决权。这一政治现象既反映了西汉列侯具有较高的政治身份和社会等级地位，又体现了皇权重视对高爵群体实施身份控制。西汉皇帝通过颁布法律与诏令以调整列侯的爵位继承方式并严格控制列侯的爵位继承规模，不仅削弱了高爵群体的爵位继承权，而且有助于削弱列侯势力、加强中央集权和减轻国家财政负担。

然而就整体发展而言，西汉列侯爵位继承产生的社会功能占据主导地位。西汉列侯的爵位继承不仅调整了社会等级秩序，而且确定了列侯及其后代在统治集团中的政治身份和社会地位。西汉列侯的爵位继承既维护了法律秩序和二十等爵制，又产生了巩固政权基础、增强统治集团凝聚力的社会功能。西汉政府重视对列侯爵位继承权的政治管理与法律控制，成为政府调整统治秩序和社会等级结构的一项措施，也反映了政府对高爵群体利用与限制并存的政策导向。西汉列侯的爵位继承不仅形成了列侯家庭成员的长幼尊卑秩序，而且改变了统治集团内部的权益分配格局。

宋齐会稽太守考论

权玉峰

(河南科技大学 人文学院)

东晋南朝会稽郡较之他郡颇为特殊,是京畿地区最为重要的区域之一。中村圭爾先生认为,东晋南朝的中心在江南地区,"从经济作用的大小来进行探讨江南各郡的话,第一个需要提及的无疑应是会稽郡"[①]。田余庆先生认为会稽是三吴地区开发潜力最大的地方,该地区在军事上同样重要,进而提出会稽是三吴腹心的观点。[②] 此后,关于会稽的研究不断涌现,取得了颇多成绩,主要集中在经济、政治、文化以及家族等方面,而学界对会稽地区的行政长官关注不足,仅有余晓栋曾对东晋会稽内史的政治地位、变化及原因进行了探讨。[③] 与东晋的情形有所不同,自刘宋起不再设会稽王,南齐大体沿承刘宋的制度。梁、陈两代以会稽为州治设东扬州,这与宋齐亦有所不同,故本文选取宋齐为考察时段,在前人研究的基础上,以会稽太守为研究对象,对会稽太守的职掌、选任、作用、地位等问题进行讨论。

一 会稽太守职掌考

关于郡太守的职掌,两汉时"凡郡国皆掌治民,进贤劝功,决讼检

[①] [日]中村圭爾:《会稽郡在六朝史上所起的作用》,《东南文化》1998年增刊2,第62页。

[②] 田余庆:《东晋门阀政治》,北京大学出版社1996年版,第79页。

[③] 余晓栋:《东晋会稽内史政治地位之变化》,《社会科学战线》2014年第2期。

奸。常以春行所主县，劝民农桑，振救乏绝。秋冬遣无害吏案讯诸囚，平其罪法，论课殿最"①。太守以治民为要务，管理一郡事务无所不综。与之不同，南朝时期太守军事职权加重。会稽太守同样如此，但职权重于一般太守。具体而言，会稽太守的职掌主要体现在以下几个方面。

第一，率领军队、平定叛乱。东晋时会稽内史"都督五郡，亦方镇也"②，宋齐时大体同旧制。严耕望先生考证宋齐有15个常设的都督区，会稽都督区位列其中，且是唯一一个以郡太守负责的都督区。③ 由此可见，会稽太守军权较之他郡长官为重。宋、齐两代总体稳定，但局部地区并不安宁，这种背景下导致地方官军权加重。如刘宋初年，"富阳县孙氏聚合门宗，谋为逆乱，其支党在永兴县，潜相影响"，这次叛乱声势浩大，孙法亮"攻没县邑……建旗鸣鼓，直攻山阴"，会稽太守褚淡之"杀法步帅等十余人，送首京都"④，为叛乱的平定奠定了基础。谢灵运闲居会稽时决湖为田导致百姓惊扰，太守孟顗"乃表其异志，发兵自防"⑤。会稽太守执掌军权、平定叛乱不仅限于本郡，所督五郡叛乱亦由其负责，大明年间"（新安郡）黟、歙二县有亡命数千人，攻破县邑，杀害官长"，会稽太守刘子尚遣主帅"领三千人水陆讨伐"⑥。

第二，抑制权贵、维持治安。治民是太守的重要职责，但会稽太守所面临的"民"较之他郡更为复杂，如王、谢为首的北来世家大族虽然任官在中央，然其率领"宗族、乡里、宾客、部曲，纷纷流寓到浙东会稽一带"⑦。除了士族外，当地亦有大量寒人权贵，如孙处、戴法兴、阮佃夫等。宋齐时期会稽太守严厉打击豪右、倖臣违法乱纪的行为。如会稽郡有回踵湖，谢灵运"求决以为田，太祖令州郡履行"⑧，太守孟顗为百姓

---

① （南朝宋）范晔：《后汉书》志二八《百官志五》，中华书局1965年版，第3621页。
② （清）吴廷燮：《东晋方镇年表》，载二十五史刊行委员会编《二十五史补编》，开明书店1937年版，第3467页。
③ 严耕望：《中国地方行政制度史：魏晋南北朝地方行政制度》，上海古籍出版社2007年版，第57页。
④ （南朝梁）沈约：《宋书》卷五二《褚叔度传附兄淡之传》，中华书局1974年版，第1503—1504页。
⑤ 《宋书》卷六七《谢灵运传》，第1776页。
⑥ 《宋书》卷八三《吴喜传》，第2114页。
⑦ 王仲荦：《魏晋南北朝史》，上海人民出版社2003年版，第306页。
⑧ 《宋书》卷六七《谢灵运传》，第1776页。

利益断然拒绝。蔡兴宗任职时，当地"多诸豪右，不遵王宪。又幸臣近习，参半宫省，封略山湖，妨民害治。兴宗皆以法绳之。会土全实，民物殷阜，王公妃主，邸舍相望，桡乱在所，大为民患，子息滋长，督责无穷。兴宗悉启罢省"①，与孟顗打击谢灵运相比，蔡兴宗全面整治权贵豪右违法乱纪、鱼肉百姓的行为，为当地赢得了一个良好的治安环境。

第三，教化百姓、选贤任能。会稽太守对士族以抑制为主要手段，对普通百姓则是以教化为主。谢方明任职期间"简汰精当，各慎所宜，虽服役十载，亦一朝从理，东土至今称咏之。性尤爱惜，未尝有所是非，承代前人，不易其政。有必宜改者，则以渐移变"②，他简汰精当，采取温和的方式改变当地风气。会稽地区旧俗"多趣巫祝"，太守孟顗"乃于鄮县之山建立塔寺"，促进佛教文化的发展，当地"自西徂东，无思不服"③。太守荣颖亦"施第建寺于余姚之西"④，用以发展当地佛教文化。萧子良任会稽太守时"山阴人孔平诣子良讼嫂市米负钱不还。子良叹曰：'昔高文通与寡嫂讼田，义异于此。'乃赐米钱以偿平"⑤。面对家庭财务纠纷，他采取温和的方式解决问题。在打击豪强、教化百姓的基础上，会稽太守有选贤任能之责。会稽人郭世道及子郭原平先后被太守举荐为"孝廉""望孝"⑥。在向中央举荐孝廉的同时，会稽太守对当地官员有任用之权。汉代除郡丞、长史外，郡内其他官员皆由太守、王国相辟用，魏晋南朝继承这一制度。会稽人孔淳之"少有高尚，爱好坟籍"，太守谢方明"苦要入郡，终不肯往"⑦。虽然孔淳之没有赴郡任职，仍能证明会稽太守有辟用之权。

---

① 《宋书》卷五七《蔡廓传附子兴宗传》，第1583页。
② 《宋书》卷五三《谢方明传》，第1524页。
③ （南朝梁）僧佑：《出三藏记集》卷一四《昙摩密多传》，苏晋仁、萧炼子点校，中华书局1995年版，第546页。
④ （宋）居简：《北磵集》卷二《九功寺记》，载《禅门逸书初编》第5册，明文书局景清四库全书钞本1981年版，第19页。
⑤ （唐）李延寿：《南史》卷四四《齐武帝诸子·竟陵文宣王子良传》，中华书局1975年版，第1102页。
⑥ 《宋书》卷九一《孝义·郭世道传》，第2244—2246页。
⑦ 《宋书》卷九三《隐逸·孔淳之传》，第2283—2284页。

二 会稽太守的选任标准

由于会稽太守职权重要,中央政府重视会稽太守的选任,主要遵循以下标准。

第一,出自宗室或高门士族。宋齐时期会稽太守有40人44任,其中刘宋29人32任,南齐11人12任,他们多出自宗室或高门士族(见表1)。

刘宋29人中,出身可考者28人,不可考者洪现1人。可考的28人中,出身宗室者9人约占1/3,士族19人约占2/3。宗室出身9人中皇子7人,竟陵王刘诞、庐江王刘祎、晋熙王刘昶、巴陵哀王刘休若分别是宋文帝的第六子、第八子、第九子、第十九子;豫章王刘子尚、松滋侯刘子房分别是宋孝武帝的第二子、第六子,彭城王刘跻是宋明帝第八子。其中宗室为刘怀敬、刘思考。刘怀敬不仅是宗室成员,还是宋武帝刘裕的从母弟;刘思考是刘宋重臣刘遵考之弟,也是宋武帝刘裕的族弟。士族19人,其中高门士族有琅琊王氏王鸿、王翼之、王僧虔、王延之、王琨等5人,吴郡张氏张茂度、张畅、张邵、张永等4人,吴郡顾氏顾琛,会稽孔氏孔山士、孔灵符2人,陈郡谢氏谢方明,吴兴丘氏丘渊之,济阳蔡氏蔡兴宗,阳翟褚氏褚淡之,太山羊氏羊玄保,平昌孟氏孟顗,兰陵萧氏萧子良,多出自当时与政治密切相关的一流士族。庐江王祎是皇子中出任会稽太守的第一人,其任职在元嘉二十七年(450)。此后皇族出任会稽的人数逐渐提升,显示出朝廷对会稽地区的控制加强。

南齐时期会稽太守有11人12任,11人中出身可考者10人,不可考者荣颖1人。可考的10人中宗室7人占达70%,士族和寒人共3人。宗室出身7人中皇子皇孙6人,武陵昭王萧晔是齐高帝第五子,竟陵王萧子良、随郡王萧子隆、西阳王萧子明分别是齐武帝次子、第五子、第十子,巴陵王萧昭胄是齐武帝之孙、竟陵王萧子良之子,庐陵王萧宝源是齐明帝第五子。其他宗室1人,安陆昭王刘缅是齐高帝次兄萧道生之子。士族有2人,吴兴沈氏沈文季,兰陵萧氏萧灵钧。寒人1人为王敬则。与刘宋时期相比宗室出任会稽太守的比重大幅度提升,显示出中央对会稽地区的控制进一步加强。

宋齐时期行会稽郡事有6人,其中高门士族5人,低级士族李安民1

人。出自吴郡顾氏者3人，为顾琛、顾觊之、顾宪之。会稽孔氏1人孔觊。兰陵萧氏1人萧灵钧。顾氏位列吴郡四姓之首，孔氏位列会稽四姓之中，皆为南方第一流士族。行会稽事以当时一流的士族担任，说明会稽太守的选任对官员出身极为重视。

低级士族和寒人出任会稽太守并不能说明会稽太守的选任不注重出身，仔细分析李安民、王敬则两人的情况，不难发现一般士族及庶族难以官拜会稽太守。李安民，"祖嶷，卫军参军。父钦之，殿中将军，补薛令"①，可知他属于低级士族，但更为重要的是他是豪族，曾"率部曲自拔南归"可为明证。出任会稽之前，他有特殊功绩，先后参与平定晋安王刘子勋叛乱、建平王刘景素之乱，历任司州刺史、左将军、行南徐州事等要职，而后才得出行会稽郡事。王敬则，张金龙师指出其是"萧道成心腹死党，可谓宋、齐禅代的第一功臣"②，称之为南齐的新贵族不为过，在出任会稽太守前他已历任中领军、南兖州刺史、都官尚书、护军将军、侍中、丹阳尹等中央及地方要职。此二人的情况说明会稽太守的选任重视出身，低级士族或寒人没有特殊机遇难以官至会稽太守。

第二，多由皇帝心腹出任。宋齐时期为了有效的掌控地方，皇帝多派宗室成员出镇地方。刘宋会稽太守中出自宗室者占1/3，他们与皇帝的关系毋庸多论。其他皇帝亲信，如宋武帝时褚淡之，与其兄褚秀之"并尽忠事高祖"，"高祖以其名家，而能竭尽心力，甚嘉之"③，褚淡之是刘裕心腹之臣。宋文帝时有孟顗、羊玄保、王鸿、张茂度等人。孟顗是宋武帝刘裕好友孟昶弟，与宋文帝有姻亲关系，其子孟劭娶文帝第十六女南郡公主，女嫁文帝第十九子，他在元嘉时期一度官至尚书仆射，无疑属于文帝心腹。羊玄保在元嘉初年被王弘推荐出任宋文帝近侍黄门侍郎一职，成为宋文帝亲信，后任会稽太守，宋文帝曾曰："人仕宦非唯须才，然亦须运命，每有好官缺，我未尝不先忆羊玄保"④，其主臣关系可见一斑。王鸿是王华的从父弟，王华是宋文帝最重要的亲信，王夫之评价王华在宋文帝即位过程中的作用时称"王华决行而大计定"，并称"元嘉之治，几至平

---

① （南朝梁）萧子显：《南齐书》卷二七《李安民传》，中华书局1972年版，第504页。
② 张金龙：《治乱兴亡——军权与南朝政权演进》，商务印书馆2016年版，第403页。
③ 《宋书》卷五二《褚叔度传附兄淡之传》，第1505页。
④ 《宋书》卷五四《羊玄保传》，第1536页。

康，皆华、昙首所饬正之规模"①，说明琅琊王氏与宋文帝关系密切。吴郡张氏与刘义隆关系密切，张茂度是上表废少帝奉迎刘义隆入朝的十六位大臣之一，"文帝为中郎将、荆州刺史，以邵为司马，领南郡相，众事悉决于邵"②，毫无疑问张茂度、张邵兄弟二人皆是刘义隆心腹之臣。宋孝武帝时有张畅、王翼之等人。张畅曾任武陵王骏安北长史，与刘骏建立主佐关系，在刘劭与反劭阵营争夺皇位时张畅站在反劭阵营，属于孝武帝刘骏心腹。王翼之为武昌王浑府长史，武昌王浑"与左右人作文檄，自号楚王，号年为永光元年，备置百官，以为戏笑"，王翼之得到武昌王浑手迹"封呈世祖"③，他当是宋孝武帝安排在武昌王浑身边的亲信。宋明帝时有王延之、蔡兴宗、张永、王琨等人。王延之在刘彧即位前曾任其卫将军府长史，受到刘彧信赖。宋明帝遗诏以蔡兴宗及袁粲、右仆射褚渊、中领军刘勔、镇军将军沈攸之四人为顾命大臣，可知蔡兴宗是宋明帝心腹。张永，宋明帝即位"除吏部尚书。未拜"，晋安王子勋叛乱，"徙（张永）为吴郡太守，率军东讨"④，他是宋明帝最为信赖的将领之一。王琨，"上（宋明帝）以琨忠实，徙为宠子新安王东中郎长史……迁中领军"⑤，他受到宋明帝信赖，先后任皇帝宠子府首佐、禁卫军最高长官，毫无疑问是宋明帝心腹之臣。

南齐时期，会稽太守中宗室出身者占七成以上，显示出皇帝对会稽地区的控制加强。非宗室的太守亦多是皇帝心腹。顾宪之历任中书侍郎、太尉从事中郎，后出任"东中郎长史，行会稽郡事"，此时东中郎将、会稽太守为齐武帝第八子随王萧子隆，萧子隆年仅12岁，可以说会稽郡内外大权由顾宪之掌握，"山阴人吕文度有宠于齐武帝……宪之不与相闻。文度深衔之，卒不能伤也"⑥，这也证明齐武帝对顾宪之极为信赖。王敬则，上文已考证为齐高帝亲信。沈文季在南齐初年历任丹阳尹、侍中、太子右卫率等要职，齐武帝去世时沈文季成为太子的顾命大臣，是皇帝的"重

---

① （清）王夫之：《读通鉴论》卷一五《宋武帝传》，中华书局1975年版，第482页。
② 《宋书》卷四六《张邵传》，第1394页。
③ 《宋书》卷七九《文五王·武昌王浑传》，第2042—2043页。
④ 《宋书》卷五三《张茂度传附王永传》，第1513页。
⑤ 《南齐书》卷三二《王琨传》，第578页。
⑥ （唐）姚思廉：《梁书》卷五二《止足·顾宪之传》，中华书局1973年版，第759页。

要亲信"①。

权臣执掌朝政时，会稽太守的担任者多为权臣心腹。如刘宋末年，萧道成掌控朝政，先后以心腹李安民、次孙萧子良出任会稽太守。南齐末年，萧衍占领会稽控制京师，将其从父弟萧灵钧从广德令提拔为行会稽郡事。

表1　　　　　　　　　　会稽太守任职人员

时期	人物	数量
武帝	刘怀敬、褚淡之	2
文帝	谢方明、孟顗、羊玄保、王鸿、张茂度、孟顗（再任）、孔山士、刘祎（顾琛行）、刘诞、顾琛	10
孝武帝	刘祎（再任）、刘昶（顾觊之行）、张畅、张邵、刘思考、孔灵符、王翼之、孔灵符（再任）、刘子尚	9
前废帝	刘子房（孔觊行）	1
明帝	刘休若、张永、王僧虔、蔡兴宗、王琨	5
后废帝	王延之、洪现、刘跻（李安民行）	3
顺帝	萧子良	1
不详	丘渊之	1
宋合计	太守29人，行郡事4人，再任3人	32
高帝	萧子良（连任）萧晔、荣颖	3
武帝	王敬则、沈文季、萧子隆（顾宪之行）、萧缅、萧昭冑、萧子明	6
郁林王	王敬则（再任）	1
海陵王	王敬则（连任）	
明帝	萧宝源	1
东昏侯	（萧灵钧行）	1
齐合计	太守11人，行郡事2人，再任1人，连任2人	12
总计	太守42人，行郡事6人，再任4人，连任5人	44

说明：此表据《嘉泰会稽志》《浙江通志》《绍兴市志》制作。②

①　张金龙：《齐武帝遗诏与南齐中叶政治》，四川大学历史文化学院编：《魏晋南北朝史论文集》，巴蜀书社2006年版，第182页。

②　（宋）沈作宾：《宋元方志丛刊·嘉泰会稽志》，中华书局1990年版，第6743—6745页；（清）沈翼机：《浙江通志》，商务印书馆影印本四库本1934年版，第1983—1985页；任桂会：《绍兴市志》（第三册），浙江人民出版社1996年版，第1621—1622页。

三　会稽太守与宋齐政治

从刘裕称帝到萧衍篡齐短短80年南朝发生了一系列政变和战争，会稽太守作为京畿地区的地方官之一与时局的变化有紧密的联系。在政治斗争中，会稽太守成为敌对双方争相拉拢的对象，甚至会稽太守的任命有时成为双方斗争的焦点。在军事斗争中，会稽太守成为一支不可忽视的力量，对内战的胜负有极为重要的影响。

首先，在政治斗争中，会稽太守成为敌对双方争相拉拢的对象，甚至会稽太守的任命有时成为双方争论的焦点。刘宋初年，统治集团内部政争是以刘裕为代表的低级士族与高级士族之间的斗争，最终以高级士族俯首称臣并和新贵族合作而告终。[①] 斗争中刘裕将京畿地区牢牢控制在手中，先后以心腹刘穆之、徐羡之、徐佩之三人任丹阳尹。会稽地区的情况与丹阳类似，刘裕先以从母弟刘怀敬出任会稽太守。刘怀敬卸任后，"会稽郡缺，朝议欲用蔡廓，高祖曰：'彼自是蔡家佳儿，何关人事，可用佛'"[②]，高级士族一致举荐蔡廓任会稽太守，而刘裕以侍中褚淡之出任会稽太守，祝总斌先生认为任用投靠较早的褚氏表明刘裕对蔡廓有戒心。同样也能看出会稽太守这一职务颇为重要，刘裕不轻易授予他人。作为高级士族褚淡之积极执行刘裕拉拢高级士族的政策，任职期间任用琅琊王氏王茂之、吴郡陆氏陆邵、会稽孔氏孔欣、孔宁子、孔山士等人。孔山士后任官至侍中。孔宁子后在宋文帝与辅政大臣斗争中为宋文帝出谋划策，沈约称"元嘉初，诛灭宰相，盖王华、孔宁子之力也"[③]。可以说褚淡之的举措为高级士族与新贵族的合作奠定了基础。宋文帝元嘉中期主相之争，会稽太守的任命再次成为双方斗争的焦点。刘义康辅佐宋文帝期间势力逐渐扩大，与文帝矛盾逐渐激化。[④] 羊玄保年老请求卸任会稽太守之际，"义康又欲以斌代之，又启太祖曰：'羊玄保欲还，不审以谁为会稽？'上时未

[①] 参见祝总斌《晋恭帝之死与宋初政争》，载祝总斌《材不材斋史学丛稿》，中国社会科学出版社1990年版，第304—307页。
[②] 《宋书》卷五二《褚叔度传附兄淡之传》，第1503页。
[③] 《宋书》卷六三"史臣曰"，第1687页。
[④] 参见［日］安田二郎《六朝政治史研究》，京都大学学术出版会2003年版，第237—262页。

有所，仓卒曰：'我已用王鸿。'"① 刘斌是彭城王首席心腹刘湛的宗亲，又历任彭城王司徒府右长史、左长史，可以说他是刘义康重要亲信之一，他出任会稽太守可以进一步扩大刘义康对京畿地区的控制。宋文帝仓促之下以王鸿出任会稽太守，王鸿是宋文帝首席心腹王华的从父弟，显然是宋文帝派系之人，这一任命对彭城王刘义康的权利加以制衡。元嘉三十年（453），太子刘劭发动政变弑帝篡位引发其他宗室的不满。彭城王荆州刺史刘义宣、武陵王江州刺史刘骏、随王会稽太守刘诞三人为首起兵推翻了刘劭的统治，武陵王刘骏即帝位。宋孝武帝即位后面临严峻的形势，"与之一道发动反劭军事行动的几位大臣远非心悦诚服"②，这给孝武帝及其心腹带来了严峻的挑战。同年宋孝武帝以荆州刺史刘义宣任扬州刺史，以会稽太守刘诞任荆州刺史，这俩人都不愿意离开根据之地，而是对孝武帝的任命进行抵抗。孝武帝不得以继续让刘义宣任荆州刺史，以刘诞出任扬州刺史。在刘诞卸任会稽太守时，宋孝武帝将刘诞的心腹行会稽郡事顾琛调离会稽，削弱刘诞在会稽地区的势力，这有利于加强孝武帝对京畿地区的控制。

　　南齐政变中，会稽太守亦受到重视。刘宋末年，萧道成参与平定桂阳王刘休范、建平王刘景素两次叛乱后势力迅速壮大，他以心腹李安民出任"征虏将军、东中郎司马、行会稽郡事"。李安民亦积极为萧道成出谋划策，赴任前他"密陈宋运将尽，历数有归"③。萧道成称帝前加强对地方的控制，对多个地方长官进行任命和调整，其中他的长孙萧长懋、次孙萧子良分别出任雍州刺史、会稽太守，这说明对会稽的控制是萧道成控制地方的重要组成部分。萧道成目睹了刘宋衰亡的过程，认为宗室残杀是重要原因之一。④ 故此他迅速培养宗室的力量，并将重要地区的军政大权交由宗室子弟及亲信负责。萧道成称帝后以次孙萧子良封闻喜县公、邑千五百户继续担任会稽太守，建元二年（480）萧子良母忧去职，他以第五子萧晔出任会稽太守。齐武帝即位前后也对地方长官进行大规模替换，其中一项重要任命是以王敬则出任都督会稽东阳新安临海永嘉五郡军事、镇东将

---

① 《宋书》卷六八《武二王·彭城王义康传》，第1535页。
② 张金龙：《治乱兴亡——军权与南朝政权演进》，第167页。
③ 《南齐书》卷二七《李安民传》，第506页。
④ 参见吕思勉《两晋南北朝史》，上海古籍出版社1983年版，第445页。

军、会稽太守。齐明帝萧鸾平定会稽太守王敬则的叛乱,即以第五子萧宝源出任都督会稽东阳临海永嘉新安五郡军事、右将军、会稽太守,这皆显示出皇帝对会稽地区的重视。

其次,在军事斗争中,会稽太守成为一支不可忽视的力量,对内战的胜负有极为重要的影响。元嘉三十年(453),太子刘劭弑杀文帝篡位,刘义宣、刘骏等人组成反劭阵营与之斗争。在这场战争中,会稽太守成为双方争相拉拢的对象,并对战争局势的发展有重要的影响。"元凶弑立,分会稽五郡置会州,以诞为刺史,即以琛为会稽太守,加五品将军"①,刘诞原官职为都督会稽东阳新安临海永嘉五郡诸军事、会稽太守,掌控浙东五郡,顾琛原为行会稽郡事为会稽郡的实际负责人,表面上看这一任命主从二人官品得以提升,但实际权力和地位并没有太大变化,因而他们没有倒向刘劭。刘骏为组成反劭阵营同样积极拉拢刘诞,"世祖入讨,遣沈庆之兄子僧荣间报诞,又遣宁朔将军顾彬之自鲁显东入,受诞节度"②。刘诞加入反劭阵营,他所率领军队并成为反劭阵营三大主力之一。为了解除来自建康东部的威胁,刘劭率"派遣太保参军庾道、员外散骑侍郎朱和之,又遣殿中将军燕钦东拒诞……(刘诞)与战,大破之"③,刘诞军队的胜利一方面为西路军即刘义宣、刘骏部队东进赢得了时间,另一方面使得刘劭陷入两面夹击的困境,这为反劭战争的胜利奠定了基础。

在刘宋中叶"泰始"与"义嘉"政权对抗中,会稽太守的影响同样不可忽视。湘东王刘彧诛前废帝即帝位,引起孝武帝诸子的反抗。督会稽东阳新安临海永嘉五郡诸军事、会稽太守寻阳王刘子房的起兵对宋明帝的统治造成极大的威胁,他的长史孔觊又拉拢京畿其他郡县,导致"朝廷唯保丹阳一郡"④。宋明帝为平定全国叛乱不得不改变平叛方略,首先应对东部诸郡的局势。宋明帝任命巴陵哀王休若为"使持节、都督会稽东阳永嘉临海新安五郡诸军事、领安东将军、会稽太守,率众东讨。进督吴、吴兴、晋陵三郡"⑤。刘休若出镇会稽有多层含义,其一,表明中央朝廷正式罢免会稽太守刘子房。其二,刘休若为孝武帝之弟,刘子房为孝

---

① 《宋书》卷八一《顾琛传》,第2077页。
② 《宋书》卷七九《文五王·竟陵王诞传》,第2026页。
③ 《宋书》卷九九《二凶·元凶劭传》,第2433—2434页。
④ 《宋书》卷八六《殷孝祖传》,第2190页。
⑤ 《宋书》卷七二《文九王·巴陵哀王休若》,第1883页。

武帝之子,即刘休若是刘子房的皇叔,他出镇地方,资格及声望丝毫不弱于刘子房。其三,此年刘休若年满十九岁,具备独立处理政务的能力;刘子房年仅十一岁,大权由长史孔觊掌握。刘休若的号召力显然较孔觊更胜一筹。不足两月,刘休若率领大军平定东部诸郡的叛乱。张金龙师高度评价了这一战争的影响,认为这此胜利"无疑大大鼓舞了宋明帝阵营的士气。数量可观的东军将士被纳入泰始政权武力之中,大大增强了宋明帝阵营的军事力量。更为重要的是,富庶的三吴和浙东地区为其军队提供了重要的后勤保障,为下一步在其他地区进行平叛战争打下了良好的物质基础"①。南齐时期内战仅有一次即会稽太守王敬则起兵反抗齐明帝的统治。萧鸾秉政期间,王敬则出任会稽太守。齐明帝晚年猜忌大臣,"既多杀害,敬则自以高、武旧臣,心怀忧恐"②,后王敬则"以旧将举事,百姓檐篙荷锸随逐之十余万众",一度率领攻至丹阳附近的晋陵郡。齐明帝依靠朝廷禁卫军平定王敬则的叛乱,平定后以第五子出任会稽太守。

四 会稽太守的地位

关于官员地位,第一个提到的就是官品,《宋书·百官志》记载,太守有二等,丹阳尹为第三品,其他郡太守第五品。我们认为五品并不能反映会稽太守的真实地位,会稽太守在当时地位甚高,如宋武帝时,刘怀敬将赴会稽任职,"送者倾京师"③,这说明会稽太守为时人所重。以下我们从会稽太守的将军号,以及其与地方官、中央官的比较来探讨会稽太守的地位。

第一,会稽太守多加品级较高的将军号。魏晋南北朝时期地方官员的官资包括"正职、军号、加官、领职等"④,军号是官员地位高低的标志之一。宋齐会稽太守军号可考者25人,其中刘宋16人,南齐9人。刘宋16人中,二品者2人,刘子尚为车骑将军,刘休若为卫将军。三品者有11人,蔡兴宗为镇东将军,张永为镇军将军,刘祎为抚军将军(再任),

---

① 张金龙:《治乱兴亡——军权与南朝政权演进》,第278页。
② 《南齐书》卷二六《王敬则传》,第1131—1132页。
③ 《宋书》卷五八《王惠传》,第1589页。
④ 张小稳:《魏晋南北朝地方官等级管理制度研究》,九州出版社2010年版,第154页。

刘诞、刘子房安东将军，刘跂为左将军，刘昶为后将军，刘祎、顾琛为冠军将军，孔觊、王僧虔为辅国将军。四品者3人，顾觊之为宁朔将军，王延之为后军将军，王琨为左军将军。可知刘宋时期会稽太守所加将军号最高为二品，最低为四品，以加三品者居多。南齐时期9人中，二品者1人，王敬则（再任）为骠骑将军。三品者8人，王敬则为征东将军，萧宝源为安东将军，沈文季、萧子明为平东将军，萧晔为左将军，萧子隆为东中郎将，萧子良为辅国将军，萧昭胄为宁朔将军。南齐时期会稽太守所加将军号最高为二品，最低为三品，较刘宋时期有所提升。加品级较高的将军号，显示出会稽太守特殊的政治地位。

第二，与郡一级地方官相比，会稽太守地位高于一般郡太守，同丹阳尹地位相近。上文可知丹阳、吴、会稽、吴兴并是大郡，举孝廉时期可各举二人，其他郡一人。丹阳、吴、会稽、吴兴同为大郡，其太守地位亦有所不同。元嘉中期主相之争时，刘义康欲以心腹刘斌为丹阳尹，宋文帝以刘斌为吴郡太守，此举防止了刘义康势力进一步控制京师政局的企图。后刘义康又欲以刘斌为会稽太守，宋文帝以心腹王鸿任会稽太守。这两次人事调动表明丹阳尹、会稽太守的政治地位要略高于吴郡。羊玄保历任丹阳尹、会稽太守，从会稽太守"徙吴郡太守，加秩中二千石"①，可见吴郡太守加秩中二千石才能和丹阳尹、会稽太守地位相当。王翼之"官至御史中丞，会稽太守，广州刺史"②，而他曾任过吴郡太守，本传却忽略这个履历，或许南朝已有会稽太守地位略高于吴郡太守的观点。会稽太守与丹阳尹地位相近，由丹阳尹迁入有谢方明、羊玄保、孔灵符、王敬则等人，迁出为丹阳尹有孟顗、丘渊之、萧子良等人，说明丹阳尹与会稽太守之间迁转频繁。两者迁转属于平级调动，如谢方明"为丹阳尹，有能名。转会稽太守"③，他在丹阳尹任上有突出政绩才得以转任会稽太守，充分说明会稽太守地位与丹阳尹相近。

第三，与州一级地方官相比，会稽太守地位不低于大州刺史。宋武帝刘裕病重时，诫太子曰："谢晦数从征伐，颇识机变，若有同异，必此人

---

① 《宋书》卷五四《羊玄保传》，第1535页。
② 《宋书》卷七九《文五王·武昌王浑传附王翼之传》，第2043页。
③ 《宋书》卷五三《谢方明传》，第1524页。

也。小却，可以会稽、江州处之。"① 可见会稽太守与江州刺史地位相近。会稽太守不加都督时，担任者仕宦生涯中多曾任大州刺史，如孔灵符、萧缅任职会稽前曾任郢州刺史，张茂度曾任益州刺史，张畅曾任雍州刺史，王琨曾任广州刺史，萧子隆曾任江州刺史。会稽太守加都督时，与大州刺史加都督迁转更为常见。如刘诞，都督、雍州刺史→都督、广州刺史（未行）→都督、会稽太守→都督、荆州刺史；刘祎，抚军将军、会稽太守→都督、广州刺史；刘休若，都督、会稽太守→都督、雍州刺史；张永，都督、南兖州刺史→都督、会稽太守→督、雍州刺史（未拜）；蔡兴宗，都督、郢州刺史→都督、会稽太守→都督、荆州刺史；萧缅，会稽太守→都督、雍州刺史；萧子明，都督、南兖州刺史→都督、会稽太守；萧宝源，都督、南兖州刺史→都督、会稽太守。与会稽太守迁转的州刺史有荆州、雍州、郢州、南兖州、广州，多为大州。这从侧面反映会稽太守与荆州、雍州、郢州、江州、广州等大州刺史地位相近。

第四，与中央官相比，会稽太守与侍中地位相近。由侍中迁入有褚淡之、孔山士、张畅、王敬则等人，曾担任侍中有谢方明、孟顗、刘祎、王僧虔、蔡兴宗、丘渊之、萧缅、沈文季等人，迁出官为侍中有王延之、王敬则、萧宝源、萧昭胄等人。宋武帝永初初年，"会稽郡缺，朝议欲用蔡廓，高祖曰：'彼自是蔡家佳儿，何关人事，可用佛。'"② 当会稽太守任缺时，蔡廓、褚淡之两位侍中成为备选人员，可见侍中出任会稽太守不是降职尚需竞争，甚至在一定程度上有美迁的成分。宋孝武帝时，沈怀文"入为侍中，宠待隆密，将以为会稽，其事不行"③。虽然沈怀文没有担任会稽太守，这个事例说明备受皇帝宠信的侍中才有机会担任会稽太守，亦说明会稽太守地位不低于侍中。侍中作为门下省长官在南朝时期地位较高，杜佑认为南朝时期侍中可比肩宰相。④ 祝总斌先生经过考证确定侍中不是宰相，但侍中在南朝地位甚高。⑤ 和侍中迁转频繁充分反映会稽太守

---

① 《宋书》卷三《武帝纪下》，第 59 页。
② 《宋书》卷五二《褚叔度传附兄淡之传》，第 1503 页。
③ 《宋书》卷八二《沈怀文传》，第 2103 页。
④ （唐）杜佑：《通典》卷二一《职官三·门下省》"侍中"条，王文锦等点校，中华书局 1988 年版，第 548 页。
⑤ 祝总斌：《两汉魏晋南北朝宰相制度研究》，中国社会科学出版社 1990 年版，第 304—307 页。

在南朝具有较高的地位。

综上所述，宋齐时期会稽太守就职掌而言，主要包括军事和民事两个方面。军事职权重，会稽太守不仅要率领军队平定当地叛乱，而且也有参与平定国内动乱之责。民事职能中，会稽太守对豪强以抑制为主，对百姓以教化为重，在此基础上太守负有选贤任能之责。就选任而言，会稽太守基本出身于高门士族或宗室，且多是皇帝或执政者心腹之臣。就作用而言，在宋齐时期一系列政治或军事斗争中会稽太守都有重要的影响。就地位而言，我们认为五品并不能真正反映会稽太守的地位，从将军号来看，会稽太守所加将军号最高为二品，最低为四品，以三品居多。与地方官相比，会稽太守与丹阳尹地位相近，不低于雍州、江州等大州刺史。与中央官相比，会稽太守与侍中迁转频繁，甚至侍中转任会稽太守在当时一度视为美迁，这说明宋齐时期会稽太守具有较高的政治地位。

南宋后期提领江淮茶盐所考述[*]

崔玉谦

（保定学院　文物与博物馆学院；
河北师范大学　历史文化学院）

禁榷收入为宋代财政岁入的主要部分，而且是岁入中货币的主要来源，在禁榷收入中榷盐收入又占主要地位，尤其是在南宋国土仅剩半壁江山的情况下两税收入锐减且先后发生大规模的楮币危机，榷盐收入在南宋财政岁入中更是具有举足轻重的地位，汪圣铎、郭兰的《南宋后期盐政考论》[①]一文勾勒出了这一时期盐政的轮廓，但关于这一时期的榷盐收入的情况则未展开讨论。关于南宋后期的榷盐收入情况，由于史料的缺失（《宋会要辑稿》《文献通考》均不载这一时期史事，《宋史·食货志》部分的记载亦不完备）故未有相关的研究成果，淮浙盐在南宋后期的榷盐收入中占主导地位，梁庚尧的《从南北到东西——宋代真州转运地位的转变》[②]《南宋温艚考——海盗活动、私盐运贩与沿海航运的发展》[③]对南宋淮浙盐法的变迁做了整体的论述，但限于篇幅对于南宋后期的淮浙盐政未作深入探讨；汤文博、葛金芳的《"榷货盐钱以赡军费"——南宋初

---

[*] 本文系河北省高等学校青年拔尖人才计划项目《宋理宗朝前期宰相李宗勉仕履系年研究》（课题编号：BJ2018213）成果；河北省高层次人才计划资助项目（博士后科研项目择优资助）"晚宋各相李宇勉研究"（课题编号B2018002014）

① 汪圣铎、郭兰：《南宋后期盐政考论》，《盐业史论丛》2006年第1期。
② 梁庚尧：《从南北到东西——宋代真州转运地位的转变》，《台大历史学报》2006年第1期。
③ 梁庚尧：《南宋温艚考——海盗活动、私盐运贩与沿海航运的发展》，《台大历史学报》2006年第1期。

期江淮地区驻军军费考》[①] 一文对南宋初期淮浙盐榷收入与筹措助军钱物的关系的做了探讨。提领江淮茶盐所为宋理宗嘉熙四年于建康府设置的专事榷盐机构，最晚至理宗后期景定年间、度宗朝提领江淮茶盐所这一机构还存在；这一机构在南宋后期的禁榷事务中具有典型性，且与打击私盐贩、筹措宋蒙战争军费等事务均有密切联系。有鉴于此，本文拟对提领江淮茶盐所的相关问题做逐一探讨（由于提领江淮茶盐所涉及茶、盐两榷，由于涉及榷茶收入的资料更为零散、庞杂，本文仅就榷盐部分作探讨）。

一 宋理宗朝前期榷盐收入的锐减

宋理宗朝前期宋蒙双方由早期的结盟到"端平入洛"时期的败盟至全面战争爆发，频繁的战争导致南宋政府两税收入的锐减，军费开支的持续加大及先后发生两次大规模的楮币危机，榷盐收入作为财政岁入中货币的主要来源可以为政府提供稳定的现金收入故对官方具有非同寻常的重要性。关于宋理宗朝前期榷盐收入的情况，《宋史·食货志》有载：

> 端平二年，都省言："淮、浙岁额盐九十七万四千余袋，近二三年积亏一百余万袋，民食贵盐，公私俱病。"有旨，三路提举茶盐司各置主管文字一员，专以兴复盐额、收买散盐为务，岁终尚书省课其殿最。[②]

从《宋史·食货志》的记载可以看出宋理宗亲政初期榷盐收入锐减，宋理宗已开始着手整顿盐政。造成这一情况的原因首先是成都的失陷，宋代盐的产销是有严格的区划的，南宋时期出于财政的紧张更是加大了食盐区划的管控，并形成了四川井盐区、淮浙盐区、福建盐区、广南盐区。由于"端平入洛"最终以南宋的失败告终并导致了宋蒙全面战争的爆发，

---

① 汤文博、葛金芳：《"榷货盐钱以赡军费"——南宋初期江淮地区驻军军费考》，《盐业史研究》2014年第1期。
② 《宋史》卷一八二《食货下四》，第3376页。

战争初期由于南宋方面的准备不足,加之防御失策,四川与京湖战区最先遭到蒙古军队的攻击,以成都为中心的川西两路陷于蒙古,这就意味着四川井盐区几乎全陷于蒙古。四川井盐区的产量虽不多但由于四川地区居民的生计所倚故其课利为政府的重要财源,南宋时期四川的上供财赋中榷盐收入占有大半的比例。战争的频繁及财政的紧张故在失去四川的榷盐收入后,其他三大盐区的榷盐收入对于南宋政府来说则更为重要。在淮浙盐区、福建盐区、广南盐区中淮浙盐历来就是产量最高、行销区域最广故其在南宋后期的榷盐收入中即成为最主要的来源①。

二 提领江淮茶盐所的设置

在南宋后期战争的频繁及财政的紧张形势下,失去四川的榷盐收入后淮浙盐在榷盐收入中的重要地位便凸显出来,关于淮浙盐收入对于财政岁入的影响,刘克庄的认识颇能说明问题,"淮盐之利甲天下,东南大计养焉"②"天下大计仰东南,而东南大计仰淮盐"③,提领江淮茶盐所的设置便是基于这一形势。《景定建康志》有载:

> 嘉熙四年八月,创制置茶盐使,以户部尚书岳珂为之。御笔赐珂曰:"朕以边事未息,国计告匮,思为变通之策,遂稽先朝故实,畀卿以制置茶盐使,意欲绝私贩以收利权,通浮盐以丰邦课,去苛征以惠商贾。卿其竭心体国,毋弛法,毋狥情,使用足于上而扰不及民,以副委任责成之意,则予汝嘉。"此司存之所由始也。淳祐元年五月,珂被召,省制置茶盐使,置提领以江东麾节兼。④

《景定建康志》为宋元方志中记载翔实的一部,关于提领江淮茶盐

---

① 关于这一问题可参考胡昭曦、邹重华的《〈马可波罗游记〉与宋蒙(元)关系史研究》(《宋史研究论文集》,河北教育出版社1989年版),周曲洋的《南宋湖广总领所财政体系初探》(《读书不肯为人忙——中山大学历史学系本科生中国古代史论文选集》,中山大学出版社2016年版)。
② 《后村先生大全集》卷六六《叙复奉直大夫郑羽升直宝章阁淮东提举》,第676页。
③ 《后村先生大全集》卷六五《淮东提举章峒盐赏转一官》,第646页。
④ 《景定建康志》卷二六《江淮茶盐所》,第147页。

所，《景定建康志》的记载则为原始记载，作者时任建康知府的马光祖亲身经历了淮浙盐法的变革也曾兼任过提领江淮茶盐所，具体编纂者周应合也仕宦于南宋后期并且具有卓越的方志编纂能力①，由于《宋会要辑稿》《文献通考》均不载这一时期盐法的变革情况，《宋史·食货志》的记载的来源也以前朝的实录为主，故周应合的记载当为第一手资料。

从《景定建康志》的记载来看，提领江淮茶盐所的前身是嘉熙四年八月设置的制置茶盐使，关于南宋时期的制置使，《宋史·职官志》有载：

> 建炎元年，诏令安抚使、发运、监司、州军官，并听制置司节制，其后，议者以守臣既带安抚，又兼制置，及许便宜，权之要重，拟于朝迁，于时诏止许便宜制置军事，其他刑狱、财赋付提刑、转运。②

从《宋史·职官志》的记载可知，南宋时期的制置使权力高于地方上的监司长官，制置使的主要职能即统兵以军事职能为主，但有一点很明确，制置使并不掌握地方财政权，地方财权还是由转运使所掌握。岳珂在嘉熙四年八月时任户部尚书，以户部尚书兼领制置茶盐使并不符合任职惯例，南宋时期出于掌茶盐之利以助国用的目的，在地方上已有提举茶盐司的设置，史料有载：

> 提举茶盐司掌摘山煮海之利，以佐国用。皆有钞法，视其岁额之登损。以诏赏罚。凡给之不如期，鬻之不如式，与州县之不加恤者，皆劾以闻。……既而诸路皆置……茶盐司置官提举，本以给卖钞引，通商阜财，时诣所部州县巡历觉察，禁止私贩，按劾不法。③

设置提举茶盐司即掌茶盐之利，同时严厉打击私贩。提举茶盐司各路均有设置，就这种设置形式而言至南宋后期亦不利于掌控茶盐之利，前文已有述：在宋蒙战争全面爆发初期由于南宋方面的准备不足，加之防御失

---

① 汤文博：《南宋方志学家周应合考述》，《安徽师范大学学报》2009年第5期。
② 《宋史》卷一六七《职官七》，第3986页。
③ 同上。

策川西两路陷于蒙古,两淮及京湖各路战场也陷入拉锯。淮浙盐行销区即包括淮南东西路、江南东西路、两浙东西路及荆湖南北路,可见在嘉熙四年八月时除了两广、福建外,其他八路地区均食用淮浙盐,淮浙盐利亦然成为财计最重要的支柱。食用淮浙盐的八路地区均设置有提举茶盐司,但彼此之间缺少协调,宋理宗亲政初年由私盐走私所带来的盐课锐减问题的原因即各路提举茶盐司在打击私盐走私的问题上无法协调,时人徐鹿卿的奏议亦可说明这种窘境:

> 今之大计,惟楮与盐米而已。盐价之穷,不知者专咎朝廷,其实固不尽然。……两月以来,江西旧楮收拾几尽,……而大丞相救内弊第一事也,某前所议浮盐,以为价愈高而私贩愈争,必使官价小平而后私贩自止。①

徐鹿卿仕宦于嘉熙淳祐时期,淳祐时期也任职于提领江淮茶盐所,徐鹿卿的奏议说明了淮浙盐在宋理宗亲政初年既受战争的影响而产销受阻(相关行销区亦是战争前线产销不通畅也是必然)的同时也饱受私盐贩运的夹击。

此外在嘉熙四年八月,朝中是乔行简、李宗勉、史嵩之三相并立格局,乔行简年事已高并不分管具体事务,史嵩之长期在京湖前线负责对蒙军事事务,朝政实质上即由李宗勉来负责,李宗勉是浙西富阳人,早年在地方为官时长期任职于浙西茶盐司、江西转运司"李宗勉,字强父,富阳人。开禧元年进士。历黄州教授、浙西茶盐司、江西转运司干官。"②这两个地区均为淮浙盐行销区,浙西茶盐司、江西转运司均与榷盐事务密切相关,李宗勉对于淮浙盐征榷事务也应是充分了解的,设置制置茶盐使应是李宗勉的主意。关于徐鹿卿奏议中提到的"大丞相",已有的研究成果中有认为系指乔行简③,这系没有注意到当时的"三相并立"格局,对徐鹿卿奏议理解有误。除了上文分析之外,"大丞相"并非特指某一个宰

---

① 《宋史》卷四二四《徐鹿卿传》,第 12457 页。
② 《宋史》卷四○五《李宗勉传》,第 12236 页。
③ 可见汪圣铎、郭兰《南宋后期盐政考论》(《盐文化研究论丛(第一辑)》,四川理工学院中国盐文化研究中心,2005 年 12 月),周曲洋《南宋湖广总领所财政体系初探》(《读书不肯为人忙——中山大学历史学系本科生中国古代史论文选集》,中山大学出版社 2016 年版)等。

相，徐鹿卿奏议中也并未明确指出"大丞相"指哪一位宰相。现有文献中即有直接称李宗勉为"大丞相"的记载：

> 大丞相若遇承平时，则韩、富、马、吕矣，偶值此多艰，益奋然自强，以镇物情，以扶王室。东晋之季，甚岌岌矣，桓、谢极力撑拄，亦能却敌，亦能立国。况大丞相每于应变之顷，而心之虚灵者辄与天通，此某所素知也。今身佩安危，其举措有挈然当于人心者，非特上信之，天固将佑之矣。切闻中书机务稍清，无复积压之患，则愿燕居深念，留意于其大者。宰相之心与天通，人主之心尤与天为一，都俞启沃之微，君心正则天心回。①

这则材料出自方大琮的《与李丞相宗勉书》，方大琮与李宗勉同系开禧元年进士，在这封书信中"大丞相"与"丞相"的称谓同时出现。嘉熙年间的会子称提是南宋的第二次大规模会子称提，徐鹿卿奏议中所提到的"江西旧楮"即指这次会子称提，这次称提即动用财政手段以收储旧会子，同时以旧会子换发新会子，以遏制旧会子的贬值趋势，不论是收储旧会子还是换发新会子，均需要大量的货币为后盾，禁榷收入是财政岁入中货币的主要来源（宋代经常采用盐、茶等禁榷收入来偿付赊籴粮草的价钱②），在禁榷收入中榷盐收入又占主要地位，榷盐收入淮浙盐又占主要地位，在这种情况下设置级别高于路级转运使与茶盐使的制置茶盐使则是必然。制置茶盐使仅是临时的设置，从《景定建康志》的记载来看，不到一年的时间淳祐元年五月即在制置茶盐使的设置基础上成立了统筹淮浙盐征榷事务的提领江淮茶盐所。

综上所述，提领江淮茶盐所是在制置茶盐使的设置基础上成立，设置制置茶盐使是时任左相李宗勉的主意，史嵩之独相期间在此基础上成立了统筹淮浙盐征榷事务的提领江淮茶盐所，虽然李宗勉、史嵩之二人同相期间在诸多问题上均有尖锐矛盾③，这一问题本文不再赘述，但在稳定征收淮浙盐榷入这一问题上二人应是没有矛盾的，成立提领江淮茶盐所也体现

---

① 《铁庵集》卷一四《与李丞相宗勉书》，第442页。
② 姜锡东：《宋代赊籴制度述论》，《中国经济史研究》1992年第3期。
③ 崔玉谦：《宋理宗朝前期宰相李宗勉事迹考论》，《宁夏大学学报》2014年第1期。

了这一政策的延续性。

三　提领江淮茶盐所的性质

上文对于提领江淮茶盐所于南宋理宗朝前期的设置缘由作了分析，提领江淮茶盐所的设置即在淮浙盐利亦然成为财计最重要的支柱以及为应对楮币危机需要大量的货币为后盾情况下所成立，"江淮"是一个通称，涉及淮浙盐行销的淮南东西路、江南东西路、两浙东西路及荆湖南北路八路地区均在提领江淮茶盐所的管辖之下，这就涉及提领江淮茶盐所的性质。有宋一代，地方政区皆以"路"为划分依据与路级政区相对应的则是地方管理机构监司，从已有的对于宋代监司的研究成果来看，宋代的监司主要为转运使司、提点刑狱使司、提举常平司、经略安抚使司①，这四个路级监司均有明确的职掌，关于"监司"《宋会要辑稿》如下记载：

> 置部使者之职，俾之将王命，以廉按吏治。至于职事，则各有攸司。婚、田、税赋则归之转运，狱讼、经总则隶之提刑，常平、茶盐则隶之提举，兵将盗贼则隶之安抚。②

从《宋会要辑稿》的这段记载来看，监司也确实主要围绕地方的四类主要政务设置，但在宋人自身对于监司的认知来看，监司的范围更加广泛，南宋人蔡戡有此记载：

> 夫监司者，号为"外台"，耳目之寄，其权任亦重矣！苟得其人，百姓知所畏；苟非其人，一路受其害，可不遴选耶？国初，始置转运使，淳化中遣官提点刑狱，天圣中置转运判官，熙宁中置提举常平。其后又有坑冶、茶马、市舶，俱号"监司"。③

---

① 漆侠主编：《辽宋西夏金通史》第二卷《典章制度卷》，人民出版社 2010 年版，第 126—127 页。
② 《宋会要辑稿》职官四五，第 7786 页。
③ 《定斋集》卷二《乞选择监司奏状》，第 433 页。

从南宋中期人蔡戡的这段记载中，关于宋代监司的发展演变有清晰的描述，对应《宋会要辑稿》的记载来看，蔡戡对于监司的认知与宋代的史官有所不同，在蔡戡看来，除去传统的转运使司、提点刑狱时使司、提举常平司、经略安抚使司之外，还要包括提点坑冶司、提举茶马司、提举市舶司等。再看南宋人赵升的记载：

> 安抚、转运、提刑、提举实分御史之权，亦似汉绣衣之义，而代天子巡狩也。故曰外台。①

从赵升的记载来看，监司即为"代天子巡狩也"②按此解释，宋代所有地方路级机构均可称之为监司，监司的权力均是代中央在地方行使，原本负责茶盐征榷的提举茶盐司也是在监司之列。提领江淮茶盐所是在制置茶盐使的设置基础上成立，食用淮浙盐的八路地区均设置有提举茶盐司，但彼此之间缺少协调，岳珂以户部尚书兼领制置茶盐使即破解这一困局，提领江淮茶盐所的设置即打破了这一困局。从《宋会要辑稿》与南宋人蔡戡、赵升的记载来看，监司为地方行政机构这一点毋庸置疑，监司还应有明确的职掌，设置的范围还要与诸"路"政区相吻合，提领江淮茶盐所涉及淮浙盐行销的八路地区，且执掌明确即征榷，但仅就这一点能否认定其为监司呢？《景定建康志》有载：

> 徐公鹿卿、孟公防、邓公泳、何公元寿、丘公岳、陈公垲、舒公滋皆以太平守臣、江东转运兼，吴公渊以太平守臣兼；淳祐、宝祐凡再至马公光祖，淳祐间以江东转运、淮西总领兼，宝祐中复以沿江制置使兼；其后倪公垕、印公应雷皆以转运总领兼，陈公绮则以转运副使兼；由珂而后凡以太平守臣兼领者则置司本州，不为太平守臣者置司皆在建康。③

从《景定建康志》的记载来看，江淮茶盐所设置提领茶盐使一名，

---

① 《朝野类要》卷三《外台》，第46页。
② 同上。
③ 《景定建康志》卷二六《江淮茶盐所》，第147页。

提领江淮茶盐使多由江南东路转运使兼任，其间也有淮西总领、沿江制置使兼任的情况，徐鹿卿、孟珙、邓泳、何元寿、丘岳、陈垲、舒滋等七人是以太平守臣、江东转运使兼任提领茶盐使，江东转运使本就是负责上供财赋，关于太平守臣"王应麟曰：太平，江津之要害也。左天门，右牛渚，铁瓮直其东，石头枕其北，襟带秦淮。自吴迄陈，常为巨屏"①可见南宋时太平州为建康的门户、驻军要地，倪垕、印应雷是以淮西总领兼任提领茶盐使，淮西总领的职责即负责建康一线驻军的粮饷，值得一提的是，马光祖以江东转运使、淮西总领兼任提领茶盐使，《宋史·马光祖传》有载：

> 起复军器监、总领淮东军马钱粮兼知镇江。……进直宝文阁，迁太府少卿，仍知太平州、提领江淮茶盐所。迁司农卿、淮西总领兼权江东转运使。②

从马光祖的任职情况来看提领江淮茶盐所的直接管辖区域即覆盖淮南东西路、江南东西路、两浙东西路六路，荆湖南北路虽也食用淮浙盐但在战区上并不属两淮。总之从《景定建康志》中记载的提领茶盐使情况看均属于兼任，基本以江南东路转运使兼任为主，提领茶盐使的官品随官员兼任情况而有所不同但均不会低于五品。关于提领江淮茶盐所的置司所在，"由珂而后凡以太平守臣兼领者则置司本州，不为太平守臣者置司皆在建康"③可见提领江淮茶盐所并没有固定的治所，从上文分析提领茶盐使的任职情况看，置司太平州的时间远多于置司建康，从提领茶盐使的任职情况及治所设置情况看，提领江淮茶盐所认定为监司实有牵强。以转运司为例，转运司的治所一旦确定，如无重大变动（如行政区划调整）即不会再有调整，以《宋史·地理志》所记载的二十六转运司路的治所变动来看，除了存在时间较短的几转运司路之外，几乎在治所上并未有变动④。提领江淮茶盐所的存在时间并不算短（史料记载并不完整，但其存在时间应至度宗朝），其执掌也很明确，但就史料可查的十三位提领茶盐

---

① 《读史方舆纪要》卷二三《南直五》，第6446页。
② 《宋史》卷四一六《马光祖传》，第12535页。
③ 《景定建康志》卷二六《江淮茶盐所》，第147页。
④ 宫云维、秦婧茹：《新发现郑志虔郑在常墓志及其价值》，《浙江档案》2015年第1期。

使来看，均是兼任，这一点与监司官员也并不相称。还以转运司为例，虽然各路转运使更迭频繁①，但在任职上均是专任，虽然监司之间的互相兼职屡有，但均是出于监察、互相制衡的目的，多数仍以本职为主，从十三位提领茶盐使的兼任情况来看，没有一位提领茶盐使是以淮浙盐的征榷事务为本职，多是在转运使及总领的本职兼职这一事宜，转运使及总领的本职均与财赋密切相关。

关于提领江淮茶盐所的属官情况，史料有载：

> 主管文字一员或二员，以院辖差充或从本所于已作县人选辟，干办公事一员，准备差遣二员，芜湖、采石属官三员，或选辟或堂差，其官职之建置如此。②

从史料的记载来看，提领江淮茶盐所的属官应不超过十个人，从其选拔方式来看均是以辟选为主，辟举作为一项选官制度，其存在的历史相当长久，宋代的辟举制度则是直接承袭唐代藩镇辟举制度发展而来的，是一种自行选择僚属的用人制度③。仅从属官的数量来看，提领江淮茶盐所的属官要多于提举茶马司等路级机构"其属共有干办公事四员、准备差使二员"④但提领茶盐使本就是兼职，从史料的记载来看辟选的属官也为兼职，从这一点来看提领江淮茶盐所并没有自己的属官。从监司的情况来看，属官系统应是完整的，以同样监司地位模糊的提举市舶司来看，《宋史·职官志》有载：

> 掌蕃货海舶征榷贸易之事，……元祐初，诏福建路于泉州置司。大观元年，复置浙、广、福建三路市舶提举官。明年，御史中丞石公弼请以诸路提举市舶归之转运司，不报。建炎初，罢闽、浙市舶司归转运司，未几复置。绍兴二十九年，臣僚言："福建、广南各置务于一州，两浙市舶乃分建于五所。"乾道初，臣僚又言两浙提举市舶一

---

① 宫云维、王红伟：《明代两浙盐志拾遗》，《古籍整理研究学刊》2018年第6期。
② 《景定建康志》卷二六《江淮茶盐所》，第147页。
③ 李占奇：《论科举制度对宋人小说创作的影响》，硕士学位论文，浙江工业大学，2005年。
④ 《宋史》卷一六七《职官七》，第3786页。

司抽解搔扰之弊，用言福建、广南皆有市舶，物货浩瀚，置官提举实宜，惟两浙冗蠹可罢。从之。仍委逐处知州、能判、知县、监官同检视，而转运司总之。①

从提举市舶司的设置情况来看，市舶司的设置仅限三路，各路所管辖范围仅限沿海州县，其在职能上更是与转运司交叉重叠，尤其在外贸抽解方面②，南宋后期的市舶司实施职能方面长期是由转运司代为监管③，《宋会要辑稿》的记载中并未将其归入监司，但在南宋人的认识中仍将提举市舶司视为监司，南宋人蔡戡、赵升的记载即可说明这一点，其缘由即提举市舶司是有独立的治所、独立的市舶司官员，虽然职能与其他监司有交叉，但在行使上是独立的。总之，从以上分析、比较来看，提领江淮茶盐所不能视为监司，关于其定位在文末会有详述。

四　提领江淮茶盐所的运行情况

史料可查的提领茶盐使有十三位，任职提领江淮茶盐所之后的升迁情况，现列举几例。

> 进直宝文阁，迁太府少卿，仍知太平州、提领江淮茶盐所。迁司农卿、淮西总领兼权江东转运使。拜户部尚书兼知临安府、浙西安抚使。④
> 加户部侍郎、淮东总领，寻提领江淮茶盐所兼知太平州。……进显谟阁待制、知广州，权兵部尚书，又进宝章阁直学士、知婺州，迁权户部尚书。⑤
> 己酉，印应雷改知庆元府兼沿海制置使。……印应雷两淮安抚制置使。⑥

---

① 《宋史》卷一六七《职官七》，第3786页。
② 漆侠：《宋代市舶抽解制度》，《河南大学学报》1985年第1期。
③ 葛金芳、汤文博：《南宋海商群体的构成、规模及其民营性质考述》，《中华文史论丛》2013年第4期。
④ 《宋史》卷四一六《马光祖传》，第12535页。
⑤ 同上。
⑥ 同上。

从马光祖、陈垲、印应雷三人的情况来看，在提领江淮茶盐所任上之后均获得了升迁，尤其是马光祖最终入相。从提领茶盐使的升迁情况来看提领江淮茶盐所的运行应是得到肯定的，虽然有几位提领茶盐使的升迁情况史料阙载。《景定建康志》关于提领江淮茶盐所的记载中对其运行情况也有记载：

> 其初，客贩正盐、浮盐每一袋收钱二十贯六百文，真州卖盐不理资次者每袋收钱一十贯三百文，皆名曰助军钱。客贩茶每一长引收钱十二贯三百六十文，每一短引收钱一十贯三百文，皆名曰审审验钱。内有分曰吏禄钱。凡所收钱并用三分十八界会、七分十七界会。又置秤盘局于采石，盐以三百二十斤为一袋，草茶以百二十斤为一长引，百斤为一短引，末茶百二十斤为一长引，九十斤为一短引，剩数拘没坐罪。①

《景定建康志》关于提领江淮茶盐所运行的记载涉及茶、盐两方面，从记载可知涉及榷盐征收的部分变化并不大，涉及榷茶征收的部分则频繁变化。提领江淮茶盐所的运行主要即使在征收盐榷的基础上在盐茶运输的必经通道上新设关卡以征收助军钱，与此同时由于禁榷收入是财政岁入中货币的主要来源，搭售十七界、十八界会子可以起到回笼货币、稳定财政的作用。再看这则史料：

> 又添置邓步、梅渚二局，拘浙盐助军钱。则孟运判之时也。罢采石秤盘，加收盐袋助军钱。省邓步、梅渚二局。则何运副之时也。……淳祐中兼领财用分司，遂拨镇江榷货务并归本所，又创采石分司，复秤盘局，又创池口局及常州丹阳上下局，拘徽严处等州草茶之过淮者，皆使纳钱。②

从这则史料的记载来看，"孟运判"与"何运副"应是指孟防、何元寿二人，提领江淮茶盐所的新设关卡在淳祐年间有不同程度的变化，但在

---

① 《景定建康志》卷二六《江淮茶盐所》，第147页。
② 同上。

征收盐榷的基础上再增税的政策则没有改变。《宋史·食货志》中记载了淳祐、宝祐时期的盐课收入情况：

> 宝祐元年，都省言："行在榷货务都茶场上本务场淳祐十二年收趁到茶盐等钱一十一千八百一十五万六千八百三十三贯有奇，比今新额四千万贯增一倍以上，合视淳祐九年、十年、十一年例倍偿之，以励其后。"有旨依所上推赏。四年五月，以行在务场比新额增九千一百七十三万五千九百一十二贯有奇，本务场并三省、户部、大府寺、交引库，凡通管三务场职事之人，视例推赏，后以为常。①

从《宋史·食货志》的记载可知，宝祐元年茶盐等禁榷收入均有大幅度的增长，增长的原因并未说明，但应与提领江淮茶盐所的运行有关，从嘉熙四年至宝祐元年已有十几年的时间，这十几年的时间提领江淮茶盐所的运行应是较好的。至理宗后期景定年间、度宗朝提领江淮茶盐所这一机构应还存在，但随着宋蒙战局的恶化，南宋后期的盐政也随之恶化，提领江淮茶盐所的主要运行区域均处于前线，其运行也就趋于恶化了，史料有载：

> 七月甲戌，刑部、大理寺言："朝奉大夫、监行在榷货务都茶场分榷真州周福孙于盐钞茶引正官钱外，创增事例钱四十二万七千有奇入己，系监主诈欺，从自盗法赃罪抵死。"诏特贷命，追毁勒停，免真决，不刺面，流二千里，追赃。②

从《宋史全文》的记载来看，宋理宗景定五年之时提领江淮茶盐所的运行区域淮浙盐的运销已近崩溃，除了战争的影响之外，私贩问题更为严重（宋代的私盐贩问题的产生有其复杂的原因③，参与私盐贩运也不光

---

① 《宋史》卷一八二《食货下四》，第3986页。
② 《宋史全文》卷三五《度宗》，第756页。
③ 史继刚：《宋代私盐论述》，硕士学位论文，河北大学，1991年。宋代私盐问题还可参考史继刚《宋代官府食盐购纳体制及其对盐民利益的侵害》（《盐业史研究》2014年第5期）、《卢秉盐法述评》（《盐业史研究》1991年第5期），梁蕾、张春兰《宋代盐业买扑制度初探》（《"宋代科技与近现代河北区域发展"学术论坛暨河北省科学技术史学会2018年学术年会论文集》，河北大学，2018年）等。

是私盐贩，但从已有的关于提领江淮茶盐所的记载来看，提领江淮茶盐所在打击私盐贩的问题上也并没有取得成效），面对如此困局南宋政府已无力解决。

五　余论

综上所述，关于提领江淮茶盐所可作如下结论：提领江淮茶盐所是在制置茶盐使的设置基础上成立，设置制置茶盐使是时任左相李宗勉的主意，史嵩之独相期间在此基础上成立了统筹淮浙盐征榷事务的提领江淮茶盐所；提领江淮茶盐所从职能与运行来看不能视为监司，但其运行范围要较路级监司广泛得多，提领江淮茶盐所的设置对于理宗朝的茶盐禁榷的推行及在打击私盐贩、筹措军费等方面起到了不可低估的作用，至理宗后期景定年间、度宗朝提领江淮茶盐所还存在，但由于宋蒙战局的逐步恶化波及淮浙盐的行销区域，南宋后期的盐政也随之崩溃，至宋末提领江淮茶盐所已不见于史料记载。

晚明官箴书中的为官之德与处世之道

唐百成

(东北大学秦皇岛分校 社会科学研究院;
巴基斯坦旁遮普大学 艺术与人文学院)

所谓"官箴",简言之就是对从政者的箴言,告诫或指导其如何从政与施政。早期官箴以"箴文"为表现形式,箴文出现于夏商,发展于周代,至两汉魏晋走向成熟。唐代始出现"官箴书",自宋代后,官箴书大量涌现,成为官箴的主要载体。晚明时期是官箴文化在传统社会晚期迅速走向鼎点的起始阶段,相比于宋代以来,官箴书在晚明被更加广泛地创作,数量激增。官箴书内容一般可分"为政之德"与"为政之术"两大方面。"为政之德"是告诫其应坚守或具备的从政品行或官德修养,"为政之术"是教导其从政施政的经验方法与技能诀窍等,自宋代以来,偏重政务指导的务实型官箴书逐渐成为主流。晚明官箴书的主体内容虽转向了对行政、司法事务的细微指导与方法规范,但绝不会放弃对为官之德的再三申述。晚明官场的险恶也迫使从政者不得不追求一些处世法则,以求得政治生存,因此这也构成晚明官箴书的重要内容之一。然而,为官之德与处世法则有时会存在冲突,坚守前者而不能兼顾后者,追求后者而有损前者。在此情况下,官箴书作者又如何兼顾两方呢?

一 为官操守与职业素养

在古代政治文化中,"德"往往居于首要地位,讲求为政以德、施恩布德、德才兼备。所谓"天命靡常,唯德是辅"①,"德政"直接关系到政权的合法性与正统性。做人要有人品,做官须有官德。中国古代士大夫对官德的强调由来已久,晚明官箴书自不例外。如《初仕要览》即将从政操守视为做官之本,"操守者,仕之主帅,主帅端则三军用命……又何患仕之不昌哉?"② 操守是从政者仕途昌盛的前提保障。大体言之,晚明官箴书所论从政操守或职业素养常涉及廉洁、俭朴、秉公、诚信、谦敬、自持、尚志,以及勤政爱民等古老的品德修养。

在一些晚明士人看来,仕者之廉洁犹女之贞洁。《宦游日记》作者徐榜言:"士之廉,犹女之洁,一朝点污,终身玷缺。"③ 要做到廉洁,须禁奢侈、尚节俭、减少开支。要求从政者"节用于未任之先,守廉于既任之后,婢仆不盛,服用不奢"④,如此治下百姓自当怀恩。且节俭本身即有养德、养寿、养神、养气等诸多益处,《宦游日记》论道:

> 俭有四益。凡人贪淫之过,未有不生于奢侈者,俭则不贪不淫,可以养德,一益也。人之受用,自有剂量,省吝淡泊,有长久之理,可以养寿,二益也。醉浓饱鲜,昏人神智,若蔬食菜羹,则肠胃清虚,无滓无秽,可以养神,三益也。奢则妄取苟求,志气卑辱,一从俭约,则于人无求,于己无愧,可以养气,四益也。⑤

为官者起初尚能廉洁,但久之难以抵制诱惑。"夫人之心,本至公至明,尘埃不滓,一为利欲所诱,则蔽而昏。"⑥《初仕要览》对此严厉警醒道:"不知快意一时,有败官辱……有遗臭□里,唾骂及父母者,有贻辱于子孙,至不敢认己祖者。念及于此,何以贪为?"⑦ "秉公"实际上涉及公与私的关系,要求官员持公心、克私心,"不以私意行赏,不以私意行

---

① 《诗经·大雅·文王》曰:"天命靡常";《尚书·周书·蔡仲之命》曰:"皇天无亲,惟德是辅。"
② (明)不著撰者:《初仕要览·洁己》,明崇祯金陵书坊唐氏刻官常政要本。
③ (明)徐榜:《宦游日记·训廉》,民国泾川丛书本。
④ (明)不著撰者:《初仕要览·洁己》,明崇祯金陵书坊唐氏刻官常政要本。
⑤ (明)徐榜:《宦游日记·俭有四益》,民国泾川丛书本。
⑥ (明)不著撰者:《初仕要览·守清白》,明崇祯金陵书坊唐氏刻官常政要本。
⑦ 同上。

罚"；戒偏僻，"一有偏处，节为病根，必省察克治"，① 所谓"惟公生明，偏则生暗"②。

"勤政"是为官尽职的基本要求，政若不勤，则百事怠。官箴书要求初仕者"以勤政为首务""毋留案，毋废事"③。欲勤政者，须勇气当先，"夫心生于惧，则事觉难事，难则日积而渐废……心一勇为难者易之，劳者安之"④。勤政者还须持之永恒，方能善始善终。"君子当莅官之始，多振剔精神，至于宦成之后，鲜不因循苟且，怠荒废事……尤宜戒之。"⑤《治谱》作者余自强也言道："凡事革弊安民，不数日而颂声大作矣。然使后来渐不如初，谓之有头无尾，又在有恒。"⑥ 官员不仅须自身做到勤政，还应积极训勤于民。《宦游日记》论到"勤"有三益：

> 民生在勤，勤则不匮。一夫不耕必受其饥，一妇不蚕必受其寒，是勤可以免饥寒，一益也。农民昼则力作，夜则颓然甘寝，非心淫念无从而生……是勤可以远淫僻，二益也。论三宗文王之寿，必归之无逸……自强则坚实精明，操存则血气循轨而不乱……是勤可以致寿考，三益也。⑦

"爱民"常与"勤政"连用。"民者，国之本，爱民者，政之先也。"⑧《初仕要览》对为官剥民者强烈警告："口多爱民之言，心怀剥民之毒，笑刀腹剑，乳虎苍鹰，诸如此辈，不惟上负君恩，下残民命，即作孽致殃，自陨遐福。"⑨ 要做到爱民如子，需先存"仁恕"之心，常思民之难。"民虽至微，亦天地之赤子也。当仕之，必仁以存心，恕以立政。一催科，则思民有藜藿不饱者；一用刑，则思民亦父母所生者。"⑩

---

① （明）不著撰者：《初仕要览·戒偏僻》，明崇祯金陵书坊唐氏刻官常政要本。
② （明）徐榜：《宦游日记·秉公》，民国泾川丛书本。
③ （明）不著撰者：《初仕要览·勤政》，明崇祯金陵书坊唐氏刻官常政要本。
④ 同上。
⑤ （明）不著撰者：《初仕要览·保善终》，明崇祯金陵书坊唐氏刻官常政要本。
⑥ （明）余自强：《治谱》卷二《到任门·有恒》，明崇祯十二年呈祥馆重刊本。
⑦ （明）徐榜：《宦游日记·训勤》，民国泾川丛书本。
⑧ （明）不著撰者：《初仕要览·爱民》，明崇祯金陵书坊唐氏刻官常政要本。
⑨ 同上。
⑩ （明）不著撰者：《初仕要览·仁恕》，明崇祯金陵书坊唐氏刻官常政要本。

晚明官箴书所论从政者的品行素质主要还包括：（1）诚信，言行合一，勿阳奉阴违。"忠信可行于蛮貊，况为治乎？""毋面诺而背违，毋阳是而阴非，至于处同僚亦然，有过必规，有言必践。"①（2）谦敬，持谦于礼，持于谦。"谦者，人之美德，礼之良媒也。""惟寓谦于正礼之中，持敬于行谦之际，斯为善谦者矣。"②（3）尚志，功崇惟志。"当莅仕之日……以古之循吏、良牧自期，以今之名臣、硕辅自任"③"平时以苍生名教为己任"④。（4）雅量，待人宽恕，忍能耐事。"居官者，逞怒于刑则酷，而民称冤；发怒于事则舛，而事不理；迁怒于人则怨，而祸由生。须涵养气质，广大心胸。"⑤（5）果断，办事高效。"夫执狐疑之心者，来谗邪之口，持不断之意……百务丛集，案叠如山，若优柔不决，非惟吏书生奸，且民受无穷之病矣。盖一人举讼，阖家不宁，一时在官，百活俱废，必剖决如流。"⑥（6）自持，持身恭敬。"正衣冠，尊瞻视，一毫谑浪之语不谈，一毫轻亵之事不作……居上之体端矣。"⑦（7）诚明合一。"有司临民，非明何断？然惟'诚'与'明'合，乃称真明。彼以术为明者，浅矣，若以诈为明，殊可羞也。"⑧

中国古代崇尚君父同伦、家国一体的政治观念，父即"家君"，君即"国父"。因此在官箴书作者看来，为官者之理政与其治家息息相关，密不可分，须严行家法，约束家人。"国本于家，家本于身，此格言也。故必严谨约束，勿令子弟出游……一鱼一菜，食有常规，匹夫匹妇，门无滥入。地方土物不宜轻买，同僚妻女宜绝往来。盖一家之政理，而治可移于官矣。"⑨

晚明官箴书并非只是一味对从政者道德说教，也有从政艺术方面的经验教导。如官箴书作者注意到，为官者自当勤政，然政有重轻缓急之分，

---

① （明）不著撰者：《初仕要览·主忠信》，明崇祯金陵书坊唐氏刻官常政要本。
② （明）不著撰者：《初仕要览·持谦》，明崇祯金陵书坊唐氏刻官常政要本。
③ （明）不著撰者：《初仕要览·细一吱志尚》，明崇祯金陵书坊唐氏刻官常政要本。
④ （明）余自强：《治谱》卷一《初选门·根柢》，明崇祯十二年呈祥馆重刊本。
⑤ （明）不著撰者：《初仕要览·惩忿怒》，明崇祯金陵书坊唐氏刻官常政要本。
⑥ （明）不著撰者：《初仕要览·果剖决》，明崇祯金陵书坊唐氏刻官常政要本。
⑦ （明）不著撰者：《初仕要览·恒居敬》，明崇祯金陵书坊唐氏刻官常政要本。
⑧ （明）刘时俊：《居官水镜》卷一《杂说·用明说》，明万历刊本。
⑨ （明）不著撰者：《初仕要览·严家法》，明崇祯金陵书坊唐氏刻官常政要本。

仕者精力亦有限，若不能兼理，当"择重急者"。① 为官者自当廉洁，但有士大夫只为同年之谊而赠者，"亦须择米菜不值钱者，受一二件"②，且"不可过于分别，使人难堪"③。有践行者，"虽事烦冗，切不可便生厌恶，使亲友大无颜色"④。《治谱》建议新任官选择易小之事先处理，以便建立形象、树立威信，"盖易而小者，顷刻可发落十数起，人自见其神速"⑤。

在变幻莫测、盘根错节的晚明官场中，官箴书提醒从政者注意自我保护与防范，避免陷入困境。如：避嫌疑，"避嫌之地不可往，非礼之馈不可受；内言不可出于外，私言不可听于公；富户俳优不宜私见"⑥；防逸谄，"谗者，乘吾之怒而行潜；谄者，投吾之善而献谀。易千变乱，是非颠倒"⑦；禁轻交，"切不可轻与人交，恐生窥同，如好技艺，则星卜之辈投之……嗜好一偏，便中机阱"。⑧ 官员若有负贷者，"借之戚里最妙，借之行户，万万不可"⑨，"切不可借之治下商贾"⑩，也不能借贷过多，否则"任后为债主所逼，欲浊不能，欲清不得"⑪。官箴书教导从政者当懂得居宠思危、急流勇退，谨防不得善终。"苟大爵高官不思完名全节，徒贪恋富贵，依依不去，吾知仕路风波，譬如大海漂舟，汎汎靡定，何时到得彼岸？"⑫《治谱》声称，居官第一须知便是"不作风波，即有大事，亦安妥简静。"⑬ 于此亦可见谨小慎微，但求无过的官场心态。

---

① （明）不著撰者：《初仕要览·勤政》，明崇祯金陵书坊唐氏刻官常政要本。
② （明）佘自强：《治谱》卷一《初选门·□□交际》，明崇祯十二年呈祥馆重刊本。
③ （明）不著撰者：《居官必要为政便览》卷之上《初仕类》，明崇祯金陵书坊唐氏刻官常政要本。
④ （明）不著撰者：《居官必要为政便览》卷之上《初仕类》，明崇祯金陵书坊唐氏刻官常政要本。
⑤ （明）佘自强：《治谱》卷四《词讼门·初到审讼》，明崇祯十二年呈祥馆重刊本。
⑥ （明）不著撰者：《初仕要览·别嫌疑》，明崇祯金陵书坊唐氏刻官常政要本。
⑦ （明）不著撰者：《初仕要览·除谗谄》，明崇祯金陵书坊唐氏刻官常政要本。
⑧ （明）不著撰者：《初仕要览·权持宜》，明崇祯金陵书坊唐氏刻官常政要本。
⑨ （明）佘自强：《治谱》卷一《初选门·贷负》，明崇祯十二年呈祥馆重刊本。
⑩ （明）不著撰者：《居官必要为政便览》卷之上《初仕类》，明崇祯金陵书坊唐氏刻官常政要本。
⑪ （明）佘自强：《治谱》卷一《初选门·贷负》，明崇祯十二年呈祥馆重刊本。
⑫ （明）不著撰者：《初仕要览·明知机》，明崇祯金陵书坊唐氏刻官常政要本。
⑬ （明）佘自强：《治谱》卷四《词讼门·居官第一须知》，明崇祯十二年呈祥馆重刊本。

二 事上司：谨小慎微与"士夫之气"

良好的人际关系不仅有助于从政者的仕途畅通，也有利于政策法令的有效推行。上司、同僚、士夫乡绅等群体都从不同方面深深地影响着从政者的政治仕途与施政治理。如何与之维持良好的关系，至少使他们不对自己产生消极影响，是晚明官箴书的重要内容阐述与目标追求。《初仕要览》认识到，日常交际为官者所不能免，然厚币谄人，亦君子所羞。因此主张交际有度，方能保洁，所谓"交际不滥，洁己之本也"①。

晚明官箴书有较多内容针对州县官，一来州县官号称"父母官"，处于治理体系的前端，且群体庞大；二来州县官政务繁多，且施政困难重重，对务实性的行政手册有较大依赖。自明中叶以来，州县官越发位卑秩微，受多重领导与监督，也易遭多方掣肘。明人叶春及曾言："其职最卑而与民最亲者非县令哉！""责乎卑者甚繁，而责乎尊者甚简。一人之身，州察之也，府察之也，藩司察之也，按察又察之也，御史又察之也。虽与深垢，十目之所不容；虽有匿瑕，十手之所共指。"② 在这种体制下，州县官容易对上级形成严重依赖，所谓"勤劳焦苦，日夜以承迎其上，煞馀事也。"③ 晚明官场秩序等级森严、尊卑鲜明。任有司者，"以奉上官为得体……而司之临府，府之临州，州之临县，不察俗之厚薄，不问民之休戚，首先计其迎之远近，伺其跪拜之疾徐……稍拂其意……轻不免于骂詈，重莫逃于捶楚"④。因此有关"事上"的学问，构成晚明官箴书的重要内容之一。

晚明时期，在某种程度上，与上司关系的好坏直接关乎从政者的政治前途。明末清初长篇小说《醒世姻缘传》对晚明官场生态有形象且深刻的刻画：

---

① （明）不著撰者：《初仕要览·交际》，明崇祯金陵书坊唐氏刻官常政要本。
② （明）叶春及：《石洞集》卷二《御尊卑》，四库全书本。
③ （明）归有光：《震川先生集》卷十《送陈子达之任元城序》，上海古籍出版社2007年版，第228页。
④ （明）张萱：《西园闻见录》卷九十七《守令·前言》，民国二十九年哈佛燕京学社铅印本。

大凡做官的，若没有个倚靠，居在当道之中，与你弥缝其短，揄扬其长，夤缘干升，出书讨荐，凭你是个龚遂、黄霸这等的循良，也没处显你的善政，把那邋遢货荐尽了，也荐不到你跟前；把那罢软东西升尽了，也升不到你身上……若是有了靠山，凭你怎么做官歪憨，就是吸干了百姓的骨髓，卷尽了百姓的地皮……只管有人说好，也不管什么公论；只管与他人保荐，也不怕什么朝廷。有了靠山做主，就似八只脚的螃蟹一般，竖了两个大钳，只管横行将去。①

　　《醒世姻缘传》虽为小说，所述内容可能颇有夸张，但在一定程度上也反映出上司及"政治靠山"对从政者的"重要性"。晚明官员大多购买"奇品珍玩之物"，以结交上司、权贵，官箴书虽坚持"厚币谄人者，君子所深羞"的基本理念，但也承认"交际者，士人所不免"②。《初仕要览》认为，"一介不取诸民"实际上很难办到，"况有浅，浅之将敬乎！交际不滥，洁己之本"③，在一定程度内的适度"交际"，既是可行的，也是必要的。

　　与上司交际首先是政务往来，官箴书多强调下官应熟悉政务，以便应答。如《治谱》说："见上司，须将各批来词状等项一一理会过，或上司问及，便随事问答。"④《新官轨范》也称："见上司，须先令各该吏典，将钱粮狱囚等件已未完数目开一小揭帖，在手观看，以便回答。"⑤ 下官差遣书吏应答上司须精心选人，"择厚重有才者，不厚重则上司有问必信口胡应，无才则手足无措，皆为不可。"⑥ 对于上司吩咐的事务，"如听不明，不妨再问，不可草草答应。"⑦ 上司所发公文要慎重对待，"务要从看一遍，方下六房，不可轻易忽略就一边，有误大事。"⑧ 若为十分紧急之公文，须从速处理，"随即先将中间紧关字样，用小纸一块抄写，粘贴书

---

① （明）西周生撰，黄肃秋校注：《醒世姻缘传》，上海古籍出版社1981年版，第1335页。
② （明）不著撰者：《初仕要览·交际》，明崇祯金陵书坊唐氏刻官常政要本。
③ 同上。
④ （明）余自强：《治谱》卷九《待人门·上司拾款》，明崇祯十二年呈祥馆重刊本。
⑤ （明）不著撰者：《新官轨范·公务第五》，明崇祯金陵书坊唐氏刻官常政要本。
⑥ （明）余自强：《治谱》卷二《到任门·待各役事》，明崇祯十二年呈祥馆重刊本。
⑦ （明）余自强：《治谱》卷九《待人门·上司拾款》，明崇祯十二年呈祥馆重刊本。
⑧ （明）不著撰者：《新官轨范·体立为政事情》，明崇祯金陵书坊唐氏刻官常政要本。

案之上，常看自公文，不致迟误"①。

由于晚明官场险恶，官箴书不厌其烦地强调侍奉上司应谨小慎微。即便上司言语谦和、和颜悦色，"我辈切不可因而豪放"；上司若为亲朋好友，"切不可狎恩恃爱……凡事要避嫌疑，非同众人不私见"②。上司若为"同年"旧识，"在众中切不可挂之齿牙"，议论长短，若有人因此请托，也要"从容谢去，切不可鲁莽应承"③。当上司在我处询问他人时，"亦不可草草说人之短，恐上司与其人有旧"，官箴书对此突出强调："此当官第一戒也。"④ 上司留坐之时，也须"察言观色，或情思不快"；上司留酒饭，"亦不可多言"，"一茶便退，恐久坐"⑤。与上司意见相左，要注意沟通方式，"从容乘间言之，若强辩不已，事体虽明，恐生荆棘"⑥。上司巡历经过本地，若有崎岖不平或水冲低洼之道，务必要"差能干官同该吏，督率附近居民修垫平正"⑦。可见，官箴书作者对晚明官场上的处世规则有着较深的洞察与心得。

当然，晚明官箴书并非只强调谨小慎微与明哲保身，还会提及"士夫之气"与政治责任。下官谒见本管上司，自有一定之礼，不要有憨态，"然亦稍稍留大夫之气，若膝下蒲伏至呕奉承，此何谓也?"⑧ 当上司按临或经过，亦"只可酌量逢迎"⑨。上司差人催办公事，"不可阿谀奉承，亦不可十分怠慢"，这是因为"加厚相待，上司手下之人闻知，个个营求前来；如是交浅望深，倘不遂意，反结仇恨坏事。"⑩ 有关接待事宜，止令礼房吏款待。"若有驿递着落，自行拨遣，止许报知，不许引入。"⑪ 对于

---

① （明）不著撰者：《新官轨范·体立为政事情》，明崇祯金陵书坊唐氏刻官常政要本。
② （明）佘自强：《治谱》卷九《待人门·上司拾款》，明崇祯十二年呈祥馆重刊本。
③ 同上。
④ 同上。
⑤ 同上。
⑥ 同上。
⑦ （明）不著撰者：《居官必要为政便览》卷之下《工类》，明崇祯金陵书坊唐氏刻官常政要本。
⑧ （明）不著撰者：《居官必要为政便览》卷之上《吏类》，明崇祯金陵书坊唐氏刻官常政要本。
⑨ （明）不著撰者：《居官必要为政便览》卷之上《兵类》，明崇祯金陵书坊唐氏刻官常政要本。
⑩ （明）不著撰者：《新官轨范·体立为政事情》，明崇祯金陵书坊唐氏刻官常政要本。
⑪ （明）不著撰者：《新官轨范·公务第五》，明崇祯金陵书坊唐氏刻官常政要本。

上司所属吏役的索赏，"勿以为异，多寡在人……若各役求多，□以理遣，一毫动念，便不雅观"①。总之要懂得拿捏分寸。不过《实政录》对此的态度要强硬得多，"含忍奉承，似损正直之气。以后但有如此者，不必加责，即申原差衙门，听其分处，果上官偏听生嫌，是自处于不肖，为左右所驱使，也于有司何损？"②或因作者吕坤身居高位，心境有所差异。当上司主动询问某地政务时，也须明言。"凡上司云各州县某事不妥，意在使之闻之，不妨直说。"③总的来说，晚明官箴书在"事上"方面试图求得平衡，对上司既要谨小慎微，唯恐开罪，也要保有一定的"士夫之气"，不可过于谄媚。

三　处同僚：赤诚恭谦与扬善宽厚

为官处世避免不了与同僚打交道，与同僚的关系好坏同样关乎仕途沉浮。一旦与同僚失去交好，这些官员各有"通上之途"，按各自途径往上汇报，许多州县官往往因邻近州县的"中伤"而受到责难，甚至丢官去职。明中叶以来，同僚关系尤为紧张，时人感触说："今则因形及影，终恐弄假成真。臣惧相激而相附，互角而互抗，迭扎而迭排，局面偏而成心胜，朋情重而主恩轻，公事缓而私隙急。"④晚明官箴书作者对此也有颇多体会和心得。

官箴书对同僚相处提出了四个标准。处之甚易："有事体极练，又开心见诚，此上品也"；处之亦易："有才华，□□而凡事深邃，实无他肠，亦上品也"；处之稍不易："有才高，而喜执己见者"；处之俱不易："有才高而傲者，有无才而喜自用，且好伤害人物。"⑤待人以赤诚之心，"忠信可行于蛮貊也"⑥。

《治谱》认为，为官务必谦虚，勿锋芒，应彼此相敬，否则必然被针

---

① （明）余自强：《治谱》卷二《到任门·上司各役》，明崇祯十二年呈祥馆重刊本。
② （明）吕坤：《实政录》卷三《教民之道·有司杂禁（附）》，明末影抄本。
③ （明）余自强：《治谱》卷九《待人门·附郭待各州县》，明崇祯十二年呈祥馆重刊本。
④ （明）张萱：《西园闻见录》卷九十八《寮寀·前言》，民国二十九年哈佛燕京学社铅印本。
⑤ （明）余自强：《治谱》卷九《待人门·待州县同寅》，明崇祯十二年呈祥馆重刊本。
⑥ 同上。

对。"若有心抑人扬己，伤人害物。一为识者所□，人且视我为酖毒。"①"对客如处子，见者自然收敛。若疏狂自放，每每以言语相调，此示人可侮之色也，且启衅胎祸。"② 与同僚间的礼尚往来尤要注意避免"嫌疑"和"分别"，送礼之时，需事先多遣人打听，"一有厚薄，便生嫌疑，切不可过于分别。然受不受，亦访之平素，礼不可过厚。"③ 州县会问公事难免有意见向左，不可过于径直反驳，应委婉从容，留足情面。在司法案件上，对前审之官应保留情面，"参语中不可太说出前问之失，如人某人罪。须照前招说他可怜之情，然后从容说到该问罪处"④。当上司问及同僚事宜，应尽量扬长避短。"贤者须极力游扬，其余亦多方培植……自有受用处，若任意短长……无丝毫损于人，且将不利于我。"⑤

对待前任官员应做到隐恶扬善，"前官行事，即有一二不当人心处，我辈当隐恶扬善……且恐前官闻之加怨于我"⑥。对前任治政问题，应以守成为主，不可轻易更改，即便改弦，亦当深思熟虑。"我辈能守规矩，便可不劳而治。如有一二事，士夫衙门以为未当，我辈且未可轻改，须是再三审处，果是不当，不妨改弦易辙。"⑦ 前官若有善政，应为其"立碑建祠"，但若人品政事为公论所弃，亦不可美化宣扬，"恐日后因之为累"⑧。

对于主官来讲，佐贰官是其不可或缺的助手。按明制，主官对佐贰官有考评之权，但无呵责辱骂之权。但在晚明，"卑官失迎及迎弗远者，往往蒙盛怒鞭挞"⑨，主官对佐贰官的责骂习以为常。《初仕要览》反对主官"自恃其科第，鄙寮属为异途，自骄自亢"，告诫主官应与佐贰官犹手足四体，"唇齿相依，辅车相倚"，主张"必正己，以率之循礼以遇之，有公事必相议论，有词状必当分理"⑩。在与其日常交往中也要保持谦逊，

---

① （明）余自强：《治谱》卷九《待人门·同寅六款》，明崇祯十二年呈祥馆重刊本。
② 同上。
③ （明）余自强：《治谱》卷二《到任门·送各厅礼》，明崇祯十二年呈祥馆重刊本。
④ （明）余自强：《治谱》卷九《待人门·各州县会问事》，明崇祯十二年呈祥馆重刊本。
⑤ （明）余自强：《治谱》卷九《待人门·附郭待各州县》，明崇祯十二年呈祥馆重刊本。
⑥ （明）余自强：《治谱》卷九《待人门·待前官四款》，明崇祯十二年呈祥馆重刊本。
⑦ 同上。
⑧ 同上。
⑨ （明）李乐：《见闻杂记》卷九，第一百一十二条，明万历刊本。
⑩ （明）不著撰者：《初仕要览·厚僚寀》，明崇祯金陵书坊唐氏刻官常政要本。

"迎送起坐言语之间,亦不可过于倨傲"。佐贰官守正堂之法,我辈"当极力维持平时,极口赞扬,使得更进一步"①。佐贰官被谤受戒,"如罪果当则已,但有亏枉或素行谨守,须为极力分辩"②。佐贰官遭意外事故,如遇丧葬等,"当尽心处置,不可付之不知。"平时之严,为公;今日之厚,恤私。③

四 待士夫:"道"与"术"的平衡

在传统中国,乡绅往往凭自己"士"的身份与特权横行乡里,给官员施政造成困难。晚明以来,党争兴起,清议和乡愿为朝野所重,以至"一士见辱于有司,则通学抱冤奔诉于院道"④。徐日久做县官时曾对好友感叹:"做秀才时,最难耐者提学,却是一个。今来做县官,相牵制者遂十数人,皆能以咳唾为风波,即顷刻变霜露,弟今俨然见效矣。"⑤《治谱》也言:士夫"横行不顾,鱼肉小民,官司略以三尺绳之,便诽谤评害,理不可谕,法不可行,前官被其媒孽不止一人,此便难处,然亦吾侪之疢疾也。"⑥如何待士夫也成为在任官的一门重要学问,能够使地方绅士为己所用,至少不为施政增加障碍,则是官员们的心愿。"士"在古代象征一种身份和地位,也有相应的"礼数"定制。官箴书在总体上主张"士夫自有定礼,傲慢不可,亦不可过于卑逊"⑦,强调"道"与"术"的平衡,这一理念可谓贯穿整个思想。

官箴书首先重申对士夫"尽礼"。"士夫有据要津者,若有心傲慢以博名高,不但贾□□,亦非礼。"士夫虽有身份高低之分,但为官者皆应待之以"礼",不应有明显差别,所谓"一一贯洽",若是择其显赫者奉

---

① (明)佘自强:《治谱》卷九《待人门·待佐贰五款》,明崇祯十二年呈祥馆重刊本。
② (明)不著撰者:《居官必要为政便览》卷之上《吏类》,明崇祯金陵书坊唐氏刻官常政要本。
③ (明)佘自强:《治谱》卷九《待人门·待佐贰五款》,明崇祯十二年呈祥馆重刊本。
④ (明)海瑞:《海瑞集》卷二《申文·规士文》,海南出版社2003年版,第229页。
⑤ (明)徐日久:《复闻子将》,见(清)周亮工辑:《尺牍新钞》,岳麓书社2016年版,第235页。
⑥ (明)佘自强:《治谱》卷九《待人门·士夫十款》,明崇祯十二年呈祥馆重刊本。
⑦ 同上。

承,"大无颜色,议论嫌隙,或从此始,慎之!"① 乡绅不论高下、贫富,"与些小事情亦宜宽待,遇有凶吉,须自尽礼"。"孝廉与士夫等,其中即有年齿稍长,性气欠中和者,待之俱不可无礼……少有不当,未免徒增一敌。"②"士夫相见,有在未到任之先者,有在既到任之后者,风俗不同,俱照开报礼数相待。"③

有些士人对地方政局颇具影响力,但因此为官者"唯唯诺诺,惟士夫是听,赤子其渔肉矣。"为官者应掌握对士大夫的节制之"术",因清议和乡愿为朝野所重,若是强行节制,"便以裁抑士夫为公道事",招致舆论压力,如此"事必不得其平,非所以服荐绅之心也。"《治谱》作者佘自强认为,"只在无偏无党,端毅廉平,使一念至诚,为士夫所信服"④。士夫有不同类型,有门生故吏遍天下者,有位虽不尊但交游广泛者,若他们有求于州县,即便此人未必贤德,也须待之以"术",甚至是委曲求全。"果事体无大关系,须曲处含忍。若因一时小忿,欲借此以为名,恐有后悔。"⑤ 当士夫与百姓发生诉讼,若为无伤大雅之事,"宁使士夫得几分便宜",因为"一有偏重小民之心,士夫将不得安枕"⑥,为自己招致麻烦。若士夫被人牵告,"止许家人代理,中不得开士夫姓名。"若士夫有违禁之举,"除重大事情依法捕治外,其细小及牵连不得辄捕"⑦,"非大过恶,不以入监"⑧。对于士夫"投献"之事也须谨慎,"恐小民刁告,切不可泾渭不分,使贤者含忿"⑨。有关士夫请托之事,虽伤人害物,长刁纵恶,然"未必一一皆是徇私,其中亦有激于公义,或迫于情之不容已者"⑩,需区别对待、谨慎对待。

掌握"术"的同时也要坚守一定的"道"。《治谱》告诫道:"处之有道,凡彼与人角是非曲直,一秉至公,又稍加曲全,久之自然畏服。"

---

① (明)佘自强:《治谱》卷九《待人门·士夫十款》,明崇祯十二年呈祥馆重刊本。
② (明)不著撰者:《新官轨范·礼仪第七》,明崇祯金陵书坊唐氏刻官常政要本。
③ (明)佘自强:《治谱》卷二《到任门·辞礼》,明崇祯十二年呈祥馆重刊本。
④ (明)佘自强:《治谱》卷九《待人门·士夫十款》,明崇祯十二年呈祥馆重刊本。
⑤ 同上。
⑥ 同上。
⑦ (明)不著撰者:《牧民政要·儒绅勿轻捕》,明崇祯金陵书坊唐氏刻官常政要本。
⑧ (明)不著撰者:《牧民政要·儒绅勿轻监》,明崇祯金陵书坊唐氏刻官常政要本。
⑨ (明)佘自强:《治谱》卷九《待人门·士夫十款》,明崇祯十二年呈祥馆重刊本。
⑩ (明)佘自强:《治谱》卷四《词讼门·请托四》,明崇祯十二年呈祥馆重刊本。

又或"奔走门墙,听其指使……奔走纳贿,丈夫能无愧乎?"① 因此,为官者首先必须端正自身,以免受制于人。余自强以"铁面御史"赵抃和"包青天"包拯作为从政者的标榜:"吾侪自守一不正,处事一不当,便示人以短,安得不制于人乎?若有赵清献之清操,包孝肃之严毅,彼虽巧言如簧谗言如毒,将安用之?"② 若为颇有权势之士夫,"当平日易气处之",但又"不可受其笼络挟制"③。士夫请托,"须委曲处之,但不可病民。"④ "当裁之以理,即正人君子"⑤。只有为官者端操秉公,"士夫不敢干以私"⑥。士夫入见衙门也须遵循必要的规矩,如《新官轨范》主张"置立印信文簿一本,凡有士夫要禀见,就令本人在于簿上亲写某年、月、日,某人为某事赴县来说,写了方许入县,不肯写不许进入"⑦。

通过院试的童生称"生员",俗称"秀才",即被视为有"功名",入士大夫行列。本地生员拜父母官为恩师,在明中叶已成为一种习俗,这些生员每年要接受州县官主持的考试。州县官与生员之间存在互相利用的关系,因州县官多为外来,对本地情况不甚熟悉,故需要得到他们的帮助与支持,甚至以生员作为自己的耳目密探以了解情况。生员大多也希望得到州县官的庇护,以期获得某些利益。⑧ 明中叶以降,地方生员"有一种浮薄之习,以爱憎为毁誉,以口舌伐戈矛。意所不快,造作谤言,写帖匿名,或无水而起风波,或因小而张重大"⑨。掌印官稍有不符他们利益,便"诸生汹汹",甚至"越分而求,且纷纷焉"⑩。

在对待本地生员方面,官箴书首先强调了为官者应有的礼节与恭敬,以及谨慎、宽厚的基本态度。"儒绅体面,宁厚母薄,即仓场杂职与监生

---

① (明)余自强:《治谱》卷九《待人门·士夫十款》,明崇祯十二年呈祥馆重刊本。
② 同上。
③ (明)不著撰者:《新官轨范·词讼第九》,明崇祯金陵书坊唐氏刻官常政要本。
④ (明)余自强:《治谱》卷九《待人门·士夫十款》,明崇祯十二年呈祥馆重刊本。
⑤ (明)余自强:《治谱》卷四《词讼门·请托五》,明崇祯十二年呈祥馆重刊本。
⑥ (明)余自强:《治谱》卷四《词讼门·请托六》,明崇祯十二年呈祥馆重刊本。
⑦ (明)不著撰者:《新官轨范·体立为政事情》,明崇祯金陵书坊唐氏刻官常政要本。
⑧ 柏桦:《明代州县政治体制研究》,中国社会科学出版社2003年版,第116—117页。
⑨ (明)海瑞:《海瑞集》卷二《申文·规士文》,海南出版社2003年版,第229页。
⑩ (明)海瑞:《海瑞集》卷二《条例·兴革条例·吏属》,海南出版社2003年版,第283页。

生员，亦应优礼。"① "待诸生，须是谨之于始，礼貌极恭……使诸生知我辈之可亲，而不可犯也。"即有一二"不肖"者，也要留足情面，"切不可窘辱太过"②。部分生员长期以来"刁恶地方，积习已久"，处之不可无术，《治谱》建议"择其文行俱优，礼之为上宾"，如此"则人人知感，无赖者自无与为党。"即便犯下"不赦之条"，"未经学道黜革者，便未可加刑。"③ 若一味节制、裁抑太过，其势必通过各自渠道诉告于上，"不惟体面不便，且我反无辞于彼"④。当诸生遇事困难，为官者应多加照顾，"须设身处地，略加优异，不可借此示公"⑤。

其次，晚明官箴书提及了两大注意事项。一为拒绝生员拜认门生，"凡遇此等宜一切谢绝。"生员"其始不过持菜果土物，以渐相尝……我为一方父母，则一方子衿，皆门生也，何故犹私此辈？"⑥ 二为谢绝生员恭维、奉承。生员多有串通衙役者，抄访衙门善政，刊刻所谓"德政录"或作歌吟诵，借此逢迎，为官者须做到"未刻则访而寝之，已刻则酬而火之"。盖因"凡士之能誉人者，即其能毁人者也。若不透此情弊，辄为礼遇作兴，不但佞风四起，有过不闻，且大夫上司有识者，必笑我之孟浪轻浮"⑦。若有立碑生祠者，"亦宜恳示诸生力为禁止。"⑧

五 待吏役：严厉防备与积极整顿

明代地方治政"全赖治人"⑨，行政运作高度依赖于主官对下属的驾驭能力，故而官箴书言"要在有制驭之术而已"⑩，"制驭"对象一般是吏役群体。在明代士人眼里，衙门吏役多"窥伺耳目，百端变诈，不可

---

① （明）不著撰者：《牧民政要·儒绅勿轻捕》，明崇祯金陵书坊唐氏刻官常政要本。
② （明）佘自强：《治谱》卷九《待人门·待学校十款》，明崇祯十二年呈祥馆重刊本。
③ 同上。
④ 同上。
⑤ 同上。
⑥ 同上。
⑦ 同上。
⑧ 同上。
⑨ （明）陈龙正：《几亭全书》卷二十三《政书·乡筹·保甲》，清康熙云书阁刻本。
⑩ （明）不著撰者：《初仕要览·防吏书》，明崇祯金陵书坊唐氏刻官常政要本。

测识"①，奸诈狡猾。"或变乱丁粮，或洗改图册，或重轻罪名，或要索人犯……或拷掠良民，或骗诈货财，或凌辱妇女"②，劣迹斑斑。但衙门中的大量行政事务又不得不依靠他们才能完成。在这种情况下，晚明官箴书多提醒主官应对吏役处处防备，并多加整顿。

官箴书所论掌印官对吏役的防备体现于方方面面。首先，文件的上呈下达须防备吏役作弊，上司有重要事务差人或有公文来到，"勿令吏卒人等知会……先将公文袖入私宅处置停当，将事毕方下六房"③，即强调掌控信息的第一来源。上司所发文书须认真查验，"凭印信以防拆封，凭笔迹以防洗改"，以防吏役"作弊实迹"。④ 主官应慎重出具文书，因吏役往往巧立名目，其言成故，其事有据，多以"查旧案""奉明文"为名扰动乡里，"若不察而轻易听从，则一纸出而一人枕不安，或一家哭，或一村犬吠"⑤。文书下发须力行节制，不可泛滥，"一事，始终一票，票止一人，不更差，不潦差"⑥。《实政录》称"吏书骚扰科索，全凭牌票……有司硃押牌票多不经心"，建议掌印官将一切前件到日分急、中、缓三档，为三袖摺，"责令该房自限某事何日可完，即注摺上……问事以投到先后为序，不许吏书以受财多寡为后先"⑦。

其次，防备吏役因公事差遣而扰民索需。在晚明一些士人看来，"公差需索，天下皆然"⑧。因此《新官轨范》主张"凡勾摄公事，不可差皂隶、快手、机兵人等下乡生事害人"，而代之以差里长转令甲首。⑨《居官水镜》则强调查问百姓与问责公差，每差牌勾摄，人至，则询问"公差有无凌虐？曾否需求？有则痛惩以三尺"⑩。即使必须买办差遣，"必择平时老练及有身家者为之"⑪。

---

① （明）不著撰者：《初仕要览·防吏书》，明崇祯金陵书坊唐氏刻官常政要本。
② （明）吕坤：《实政录》卷三《教民之道·官问》，明末影抄本。
③ （明）不著撰者：《新官轨范·体立为政事情》，明崇祯金陵书坊唐氏刻官常政要本。
④ （明）吕坤：《实政录》卷三《教民之道·有司杂禁（附）》，明末影抄本。
⑤ （明）刘时俊：《居官水镜》卷一《理县事宜·驭吏书》，明万历刊本。
⑥ （明）刘时俊：《居官水镜》卷一《理县事宜·驭皂快·禁需索》，明万历刊本。
⑦ （明）吕坤：《实政录》卷六《风宪约·听讼（十二款）》，明末影抄本。
⑧ （明）刘时俊：《居官水镜》卷一《理县事宜·驭皂快·禁需索》，明万历刊本。
⑨ （明）不著撰者：《新官轨范·体立为政事情》，明崇祯金陵书坊唐氏刻官常政要本。
⑩ （明）刘时俊：《居官水镜》卷一《理县事宜·驭皂快·禁需索》，明万历刊本。
⑪ （明）余自强：《治谱》卷二《到任门·待各役事》，明崇祯十二年呈祥馆重刊本。

在涉及钱粮事务时，官箴书更是对胥吏采取不信任态度。如在工事营造方面，《居官水镜》认为"塘路数十里，钱粮几三万，倘出纳从库，吏胥不无支放短少，乘隙侵渔之弊"①。甚至极端表示："分毫不经库藏，不假吏书之手，议请乡宦……掌管。"②再如官仓开仓之日，官箴书作者主张掌印官亲至现场，唱名给散，"如遇忙时委佐贰首领，不许仓官吏斗任其低昂，违者户吏提革"③。

在司法方面也需对其防备。妇人出入公庭在明代被视为"终身大垢"，公差拿人趁此多有欺压求索。《居官水镜》作者刘时俊主张"妇女非犯奸盗不许涉告，即告词牵涉不愿见官，差人强逼者，重责之"④。一般案件除原告、被告及要紧证人外，"余被株连不愿出官者听，不许公差强迫"⑤。《治谱》提醒掌印官防范衙门中人做保歇干预司法，"若衙门人做保歇……有司须时差人密访，或时问听审人犯，违者加等重处"⑥。《初仕要览》称"非呼唤不近公案，非问及不许妄禀"⑦。此外，若掌印官有事外出，衙门政务也不可轻托胥吏，须"将仓库狱囚锁、钥、帖送佐贰看守"⑧。有士夫乡官入见，也需防范吏役与其私交串通，"守门上堂禀知，入座须令六房侍侧，免有私嘱"⑨。

晚明官箴书对"衙门革弊"有专节论述，所谓"衙门革弊"是指为官者对衙门内政的整顿革新，内容多涉及对吏役的防备与整顿。晚明衙门吏役常常盘踞相传，利益相授，自我繁殖严重，形成互为保结的利益圈层。《治谱》建议官员上任即"查革积棍"，整顿胥吏，书中并开列了具体的告示范文，并建议发布数日后，差人执牌再示查革⑩。

晚明多数士人对吏役群体看法极端。佘自强认为，"衙门自吏书而

---

① （明）刘时俊：《居官水镜》卷一《理县事宜·修塘事宜·出内事宜》，明万历刊本。
② 同上。
③ （明）吕坤：《实政录》卷二《养民之道·收养孤老》，明末影抄本。
④ （明）刘时俊：《居官水镜》卷一《理县事宜·驭皂快·免贻辱》，明万历刊本。
⑤ （明）刘时俊：《居官水镜》卷一《理县事宜·驭皂快·省牵累》，明万历刊本。
⑥ （明）佘自强：《治谱》卷四《词讼门·衙役不许作保》，明崇祯十二年呈祥馆重刊本。
⑦ （明）不著撰者：《初仕要览·防吏书》，明崇祯金陵书坊唐氏刻官常政要本。
⑧ （明）佘自强：《治谱》卷二《到任门·往见上司》，明崇祯十二年呈祥馆重刊本。
⑨ （明）不著撰者：《新官轨范·公务第五》，明崇祯金陵书坊唐氏刻官常政要本。
⑩ （明）佘自强：《治谱》卷二《到任门·查革积棍》，明崇祯十二年呈祥馆重刊本。

下,无一事不欲得钱,无一人不欲作弊者"①。如要"革弊",为官者须先熟悉各房事体,若对各房事体"一毫不知,便为所卖",空言革弊,恐徒劳无益。《治谱》举例言之:"昔一令颇严,六房畏之,一日无故唤吏书至责之云:'尔等作弊可□。'吏书□首曰:'不知所作何弊?愿得一言而死。'令无以应□□□窥其浅深,而作弊者众矣。"②掌印官还须"将各房事体,或刻作条约,或刻作告示,令人人知所遵守甚便,即此便是堂规。"③余自强主张对胥吏实行造册登记考核措施,"置各房吏书姓名、各役簿一扇……或有微劳可纪,或某事迟误欺骗,俱填注在另簿上。按院考察,查簿上过犯者填去,则知警而亦可服人"④。《治谱》还专门设计一种"枷"用作惩处,及一种"牌"用作检举。"吏书侵欺钱粮,衙门索取民钱者,用此枷"⑤;"凡告衙门人首衙门弊者,抱此牌进"⑥。

在某些情况下,官箴书也有少量言论主张对吏役采取宽容态度。如《居官必要为政便览》称"六房吏书守法者少,不才者多,苟无大过,不必开送"⑦。《牧民政要》强调吏胥查照不到勿要一概处罚,"如习仪拜牌,接诏接上司之类,不得不查点以防其玩弛,然一概加罚,则示人以私,而人反议其后。"⑧《治谱》称,各房吏书"若小节无太过,亦不必开"⑨。但总的来说,晚明官箴书主张掌印官对吏役群体严加防范,并积极整顿。

六 结语

晚明官箴书的主体内容虽转向了对具体行政、司法事务的细微指导,

---

① (明)余自强:《治谱》卷二《到任门·房科事体条约》,明崇祯十二年呈祥馆重刊本。
② 同上。
③ 同上。
④ (明)余自强:《治谱》卷二《到任门·待各役事》,明崇祯十二年呈祥馆重刊本。
⑤ (明)余自强:《治谱》卷二《到任门·置枷》,明崇祯十二年呈祥馆重刊本。
⑥ (明)余自强:《治谱》卷二《到任门·置放告牌》,明崇祯十二年呈祥馆重刊本。
⑦ (明)不著撰者:《居官必要为政便览》卷之上《吏类》,明崇祯金陵书坊唐氏刻官常政要本。
⑧ (明)不著撰者:《牧民政要·吏胥查照不到勿概罚》,明崇祯金陵书坊唐氏刻官常政要本。
⑨ (明)余自强:《治谱》卷二《到任门·待各役事》,明崇祯十二年呈祥馆重刊本。

但对为官之德的重申与待人处世的教导也是其内容的重要组成部分。尤其在晚明士风恶化的时代背景下，官箴书将官德操守视为从政之本，对从政者提出了廉洁、秉公、勤政、爱民、谦诚等一系列古老的从政准则，告诫其恪守官德、严以自律。不过考虑到晚明变幻莫测、盘根错节的宦海现实，官箴书也注意阐述从政艺术，为官当懂得居宠思危、急流勇退，以得善终。在从政者的待人处世方面，晚明官箴书主要选取了上司、同僚、大夫生员、吏役等群体，论述了从政者应如何与之维持良好的人际关系，以保障个人仕途平稳与减少施政障碍，表现出了"德本位"前提下的圆润处世态度。与上司交际时，官箴书强调下官应熟悉政务，并不厌其烦地强调谨慎与恭敬，但同时也提及"士夫之气"，不可过于谄媚，以恪守职业操守和承担政治责任。与同僚相处时，官箴书告诫从政者务必保持谦虚，彼此相敬，避免锋芒，避免"嫌疑"与"分别"。对前官隐恶扬善，对佐贰官应视其为手足。对士夫乡绅要尽足礼数，掌握节制之"术"，求得"术"与"道"的平衡。对待本地生员，同样需要礼节与恭敬，谨慎与宽厚，但必须谢绝其拜认门生及恭维奉承。对待衙门吏役，官箴书则偏向严厉防范和积极整顿，在文件的上呈下达，公事差遣需，钱粮事务，及司法诉讼等各个方面提醒为官者对吏役进行防备，并主张大力整顿胥吏势力，为施政工作清扫障碍。但总的来说，晚明官箴书意在追求一种平衡，既要在总体上保有从政操守，负起政治责任，也要在险恶的官场中力求生存，表现出灵活性与变通性，同时也带有一定的消极与保守色彩。通过官箴书我们可以看到，深受儒家伦理熏陶的晚明士人，面对世俗官场的现实困境，为实现安身立命所做出的思考及努力。

光绪刻本《曾文正公全集·靖港败溃自请治罪折》涂改探析

吕梓菱

（湖南大学　岳麓书院）

靖港战役是曾国藩编练湘军出师未久与太平军对抗作战后的一场失败战役，因战役失利，曾国藩羞愤交加，两次投水自杀，可见此役对其影响之大。其于咸丰四年（1855）四月十二日向皇帝上奏禀报作战情况并自请治罪，书成《靖港败溃自请治罪折》（以下简称《治罪折》）。该奏稿于光绪二年以传忠书局刻本的形式公之于世，而原件则收藏于现今的"台北故宫博物院"《先正曾国藩文献汇编》中。但将两份奏折加以比较，其中有涂改删除之处，笔者试图对其涂改内容及目的做一考察，不足之处，敬请方家指教。

一　光绪刻本《治罪折》的主要内容

曾国藩在湘勇训练不足，且准备仓促情况下与太平军对抗于靖港，最后损失湘军精锐大部分，出发前其满腔热血，信心十足，作战失败后其痛心疾首，羞愧万分，此事件成为曾国藩一生的污点。悲愤之余，他写下《靖港败溃自请治罪折》，奏禀作战情况并自请治罪。

光绪二年传忠书局刻本《治罪折》中，曾氏首先向圣上汇报三月底四月初长沙战场对战逆贼之情况，曾氏云："二十四、五等日派水师剿贼靖港，两获胜仗；二十八、九及初一、初二、初三、初四，等日派水陆各营在湘潭连获大胜""克复县城"，对靖港之役描述道："惟初二日靖港水勇溃败",但这一切"实由微臣调度乖方"①。

其次他开始剖析自己作战乖谬的原因,其言:"自去冬钦奉谕旨,速援皖鄂、两省之盼望既殷,微臣之求效愈急,而其办理亦愈乖谬",分析靖港战役失误荒谬处有三:一为行兵仓促,湘勇的管理大员和管带严重不足"每营仅一二官绅主之",导致"纪纲不密,维系不固,以致溃散";二为当日天气"日风太顺,水太溜",自己只考虑"轻进之利",但"不预为退败之地";三为"驱未经战阵之勇","骤当百战凶悍之贼,一营稍挫,全军气夺",承认自己"不善调习"②。

最后他向咸丰皇帝禀报了战后的战舰军队的损失情况以及及时补救为东下作战准备情况:修理坏掉的船只;顾及水勇不可恃的情况下"当即咨商广西抚臣劳崇光代募曾经战阵之水勇一千名",又"委知府李孟群管带";岳州遇风坏船后,"回省时即派人往衡州续造大快蟹船二十号",另叶名琛派"总兵陈辉龙督水师二百六十名,解炮一百位,已于二月二十五日起程前来";"又将水手认真挑换,一两月间水师当有起色"③。奏折最后曾氏言:"所有微臣办理错谬,据实直陈,自请治罪。"④

从上述可以探知,虽然曾国藩亲率的靖港之役遭遇失利,但其认错态度诚恳,多次请求咸丰皇帝治其重罪,且认真剖析了自己作战失败的缘由和谬误之处,并妥善处理了善后工作为东下作战积极准备,曾国藩的忠心在此奏稿中展现得淋漓尽致。

二 原件与光绪刻本《治罪折》之比较

《治罪折》的原件载于"台北故宫博物院"《先正曾国藩文献汇编》中,将两版本比较后,可明显发现有三点不同之处:

第一,奏折开头。光绪本载:"奏为靖港战败,水师半溃,请旨将臣

---

① (清)曾国藩:《靖港败溃自请治罪折》,载于(清)李瀚章编撰,李鸿章校刊《曾文正公全集·奏稿》卷二,光绪二年传忠书局刻本,岳麓书社1987年版,第137页。
② (清)曾国藩:《靖港败溃自请治罪折》,第137—138页。
③ 同上,第138页。
④ 同上,第139页。

交部从重治罪"①，原奏折为："臣曾国藩跪奏为靖江战败"②；第二，在曾国藩向咸丰皇帝叙述战败挽救措施情况之后，光绪本言："微臣自憾虚有讨贼之志，毫无用兵之才，孤愤有余，智略不足，仰累圣主知人之明，请旨将臣交部从重治罪，以示大公"③，而原件则为："微臣自恨虚有讨贼之志，毫无用兵之才"④；第三，光绪本未载咸丰皇帝在奏折文本中间的一段小字朱批："汝罪固大，总须听朕处分。岂有自定一拿问之罪，殊觉可笑。想汝是时心摇摇如悬旌湯无定见也"⑤，只是保留奏折末圣上批语："另有旨。此奏太不明白，岂以昏愦耶！"⑥

从三处不同中，可明显察觉原稿中曾国藩的请罪态度及咸丰帝对战事的态度情感都更趋强烈：原件开头的"跪奏"比起传忠书局刻本的"奏"字语气程度更深，可更加直白感知曾国藩面对靖港战役失利的痛楚和悲愤之情。岳州失利，援鄂失败原本就让曾氏湘军在军事上受到重创，退守长沙后亲自率领的靖港之役又以惨败而归，曾氏信心大挫，实感羞愧，遂欲投河自尽，幸被部下救起。

此役之败，曾氏遭到湖南官僚如徐有壬等人弹劾，其隐退长沙妙高峰，心中苦闷，并成为其人生最为遗憾之四件事之一，在同治六年（1867）在给其弟曾国荃的信中谈及："余生平吃数大堑……第三甲寅年岳州靖港败后，栖于高峰寺，为通省官绅所鄙夷"⑦，足证此役对其的巨大打击。

第二处，原件"微臣自恨虚有讨贼之志，毫无用兵之才"比起"微臣自憾虚有讨贼之志，毫无用兵之才"感情色彩更加浓厚，"恨"字更加强烈地表达了曾氏对自己率兵失误导致靖港战败的悔恨和对自己领兵能力不足的懊恼。

而第三处直接省略咸丰皇帝的小字朱批，这段朱批显示咸丰皇帝自己的态度，他认为曾国藩靖港之役的失败确实罪行重大，且如何治罪必须由

---

① （清）曾国藩：《靖港败溃自请治罪折》，第137页。
② 庄吉发总编：《先正曾国藩文献汇编》，台北故宫博物院，1993年，第251页。
③ （清）曾国藩：《靖港败溃自请治罪折》，第138页。
④ 庄吉发总编：《先正曾国藩文献汇编》，第255页。
⑤ 同上，第255页。
⑥ （清）曾国藩：《靖港败溃自请治罪折》，第139页。
⑦ 唐浩明主编：《曾国藩全集·家书（二）》，岳麓书社1994年版，第1328页。

他定罪，从字里行间中可窥知其愤怒之情。并上谕道："据曾国藩自请从重治罪，实属咎有应得！姑念湘潭全胜，水勇甚为出力，著加恩免其治罪，即行革职，仍赶紧督勇剿贼，带罪自效。"① 而光绪本只保留皇帝不做处理的朱批，是在故意掩饰咸丰帝的愤怒之情。

综上所述，靖港之役的失败，通过对比原件可知其让曾国藩本人及湘军受到重创的同时，咸丰皇帝也因此战役失利而大怒，而并不是光绪本中无皇帝的感情色彩和曾氏本身较为隐晦之情，光绪刻本并未明显表达出这对君臣的内心本意。

三 光绪本《治罪折》改动原因探析

曾国藩是湘军的创办者和最高首领，中国近代史上著名的政治家、军事家、理学家、文学家、书法家等，晚清中兴四大名臣之一。一生终以理学为绳墨经世，政治上他为官清廉、尽职效忠，对清廷有巨大贡献，官至两江总督、直隶总督、武英殿大学士，封一等毅勇侯，死后谥封"文正"，生活中他修身律己，德行高尚，其人品、行为准则皆被世人称颂。被后世学者称为"半个圣人"。梁启超赞扬曾国藩："岂惟近代，盖有史以来不一二睹之大人也已；岂惟我国，抑全世界不一二睹之大人也已。"②《清史稿·曾国藩传》评价道："呜呼！中兴以来，一人而已。"③ 显然，光绪本《治罪折》删去了部分带有感情色彩的词句以及皇帝的态度，隐瞒了实情，靖港之败成为曾国藩人生一大污点，笔者认为主要是基于维护曾国藩形象而故作隐晦，并对其涂改原因做以下三点探析。

第一，《曾文正公全集》（以下简称《全集》）刊刻目的。《全集》记录了曾氏一生为官从政、做人处世、齐家教子、治国安邦的全过程，在光绪年间修撰时的序中便谈道："湘乡曾文正公既薨，之明年，天下士思公不可见，则亟欲得读公遗集，以为师法。"④ 由此可知编写该书的目的主要是纪念曾国藩并将其人生智慧供世人拜读和学习。反观原件《靖港败

---

① 黎庶昌：《曾国藩年谱》，岳麓书社1986年版，第42页。
② （清）曾国藩著，梁启超编：《曾文正公嘉言钞》，云南人民出版社2016年版，第1页。
③ 赵尔巽等：《清史稿》卷四〇五《曾国藩传》，中华书局1977年版，第177页。
④ （清）李瀚章编撰，李鸿章校刊：《曾文正公全集·卷首》，光绪二年传忠书局刻本，岳麓书社1987年版，第1页。

溃自请治罪折》，一方面曾国藩书写过程中"跪奏""自恨"等词语的表达，表明了此役失败后曾氏本人上奏请罪时的怯弱、惊恐之状；另一方面咸丰皇帝的朱批："汝罪固大……想汝是时心摇摇如悬旌漾无定见也"，不但直接确认了曾国藩此役中的过错，更从侧面道出了曾国藩此时六神无主、彷徨失措的心情。光绪本《治罪折》中这些轻微却又明显的删改显然有失曾国藩在人们心中的是清廷得力干将，战场上英勇杀敌的形象，加之曾国藩为晚清权臣，社会、政治地位极高，影响力极大，门徒弟子众多，对其形象进行维护在当时于公于私皆在情理之中。

第二，《全集》修撰人员皆是曾氏门人。光绪本《曾文正公全集》是由曾氏35位门人编校而成。曾国藩的幕府有"神州第一幕府"的称号。他政治生涯的成功，离不开幕僚们的辅助。曾氏和幕僚间"总的来说是主从关系，具体而言则又可分为互慕、互助和相互影响三个方面。"① 而曾国藩对幕僚的影响实则更大，《清史稿·曾国藩传》载涤生："至功成名立，汲汲以荐举人才为己任，疆臣阃帅，几遍海内。"② 他爱惜人才，将其精心培养，幕中的许多优秀人才都曾被他举荐当官。对幕僚们来说，曾国藩对其有知遇之恩，而曾国藩的为人处世、理论学术、为政之道等更被弟子们视为学习的楷模。如薛福成在《上曾侯相书》附记中云："余从公八年，前后出入幕府共事者三十余人，多一时贤俊。余颇得晨夕晤谈，以扩见闻，充器识，皆文正提奖之力也。"③ 字里行间充满了对老师的崇拜与感激。

第三，李氏家族与曾氏之渊源。光绪本《全集》总编辑李瀚章，总校勘李鸿章，和曾国藩有着更为密切的联系。李瀚章、李鸿章因父亲李文安与曾国藩同为戊戌年的同科进士的关系，早早将兄弟二人拜师曾国藩。李瀚章师从曾氏早于弟弟李鸿章，他因"临事缜密，所为公牍简洁得要"而被曾国藩赏识。他深得曾国藩的信任且是曾氏幕后的得力助手，且在曾国藩的提携和举荐之下，李瀚章逐步升迁，后官至两广总督，二人相互帮持，关系可谓十分密切。曾国藩死后，李瀚章在挽联中也对其高度赞扬

---

① 朱东安：《关于曾国藩的幕府和幕僚》，《近代史研究》1991年第5期。
② 赵尔巽等：《清史稿》卷四〇五《曾国藩传》，第177页。
③ （清）薛福成：《上曾侯相书》，载于严云绶、施立业、江小角主编《国家清史编纂委员会·文献丛刊桐城派名家文集·薛福成集》，安徽教育出版社2014年版，第351页。

道："只手挽乾坤，至今日生荣死哀，公真无恨；勋名震中外，顾此后际艰肩巨，帝曰何人。"①

李鸿章也曾为曾国藩的学生，他在困难之时投到曾国藩门下，曾国藩对其喜爱有加，并给予了他不少机会。创建淮军之初，曾国藩直接让出八营湘军交由李鸿章统领，这也成为李鸿章创建淮军的班底，当李鸿章与太平天国对战胜利时，曾也为他请功，使他升为江苏巡抚，加太子少保，封一等肃毅伯。老师的提携让李鸿章倍加感激，俩人成为平级后，虽然不时出现政治上的分歧，但内心的情谊却难以割舍。曾国藩逝世时，李鸿章不仅替曾国藩撰写碑文，且写下挽联："师事近三十年，薪尽火传，筑室忝为门生长；威名震九万里，内安外攘，旷代难逢天下才。"② 行间字里都表达着对老师的崇敬、恩情、颂赞。

综上所述，因光绪二年传忠书局刻本《曾文正公全集》是由曾氏门人编校而成，且主笔人李瀚章、主校刊李鸿章与老师曾国藩的关系更是紧密，弟子出于对老师的尊崇与敬仰之情，且编撰目的是为后人效法完人，学习为官忠君之道，这三点原因使得编撰者情感上倾向于维护曾国藩完美形象，不惜涂改原件，掩盖事实。

四 余论

基于维护曾国藩形象，光绪本《治罪折》将原奏折中最能体现曾国藩在靖港战败极度愤懑羞愧的词句加以修改，并将表现咸丰皇帝对曾国藩此役失败之大怒态度的朱批直接删除。对于这一删减行为，清代编撰者有自身的情感价值取向，而作为今人的我们很难评判其行为的正确与错误。但光绪本《治罪折》确是失去了原奏折本来的深刻情感和态度，这对于读者客观地认识曾国藩这一时期的军事思想、内心情感活动等，造成了一定层面的阻碍，而这样的问题在多数人物全集或者文集中都有所体现。清代的奏折数量较多，且在官文书中史料价值最高，但是作为收录官方奏折的《全集》，却常常因多种原因著录时将原件删改，这为史学家进行研究工作带来不少困难。当我们在选用《全集》《奏稿》一类的史料作为论证

---

① 陈大政辑录：《曾国藩全书 生平卷第1卷》，内蒙古大学出版社2001年版，第310页。
② 同上。

依据时，一定要考据文本来源，要了解大概的成书背景以及后人对奏折中所谈及人物、历史事件的评价，并且将其与该时期有记载的同类事件的史料进行比对分析，进而考虑对此史料运用与否，但在有朝廷官方奏折的情况之下，则应尽量找到原件奏折使用。

清末民初律法中新旧伦理的博弈过程[*]

吴留戈

（北京市电子工业党校；吉林大学 哲学社会学院）

在中国传统社会历史的延绵及更迭中，旧王朝的末世，或因农民起义频繁爆发，或因内部臣子篡权夺政，或因外房大举军事攻击，几乎无暇顾及律法的重新订立，律法隆替往往是在新政权得以稳固之后方才进行的。清末民初，新生律法的制定并不是统治者跨越前世规律、突发奇想的产物，而是在战乱几无间歇、国家权力分散的情况下，被迫做出的无奈之选。面对着新生律法与传统社会伦理的分歧碰撞、个人伦理与传统社会责任的分道扬镳，清末民初的法律在"末世刑章"的颠沛流离之下，极尽全力在各种部门法的制定上转换着伦理道德的宗旨，试图改变社会失序的状况和丛林法则横行无忌的泛滥，在此过程中，新旧伦理的博弈在所难免，在或此消彼长，或势均力敌的过程中，各个部门法所侧重的伦理指导思想亦没有彻底解决中国社会日渐孱弱的样貌。

一 徘徊在"变"与"不变"之间：清末民初刑法的伦理主旨

当民族化与近代化在世纪之交初次交锋，清末民初的统治者非自愿性地开始进行变革法律的尝试。在此过程中，清廷主政者并没有按照国家职权对于刑法的制定主旨立基定调并积极投入参与立法，而是站在一个旁观

---

[*] 教育部人文社会科学重点研究基地重大项目"文化传统在法治中国建设中的创造性转化研究"（项目批准号：17JJD820004）阶段性成果。

者的角度，甚至是站在被动等待"法理派"与"伦理派"持不同异见的双方分别试图说服争取的对象的立场上，最终通过"法规化"的方式来确认争论获胜方的伦理义理。后世学者把这场论战称为"世纪礼法之争"，可见其争论的历时之长、影响之广、观点冲撞之激烈。

清末民初刑法修订的初始动机并非为了摆脱中国传统伦理体系对法律的抑制，但是，其最终的冲突焦点仍落脚并集中于伦理主旨的"变"与"不变"的根本源头问题之上，即"刑法中的中国传统伦理主旨，是否应继续存在，还是将即刻废除"以及"伦理的正当性与法律的正当性何者位居主导，何者位居从辅的地位"等问题上。这就意味着，当时刑法的基调是在"变"与"不变"的张力中寻求着西方法理与中国传统伦理之间的平衡，伦理道德的更迭替换与刑法的历新变革交互影响，其痕迹斑斑可见。

（一）固守传统伦理"不变"：导致《刑事民事诉讼法（草案）》未诞

光绪三十二年（1906）"法理派"与"伦理派"的这场争执，正是在民族主义与个人主义的"两歧性"冲突的大背景下发生的，"伦理派"主张可以"中体西用"，但是传统伦理道德不能被以抛掷的方式急剧脱离法律之外超然存在；"法理派"则主张变法应该"尽弃"中国传统伦理道德的束性。该年，"法理派"的沈家本、伍廷芳编订完成《刑事民事诉讼法（草案）》并进呈奏疏，拉开了中国近代法律修订的序幕。《刑事民事诉讼法（草案）》的编订，主要旨在解决因程序上为了获取证据而采取有违人性的刑讯逼供制，是否应该继续沿袭的问题。在修订之初，清王朝派遣"法理派"大臣董康等人赴日本实地考察了起诉、批捕、逮捕、审讯等程序。考察之后，按照常理，该草案应集中体现与日本同属法典法系的"纠问式"诉讼程序的特色，但是在实际中，它的具体条文屡屡创新并主张设置陪审员及律师，具有鲜明的判例法系"对抗式"诉讼程序的印记。其中显而易见的是，荟萃判例法系之长的"法理派"大臣伍廷芳对于立法起了不容忽视的作用。"伦理派"大臣们的主张多立足于儒家传统伦理的"无讼"诉求，认为"亲亲之义"等传统伦理规范应成为刑事诉讼法的指导原则，否则将造成对于传统伦理"根性"的逆反。清廷统治者其时坚守的立法伦理主旨仍然处于顾及"究竟于现在民俗风情能否通行"①的忧虑之中,因此,当以张之洞为代表的"伦理派"中央大员与地方员吏们在朝野对该草案持一片哗然的批判与驳斥之时,该草案终遭搁置。此次刑法程序法的修订,是法律中的伦理主旨"变"与"不变"争端发起的先声,以"不变"的中国传统伦理主旨占有上风地位而告终。

(二) 西方法理短暂获胜:《大清刑律草案》

光绪三十三年(1907)十二月,"法理派"大臣沈家本奏呈《大清刑律草案》。这部草案严格划分了法律与道德的边际,泾渭分明,从而造成了国家层面的法律与传统伦理的一次"断舍离"。宣统元年(1909年),清王朝统治者明显支持"伦理派"的主张,明确宣告"刑法之源,本乎礼教"。而"法理派"却用达权通变的方式仅做细微修改,将有关违反传统伦理的犯罪行为所对应的刑罚等级"加重一等"②,对于"亲属容隐""存留养亲"等旧刑律中有关传统伦理的条款,不问利弊,均未能被堂而皇之地修入正文,而是以五条《附则》的形式,乖张地曲解了朝廷将传统伦理作为修律宗旨的本意。《大清刑律草案》"实际上用西方近代法理精神消解了中国传统伦理法的内在精神"③。在这次论战中,貌似是主张"变"的"法理派"在做出小小的折中让步之后成为获胜的一方,但是,这场胜利持续的时间不久,双方又进入了胶着对峙的状态。

(三) 立法主旨不明:《修正刑律草案》

宣统元年(1909),重新订正的《修正刑律草案》由"法理派"大臣沈家本与"伦理派"法部尚书廷杰联名上奏。"联名上奏"既不是因为"法理派"与"伦理派"统一了意志、达成了和解,更非一方压倒另一方具有绝对优势,而是在法理与伦理势均力敌的斗争中,一种缓冲和变通而已。宣统二年(1910),《修正刑律草案》交至宪政编查馆等待审查复核。"伦理派"大臣劳乃宣坚决反对将有关中国传统伦理的刑法条文放在《附

---

① 朱寿朋编:《光绪朝东华录》(第五册),中华书局1958年版,第5506页。
② 奕劻:《奏为核订新刑律告竣敬谨分别缮具清单请旨交议折》,《钦定大清刑律》,宣统三年六月刊印殿本。
③ 高汉成:《签注视野下的大清刑律草案研究》,中国社会科学出版社2007年版,第46页。

则》的次要条款位置,率先批判该草案正文违背传统伦理作为刑法的最高道德价值。"伦理派"内阁学士陈宝琛等人在论战中,对其予以大力支持;"法理派"则阐述己方观点、撰文驳斥,双方以笔墨奏疏互相辩解诘难。清王朝统治者在这种内外交攻的情势之下,对于刑法的伦理主旨到底是"变"还是"不变",也很难做出决断,开始进入"徘徊与彷徨"阶段。

(四)西方法理的实质胜利:《钦定大清刑律》

宣统二年(1910),劳乃宣向资政院提交集中了"伦理派"全面维护传统伦理主旨的刑法具体实施方案——《新刑律修正案》,被负责颁行立法的资政院法典股予以阻滞。甚至在审议之时,由于双方争执激烈导致恼羞成怒,最后发生了不顾斯文、挥拳相向的一幕。① 由于双方内在紧张无法彻底缓解,因此,清王朝统治者用"蓝白票拟"的方式来消减其冲突的"白热化",并最终根据票决的结果于1911年颁布正式《钦定大清刑律》。这一刑律的颁布,标志着中国近代刑法的肇端。然而,在这一版的刑律之中,"法理派"借助西方法律原理中的道德与法律二者"无涉论"的巨大冲击力,试图消解中国传统伦理权威、冲破"礼"与"伦"对于法律的藩篱。在最终的结果上,貌似双方均有所进退,但是若仔细分析,就不难发现,在立法结果上却明显偏颇,《钦定大清刑律》的正文主体部分,无论是在内容上还是形式上均表现出继受西方近代刑事立法思潮的特质,而具有中国传统伦理色彩的条款只能"蜷缩"在附加版的《暂行章程》中。

(五)余波泛动:民初刑法主旨的伦理冲突

伦理与法理的刑法主旨之争,并未因《钦定大清刑律》的颁布而偃旗息鼓,而是伴随着民初政局的动荡此起彼伏。民国《暂行新刑律》的公布日期众说纷纭,据台湾学者黄源盛考察,总共有时长差距一月有余的

---

① 据宣统二年(1910年)11月28日的《时报》(第二版)《北京专电》一栏中所载,在开会商议新刑律的过程中,发生肢体冲突的双方为"伦理派"的高凌霄、沈林一与"法理派"的周震麟、陈绍唐等人,其过程从"面赤词穷"到"破口大骂",激动之时甚至发生了剧烈的肢体冲突,议员们劝解无效,"双方终于闹到警所"。

三种说法，综其所论，民国元年（1912）4月30日最为合理。①

该刑律为《钦定大清刑律》直接改换门庭而成，具体文本中大刀阔斧地删除了与个人私德相关的法律条款，从维护"伦理法益"的角度看，虽然对于亲属间的伦理等差仍有所保留，但是部分条款开始对恣意性、身份性的中国传统伦理进行质疑。其中，与伦理关系最为密切的《暂行章程》被改换为《补充条例》，仍然属于从属地位，体现了外来资本主义伦理与传统中国农业社会伦理在错综复杂的关系中彼此的挣扎与对抗。

民国四年（1915），清末"法理派"人物章宗祥、汪有龄、董康等人与曾经协助编纂《钦定大清刑律》的日本法学家冈朝太郎共同编撰《修正刑法草案》。若抛开政局原因，单纯考察法律与伦理的关系，该法出人意料地由"法理派"提出要"以礼教立国"②为立法宗旨，确实让人匪夷所思。但是，其时正值袁氏当政，其所谓的"合乎礼俗"已经与中国传统伦理"实质向善"的内涵远远偏离，以至于最终走向它的反面。

民国七年（1918），北洋政府任命"法理派"董康、王宠惠等人及法国顾问宝道（Georges Padox），重新厘定《改定刑法第二次修正案》。鉴于传统伦理在刑法宗旨中所占比重退化衰微，体现在"亲属加重罪"被从修正案中强力删除。虽《分则》的具体罪名仍在量刑中规定加重，但从刑法主旨的角度已经表明要与传统伦理"彻底决裂"的迹象逐渐彰显出来。

民国十七年（1928），由时任司法部长的王宠惠主导并自行颁制的《中华民国刑法》（《旧刑法》）正式实施。对于加害人与受害人的亲属关系立法仍与陌生人之间的侵犯造成的犯罪"同果异罚"，但此时，传统伦理的象征意义已远大于实质性内涵。

从清季到民初，中国传统律典中刑法条款所宣示的伦理道德、道义民彝、人伦孝谊等普遍性伦理，就是在这样一次次渐进的改弦易张中被逐步从刑法中悄无声息地剥离开去。伴随着民生日蹙、国运不彰、法纪废弛，刑法中的伦理道德也渐渐良莠不齐。从"变"与"不变"的朝堂喧哗到各种"异见"被拒之门外，杂音的消失不是因为形成了比较科学和开明的刑法指导思想，恰恰是深厚积淀下孕育出来的伦理道德无法复归的表现。

---

① 黄源盛：《民初暂行新刑律的历史与理论》，《台湾刑事法杂志》1998年第41卷第6期。
② 董康：《中国法制史讲演录》，香港波文书局，出版年不详，第117页。

二 从"改良"到"颠覆":清末民初民商法的伦理转化

中国古代"诸法合体、刑民不分",民法与刑法共处一典之内,其法律地位屈从于刑法、罚则条款借助于刑律,独立性较弱。因此,清季的民法与刑法属于"兼性共生"的关系,即民法必须仰仗于刑法的鼻息才能得以发挥其规范性作用。光绪三十三年(1907),清廷民政部奏请厘定民法,实则是根据欧洲大陆法系国家法的属性分类,准备斟酌界定民法具有"私法"的性质,是"定人民与人民之关系"的律法,并且对民法的具体部门法进行了伦理功能的划分:"物权法定财产之权,债权法坚交际之信义、亲族法明伦类之关系,相续法杜继承之纷争。"① 宣统三年(1911),《大清民律草案》编纂完成,其立法主旨思想是以"模范列强"和"固守国粹"兼而有之、两翼并重为原则,试图以当时西方新派法理思想为指导,确定与中国传统社会风俗习惯契合度最高的法律规范。《大清民律草案》没有通过疾风骤雨式的立法方式、完全地舍弃中国传统伦理在民法上的固有功能。这些经过"改良"的民法规范,如果"被有目的地以一种条理清晰的形式加以制定,那么一个伦理与理智的社会秩序的基础即由此而得以奠定。"② 然而,在清末民初社会制度发生山海崩塌之变、社会结构原有稳定状态发生剧烈变化之际,《大清民律草案》亦随之胎亡于未诞。

纵观北洋政府时期民法的发展,正式版民法典始终未得颁行、实施。1912年至1929年,真正发挥民事实体法律功能的是"半部法律"——《大清现行刑律民律有效部分》。其基本特点是仍然在一定程度上维护着中国传统伦理秩序,尤其是家族伦理秩序的核心精神。但是在物权、债权等对于社会经济关系关联密切的法律条文中,家族本位、个人本位的伦理原则遭到抛弃,当时西方新兴的社会本位伦理原则由于其"重团体利益、重社会秩序"的特点,为民法所逐渐吸纳。但是,在民商事条款中,"物

---

① 朱寿朋编纂:《光绪朝东华录》(第五册),中华书局2016年版,总第5682页。
② [德] K. 茨威格特·H. 克茨:《比较法总论》,潘汉典等译,法律出版社2003年版,第83页。

权""债权"等经济社会中司空见惯且时常使用的词汇，在当时的中国无论民众还是法吏，能真正掌握其内涵者寥寥无几，导致民法规范形同虚设，印证了中国传统经典语句：脱离了传统的伦理主旨——"徒法不足以自行"①的正确性。

伴随着家庭伦理的弱化和社会伦理的失范，民法也因为过分追求效率导致产生了功利主义倾向。1931年，为期两年的《中华民国民法》"亲属""继承"两编正式颁行，标志着民事实体法律体系近代化的初步完成。1929年颁布的《票据法》《海商法》《保险法》《公司法》等四部商事法律规范，后几经修改，变为以"四大家族"为代表的官僚资本主义对工业、商业、金融业等国民经济重要部门进行垄断的工具。民国初年，民商法的功利主义倾向，不是西方伦理学家边沁所倡导的以"最大幸福""效果导向"及"共同幸福"的三原则②，而是"急功近利"的"功利主义"，传统伦理中的"忠""义""礼""信"等可与近代民法基本原则相融合的伦理规范一时失去了统属。"家"虽然在这部法典中被专设一章，但是家长的权力大大地被削减，法律更加强调的是家长对于家庭成员所担负的保护、关照、抚育等义务。个人主义的出现，导致长期在家族中压抑的法律主体忽然挣脱了传统伦理束缚，个性狂放起来甚至屡屡超出法律的底线边界。尤其是家庭财产被合法分开离析之后，拥有个人财产的家庭成员为了生存价值，获取营利。在争得伦理上的一席之地之后，他们便将感性欲求凌驾于伦理精神之上，从根本上否定了传统伦理中的"义利之辩"。但是，在国民政府专制政权治下，个人权利观念也未得到充分发展，最终导致面对社会民商事交往关系中"忤逆长辈""不孝不友""蓄意违约""恶意失信"等"颠覆性"的伦理失范事件频繁发生时，就会陷入国家层面的法律束手无策、个人自力救济也无能为力的两难境地。

三 官方司法实践中律法与传统伦理的离散：以大理院判例为中心

民国元年（1912）《中华民国临时约法》的公布，将大理院的角色及

---

① 《孟子·离娄上》。
② ［英］边沁：《道德与立法原理导论》，时殷弘译，商务印书馆2000年版，第57—59页。

权限设计为民国最高的法院组织,具有最高的审判权和统一的释法权。如前文所述,当时没有统一的民商法典,唯一可以作为民商事案件审判依据的是"半部法典"——《大清现行刑律民律有效部分》。因此,大理院的判例虽不是正式"法源",但是对于司法实践的指导性作用却异常强大。据台湾学者黄源盛研究,自民国元年(1912)至民国十六年(1926),在大理院继续留存于国家机制、体制层面上的时候,民事各庭共审理并裁判民商事案件两万余件。[①]

统一的民事法律规范缺位、独立存在的零星"特别民事法令"也缺乏一致性且彼此间常常互相矛盾。这让审判者在选取冲突性法律文件标准的时候,时常出现无所适从,甚至进退两难的情况。《大清现行刑律民律有效部分》对传统伦理的部分顺从与近代民法中所倡导的人格地位、婚姻关系的某些原则明显不符,为解决现实伦理与法律规定的冲突问题,形势使然的结果就是确立判例与解释例是国家法律渊源的地位,自然而然地顺理成章。

在民国新法肇始的背景下,大理院的判例与解释例,以鲜活、生动的审判实例来向世人宣告:法律文本可与现实生活相关联,并促进法律的主旨通过灵活、变通的方式,刻意摆脱传统伦理的控制力量,形成离散之势,从"伦理派"的"传统导向"逐渐向"法理派"所期待的"西方近代司法模式"方向发展。从大理院判例及解释例的制定中,我们可以看出,适用法律文本的法官,在司法实践中发现了《大清现行刑律民律有效部分》的窒碍之处,他们的解决路径是对现有法律规范进行变通和软化。例如,其中将"父母在,子孙不得别籍异财"于1914年经扩充了三种实际情况之后,修改为以审判权代替家族许可权;将与传统伦理的交集不多或为传统价值观所许可的民事法律规范,按照西方法律体系打造;涉及物权纠纷、债务纠纷的判例与解释律,大理院常常用西方近代法理来否定中国传统伦理;涉及土地、契约、商业交易的民商事案件,大理院的判决经常把其视为纯粹的经济技能操作类事件,而不是经济活动中人与人之间的关系并且刻意视而不见,隐藏在经济技能操作类背后的伦理属性;通过对于子女婚约定立、孀妇改嫁、婚约解除、夫妻财产分割、别居与离婚、立嗣与继承等案件的审理,将最能牵制或阻碍资本主义法律的传统婚

---

① 黄源盛:《民初大理院司法档案的典藏整理与研究》,《政大法律评论》1998年第59期。

姻家庭伦理全盘废除，导致血缘亲情的过度离散、婚姻结构极易松散。

大理院对于民事案件审理的判例及解释例，引用了"禁止强制履行人身义务"的西方法理，成为婚姻法律制度近代化的一个实质标志，但是扬"西方传来的法律理念"、抑"根深蒂固的传统伦理"，使得大理院审判的法源失去了制度的伦理灵魂与价值标准；对于商事案例的审理，则更多的是以处理祠堂、族产、继产、茔田等产业纠纷上，用继受而来的西方法理对于传统伦理进行"悬驼就石"的所谓"改良"，但是这种"改良性"地将传统伦理进行近代转化，其实是对传统伦理的一种曲解。在民国四年之前，大理院在许多涉及民商事案件的裁判中，"更多地维持了传统"；在民国四年、五年之后，"大理院的裁判开始出现一个清晰的转变"[①]。让时人始料未及的是，伴随着"仿照西式造法"活动而来的，并非国本立定、社会稳定、人心安定等人们事先预料的结果，而是大规模的伦理倒退在全国的迅速蔓延。

四 宗族的膨胀与民间裁判：清末民初习惯法中传统伦理的强势回归

由于清末民初国家层面"定制法"的孱弱与混乱，无法对不平衡的社会秩序进行全方位的涵盖，在国家层面的立法无法涉及或者管辖不利的领域，出现了法律无能为力的"真空地带"。这些"真空地带"，自然而然地萌生出一定的社会规范以维持秩序，因此，"官有正法，民从私约"的习惯法原则就这样靠自力生长出来。时人除了生活在国家制定并认可的官方"显性"法律规范约束之下，还潜移默化地受到由传统伦理、风俗习惯等人们共信共行的"隐性"法律规范的规制。卢梭将这种"隐性的"习惯法界定为以"风尚""习俗""舆论"等社会伦理形态为具体表现形式、"铭刻于人们内心"的"第四种法"[②]。习惯法通常是最能反映社会伦理秩序的法律渊源，"法律应该直接配合传统树立的道德标准"[③]。在伦

---

① 王坤、徐静莉：《大理院婚姻、继承司法档案的整理与研究——以民初女性权利变化为中心》，知识产权出版社2014年版，第41页。

② ［法］卢梭：《社会契约论》，何兆武译，商务印书馆1980年版，第73页。

③ ［英］丹尼斯·罗伊德：《法律的理念》，张茂柏译，新星出版社2005年版，第46页。

理指导法律的建构方面，习惯法的效力更强、范围更广、影响更为深远。

在清末民初社会面临着"震荡性"社会转型与变迁的时期，近代化的国家伦理诉求与农耕社会传统伦理之间在短期内无以弥合的巨大差异，使得整个的律法呈现强烈的"二元结构特征"和新旧伦理冲突的多向度运行态势。从理论上或逻辑上讲，清末民初的多部"定制法"法典已覆盖社会生活的诸多方面，习惯法似无生存空间。但是，由于"定制法"与中国传统习惯法格格不入之处过多，而致天生残缺、施行受滞。习惯法却因其自身所具备的"合伦理性"而能与"定制法"交汇伴生、交融并处，使立法者无法小觑其地位和作用。在清光绪三十三年（1907）及北洋政府执政时期，均进行过多次官方主导的民事习惯调查，并形成记录性文件。

清末民初的习惯法，往往通过传统伦理道德的认同及渗透，以一种特殊的引导方式实现对于社会秩序的良性控制，具有立法与司法的双重属性。比如对于契约关系中"重义轻利"的伦理理念，在习惯法表现为祖产"典三卖四"① 的交易统辖；对于经济关系中"公平与效率"的伦理原则，在习惯法上体现为"一田两主"② 土地物权的分割；对于社会互助关系的伦理规制，在习惯法上表现为"积粮社""牛腿帮""青苗会"等结社组织内部自律条款的形成③；对于婚姻关系中，一方面尊重婚姻自由的伦理选择，另一方面也同样强调男女双方对于婚内"忠贞"伦理义务的恪守与坚持，在习惯法上以鼓励"感情诚挚笃定"为代表，尽量减少

---

① 《民商事习惯调查报告录》，台北进行书局1969年版，第27、229、251、267页。（该书辑录了民国初年北洋政府司法部修订法律馆及各省区司法机关提出的民商事习惯调查报告。）

② "一田两主"在清末民初的民间习惯法中，是指将土地的所有权分为田底权与田面权的二重所有权属性，这一民间习惯法用西方民法伦理很难解释顺畅。很多学者撰文针对这一部分习惯法现象开展研究，比如日本学者仁井田陞《明清时代的一田两主习惯及其成立》，刘俊文译，《日本学者研究中国史论著选译》（第八卷·法律制度），中华书局1992年版，第411页；赵晓力《中国近代农村土地交易中的契约、习惯于国家法》，载《北大法律评论》（第1卷·第2辑），法律出版社1999年版，第476页；范忠信、黄海东《传统民事习惯及观念与移植民法的本土化改良》，《法治现代化研究》2017年第2期；黄素娟《国家政权建设与民国时期广州城市土地产权变迁（1911—1935）》，《社会》2018年第2期；等等，其主要观点均认为"一田两主"是清末民初的民间习惯法用语，常出现于土地契约文书之中，其生成并未破坏传统的佃业关系，反而催发了其生命力，使之更加顽强。

③ 《民事习惯大全》（第六篇·第二类），广益书局1923年版，第22页。

"婚姻之人为的消灭"[①];对于亲属关系上的"敬老育幼"伦理宗旨,在习惯法上表现为子对于父母的"分担赡养"与"共同赡养"相结合的赡养模式及对于孀妇"出舍"[②]、"盲者、哑者、跛者、有心疾者,凡丧失自主能力的残疾人"近亲族应尽抚养义务[③]的规定等。在当时国家定制法"正义缺位"的情况下,由聚村而居的社群认同发展出的宗族组织,在国家权力的裂隙中倔强地升起并且形成强大的乡遂之势。他们通过"劝善"(地方公益)、"团练"(民间自卫)、宗族扶助、行会互助等方式开展经世致用的道德实践,订立公约类习惯法规要求参与者或涉及者严格遵守,从而用传统伦理的强势回归弥补外侮内讧之下伦理冲突的相交凌扰,在一定程度上维护了小范围内社会秩序的安宁稳定。

---

① 陈顾远:《中国婚姻史》,上海书店1936年版,第234页。
② 《民事习惯大全》(第三篇·第八类),广益书局1923年版,第25—26页。
③ 《民事习惯大全》(第三篇·第四类),广益书局1923年版,第5—6页。

从介子推的引入与淡出看寒食节功能演变

褚若千

（中国第一历史档案馆）

寒食，一般认为是阴历冬至后 105 天，时间上与清明、上巳两节相近。三者最初在节俗上明显不同，寒食一般略早于清明，以禁火为主要习俗，这早期可能源于对农业生产风调雨顺的祈求，有一定祭祀的意义，后引入名人崇拜，再衍生出祭祖之类的习俗，虽然禁火的时间各地区各时期长短不一，但禁火期间冷食的习惯却是比较统一的，常见的食物有青团、枣糕、麦饧等，节日气氛比较庄重；上巳则指阴历三月初三，主要风俗是出外游春、沐浴等，相对来说比较轻松快乐；清明一般指阴历冬至后 108 天，早期更多作为节气，对农业生产有一定指导意义，是应春和景明的自然生态变化而形成的节日。三者中，时间上十分接近，且多以清明居中，后清明逐步融合寒食和上巳两节，不仅作为节气存在，还拥有了踏青、扫墓等习俗，而寒食的禁火习俗则渐渐为人淡忘。

一　仲春禁火祈求风调雨顺

提起寒食的禁火，人们常常会想到介子推——这位集忠臣与隐士于一体之人，在许多传说中，正是为了纪念他，晋文公才定下了禁火这一礼俗，遂形成"寒食"节。

然而，禁火的习俗由来已久，其源头应早于春秋，在《周礼·秋官司寇·司烜氏》中就有关于"火禁"的记载：

> 中春，以木铎修火禁于国中。军旅，修火禁。①

《周礼译注》认为此所谓"火禁"是指防火，②然而若是防火，在秋冬之际，草木枯黄，天气干燥，更应该重视防火，但在司烜氏的职责中，并没有提到秋冬防火，那就更没有必要在细雨绵绵的春日里特别加以强调了。更多学者以此为寒食禁火的最初形式，且认为此时的禁火是出于对大自然的原始崇拜，如完颜绍元先生即认为寒食"起于崇拜大火星，即'东方苍龙'七宿中的'心宿'"③，这似乎较前者更具说服力。

《西汉会要》中有这样的记载：

> 昭帝始元六年夏旱，大雩不得举火。
> 董仲舒治国以春秋灾异之变，堆阴阳所以错行，故求雨闭诸阳，纵诸阴，其止雨反是，行之一国，未尝不得所欲。④

《东汉会要》亦有：

> 请雨，自立春至立夏尽立秋，郡国上雨泽若少，府郡县各扫除社稷，其旱也，公卿官长以次行雩礼求雨，闭诸阳，衣皁（皂），兴土龙，立土人，舞僮二佾，七日一变如故事，反拘朱索社伐朱鼓，祷赛以少牢如礼。⑤

---

① 《周礼》卷三十六：秋官·司寇下·司烜氏。（汉）郑玄注、（唐）贾公彦疏：《十三经注疏·周礼注疏》，北京大学出版社1999年版，第977页。又注曰：为季春将出火也。火禁，谓用火之处及备风燥。疏曰：云"季春将出火也"者，三月昏时，大（火）辰星在卯南见，时火星出，此二月末出，故云为季春将出火也。

② 吕友仁译注：《周礼译注》，中州古籍出版社2004年版，第497页。吕先生于注中言：中春二句，因为火星将要在季春时出现，所以提前一月，让人们注意防火。又有译文：每年中春时节，摇动木铎，提醒城中所有的居民严防火灾，遇到军旅之事，更要提醒注意防火。

③ 完颜绍元：《中国风俗之谜》，上海辞书2002年版，第63页。该书第64页进一步解释说："苍龙"星象其实是作为司龙神和水神而受到初民崇拜的，水神最怕火，所以人们为了讨好它，使它能够胜利升空，带来降雨，便心甘情愿地禁止举火，服食一个月地冷食，这就是产生后世禁火与寒食风俗的根本原因。

④ （宋）徐天麟：《西汉会要》卷十四"礼八·吉礼"，中华书局1955年版，第119页。

⑤ （宋）徐天麟：《东汉会要》卷五"礼三·吉礼"，中华书局1955年版，第50页。

虽然两书的年代稍晚，但也可在一定程度上显示，人们认为"火"属阳，而"雨"属阴，当降水量不能满足农耕的需要时，人们就会祈雨，而"闭诸阳""不得举火"都是祈雨活动的一部分，正是出于阴阳相生相克的观念，才有了"禁火"的习俗。《周礼》中提及的仲春禁火，很可能也是出于这样的缘故，是以禁火来向上天表示虔诚，以祈求春雨润泽、农事顺遂。由此可以看出，最初的禁火与介子推并没有关联，而身处农业社会的人类对自然力的原始崇拜，是出于对风调雨顺渴求，而并不是对火的崇拜和恐惧。此两则记载当可为"禁火是对东方苍龙的崇拜"这一观点作一佐证。

李亦园先生和李维斯陀先生认为熄灭旧火意味着干季、冷季的过去，而重燃新火代表了湿季、暖季的开始，象征了新的季节、新的循环，也预示着食物稀少的日子已经过去，而丰收即将到来。① 完颜、李两位虽然是分别从雨和火的角度去解释禁火的缘由，然而相同之处就在于都认为禁火是出于农业社会对降水的重视，无论是基于雨量的不足，还是缘于干湿季的转换，其着眼点是一致的。②

介子推最早出现在史书中时，也并没有死于火的记载。③ 如《左传》：

> 晋侯赏从亡者，介之推不言禄，禄亦弗及。推曰：献公之子九人，惟君在矣，惠怀无亲，外内弃之，天未绝晋，必将有主，主晋祀者，非君而谁？夫实置之而二三子以为己力，不亦诬乎，窃人之财，犹谓之盗，况贪天之功，以为己功乎，下义其罪，上赏其奸，上下相蒙，难以处矣。其母曰：盍亦求之，以死谁怼？对曰：尤而效之，罪尤甚也，且出怨言，不食其食。其母曰：亦使知之，若何？对曰：

---

① 李亦园：《寒食与介子推——一则中国古代神话与仪式的结构学研究》，苑利主编：《二十世纪中国民俗学经典·社会民俗卷》，社会科学文献出版社2002年版，第172—174页。

② 裘锡圭在《寒食与改火——介子推焚死传说研究》（《中国文化》第2期，第66—77页）一文中，引中外的火崇拜和改火习俗认为寒食是改火的衍生品，其起源与介子推并无关系。

③ 非史学著作中并非没有相关记载，如《庄子·盗跖篇》有介子推"抱木而燔死"的说法，此类记载颇为稀见，且《庄子》成书晚于《左传》，本身的真实度又不及史书，故采信者少，但其可能是后人附会的源头。裘锡圭因《庄子》之说认为介子推焚死的说法在战国时已颇流行，并采《楚辞·九章》"介子忠而立枯"的说法，引出其"焚死"之说的由来，但认为此系将介子推与同有贤士之名而"立枯"的鲍焦混淆，才有汉以后刘向等人进一步敷衍产生的详细叙述。

言，身之文也，身将隐，焉用文之，是求显也。其母曰：能如是乎，与汝偕隐，遂隐而死。晋侯求之不获，以绵上为之田，曰：以志吾过，且旌善人。①

又如《史记》：

　　介子推从者怜之，乃悬书宫门曰："龙欲上天，五蛇为辅。龙已升云，四蛇各入其宇，一蛇独怨，终不见其所。"文公出，见其书，曰："此介子推也，吾方忧王室，未图其功。"使人召之，则亡。遂求所在，闻其入绵上山中，于是文公环绵上山中而封之，以为介推田，号曰介山，"以记吾过，且旌善人。"②

以上两书的成书年代与介子推所活动的时代颇为接近，却都未提及其死于晋文公放火烧山之事，反而是稍晚的记载将介子推的死因归咎为焚山，如刘向的《新序》：

　　晋文公反国，酌士大夫酒，召咎犯而将之，召艾陵而相之，授田百万。介子推无爵，齿而就位，觞三行，介子推奉觞而起曰："有龙矫矫，将失其所；有蛇从之，周流天下。龙既入深渊，得其安所；蛇脂尽干，独不得甘雨。此何谓也？"文公曰："嘻！是寡人之过也。吾为子爵，与待旦之朝也；吾为子田，与河东阳之间。"介子推曰："推闻君子之道，谒而得位，道士不居也；争而得财，廉士不受也。"文公曰："使我得反国者子也，吾将以成子之名。"介子推曰："推闻君子之道，为人子而不能承其父者，则不能当其后；为人臣而不能见察于其君者，则不敢立于其朝。然推亦无索于天下矣。"遂去而之介山之上，文公使人求之不得，为之避寝二月，号呼期年。《诗》曰："逝将去汝，适彼乐郊；适彼乐郊，谁之永号！"此之谓也。文公待

---

① 《左传·僖公二十四年》，（清）洪亮吉撰：《春秋左传诂》卷八，中华书局1987年版，第316—317页。
② （汉）司马迁著，阙勋吾、阙南宁注：《史记新注》卷三十九《晋世家第九》，湖北教育出版社2003年版，第1272页。

之不肯出，求之不能得，以谓焚其山宜出，及焚其山，遂不出而焚死。①

又如东方朔的《琐语》：

木履起于晋文公时，介子推逃禄自隐，抱木而死，公抚木哀叹，遂以为履。每思从亡之功，辄俯视其履，曰："悲乎，足下！"足下之称，自此始也。②

这些后来的著作提到了介子推因火而死或抱木而死、文公哀之的情形，虽然后来者的研究较时代较早的记载更为深入的可能性确实存在，但附会的可能性却远甚于此。若我们假设《左传》《史记》的记载已是事实的全部，则根本不存在介子推死于火，又何来文公为其令天下禁火而形成"寒食"这一节俗？更何况，即便在刘、东方二人书中，也不曾提及寒食的风俗是缘于介子推。更有理由相信，寒食之俗的由来，是农业社会形成之初原始信仰的残留，而非源于介子推其人。

二　引入子推纪念忠臣高士

东汉以后的文献中，禁火这一活动逐渐与介子推联系在一起。
《后汉书》有载：

举稍迁并州刺史，太原一郡，旧俗以介子推焚骸，有龙忌之禁。至其亡月，咸言神灵不乐举火，由是士民每冬中辄一月寒食，莫敢烟爨，老小不堪，岁多死者，举既到州，乃作吊书以置子推之庙，言盛

---

① （东汉）刘向撰、马达译注：《新序译注》卷第七《节士》，湖北人民出版社1986年版，第247—248页。
② （西汉）东方朔：《琐语》，转引自（南朝梁）殷芸编纂、周楞伽辑注：《殷芸小说》，上海古籍出版社1984年版，第40页。另有《绎史》所收《淮南子》《韩非子》《列仙传》《说苑》，皆无介子推死于火的记载，《拾遗记》言文公欲焚林，而为白鸟所阻。以上并未将介子推与寒食联系起来。（清）马骕纂、刘晓东等点校：《绎史》卷五十一《晋文公霸业》，齐鲁书社2001年版，第1123页。

冬去火，残损民命，非贤者之意，以宣示愚民，使还温食，于是众惑稍解，民俗颇革。①

蔡邕《琴操》又云：

《龙蛇歌》者，介子绥所作也。晋文公重耳，与子绥俱亡，子绥割其腕股，以救重耳。重耳复国，舅犯、赵衰，俱蒙厚赏，子绥独无所得。绥甚怨恨，乃作《龙蛇之歌》以感之，遂遁入山。其章曰："有龙矫矫，遭天谴怒，卷排角甲，来遁天下。志愿不与，蛇得同伍，龙蛇俱行，身辨山墅。龙得升天，安厥房户，蛇独抑摧，沉滞泥土。仰天怨望，绸缪悲苦，非乐龙伍，恢不眴顾。"文公惊悟，即遣求得于绵山之下。使者奉节迎之，终不肯出。文公令燔山求之，火萤自出。子绥遂抱木而烧死。文公哀之，流涕归，令民五月五日不得举发火。②

这些记载开始将介子推与寒食联系起来，而涉及的地点也集中在今山西一带，尤其是太原，也就是昔日晋文公势力所及之处，③ 这可能是寒食禁火是为了纪念介子推这一说法的起源。在记载介子推生平的典籍中，这几部书在时间上虽略晚于《左传》等书，但仍属于较早将介子推引入寒食礼俗的文献。人们为何将作为原始崇拜的禁火与介子推联系在一起呢？一来是以讹传讹，造成人们认为介子推死于火，无辜地，甚至是无私地高姿态地死于火，出于对他的尊重和同情加以祭奠，而禁火的习俗又恰好与火有关，两者之间就出现了共同的因素——火；④ 张勃先生在《寒食节起源新

---

① （南朝宋）范晔撰、（唐）李贤等注：《后汉书》卷六十一《周举传》，中华书局2000年版，第2024页。
② （东汉）蔡邕：《琴操》，陈文新译注：《雅趣四书》，崇文书局2004年版，第62页。
③ 据《辞海·地理分册·历史地理》，上海辞书出版社1982年版，第100页：并州东汉治所在晋阳，隋改太原，今山西太原市西南。
④ 李亦园先生于《寒食与介子推———则中国古代神话与仪式的结构学研究》一文中指出，与火相关的传说颇多，介子推不是唯一的选择，更多的原因在于介子推割腕股是一种高估的人际关系，而文公以烧山相待则是一种低估的人际关系，两者构成对比，前者显示伦理道德，是文化的表现，后者体现本能，是自然的表现，此处高估与低估的对比、自然与文化的对比和点火与禁火的对比有着相似的思维模式，而正是这种相似的结构将介子推带入了禁火习俗中。见苑利主编《二十世纪中国民俗学经典·社会民俗卷》，社会科学文献出版社2002年版，第183—184页。

论》一文中,引用屈原《九章·惜往日》:"介子忠而立枯兮,文君寤而追求,封介山而为之禁兮,报大德之优游",称无论此"禁"是指禁山、禁火还是禁止旁人言及此事,① 这则记载都使介子推的传说与禁火又多了一个共同点,就是"禁";蔡邕称介子推作《龙蛇歌》,《龙蛇歌》的雏形虽已见于《史记》,但直至东汉成书的《新序》才将介子推视为它的作者,歌中反复出现龙、蛇的意象,而禁火又是对东方苍龙的崇拜,"龙"也是两者之间的联结点。禁火习俗与介子推之间有这么多共同的元素,久而久之,禁火的习俗就逐渐演变成纪念介子推的一种形式。

东汉,可视为介子推传说与禁火习俗相结合的最初阶段,但这一习俗流行不广,"禁火"之风在执行过程中也未完全贯彻,更未明确提出"寒食节"这一说法。

三国至南北朝时期,寒食的风俗渐渐盛行,地域上也不再局限于山西。曹操曾有《禁绝火令》(一作《明罚令》):

> 闻太原、上党、西河、雁门,冬至后百五日皆绝火寒食,云为介子推。于胥沉江,吴人未有绝水之事,至于子推独为寒食,岂不偏乎?且北方沍寒之地,老少羸弱,将有不堪之患。令到,人不得寒食。若犯者,家长半岁刑,主吏百日刑,令长夺一月俸。②

由此可知,在东汉末年,禁火习俗的流行范围有所扩大,但因北方三月天气犹寒,严格冷食不利于百姓的健康和人口的增长,③ 曹操才特地下令禁止。至魏晋南北朝时期,以春日禁火来纪念介子推的风俗更为盛行,且明确提出"寒食"之名,如孙楚《祭介子推文》云:

> 太原咸奉介君之灵,至三月清明断火寒食,甚若先后一月。④

---

① 张勃:《寒食节起源新论》,《西北民族研究》2004年第3期,第148页。
② 曹操、曹丕、曹植著:《三曹集》(魏武帝集、魏文帝集、陈思王集),岳麓书社1992年版,第18页。
③ 东汉的桓谭也有类似的描述:"太原郡民以隆冬不火食五日,虽有疾病缓急犹不敢犯也。"见(东汉)桓谭:《新论》卷下《离事第十一》,上海人民出版社1977年版,第47页。
④ 见(唐)虞世南:《北堂书钞》卷一四三,董治安主编:《唐代四大类书》,清华大学出版社2003年版,第647页。

《齐民要术》又有：

> 之推忌日断火，煮醴而食之，名曰寒食。①

若论叙述详尽，当推陆翙《邺中记》：

> 邺俗冬至一百五日为介子推断火冷食三日，作干粥，是今之糗。
> 并州俗以介子推五月五日烧死，世人为其忌，故不举饷食。非也。北方五月五日自作饮食祀神，及作五色新盘相问遗，不为介子推也。
> 寒食三日作醴酪，又煮粳米及麦为酪，捣杏仁煮作粥按玉烛宝典，今人悉为大麦粥，研杏仁为酪，别以饧沃之。②

甚至在北朝也有此俗，《魏书·高祖孝文帝纪》云：

> （四年二月）辛未，禁断寒食。
> （二十年二月）癸丑，诏介山之邑，听为寒食，自余禁断。③

《赵书》又有：

> 石勒建武时断寒食，至年五月暴风霹雷雨雹大者如弹丸，平地三尺潦起并州。勒问徐光，光曰："去年不禁寒食。"勒复之。④

由上述资料可以看出，对汉族而言，寒食是因介子推之故这一观点在民间已为人广泛认可，且关于冷食的习俗有了具体明确的规定。北朝在执行这一习俗的时候尚有原始崇拜的因素在，且信众颇多。

---

① 转引自尚秉和《历代社会风俗事物考》，中国书店2001年版，第420页。
② （晋）陆翙：《邺中记》，王云五主编：《四库全书珍本别集·邺中记》，台湾商务印书馆，影印时间不详，第15页。
③ （北齐）魏收：《魏书》卷七《高祖孝文帝纪》，中华书局2000年版，第140页。
④ 见（唐）虞世南：《北堂书钞》卷一四三，董治安主编：《唐代四大类书》，清华大学出版社2003年版，第647页。

为什么这样的习俗会在此时广为流传呢？首先，介子推是忠臣孝子的典型，他割腕股以救重耳，并随他流亡多年，一片忠心确实是可表日月，说到"孝"，他宁可让母亲与自己一起烧死，也不肯出山见文公，在现代人看来，是称不上"孝"的，但古人认为"以孝事君则忠"，忠是孝的最高境界，因此举凡忠臣，无一不是孝子，诚如张勃先生所言，介子推是"一个奇怪的孝子典型"①，而这样忠孝双全的道德典范是自汉武帝"独尊儒术"以后一直推崇的；其次，他不求名利，功成身退，所向往的是一种隐士生活，这样的淡泊与气节正是魏晋名士所欣赏的，在那样的环境里，介子推从众多古人中脱颖而出并非偶然。以上两个因素结合起来，使介子推在当时尤为士人所推重。而原本只流行于太原一带的地方性风俗之所以在此时迅速扩散开去，恐与当时频繁的战乱和人口流动脱不了干系，寒食风俗随士兵和难民来到全国各地，正如夏日新先生在《长江流域的岁时节令》一书中就提到"西晋末年，天下大乱，并州的流民流向全国，也把寒食的风习传播到各地"②。

至此，介子推已被认为是寒食文化的由来。唐宋时期寒食礼俗进一步丰富，并逐渐扩散至全国，但这一本质并无太大改变。③

三 衍为祭祖感念先人恩泽

唐开元二十年对于寒食节来说是一个十分重要的年份，该年五月癸卯，玄宗下诏"寒食上墓，宜编入五礼，永为恒式"④，《唐大诏令集补编》收此诏书全文如下：

> 寒食上墓，礼经无文，近代相传，浸以成俗。士庶有不合庙享，何以用展孝思？宜许上墓拜扫，申礼于茔，南门外奠祭，撤馔讫，泣辞。食馔任于他处，不得作乐。仍编入五礼，永为

---

① 张勃：《介子推传说的演变及其文化意义》，《管子学刊》2002年第3期。
② 夏日新：《长江流域的岁时节令》，湖北教育出版社2003年版，第95页。
③ 《荆楚岁时记》："去冬节一百五日，即有疾风甚雨，谓之寒食。禁火三日，造饧、大麦粥。寒食，挑菜。斗鸡，镂鸡子，斗鸡子。"原本流行于北方（由中原地区逐步向更北的少数民族聚居地区扩散）的寒食风俗，渐渐传至南方。
④ （后晋）刘昫等：《旧唐书》卷八《玄宗纪》，中华书局2000年版，第229页。

常式。①

虽然诏书里并未提及寒食源于"介子推",但作为寒食文化的一部分,寒食成为法定节日也是对其本人的肯定。为什么唐要把寒食置于如此之高的地位呢?最重要的原因可能是多年战乱之后,政府和黎民都渴望民生安定,这不仅需要经济政策的激励、军事行动的停止,更需要思想层面的统一,统治者选择肯定"介子推"正是出于对忠君思想的强调和推崇。彼时唐王朝国力虽强,但周边亦有不少异族,建国后更是经历了多次政变,将对忠诚又淡泊的介子推的纪念以官方政令的方式确定下来,恰可使忠君思想在潜移默化中深入人心,以巩固自身的权威。② 张勃先生认为一项习俗的兴衰与变迁取决于民间与官方两种力量合力的方向和大小,③ 参考寒食这一习俗此前的流布情形,我们可以想见,在经历了三国、两晋、南北朝乃至唐初年这500余年的动乱以后,各地各民族文化交融,无论是源于对介子推的景仰还是祈雨这一原始信仰的遗留,禁火寒食的习俗恐也已盛行民间。

有唐一代,留下了许多与寒食相关的诗歌,这一时期的寒食禁火主要还是源于对介子推的追思,如:

> 雨中禁火空斋冷,江上流莺独自听。④

又如:

> 二月江南花满枝,他乡寒食远堪悲。

---

① 李希泌主编、马华轩等编:《唐大诏令集补编》卷十八《典礼·许士庶寒食上墓诏》,上海古籍出版社2003年版,第833页。该书据《全唐文》《册府元龟》认为此诏出于唐开元二十一年,但人多以为系开元二十年。

② 之所以此前的唐代君主不曾如此重视寒食,可能是因为开国之初忙于恢复被战乱破坏的社会秩序和经济,且唐初出现多次政变,朝廷无暇顾及这等不急之务,故直至玄宗一朝始有此说。

③ 张勃:《论官方与民间合力对寒食习俗的影响》,《齐鲁学刊》2004年第2期。

④ (唐)韦应物:《寒食寄京师诸弟》,伊冷等选注:《历朝岁时节令诗》,华夏出版社1994年版,第199页。

贫居往往无烟火，不独明朝为子推。①

或是：

春城无处不飞花，寒食东风御柳斜。
日暮汉宫传蜡烛，轻烟散入五侯家。②

其中白居易的《寒食野望吟》常被提及，以此为寒食、清明扫墓习俗合一的依据③：

乌啼鹊噪昏乔木，清明寒食谁家哭。
风吹旷野纸钱飞，古墓垒垒春草绿。
棠梨花映白杨树，尽是死生别离处。
冥冥重泉哭不闻，萧萧暮雨人归去。④

事实上，两节时间相近，将之相提并论并不一定代表了礼俗上的合而为一，反不如杜甫《清明》一诗有"朝来新火起新烟""虚沾周举为寒食"⑤之句更可征信，在以清明为题的词作中出现了寒食礼俗特有的意象——新火、新烟，这种你中有我的情况似乎更能体现两个节日在习俗上

---

① （唐）孟云卿：《寒食》，伊冷等选注：《历朝岁时节令诗》，华夏出版社1994年版，第200页。

② （唐）韩偓：《寒食》，上引书，第200页。此类唐诗颇多，又如李崇嗣《寒食绝句》：普天皆灭焰，匝地尽藏烟；王昌龄《寒食即事》：晋阳寒食地，风俗旧来传；许浑《途中寒食》：泣路同杨子，烧山忆子推；等等。以上引自（宋）蒲积中编、徐敏霞校点《古今岁时杂咏》，辽宁教育出版社1998年版，第132、135、142页。

③ 如韩养民、郭兴文《中国古代节日礼俗》，陕西人民出版社2002年版，第158页；完颜绍元《中国风俗之谜》，上海辞书出版社2002年版，第62页。

④ 转引自韩养民、郭兴文《中国古代节日礼俗》，陕西人民出版社2002年版，第158页；胡光舟、周满江主编《中国历代名诗分类大典》第492页（广西人民出版社1990年版）；马东田主编《唐诗分类大辞典》第352—353页（四川辞书出版社1992年版）；（唐）白居易著，丁如月、聂世美校点《白居易全集》第160页（上海古籍出版社1999年版）皆录此诗，首句作："丘墟郭门外，寒食谁家哭"，若据此，则根本不能得出寒食、清明合一的结论。

⑤ （唐）杜甫：《清明》，胡光舟、周满江主编：《中国历代名诗分类大典》，广西人民出版社1990年版，第497页。

的合并。寒食习俗并入清明一节，可能始于唐，甚或更早，但若仅以白诗为证，理由却似不够充分。

宋代市民文化兴盛，节日礼俗更为精致，寒食不独禁火①，但衍生而出的习俗仍隐约可见介子推的影响，如《东京梦华录》：

> 寒食前一日谓之"炊熟"，用面造枣锢飞燕，柳条串之，插于门楣，谓之子推燕。②

《梦粱录》：

> 清明交三月节，前两日谓之寒食。……家家以柳条插于门上，名曰明眼。凡官民不论大小家子女未冠笄者，以此日上头。③

《武林旧事》：

> 清明前三日为寒食节，都城人家，皆插柳满檐，虽小坊幽曲亦青青可爱；大家则加枣锢于柳上，然多取之湖堤。有诗云：莫把青青都折尽，明朝更有出城人。④

这时出现的新元素主要有两个，一是"子推燕"，一种燕形面食，串于柳枝上，插在家门前，然而为何必以燕为形呢？可能有以下两个原因，其一，燕子色黑，即所谓"玄鸟"，传简狄食玄鸟之卵而产子，名契，为商族始祖，玄鸟在此意义上象征了人类的起源，子推燕即介子推的传说与这

---

① （宋）王禹偁《清明》诗中有"昨日邻家乞新火，晓窗分与读书灯"，即可见禁火之俗，也可见清明、寒食在习俗上趋于一致（钟尚钧、马大品、黄为之：《中国历代诗歌类编》，河南教育出版社1988年版，第774页）。又如（宋）欧阳修《清明赐新火》"多病正愁粥饧冷，清香偏爱蜡烟新"（于石主编：《中国传统节日诗词三百首》，广东人民出版社2004年版，第118页）。

② （宋）孟元老：《东京梦华录》卷七《清明节》，周峰点校：《东京梦华录（外四种）》，文化艺术出版社1998年版，第43页。

③ （宋）吴自牧：《梦粱录》卷二《清明节》，刘坤主编：《梦粱录（外四种）》，黑龙江人民出版社2002年版，第23页。

④ （宋）周密辑：《武林旧事》卷三《祭扫》，上引书，第292页。

种原始崇拜的结合①；其二，春暖花开之际，燕子恰自南方北归，它的归来，让人们赋予了招魂的意义，"子推燕"的出现针对的不仅是介子推的灵魂，② 更渗入了对祖先的怀念。二是"柳"，之所以用柳枝来串联，而不选用其他木材，是因为传说柳有明眼、驱蛇虫、纪年、迎玄鸟、招魂、避邪祟等诸多功能，民谚有"清明不戴柳，死后变黄狗"之说，可见其在灵魂转世这一问题上似也被赋予一种神秘的力量；③ 柳又通"留"，有挽留之意，可能人们出于对先人的敬爱，希望他常在人间，故此插柳于门。④ 唐玄宗将"寒食上墓"编入五礼的时候，寒食节俗中对介子推的纪念已渐渐推广为对祖先的追思，"介子推"作为节日的由来依然是节俗的重要元素，但节俗的构成日渐复杂，宋时更融入辟邪、游春之类习俗，"介子推"的影响逐步淡化。

元代的寒食节俗已更多强调祭祖，对介子推的纪念意义逐步减弱，如武汉臣《老生儿》：

时遇清明节令，寒食一百五，家家上坟祭祖。⑤

之后，寒食、清明、上巳三节的习俗逐步融合，清明更为世人所重，寒食习俗日趋边缘化，介子推的影响也渐渐淡了。

---

① 参考周爱东《寒食节及其食俗考辨》，《扬州大学烹饪学报》2003 年第 2 期，第 12 页。
② 参考刘宁波《清明用柳习俗与柳的信仰》，"以柳招魂的说法中所招之魂并不是后世所说的家鬼之魂，而是晋人介之推之魂"，上海民间文艺家协会编：《中国民间文化（第二集）——民俗文化研究》，学林出版社 1991 年版，第 116 页。
③ 参考上引书，第 114—115 页。这一民谚也可视为寒食与清明两节习俗日益融合的实证，其形成时间应略晚于宋。
④ 又如赵东玉先生认为人们是为了从柳枝上获取旺盛的生命力才插柳于门（赵东玉著：《中国传统节庆文化研究》，人民出版社 2002 年版，第 173 页）；又如《世说新语》：桓公北征，经金城，见前琅邪时种柳皆已十围，慨然曰："木犹如此，人何以堪！"（刘义庆：《世说新语·言语》，见桑林佳选注：《汉魏六朝小说选》，太白文艺出版社 2004 年版，第 166 页），可能也是此意，因草木复苏而觉岁月匆匆，以强调时间的流逝来表达对先人的追思，介子推是先人，家家户户的祖先也是。
⑤ 武汉臣：《老生儿》，转引自陈高华、史卫民《中国风俗通史·元代卷》，上海文艺出版社 2001 年版，第 399 页。

四　不禁温食转而热衷游春

寒食禁火禁温食，原本是一种苦行，以此表达对降雨虔诚的渴望，即使后来引入了"介子推"这一元素，也仍是一个庄重到有点沉重的节日。唐天宝以后，文化比较多元，社会环境比较轻松，贵族多喜宴乐，寒食又近上巳节，受其影响，增加了游春习俗。

寒食当仲春，柳绿桃红，风光正好，确实适宜出游。唐玄宗《许士庶寒食上墓诏》言："食馔任于他处，不得作乐"，[1] 并不允许百姓在寒食之日尽情游戏，[2] 但《开元天宝遗事》明确记载："天宝宫中至寒食节，竞立竖秋千。令宫嫔辈戏笑，以为宴乐。帝呼为半仙之戏。都中士民相与仿之。"[3] 所谓上行下效，宫中已然如是，民间的游春活动更是兴盛了，唐时的许多诗文都提及此事，如王维《寒食城东即事》：

蹴鞠屡过飞鸟上，秋千竞出垂杨里。[4]

张说《奉和寒食应制》：

斗敌鸡殊胜，争球马绝调。[5]

曹松《钟陵寒食日与同年裴颜李先辈郑校书郊外同游》：

---

[1] 李希泌主编、马华轩等编：《唐大诏令集补编》卷十八《典礼》：许士庶寒食上墓诏，上海古籍出版社2003年版，第833页。

[2] 据王融亮：《话寒食古今论风习变易》（《沧桑》2001年第1期，第55页），刘向已有"寒食踏蹴"的记载，如此则在东汉时，寒食就伴随着游乐，而唐之所以明令禁止，可能是因为游乐的发展使寒食本身的教化功能减弱，如唐高宗龙朔二年四月十五日就于诏书中云：如闻父母初亡，临丧嫁娶，积习日久，遂以为常；亦有送葬之时，共为欢饮，递相酬劝，酣醉始归；或寒食上墓，复为欢乐，坐对松槚，曾无戚容，既玷风猷，并宜禁断［（宋）王溥编撰：《唐会要》，卷二十三，王云五主编：《万有文库第二集·唐会要》，商务印书馆1935年版，第439页］。

[3] 《岁功典·清明部》，（《古今图书集成》，中华书局1986年版），转引自张勃《论官方与民间合力对寒食习俗的影响》，《齐鲁学刊》2004年第2期。

[4] （宋）蒲积中编、徐敏霞校点：《古今岁时杂咏》，辽宁教育出版社1998年版，第134—135页。

[5] 上引书，第133页。

> 云间预过秋千女，地上声喧蹴鞠儿。①

秋千、蹴鞠、斗鸡等都是当时寒食常见的娱乐，但这并不妨碍寒食的教化功能，禁火的习俗依旧在执行中。

至宋朝，关于游春的记载更多了，诗词有：

> 龙头舴艋吴儿竞，笋柱秋千游女并。②
> 晴日暖，淡烟浮，恣嬉游。三千粉黛，十二阑干，一片云头。③
> 淡荡春光寒食天，……海燕未来人斗草……④
> 麦饭纸钱，只鸡斗酒，几误林间噪喜鸦。⑤

时人笔记中的记载就更为详尽了，如《东京梦华录》：

> 四歌如市，往往就芳树之下，或园囿之间，罗列怀盘，互相劝酬。都城之歌儿舞女，遍满园亭，抵暮而归。⑥

又如《西湖游览志余》：

> 是日，倾城上冢，南北两山之间，车马阗集，而酒尊食罍，山家村店，亨馂遨游，或张幕籍草，并舫随波，日暮忘返。苏堤一带，桃柳阴浓，红翠间错，走索、骠骑、飞钱、抛跋、踢木、撒沙、吞刀、吐火、跃圈、筋斗、舞盘，及诸色禽虫之戏，纷然丛集。而外方优妓，歌吹觅钱者，水陆有之，按踵承应。又有买卖赶趁，香茶细果，酒中所需。而彩妆傀儡，莲船战马，饧笙鼗鼓，琐碎戏具，以诱悦童

---

① （宋）蒲积中编、徐敏霞校点：《古今岁时杂咏》，辽宁教育出版社1998年版，第153页。
② （宋）张先：《木兰花·乙卯吴兴寒食》，伊冷等选注：《历朝岁时节令诗》，华夏出版社1994年版，第203页。
③ （宋）仲殊：《诉衷情·寒食》，上引书，第204页。
④ （宋）李清照：《浣溪沙》，上引书，第206页。
⑤ （宋）谢枋得：《沁园春·寒食郓州道中》，上引书，第208页。
⑥ （宋）孟元老著：《东京梦华录》卷七《清明节》，周峰点校：《东京梦华录（外四种）》，文化艺术出版社1998年版，第43页。

曹者，在在成市。①

此等记载不胜枚举，与唐代相比毫不逊色，市集之盛或有过之。且因南宋时都城南迁，由内地至沿海，江南一带本以水乡闻名，西湖更是天下胜景，故此，节俗中出现了不少与水有关的内容，如赛龙舟、画舫游湖等，西湖老人曾记此胜况：

> 寒食前后，西湖内画船布满，头尾相接，有若浮桥。头船、第二船、第三船、第四船、第五船、槛船、摇船、脚船、瓜皮船、小船自有五百余只。南山、北山龙船数只。自二月初八日下水，至四月初八日方罢。沓浑木、拨湖盆，他郡皆无。节日大船，多是王侯节相府第及朝士赁了，余船方赁市户。岸上游人，店舍盈满。路达搭盖浮棚，卖酒食也无坐处，又于赏茶处借坐饮酒。南北高峰诸山寺院僧堂佛殿，游人俱满。都门闲夜更深，游人轿马尽绝，门方闭。②

宋代的寒食礼俗是颇为丰富的，不仅在对介子推的纪念上有了更为具体明确的习俗，在游春活动上也十分热闹。唐、宋两代，此两点是并重的，并未因游春而废禁火。以下两诗对此有十分清晰的表述：

> 廊下御厨分冷食，殿前香骑逐飞球。③
> 寒食人家事踏青，万家春色寂无烟。④

两事分别出自唐宋，却都是一句说禁烟，一句讲游玩，恰可证明当时的寒食礼俗中两者是并存的。

---

① （宋）田汝成：《西湖游览志余》，浙江人民出版社1980年版，第318页。
② （宋）西湖老人：《西湖老人繁胜录》，周峰点校：《东京梦华录（外四种）》，文化艺术出版社1998年版，第101页。另《梦粱录》《武林旧事》等书皆载寒食游春之俗（刘坤主编：《梦粱录（外四种）》，黑龙江人民出版社2002年版，第23、292页）。
③ （唐）张籍：《寒食日内宴》，（宋）蒲积中编、徐敏霞校点：《古今岁时杂咏》，辽宁教育出版社1998年版，第145页。
④ （宋）杨齐：《寒食野外》，（宋）蒲积中编、徐敏霞校点：《古今岁时杂咏》，辽宁教育出版社1998年版，第132、135、142页。

这种游春赏景的盛况在元曲也有所体现，如王元鼎《正宫·醉太平·寒食》：

> 声声啼乳鸦，生叫破韶华。夜深微雨润堤沙，香风万家。画楼洗净鸳鸯瓦，彩绳半湿秋千架。觉来红日上窗纱，听街头卖杏花。①

情致妩媚，然而介子推其人与禁火之俗已不可见。仅据此曲自不能认定元代的寒食已除对介子推的祭祀习俗，从而不再以此作为教化百姓的手段，但应可视为介子推渐渐淡出寒食礼俗的例证之一。"上至内苑，中至宰执，下至士庶，俱立秋千架，日以嬉游为乐"；"起立彩索秋千架，自有戏域秋千之服。金绣衣儒，香囊结带，双双对墩。绮筵杂进，珍馔甲于常筵。中贵之家，其乐不减于宫阙。达官贵人，豪华第宅，悉以此为除拔散怀之乐事"，②可见举国上下都有着形式多样的娱乐活动；而就禁火习俗而言，一方面"泼火雨晴汤粥冷，落花风暖笋奥轻。感时已司庄生梦，遗俗空怀介子清"③；另一方面，则是"春寒不禁香簧火，红蜡青烟忆汉宫"④，因介子推而延续千年余年的禁火习俗此时不再被普遍认同，而是处在无可无不可的地位了。⑤

至明清，寒食禁火的风俗已少被提及，只余下祭扫的功能。如高启《送陈秀才还沙上省墓》：

> 满衣血泪与尘埃，乱后还乡亦可哀。

---

① （元）王元鼎：《正宫·醉太平·寒食》，伊泠等选注：《历朝岁时节令诗》，华夏出版社1994年版，第203页。
② 熊梦祥：《析津志辑佚》，北京古籍出版社1983年版，转引自张勃《论官方与民间合力对寒食习俗的影响》，《齐鲁学刊》2004年第2期。
③ 转引自张勃《论官方与民间合力对寒食习俗的影响》，《齐鲁学刊》2004年第2期。
④ 同上。
⑤ 南梁的《荆楚岁时记》就曾提出寒食的起源"并无介推被焚之事"，宋以后更多人开始质疑这一问题，如宋朝罗泌《路史发挥·论遂人改火》就力主寒食习俗起于禁火。学者的考据渐渐将介子推与寒食剥离开来，而彼时农业、思想和社会的发展已让禁火、改火之俗失去了市场，寒食的根基——禁火或纪念介子推——开始摇晃，其俗也日渐边缘化，祭祀先人的孝子文化反而留了下来，占据了更为重要的位置，并与时间相近的上巳游春习俗相结合，形成了新的节俗和节日功能。

> 风雨梨花寒食过，几家坟上子孙来？①

这里的寒食再没有禁火的风俗，只余下祭扫的功能。为什么明代的寒食会失去介子推的踪影呢？这与元以来的风俗演变固然有关，但此处大胆猜测，介子推身上有着"狡兔死，走狗烹"的影子，毕竟就其功绩而言，晋文公确是薄待了他，正如卢象所言"可怜文公霸，平生负此臣"，② 而明太祖又恰做过类似的事情，是否正是为了回避，介子推才渐渐淡出了寒食礼俗呢？又或者如李渔所说"地冷易寒食，烽多难禁烟"，③ 认为是后期动荡的局势使人无暇他顾，但若据此说仍难以解释禁火习俗自元以后就逐渐放松的情况；更为常见的理由是禁火冷食不利于老幼病弱，尤其不利北方寒冷之地的百姓，而百姓对健康富足的追求始终存在，随着生产力的发展日甚一日，因此此俗在历经数朝后逐渐式微，尤其是其中还有数次为蒙、满等少数民族政权。然而无论是出于怎样的原因，明清之际寒食之风不兴却是事实，《燕京岁时记》中已明确将寒食与清明混为一谈，④ 不独风俗相同，竟是合为一节了：

> 清明即寒食，又曰禁烟节，古人最重之，今人不为节，但儿童戴柳，祭扫坟茔而已。⑤

虽然明清时的寒食已趋没落，介子推的影响几不可见，但与清明合而

---

① 高启：《送陈秀才还沙上省墓》，钟尚钧、马大品、黄为之：《中国历代诗歌类编》，河南教育出版社1988年版，第787页。
② （唐）卢象：《寒食》，（宋）蒲积中编、徐敏霞校点：《古今岁时杂咏》，辽宁教育出版社1998年版，第135页。
③ （清）李渔：《清明前一日》，全诗如下：正当离乱日，莫说艳阳天。地冷易寒食，烽多难禁烟（于石主编：《中国历代节日诗三百首》，广东人民出版社2004年版，第127页）。
④ 清明、寒食的合一也不可一概论之，如（清）黄遵宪《寒食》："几日春阴画不成，才过寒食又清明"（于石主编：《中国传统节日诗词三百首》，广东人民出版社2004年版，第128页），此可见还是将两者区别对待。但就总体而言，此时两节正趋于统一。
⑤ （清）富察敦崇：《燕京岁时记》，（清）潘荣陛、富察敦崇：《帝京岁时纪胜燕京岁时记》，北京古籍出版社1981年版，第57页。

为一后，除祭祀之外，① 游春的习俗却不曾改变，如：

> 问西楼禁烟何处好？绿野晴天道。马穿杨柳嘶，人倚秋千笑，探莺花总教人醉倒。②

又如：

> 逃亡屋破夕阳斜，社燕归来不见家。
> 旧日踏青芳草路，纷纷白骨衬飞花。③

后者虽是写饥荒后的凄凉景象，但"旧日踏青芳草路"一句，也可见寒食本是踏青游春的日子。

《清嘉录》载清明前后习俗甚详，尚有冷食的记载，但实行上已不复严格：

> 今俗用青团红藕，皆可冷食，犹循禁火遗风。然与鬼神享饫之义不合，故仍复有烧笋烹鱼以享者。④

禁火之风此时已少有人遵循了，取而代之的是越来越丰富的游乐活动，如《清嘉录》所载，其时盛行放断鹞、野火米饭⑤等俗，此不是禁火，倒是举火了。自唐以来，由蹴鞠、秋千、斗鸡、斗草、画舫游春始，如今又有

---

① 此除高启诗外，又如（清）洪升《寒食》："七度逢寒食，何曾扫墓田。他乡长儿女，故园隔山川。明月飞乌鹊，空山叫杜鹃。高堂添白发，朝夕泪如泉。"引自张秉成、萧哲庵主编《清诗鉴赏辞典》，重庆出版社1992年版，第366页，由此诗可见寒食对清人而言，意义最大的莫过于祭扫先人坟茔。

② （明）王磐：《清江引·清明日出游》，钟尚钧、马大品、黄为之：《中国历代诗歌类编》，河南教育出版社1988年版，第774页。虽以清明为题，但诗中所谓"禁烟"却是寒食禁火之俗，应是将寒食、清明的习俗混合而言，故其关于游春的描写也可视作寒食风俗的表现。

③ （清）孔尚任：《寒食得花字》，伊冷等选注：《历朝岁时节令诗》，华夏出版社1994年版，第210页。

④ （清）顾铁卿撰、孙寒星注释：《清嘉录》卷三《三月》，王静悦编：《经典民俗解读：中国古代民俗（一）》，黑龙江人民出版社2004年版，第290页。

⑤ 上引书，第296—297页。

了新的娱乐形式；而最初的习俗——禁火，却随着岁月渐渐消失了，这也意味着介子推已经逐步退出了寒食文化，当然，此时的寒食也已不复当年的繁华光景，它渐渐被人置于脑后，残存的一些习俗归入清明节名下，而寒食本身的地位每况愈下，诚如富察敦崇所言是"今人不为节"① 了。

从没有介子推的禁火祈雨，到有介子推的寒食追思，又变成了没有介子推的游春赏景，介子推的引入和淡出，也伴随了寒食节自身的兴盛与没落。就如张勃先生所言，习俗的形成与推广，需要官方和民间的共同支持，② 尤为难得的是官方的认可，当董仲舒为祈雨而令天下禁火的时候，当唐玄宗为教化百姓而将寒食列入"五礼"的时候，也正是此俗最为风行的时候，围绕它产生了许多民俗规范，并在其后很长一段时间里，都因为沿袭旧制而使寒食的风俗得到不断推广，而当这股力量渐渐弱化乃至于无、时人开始探索寒食起源并发现其与介子推并无大关联的时候，寒食之于忠孝文化的推广意义受到动摇，民间的禁火之风也逐渐远去，时间相近的寒食、清明、上巳三节相互融合，祭扫和游春转为主要习俗。直至今日，寒食已不再为人重视，即便有人遵循旧俗，也不过是敷衍故事而已。

---

① （清）富察敦崇：《燕京岁时记》，（清）潘荣陛、富察敦崇著：《帝京岁时纪胜燕京岁时记》，北京古籍出版社1981年版，第57页。

② 参考张勃《论官方与民间合力对寒食习俗的影响》，《齐鲁学刊》2004年第2期。

中国古代夫妻惜缘文化及其当代意义

柳卓娅

（淄博师范高等专科学校）

夫妻"惜缘"文化在我国有着极其深厚的基础，从婚姻缔结过程到夫妻相处之道有着诸多的礼俗、论说、规定，有许多典范故事虽然时过千载依然温馨动人。学术界有个别学者注意到了这一点并作了相关研究，但是相对于夫妻"惜缘"文化在中国文化史上应有的地位，这些研究还不够全面、系统和深入。当今社会婚恋问题层出不穷，系统梳理古人关于珍惜夫妻缘分的文化源流，全面考察古人对于夫妻之缘珍惜和维护的典型，对于我们充分认识古代夫妻"惜缘"文化的内涵和意义，促进当今社会夫妻关系和美、家庭关系和谐有着重要的参考和借鉴意义。

一　"惜缘"的字源学考察

"缘"小篆字体写作"緣"，段玉裁《说文解字注》解释说："古者曰衣纯，见经典，今曰衣缘。"[1] 即"缘"本义指衣服的包边。后引申为器物的边沿，又有了凭借、依据之意，也可表示原因和机会。东汉时佛教传入我国，随着佛经的翻译和介绍，"缘"作为"原因""因缘"被广泛地使用和传播，"缘分"的意义也被生发出来。[2] 南北朝时期对佛教极为崇

---

[1] 段玉裁：《说文解字注》，浙江古籍出版社1998年版，第654页。
[2] 卢升法：《佛学与现代新儒家》，辽宁大学出版社1994年版，第1页。

尚,"缘"作为佛教的常用语慢慢转为社会常用语,① 姻缘,就是"缘"应用于夫妻关系的结果。"惜缘"一词,用于夫妻关系也最为典型。

二 古代夫妻惜缘文化源流探析

漫长的古代,人们对珍惜夫妻缘分的认识不同时期呈现不同的特点。

先秦时期,人们对于男女不可以随意进行婚姻匹配的认识是珍惜夫妻缘分的文化源头。在原始社会初期,男女没有固定夫妻匹配,也就无所谓夫妻缘分。后来开始有了一些性的禁忌即同姓结婚,不仅有后代繁衍不旺盛的担忧,还有对于伦理道德的敬畏。由此先秦时代特别强调婚姻要"合二姓之好,上以事宗庙,而下以继后世"②,这是我国"惜缘"文化正式形成的重要标志。同时,先秦时期"天人合一"的思想进一步强化了人们珍惜夫妻缘分的认识。天地之间阴阳相互作用、男女交合是万物化生的源泉,而且男女婚姻也是阴阳关系的一部分,只有男女修好,才能达到阴阳调和。《周易·咸卦》所谓"咸,感也。柔上刚下,二气感应以相与。止而说(悦),男下女,是以亨,利贞,取女吉也",即婚姻的结成也必须以男女二人感情相悦为基础,相互感应,才能吉利。另外,"父母之命、媒妁之言"的婚姻缔结方式和程序复杂的婚礼仪式也蕴含着诸多"惜缘"的因素。古代婚姻必须有"父母之命、媒妁之言",这个规定千百年来备受非议,但从另一个角度这也是一种特殊的缘分缔结方式。婚礼作为婚姻关系正式确定的重要标志,被视为其他一切礼仪的根本,受到极大的重视,这也是对婚姻关系的一种珍惜。《礼记·效特牲》说:"夫婚礼,万世之始也。"③ 古代婚礼的过程极为复杂,尽管有些烦琐,但是每一步礼节都紧扣着对婚姻关系的重视,对美好姻缘的希望和祝福,也让新婚男女从婚礼之初就有了要对自己姻缘要珍惜的意识和感受。

总体来说,在先秦时代,人们认为婚姻对于家庭内部发展、外部关联有着重要意义,关乎天地万物化生和阴阳平衡,婚礼程序也极为烦琐,这

---

① 中国社会科学院语言研究所词典编辑室编:《现代汉语词典》,商务印书馆1996年版,第1552页。
② 陈戍国:《礼记校注》,岳麓书社2004年版,第491页。
③ 同上书,第188页。

些对后世婚姻制度和文化有着重要的影响。

到了汉代,夫妻关系最突出的特点是"敬德",选择婚配对象和夫妻相处都注重对方的德行。贾谊《新书·礼》中说:"夫和妻柔,……夫和则义,妻柔则正。"① 在嫁娶标准上,贾谊从后世子孙德行的角度主张择取配偶应以"仁义"为最高标准:"谨为子孙婚妻嫁女,必择孝悌世世行(仁)义者。如是,则其子孙慈孝,不敢淫暴,党无不善,三族辅之。"而且要把这个标准"书之玉版,就之宗庙"。② 刘向《列女传》用大量的事例说明女子在婚姻中应有的规范,更是以"重德"为主。《汉书·匡衡传》记载匡衡提出皇后应该:"能致其贞淑,不二其操,情欲之惑无介乎容仪,宴私之意不形乎动静,夫然后可以配至尊而为宗庙主。此纲纪之首,王教之端也。"③ 东汉班昭写成《女诫》一书,更是对女子德行要求到了极端。虽然这些规定有其消极的成分,但是对于保持妻子的形象和尊严、夫妻关系的和睦是有一定益处的。

魏晋南北朝时期,男女择偶标准和相处方式发生了很大的变化,门第、相貌、气质、才学备受重视,在客观上也进一步提升了夫妻婚姻生活的质量。《晋书》记载韩寿"美姿貌,善容止",贾充的女儿贾午喜欢韩寿,经婢女穿针引线,韩寿闻贾充女"光丽艳逸,端美绝伦"而心动,后二人私通,贾充知详情后"遂以女妻寿"。④《世说新语·轻诋》刘孝标在注中引孙统给高柔文集所作的序即《柔集叙》中称,高柔"婚泰山胡毋氏女,年二十,既有倍年之觉,而姿色清惠,近是上流妇人。"高柔非常满足,罢官之后,"营宅于伏川,驰动之情既薄,又爱玩贤妻,便有终焉之志。"当尚书令何充征他为冠军参军时,"黾勉应命,眷恋绸缪,不能相舍。相赠诗书,清婉新切。"⑤ 眷恋之情深切之至,李贽就此评价"此人太真"⑥。正是夫妻二人有着相对较高的文学修养和才情,才会有这种情感交流方式和相处的优雅气氛。魏晋南北朝时期择偶标准的多样化,反映了人们婚恋观上的巨大进步。男女婚姻不仅是宗族的事情,首先应该

---

① 卢文弨校,贾谊撰:《新书》,中华书局1985年版,第59页。
② 同上书,第105页。
③ 班固:《汉书》,中华书局2007年版,第804页。
④ 房玄龄等:《晋书》,吉林人民出版社1995年版,第679页。
⑤ 徐震堮:《世说新语校笺》,中华书局1984年版,第447—448页。
⑥ 李贽:《初潭集》,中华书局1974年版,第7页。

是男女双方的事情。男女关系的融洽应该是婚姻中更值得关注的要素，在此基础上才能谈对于家庭发展的意义。

隋唐时期，科举制度的实行在一定程度上改变了前代婚姻重视门第的状况。社会观念更为开放，更加重视男女双方的互相爱慕，在婚姻中情意相投、恩爱有加的夫妻典型越来越多。唐代孟棨的《本事诗·情感》中记录一位宫女做征衣时竟然把情诗缝在里边，按传统是大逆不道，唐玄宗却能宽容大度地圆满处理了此事，成就了因为战袍而结缘的男女当事人。[①]《太平广记》卷一八一《李翱女》记载进士卢储投卷李翱，李翱的女儿正当婚嫁的年龄，看见文卷说："此人必为状头。"李翱"深异其语，乃令宾佐至邮舍，具白于卢，选以为婿。"[②]《全唐诗》卷八百记载唐大历年间，女子晁采"少与邻生文茂约为伉俪。……母得其情，叹曰：才子佳人，自应有此，遂以采归茂。"[③] 成全了这桩婚姻。唐玄宗为宫女赐婚、李翱为女择婿、晁采之母为女订婚都是建立在男女双方互相认可、互相爱慕的基础之上。白居易在新婚期间曾赋《赠内》诗，[④] 没有强调传宗接代和门第才华，而是强调夫妻要同甘共苦、相敬如宾，即使清贫，也要安然快乐，希望能够"偕老同欣欣"。

宋代社会文教事业兴盛，女性受教育的机会比以往更多，知书达理、远见卓识的闺阁楷模涌现不少[⑤]。很多女子不仅成为丈夫的生活益友、文章知己，还能以内助的身份参与外事，关注丈夫的事业，志同道合、平等和谐的夫妻关系较为普遍地出现，李清照和赵明诚夫妇就是典型。宋人笔记也记载了不少此类夫妻的事例，而且能予以正面书写，给予肯定。[⑥] 周必大为其妻王氏所撰墓志中对妻子评价道："夫人聪教高沽，女工孺业下至书篆无不洞晓……迨为学官馆职，相与商论古今，手抄经史。夜刘教儿读书，稍倦，对博奕，或至丙夜……居家，勉予以睦族无竞；当官，别劝

[①] 孟棨等：《本事诗本事词》，古典文学出版社1957年版，第6页。
[②] 冯梦龙：《太平广记钞（中册）》，中州书画社1982年版，第754页。
[③] 彭定求等编：《全唐诗》，中华书局2008年版，第6页。
[④] 白居易著，朱金城编校：《白居易集笺校卷一》，上海古籍出版社1988年版，第15页。
[⑤] 铁爱花：《宋代女性阅读活动初探》，《史学月刊》2005年第10期。
[⑥] 铁爱花：《论宋代士人阶层的夫妻关系——秋序规范与实际形态》，《兰州大学学报》2009年第1期。

尽瘁国事，勿恤其私……知予性慵，规以克勤；御下太宽，欲其有制。"①可以看出周必大的妻子的确是一位聪明贤惠、知书达理、内外兼修的女性，也赢得了周必大的发自内心的尊重和情意。李之仪为其妻胡文柔撰墓志，深切感念"四十年伉俪"，患难与共，不离不弃。②当然，李之仪和妻子在思想、学业、人事上互相理解、支持、勉励与夫妻二人的学识和思想能够达到相当的高度是分不开的。

元明清时代，人生情爱欲求进一步得到理解和肯定，夫妻之间"重爱""重情"的特点表现得更为突出。元好问《摸鱼儿·雁丘词》，起笔就是"问世间、情是何物，直教生死相许"。《西厢记》借崔莺莺之口说出："但得一个并头莲，煞强如状元及第"，强烈反对"蜗角虚名，蝇头微利，拆鸳鸯在两下里"③，这种只重感情、不重功名的观念让人耳目一新。明代"情""性情"等主张更是不绝于耳，李贽的"童心说"、汤显祖的"尊情说"、冯梦龙的"情教论"等影响颇深。李贽曾就司马相如和卓文君听琴结缘之事给予高度肯定与褒扬，其评论是"妨小耻而就大计"，因为不这样做，只能"失佳偶，空负良缘"④。他认为："夫妇之际，恩情尤甚，非但枕席之私，亦以辛勤拮据，有内助之益。若平日有如宾之敬，齐眉之诚，孝友忠信，损己利人，胜似今民称学道者，徒有名而无实，则临别尤难割舍也。何也？情爱之中兼有妇行妇功妇言妇德，更令人思念耳。"⑤其中提出"情爱之中兼有妇行妇功妇言妇德"，几乎是对夫妻关系达到完美境界的一种概括了。《牡丹亭》"情不知所起，一往而深，生者可以死，死可以生。生而不可与死，死而不可复生者，皆非情之至也"使"重情"的观念进一步深入人心。金圣叹也将张生与莺莺的爱情看作一种"必至之情"，赞叹"两宝相怜，两宝相求，两宝相合，而天乃大快！"⑥清代颜元在《四存篇·存人篇》中也说"男女者，人之大欲

---

① 周必大：《周益公文集》，宋集珍本丛刊第四十九册，线装书局2004年版，第392—393页。
② 李之仪：《姑溪居士全集》，中华书局1985年版，第371—374页。
③ 王实甫：《西厢记·牡丹亭》，吉林出版集团2010年版，第74页。
④ 吴枫、宋一夫主编：《中华儒学通典》，南海出版公司1992年版，第2050页。
⑤ 同上。
⑥ 艾舒仁编：《金圣叹文集》，巴蜀书社1997年版，第369页。

也，亦人之真情至性也"①，更是充分肯定了"情"的合理性和重要性。这些言论给当时夫妻相处和后世夫妻关系的变化奠定了很好的基础。

到了民国时期，由于政治制度和价值观念的巨大变化，传统婚姻制度和观念受到很大的挑战，男女勇于追求婚姻自主和婚姻幸福的行动越来越坚决，家庭的成立不再仅是为了传宗接代，更是为了男女当事人自身的爱情和幸福。生活中夫妻关系日趋平等，传统婚姻中夫为妻纲的观念逐步淡化，夫妻感情普遍日渐浓厚。②

综上所述，从先秦时讲究婚姻合二姓之好、延续生命；到汉代婚姻中重视德行，魏晋南北朝时期人们的观念相对开放，婚姻的选择出现多样化趋势，唐宋以后重视追求夫妻之间的互相爱慕、情趣相投。近代婚姻观念和制度更是趋向自主化，夫妻情感和婚姻自主受到重视。中国古人重视婚姻缔结、夫妻相处的思想源远流长，成为中华民族优秀传统文化的重要组成部分。

三 古代夫妻惜缘类型分析

中国古人遵循夫妻伦理，重视夫妻之道，从诸多方面给我们展示了古代夫妻的"惜缘"之意。

（一）糟糠之妻，永不下堂

古人崇尚的婚姻道德首先要提到的是"糟糠之妻不下堂"，丈夫在富贵之后不能抛弃曾经患难与共的妻子而另娶新欢，历史上这样的事例不少，对其中原因的理解也各有不同。战国时期齐景公尊为上相的晏婴妻子老而丑，却严词拒绝齐景公嫁女儿给自己："乃此则老且恶，婴与之居故矣，故及其少且姣也。且人固以壮托乎老，姣托乎恶；彼尝托，而婴受之矣。君虽有赐，可以使婴倍其托乎？"③晏子认为婚姻是一种人生的托付，从年轻到年老，从貌美到变丑，自己接受了这种托付，就决不背弃。晏婴

---

① 北京师联教育科学研究所编：《颜元、李塨习行教育思想与教育文论选读》，中国环境科学出版社2006年版，第258页。
② 陈蕴茜、叶青：《论民国时城市婚姻的变迁》，《近代史研究》1998年第6期。
③ 卢守助：《晏子春秋译注》，上海古籍出版社1996年版，第168页。

对妻子的深情厚谊与他的政治智慧足可媲美，他能被齐景公所赏识并委以重任是情理之中的事。这句话实际出自东汉的宋弘，这句直接而勇敢的话成为后世衡量一个男子对妻子是否有爱、内心是否仁德的重要标准。① 苏轼《书刘庭式事》记载的刘庭式的妻子不仅"无色"，而且"无目"，又是未婚妻，即使抛弃了料想也不会招来太多的非议，但是刘庭式认为"糟糠之妻"虽然丑陋，但也是妻，"吾心已许之矣"，不能"负吾初心"，"目亦吾妻也，无目亦吾妻"。"扬袂倚市，目挑而心招"的漂亮女子很多，但不是可以娶来为妻的。"糟糠之妻不下堂"从东汉至此有了最有力的阐发和最生动的例证，刘庭式用自己的行动对"哀生于爱，爱生于色"提出最有力的否定。②

夫妻双方要尊重共同的感情基础和患难经历，有互相扶持、互相帮助的基本义务，不能因身份、地位、相貌等外在因素而互相嫌弃，无论生病或是健康、富有或是贫穷，都要担负起照顾对方的义务和责任，这也是婚姻的重要意义。

（二）相亲相爱，情投意合

中国古代讲究男女授受不亲，对于夫妻之间的亲密之举大加避讳。然而，夫妻之间的亲昵是夫妻情感的自然流露，古人仍不乏夫妻相亲相爱的典范。如汉代张敞公然承认自己亲手为妻子画眉的故事人尽皆知。③《世说新语·惑溺》记载荀奉倩夫人冬天生病浑身发热，荀奉倩竟然跑到院子里冻冷全身然后回到屋里，以自己冰凉的身体为夫人驱热。夫人最终不治身亡，荀奉倩不久也去世。④ 夫妻之间这种弥足珍贵的感情和相怜相爱让后人感叹。《世说新语·贤媛》里记载了东晋时车骑将军桓冲和他妻子的一个有趣故事："桓车骑不好着新衣，浴后，妇故送新衣与。车骑大怒，催使持去。妇更持还，传语云：'衣不经新，何由而故？'桓公大笑，着之。"⑤ 一件小事体现的不仅是夫妻恩爱，还有当时玄学清谈背景下夫妻智慧的碰撞与交流。"衣不经新，何由而故？"本身就包含着深刻的哲

---

① 范晔：《后汉书》，中华书局2007年版，第273页。
② 徐荣强编：《唐宋八大家文选》，吉林大学出版社2011年版，第273页。
③ 班固：《汉书》，中华书局2007年版，第767页。
④ 徐震堮：《世说新语校笺》，中华书局1984年版，第489页。
⑤ 同上书，第376页。

理。桓冲之所以转怒为喜，除了体会到夫人的体贴外，还有对夫人智慧的折服。除了生活起居的一些细节，夫妻之间的称呼也透露着夫妻深情。魏晋"竹林七贤"之一的王戎和妻子也非常恩爱。当时晚辈对长辈、下级对上级多称"公"，同辈之间或同等职位之间互称"君"，比较熟悉或亲近的朋友或上级对下级则称"卿"。王戎在晋代官居高位，从男尊女卑的社会传统和王戎的职位来说，王戎认为，夫人称他为"卿""于礼为不敬"，但王夫人却不这样看，她更看重的是"卿"这个称呼亲昵、亲近的一面。她告诉王戎，自己是因为亲他爱他才这样称呼，如果妻子都不能这样称呼，那谁还能这样称呼呢？"遂恒听之"，[1] 身居高位的王戎最终不再拘泥于礼制，从此就接受了这个称呼，这也是夫妻之间更重情意的一种时代变化。要做到夫妻之间的长久的亲密恩爱，两人的兴趣相投是非常重要的。宋代李清照和赵明诚相知相伴，沉浸于吟诗作赋、金石字画、斗茶饮酒的人生自不必说。沈复的《浮生六记》有《闺房记乐》一章，其中记载了自己和妻子淳朴快乐的生活，[2] 最美地诠释了"妻子好合，如鼓琴瑟"，林语堂在翻译这一段时对沈复夫妻二人的感情和生活给予了极为深情的赞叹。[3]

夫妻之间相亲相爱，情投意合，在日常生活的互相照顾扶持，相濡以沫，无论是"醉里吴音相媚好，白发谁家翁媪"的朴实，还是"红袖添香夜读书""琴棋书画诗酒茶"的优雅，是夫妻之间爱慕之情的流露，是艰难中的相濡以沫，不仅有夫妻之间的恩爱和真诚，更有双方对相互的责任和担当。

（三）相敬如宾，志同道合

"举案齐眉，相敬如宾"即夫妻间的互敬互重，讲究礼仪，来自东汉的梁鸿和孟光。[4] 但孟光一句"观夫子之志"道出了其实质内涵，做妻子的"举案齐眉"所敬重的不仅是丈夫的身份，更是他的人格和理想。李贽在其《初潭集》中对此评价正是"此妇求夫，求道德也"[5]，其实梁鸿

---

[1] 徐震堮：《世说新语校笺》，中华书局1984年版，第492页。
[2] 林语堂：《中国的智慧》，湖南文艺出版社2012年版，第269页。
[3] 同上书，第264—265页。
[4] 范晔：《后汉书》，中华书局2007年版，第813页。
[5] 李贽：《初潭集》，中华书局1974年版，第5页。

娶妻又何尝不是娶德呢？二人都看重对方的"德"，才能一同隐居而不觉得凄苦，一同受雇于人而不觉得耻辱，才能在清贫的生活中有所成就。在春秋时代夫妻互敬不仅被视为重要美德，也被认为是一个人有道德有才能的重要外现之一。春秋时期晋国郤缺，从政多年，历事数君，是少有的稳健的政治家。《左传·僖公三十三年》记载胥臣正是通过郤缺夫妻互敬这一细节慧眼识才，"敬，德之聚也。能敬必有德。德以治民，君请用之"①。夫妻礼仪内化到人的精神和修养，自然外现于日常生活之中，并不是刻意讲究，而是与高尚的人格、道德相统一。只有丈夫的品行高尚才能真正赢得妻子内心的敬仰，而妻子也只有从内心真正理解丈夫的所想所为才能和丈夫一起坚守清高的人生，才能赢得丈夫的尊重和敬意，夫妻之间才能做到真正的相敬如宾。《续世说·贤媛》记载陶渊明的妻子与其"志趣亦同，能安苦节"，最后才成就陶渊明对社会和人生的观念及其实现归隐之志。②《宋书》卷九十三《隐逸·刘凝之传》也记载了刘凝之和他的妻子的共同的志趣。③ 历史上因为隐逸避世或志趣高洁而留名的人物，其背后实际有一个家庭在为他支撑，而在家庭中最为重要的就是他的妻子。不同流俗的隐逸避世或志趣高洁，需要心灵的勇气和生存的能力。如果没有妻子在心灵和生活上的理解和支持，不会有如此纯粹的陶渊明和刘凝之。

夫妻之间互相敬重，是夫妻伦理的重要方面，它不仅仅表现在礼节上相互尊重，更表现在从内心人格、事业情趣、理想抱负上的互相敬重。也正是因为这种内在的敬重，才使得夫妻之间的互敬互爱有了更加深刻的内容而更加持久、更加淳厚。

（四）互谅互让，璧合珠联

夫妻关系是一种微妙的关系，《韩非子·备内》说"夫妻者，非有骨肉之恩也；爱则亲，不爱则疏"④。唐代女诗人李季兰《八至》诗中有一句"至亲至疏夫妻"⑤，看似矛盾却是在情理之中。夫妻二人原来生长环

---

① 陈戍国点校：《四书五经》，岳麓书社1991年版，第815—816页。
② 孔平仲：《续世说》，中华书局1985年版，第131页。
③ 沈约：《宋书》，中华书局1974年版，第2384页。
④ 韩非子著，张觉译注：《韩非子》，山东画报出版社2013年版，第421页。
⑤ 周啸天主编：《唐诗鉴赏辞典》，商务印书馆2012年版，第892页。

境和性情各异，婚后难免产生矛盾，这决定了夫妻之间互相体谅和包容的重要性，能够主动检讨自我宽容对方，才会有美好的生活。《后汉书·列女传》记载，鲍宣娶桓少君，桓少君的父亲"装送资贿甚盛"，鲍宣非常不高兴，桓少君就把侍从婢女、华丽服饰全部送还给父亲，"更著短布裳，与宣共挽鹿车归乡里"①。我们知道孟母三迁成就孟子学业，其实在夫妻关系的处理上，孟母对儿子的教育也是不同凡响的。《韩诗外传》就记载孟子因为对妻子的误解准备休妻，遭到母亲强烈制止："今汝往燕私之处，入户不有声，令人踞而视之，是汝之无礼也，非妇无礼也。"② 难得的是孟子没有自以为是，由此我们也可以窥见孟子能够成为大思想家的原因。《晏子春秋·内篇杂上》记录晏子车夫的妻子对其夫严词相告："晏子长不满六尺，相齐国，名显诸侯。今者妾观其出，志念深矣，常有以自下者。今子长八尺，乃为人仆御。然子之意，自以为足。妾以是求去也。"③ 此后车夫收敛谦卑了很多，晏子知道此事后就推荐他做了大夫。乐羊子妻曾用"志士不饮盗泉之水，廉者不受嗟来之食"指出丈夫贪小利而失大节的危害，使其知错就改"远寻师学"；又"引刀趋机"以织布必须日积月累"遂成丈匹"的切身体会，说明求学必须专心致志持之以恒的道理，"羊子感其言，复还终业，遂七年不返"④。清代《李氏家法·宜室家第三》所说："夫妇乃人道之始，万化之基地。相敬如宾，岂容反目。虽夫为妻纲，固当从夫之命；然妻言而有理，亦当从其劝谏。"⑤ 除了德行和聪慧，夫妻之间还可以用爱和真情互相感化和谅解。元代著名书法家赵孟頫想纳妾不好明说，就作了首小词试探妻子的看法。才女妻子管道升读后也填词一首，辞情恳切却绵里藏针。赵孟頫颇为感动，打消了纳妾的念头。⑥ 二人的才情和礼让使这段婚姻有了美满的结局，也给中国书画史和爱情史留下动人的篇章。互相谅解，互相宽容，不仅体现了个人的修养与气度，而且也表现了对婚姻的慎重与珍视。

---

① 范晔：《后汉书》，中华书局 2007 年版，第 817 页。
② 屈守元笺疏：《韩诗外传笺疏》，巴蜀书社 1996 年版，第 789 页。
③ 卢守助：《晏子春秋译注》，上海古籍出版社 1996 年版，第 141 页。
④ 范晔：《后汉书》，中华书局 2007 年版，第 821 页。
⑤ 朱勇：《清代宗族法研究》，湖南教育出版社 1987 年版，第 216 页。
⑥ 赵维江：《赵孟頫与管道升》，中华书局 2004 年版，第 168 页。

（五）两情久长，岂在朝暮

古代男子需要外出求学、任职、经商，有时经年累月，交通、通信技术又极不发达，夫妻感情就在互相期盼和思念中延续着。思念之情浓烈无法排解的时候，便诉诸笔端，历史上留下了许多男女相思的动人故事和文学作品。《诗经》中就有很多的游子思妇诗，如《诗经·卫风·伯兮》就表现了一位妻子对在外征战的丈夫的思念，《诗经·郑风·风雨》是一首和久别的丈夫相聚，不胜欢喜的诗歌。更为难得的是很多人在爱人死后依然保持一份历久弥新的真情。《世说新语·贤媛》记载："郗嘉宾丧，妇兄弟欲迎妹还，终不肯归。曰：'生纵不得与郗郎同室，死宁不同穴！'"① 即使生不能相守，那就"死同穴"，这是对夫妻情分的珍惜，也是夫妻情分的延续。古代允许男子三妻四妾，但是很多男子因为对前妻的情深义重主动放弃了这一权力。清代乾隆朝的进士孙星衍与妻子王采薇在8岁时初识，长大以后结为伉俪，情深意笃，可是王采薇在24岁时病逝。为此孙星衍特地建了长俪阁，将妻子的像置于其中祭祀并绘图作词怀念妻子。虽然他年纪不到30岁，但终身不再娶继室。② 为此，洪亮吉曾作《长俪阁遗像赞并序》，来赞颂这位奇女子和他们夫妻二人深切的感情。③ 与此相关，有一类表达相思的特殊作品，那就是悼亡诗词。苏轼和妻子王弗也是情深意重，妻子亡故十年苏轼想来还是痛彻心扉，便有了那首著名的《江城子》。赵明诚突然病逝对李清照几乎是致命的打击，她的《声声慢》《永遇乐》等词作，写尽自己的饱经忧患、孤凄伶仃以及对故国、故人的深沉思念。赵明诚去世之后，李清照坚持《金石录》的编写也是她对丈夫在天之灵的一个告慰。陆游和唐婉被迫分手之后相和而作《钗头凤》，陆游晚年情不自禁，吟诗寄意，念念不忘年轻时这段刻骨铭心的感情。夫妻之间聚合离散，坚守彼此的承诺，不应该因距离的增加而减弱，不因长期分离而见异思迁或停妻再娶，夫妻情感在相互的守望中、坚持中更加牢固。只有这样，才能不辜负"结发为夫妻"的缘分，才能享受"执子之

---

① 徐震堮：《世说新语校笺》，中华书局1984年版，第378页。
② 石珍叶：《苏南文化家族中的夫妻唱和——以孙星衍与王采薇为中心》，《文艺生活》2009年第2期。
③ 王先谦编，任继愈主编：《中华传世文选·骈文类纂》，吉林人民出版社1998年版，第823页。

手,与子偕老"的幸福。

古代夫妻无数动人的恩爱故事,给我国古代文化增添了温馨动人的色彩。他们对婚姻付出的专注和爱恋,敬意和支持,理解和包容,思念和牵挂也给后来人留下无数的启示。

四　古代夫妻惜缘文化在当代社会的重要意义

当今社会婚姻制度更加人性化,夫妻关系更加自由平等,这要求男女双方有更强的自我约束力以维持婚姻的稳固与和谐。但是许多婚姻方面的陋习依然存在,新的婚姻问题也是层出不穷,给社会和谐埋下了很大的隐患。

首先,伴随着自由恋爱、自由婚姻,轻率的婚恋行为造成的悲剧性事件屡见不鲜。现代社会更尊重当事人的意愿,爱情和婚姻有更多的自由,但是这并不代表男女双方婚前不需要对彼此有充分的了解,不需要对婚姻有慎重的考虑。作为恋爱和婚姻的当事人,尤其是作为年轻人,可能往往会被眼前的某种感觉所迷惑,对现实缺乏冷静客观的思考和分析,对婚姻中遇到的问题缺少认识,对婚姻的经营缺少经验。所以,在婚前年轻人要加强了解,消除因为对爱情和婚姻认识的浅薄和选择的轻率而出现闪婚闪离,避免婚姻生活中的许多弯路和痛苦经历。

其次,受经济发展的影响,婚姻的缔结出现了重物质、轻德行的倾向。针对嫁娶论财的风气,古代曾有朝代颁布法律进行禁止,在民间不重彩礼反对厚妆奁的也一直大有人在。南朝颜之推对重门第嫁资的风气极其鄙视,为防止"买卖婚姻"的风气玷污门楣,特别制定家规规定颜氏家族婚嫁,不攀门第,宁可选择清寒之家,"婚姻素对,靖侯成规",并解释:"先祖靖侯戒子侄曰:汝家书生门户,世无富贵;自今仕宦,不可过二千石,婚姻勿贪势家。"[①] 明代朱柏庐也认为婚姻首先应该看重的是男女双方的人品,而不应该是仅仅看重钱财的多少:"嫁女择佳婿,毋索重聘;娶媳求淑女,勿计厚奁。"[②] 古今幸福婚姻家庭重德轻利,杜绝通过婚姻炫富,通过婚姻牟利的观念和做法,值得我们深思和学习。

---

① 颜之推撰,王利器编:《颜氏家训集解》,中华书局1993年版,第53页。
② 《增广贤文·弟子规·朱子家训》,岳麓书社2011年版,第114页。

再次，有些夫妻不能共同面对现实的压力和诱惑，不能同甘共苦、相濡以沫，婚姻关系极其脆弱。我国古代夫妻崇尚重情重义、坚贞不渝、不离不弃，倡导作为丈夫要有节有义，即使身处富贵也不能见色忘义；作为妻子要勤俭持家，相夫教子，做好贤内助。当今社会的夫妻要学会共同面对和克服婚姻中的艰难困苦，不能单纯依赖对方的付出坐享其成，更不能单方面以自己所需要的享受为理由随意抛弃爱人。

最后，夫妻之间缺少互谅互让，婚姻关系时常出现危机，甚至影响到下一代子女的婚恋观。在婚姻和家庭生活中双方要善于交流，从善意的角度坦诚相待，不应随意动粗或谩骂，更不能情绪恶劣随意发泄，否则会造成双方感情无可弥补的裂痕；要多做自我批评，对别人提出的意见和建议要认真思考、有道理的要虚心接受；双方要互相包容和忍让，给对方以信任和理解，才能共同承担家庭的责任与义务，也有利于子女在成长阶段中形成健康的、积极的婚恋观。

综上所述，现代夫妻在尽情享受情爱自由时，不能忘记对家庭和社会的责任和担当，要具备夫妻感情稳定和发展的自我调适能力。缺少理性的婚姻在出现矛盾时很容易激化，也会给家庭和社会带来严重的危害。[1] 我国古代夫妻"惜缘"文化源远流长，典范辈出，继承和发扬古代夫妻伦理中的优秀传统，学习和借鉴古人"惜缘"的观念和相处方式，对于我们维持和谐稳定、积极向上的婚姻形态和家庭关系具有重要意义。

---

[1] 朱贻庭：《传统亲子、夫妻伦理的现代价值》，《探索与争鸣》1998年第7期。

新见《永蠲房租碑记》整理与解读

赵士第

（东北师范大学　历史文化学院）

2018年2月初，笔者在进行田野调查时，于河北省唐山市滦南县长凝镇彭庄村村委会前广场处发现清代乾隆时期石碑，品相完好，质地为白绵石，名曰《永蠲房租碑记》，碑文内容大致意思是为感激掌管此地田庄的满洲宗室，并立文约永免房租，以示后人。现将其碑文整理如下：

永蠲房租碑记

盖闻宅尔宅田尔田出作有入息之便，安居无迁徙之尤（忧），固祖父之世守哉。而仁义存心，不规利以扰者，则赖于贤业主之，世继其德，所当表扬以垂于后者也。

我彭家庄①人等世居滦邑，社在于宁（凝），食旧德服先畴安庐舍，而长子孙由来久矣。但自我国朝定鼎以来，围庄之地尽属旗圈，父老相传者，或言民地民房，或言旗地、房亦圈内所有也。幸蒙地主正蓝旗大贝勒总不与较，使民安堵，无负郭之田，有租可以种地，非不适之。居无祖亦得栖身利益于人者，大矣。阴骘之善后者，不孔长乎？我乡民深切感激，称仁道德固已有年。而大贝勒之孙科老爷，善始图终，民依永念，谕知庄头田玘等并包衣达张大受，谓祖宗有善行，后人每失其意，且产业去留从无定，恐先人之令德，至数传而掩之。复以旗圈之说，致贻民患爱。立永无房租文约，为民恒产，此在

---

①　光绪《滦州志》卷一三《赋役》载："于凝社彭家庄城南三十里"，成文出版社1969年版，第306页。

老爷惠蔼存心，固垂裕于无穷而在，吾侪结草啣（衔）环，应感戴于靡已。我合庄人等虽属乡愚，尝闻古者碑碣之立以观日影，亦以志往事而纪述功德，勒之以传不朽者也。永芳薇于石刻，寿馨号于无穷，俾后人有入息之便，无转徙之尤（忧）者，不无抚碑而生感云。

永平府府学生员　刘延年　撰文
本邑生员　王履坦　书　丹
包衣达　张大受

瑞
庄头田玘　明　公
琇
大清乾隆二十一年十月下浣谷旦

  1644年清军入关后便在畿辅地区大范围圈地，并设置粮庄，任命庄头进行管理。据《滦州志》记载："顺治三年（1646）兵科给事中郝壁奉命圈地；康熙五年（1666）八月尚书苏纳海奉命圈民田；康熙六年（1667）二月圈郊田；康熙七年（1668）八月圈附城田围房舍"[1]，滦州地区四次大规模圈地，碑文中的彭家庄亦在圈地范围。碑中所提"正蓝旗大贝勒"，符合正蓝旗宗室庄屯在滦州的情况；[2]"庄头"即对田庄的管理人，且分等级，雍正《大清会典》中记载："康熙八年题准，将各庄头等第，编为头等、二等、三等、四等"[3]；碑中"包衣达张大受"中的"包衣达"又称"包衣大"，满文为"booi da"，即包衣的首领，在皇太极时期就已经出现，由名字张大受可看出，此应为包衣汉人。

  因清初正蓝旗宗室对彭家庄定下永免房租的训示，其后代"大贝勒之孙科老爷"也一并遵守，故乡民请府州生员撰写碑文，既表感激之情，又有立碑纪事，以示后人的作用。从此碑可看出，满洲宗室用免租的方法化解满汉矛盾，安抚因圈地而造成的汉人不满情绪，从而有利于满洲的统

---

[1] 光绪《滦州志》卷九《纪事》，第181—183页。
[2] （清）鄂尔泰等修，李洵等点校：《八旗通志》初集卷一九《土田志二》，东北师范大学出版社1986年版，第338页。
[3] 雍正《大清会典》卷二二八《会计司》，台北：文海出版社1992年版，第1—2页。

治，促成乡间秩序的和谐。此石碑的发现为研究清代旗地、庄头、乡村社会史，以及地方史提供了一手资料，且石碑保存完好，有一定的文物参考价值。

附图：

秦皇岛地域文化专栏

"从乡贤到神祇":长城后裔民间信仰的衍变

——板厂峪新发现碑刻研究之三

陈厉辞

(秦皇岛市玻璃博物馆)

2017年6月,板厂峪村村民张贵华、许国臣在村中心位置、旧堡处住宅间空地发现碑刻,长122厘米,高125厘米,厚15厘米,上刻有五道、虫王、龙王、山神等多个民间神祇(后称碑一)。同年7月,明代山海兵部分司主事南直人吴光义撰写的石刻《天然洞碑记》在板厂峪鹿场被发现(后称碑二)。该碑长2米,宽1米,厚0.18米,现断裂为两段,拼接如一。碑刻原立于板厂峪天然洞洞口处,1949年后消失,光绪《永平府志》等文献记载了碑刻前半篇洞天福地的自然景观及在此修炼的翟尚儒的人生历程等内容,后半篇撰文、丹书的人物、官职已失记载,今誊写弥补。该碑刻与乾隆年间立于天然洞左侧的《天然洞增修三间大殿碑记》(高2.21米,宽0.85米,厚0.18米)、《天然洞增修正殿三间碑记》(高2.25米,宽0.83米,厚0.18米)相互佐证(后称碑三、碑四)。两块碑刻的面世,对揭示板厂峪及周邻地区民间信仰演变有一定的意义。本文结合当地碑刻、家谱及相关史料围绕两块新发现碑刻展开讨论。

一　碑文原文

碑一:"五道之神位/虫王之神位/龙王之神位/山神之神位/土地之神位。"

碑二:"《天然洞碑记》/海内外称洞天福地三十有六,皆不可穷诘。

予登吴山，云是洞天之一，山势奇拔窈幻，喜怒揖让情性形体，诸态毕具。中有丁仙人遗蜕/在焉。东四十里为法相寺，幽渺过之。佛祖长耳相亦遗蜕于此，皆历千百年不坏。大都天地钟灵之气必籍仙人以传，彼其精气神之炼/结凝聚，上薄重玄，下入无间。于山川灵秀之气，互相摩荡挽摄，故福地不虚而真人借以不朽。此三才相成之妙也。岁乙卯，余奉/命守山海，暇登角山之巅，南眺大海，北望穹庐。见其盘礴踊跃，如千军万马奔突而来，以入于海。海水绕其前，盘则如带，踊则如云，吞吐日/月，穷奇极变，意山水交会。若此，必有洞天福地俯嵌其下。询之土人云：百里外有背牛顶，登者作猱状，仰梯而上，然界于夷地，罕有居者。/折而西，则有天然洞，洞不知为福地与否？大都玄猿白鹤之场，榛莽之所封也。道人翟太真，始辟而居焉。太真隶戎籍，事业屠沽，其于玄/理漠如也。一日，追虏出塞，下马居山隈，危坐不觉入定。虏骑驰突过，不加一矢，若有呵护之者。既收兵，查无翟卒，意必中虏，主者急遣/人搜之，瞑坐如故，始挟以归。自是行住卧坐，不期而定。定则终日如尸，惟一息绵绵不绝耳。人皆以道人为颠道人，亦不知其是颠是玄也？/久之弃屠沽业，断荤酒，从事清静，遂渐透玄宗尝避谷五七日神愈旺夏月裸体曝赤日中，历几旬不倦，盖庶几入火不热者欤！夫玄/之为教，聪敏有识力者，多希心瞑目于此。然瓢云笠水穷年不能涉津梁一步，道人目不识丁，身不离行伍，猝然从事，未十年而功以不/解，解以无得失，盖其素根然也。洞去山海七十里，接壤虏境，世不知有天然名，知名自道人始。异日道人证其果，神出蜕遗，与丁仙人、长/耳相呼吸。相应洞亦与吴山两芥子焜耀天壤间岂非三才相成者哉！余且携道人南遍历名山，行将挂瓢于此，与道人同为天然洞主人，/先为之识其颠末。万历四十六年/赐进士第、奉直大夫前奉/敕管理山海关事务、兵部职方清吏司郎中淮南吴光义撰立；义之裔振藩丹书；/天□主人沈王定府国公令行人司行人江西饶州□训；/钦差总督宣大□西等处军务、都察院右都御史兼兵部右侍郎□宗□；钦差总理永平等处粮储兼管屯种、户部浙江清吏司郎中□□□□雅；/直隶永平府抚宁县知县王台……中色；/钦差镇守宁固蓟州延遂等处地方总兵官左军都督府都督□□熏；/钦差镇守辽东等处地方副总兵挂征虏将军印前军都督府同知□□胤；/钦差协守蓟镇东路等处地方副总兵官都指挥任自谦、姜弼、□自勉；/钦差督抚两院中军□□□副总兵官都督佥事□登□□□□□□；/钦差分守石门路等处地方参将都指挥佥事□□□□；/

钦差延绥入卫游击将军都指挥佥事盛以彰、马得；钦差守备义院口关等处地方□都指挥体统行事都指挥佥事□□□；备桃林口……处地方□都指□同知焦□延；调黄土岭关等处地方□都指挥佥事徐应垣……。/翟道人原……化县人，山海卫前所/……尚儒，字太真，住抚宁县东，孛老/座久□静倚，后□万历三十二年□□□伍/日斯此□□。男翟自明孙翟承德；/主持徒众许宗禹、张文礼、丘旺、董自清、刘自成、郭如松；徒孙李文□、尤□□□□；锓宝真定郭常。/"

碑三："《天然洞增修正殿三间碑文》/天然洞在长谷村南三里许，大明月觉主人潞王之所□（居）也。洞自天开，初为鹿豕之所，维草宅之。万历年间翟公卜居于此，未尝以半锥/□□，未尝持钵沿门，化善男信女缗钱斗粟之施也。跏坐晒伏台，即冬天夏日，未以寒暑而移席，宛似陈希夷之睡眠者。然踵息洞中/则亦废饮，不以饥渴而他往，有如广成子之餐霞者。然终未尝如佛所不应，以善男子身得度者，即现善男子身而爲说法，应以妇/女身得度者，即现妇女身而为说法也。若夫以神气而起公卿之沉痾，仙家幻术馀无他多赘焉。迨遇飞太清之后，大明缙绅先生于其/处肯构殿宇，颜曰天然洞。明末清初，远近善男信女始家喻户晓，为之焚香顶礼，而道中人更喜布施，所以殿宇百五十年犹未至倾圮/也。去岁住持然崐募化附近居士及女菩萨资财，增修正殿三间于旧殿之上，足以壮丽而宏观瞻者，独善信居士之力耶？乃聘女成/男之女菩萨佈施银钱爲最多焉。真人灵感能遍及闺阁，其修行果何如也？住持者不敢没其信心善念，故折余爲文以志之。/临榆县生员吴廷玺撰文；临榆县生员贾彬书丹；/昌黎县布衣张以礼篆额；/住持然崐徒智修立；/乾隆十七年岁次壬申十月上浣之吉。/"

碑四："《天然洞增修三间大殿碑文》/尝窃谓地方之有佳山水与真胜迹，地方之瑞也。然每易于倾圮而难于增盛，不难于增盛之无其资，而难于增/盛之无其人。即如长谷之东坡，望之峰峦叠翠，树木葱茏；就之流水潺湲，石洞幽森，云垂松护者，是长谷之佳山水也。/大明万曆年间翟公卜居于此，创晒伏台，跏坐其上，即经旬累月，踵息凝神，不以寒暑饿渴而移席，数载丹成，物/莫之伤，如南华云大浸，稽天而不溺大旱，金石流土，山焦而水不热。雨樵道人有句曰：'十年丹就无寒暑，脱髻飘然跨/海还。'此翟公之真蹟也。翟公去今百五十年，而殿宇丹炉未尝倾圮者，则地方善信居士爱惜名胜并重真人道德,/不吝资财以补葺之也。去年住持然混、其徒智修谓旧殿卑暗,于正殿之上又增造大殿三间,供真人之绣头画影/于其中,庶严壮丽而大观瞻,且可为游觞咏之所,遂谋诸长谷远近居士而□□为,卜吉今年十月立碑记其事。/余不知住持之修行能如真人否而喜善信居士能惜名胜而增修之,故为文而志之也。/昌黎县布衣张以礼撰文;/临榆县生员贾彬书丹;/临榆县生员冯天佑篆/额;画工徐虎文;/鸠工罗德思;/雕工李九思;/木工孙洪;/石工王应善;/乾隆十七年岁次壬申十月上浣之吉。/"(背阴刻姓名略)

板厂峪地区明清时期民间信仰探析

板厂峪村,位于秦皇岛市驻操营镇西北部南北长6公里的长谷之中,故旧称长谷村。该村面积约30平方公里,又因森林资源丰富,盛产木材,后称板厂谷或板厂峪。至少在弘治十八年(1505)前,明庭在此修筑长城①,设立关口。② 嘉靖元年(1522),板厂谷堡设立③,此后的嘉靖、万历数十年间板厂峪发生多次战斗。为了防御残元的袭击,板厂峪多次修筑新边,军事防御体系不断完善。④ 到万历三十八年(1610)已有军民三十二家⑤,清代光绪五年(1879),由于军事作用的减少与村民人口的增加,板厂谷堡已废⑥,取而代之的是周边板厂峪村落的兴起。明代,在增强军事防御的同时,板厂峪至少发生了两次人口迁入,即隆庆、万历年间随南兵北戍的刘、王、许、尤姓家属与崇祯年间,山东陈、杨、于、贾姓氏的村民⑦。两次大的人口流动对当地民俗信仰产生了较大的影响。

---

① 板厂峪长城最早的文字记述为《永平府志·明·万历二十七年》"弘治十八年十二月,房犯苇子谷关及板厂谷关"。就长城形制而言,板厂峪分为老边与新边,部分老边长城有实心敌台,是洪武年间长城特点,但无文字佐证。

② 董耀会:《秦皇岛历代志书校注·永平府志·明·万历二十七年》,中国审计出版社2001年版,第451页。

③ 董耀会:《秦皇岛历代志书校注·永平府志·明·万历二十七年》,第32页。

④ 陈厉辞、王莲英:《板厂峪明长城新出土碑刻及相关史料探究》,董劭伟、柴冰主编《中华历史与传统文化研究论丛·第三辑》,中国社会科学出版社2017年版。

⑤ 董耀会:《秦皇岛历代志书校注·卢龙塞略·边防表》,第80页。

⑥ 董耀会:《秦皇岛历代志书校注·永平府志·清·光绪五年(三)》,第1254页。

⑦ 政协秦皇岛市委员会:《秦皇岛名村名镇》,中国文史出版社2016年版,第374页。

（一）对碑一信息的研讨

"传统农业社会中的村落，社会结合的纽带可能是以血缘为主，也可能以地缘或业缘为主。信仰往往在社会结合中扮演重要角色，是促成社会整合的主要机制。"① 板厂峪，因兵士戍边而成，初为军堡，兼有制造城砖等建筑构件的职能，在其诞生与向农业社会聚落转变的过程中，宗教信仰与氏族文化起了重要的纽带作用。

碑一篆刻内容为五道、虫王、龙王、山神、土地的神位，与当地农业、丧葬、祥灾祭祀有直接联系。该碑供奉五位神祇与冀东地区民间供奉基本相同，但形式上又有区分。首先，五位神祇既合并祭祀，也单独建立寺庙，碑一五道庙即采取共同供奉的形式。其次，与八蜡庙等多神祠庙在神祇数量、排列顺序上又有不同。反映了板厂峪地区的自然、人文环境的特点。

确认当地聚落遗址功能

该碑发现于板厂峪古堡东 100 米处，初步判断该祠庙应与板厂峪古堡同期稍晚，即嘉靖元年稍晚。该古堡分为东、中、西三个建筑遗址群落。2002 年，随着国家文物保护单位板厂峪明长城砖窑的发现，确定了古堡西部聚落遗址为长城砖晾晒成形的区域，古堡东部聚落遗址为长城砖烧制区域。碑一说明古堡中部聚落有祭祀职能，该处应为驻地军民的生活区。

以农耕文明为中心的信仰体系逐渐形成

明朝初期，长城一线驻防军队，"明太祖沿边设卫，惟土著兵及有罪谪戍者，遇有警，调他卫军往戍，谓之客兵。永乐间，始命内地军番戍，谓之边班。②" 班军"岁春秋番上""三月毕务，七月来京"形成定制。后因班军人数太多，"久不得休"，遂分为春秋两番人马，轮流备战。隆

---

① ［法］爱弥尔·涂尔干：《宗教生活的基本形式》，渠东、汲喆译，上海人民出版社2006年版，第329页。
② （清）张廷玉：《明史》卷九〇《志第六十六·兵二·班军》，中华书局1974年版，第2242页。

庆、万历年间，班军不但用于战事，还参与治河与工役①，"有警可招募，有工可雇役"②。这些在明朝中前期负责边境戍防任务的客兵、班军并非长期驻屯，而是以遇警调戍或半年轮换的戍卫，但仍然有屯田任务，明政府规定边地军队"三分守城，七分屯种；内地二分守城，八分屯种"③ 而碑一的神祇供奉，说明至少在嘉靖年间的板厂峪堡已有农耕文化与民俗，这里不单是军事要塞，驻防人员构成除士兵外，还应有大量民众，构成类村落式堡垒。

然而，轮流戍防的"边班"与"有罪谪戍者"并没有为大明北部边境带来稳定，"逃往之数多""边防日坏"④。戚继光从浙江处州、绍兴、义乌、台州等地调兵携家眷戍边在这样的背景下就发生了。板厂峪村民多为戚继光调领北上浙兵或其军属后裔，同时期谭纶也有实边垦田的筹划⑤。随着南方兵勇与家属安居，传统意义上的村落逐渐形成。清朝建立后，板厂峪堡失去战略价值被村落取代，土地被进一步开垦，当地乡民形成了农耕民俗与宗族文化相交织的信仰体系。

五道神在中国北方较为常见，分布也最为广泛。王守恩先生根据对太谷全县100个村落的田野调查，统计出"1937年前神庙数为1346座，而其中五道庙最多"⑥。李景汉曾于20世纪30年代在河北省定县对453个乡的寺庙进行社会调查，也得出"五道庙最多"的结论。⑦ 冀东地区的各县村庄也大多建有五道庙⑧。光绪《乐亭县志》记载："五圣祠，一名五道庙，村村有之。"⑨ 五道庙多供奉于堡门附近或丁字路口、十字路口的祠庙。与板厂峪堡类似，其东20里的董家口大毛山旧堡东南200米处也

---

① 陈厉辞、董劭伟：《秦皇岛板厂峪明长城万历元年鼎建碑残碑复原》，柴冰、董劭伟主编《中华历史与传统文化论丛·第四辑》，中国社会科学出版社2018年版。
② （清）张廷玉：《明史》卷九十《志第六十六·兵二·班军》，第2229—2231页。
③ 陈致平：《中华通史》第八卷，花城出版社1996年版，第364页
④ （清）张廷玉：《明史》卷九十《志第九一·兵三》，中华书局1974年版，第2550页。
⑤ 顾颉刚《浪口村随笔》卷六《明初西北移民》并《临潭居民祖籍》条。
⑥ 王守恩：《诸神与众生：清代、民国山西太谷的民间信仰与乡村社会》，中国社会科学出版社2009年版，第52—54页。
⑦ 李景汉：《定县社会概况调查》，上海人民出版社2005年版，第406—414页。
⑧ 江沛：《近代华北民间信仰述评——以冀东诸县为例》，《河北师范大学学报》2002年第4期。
⑨ 中国地方志集成编辑工作委员会编：《中国地方志集成·河北府县志辑》第23册，江苏古籍出版社、上海书店、巴蜀书社2006年版，第274页。

有一处五道庙，主要职能是防止野鬼入村寨作祟，因此其塑像面目多狰狞恐怖。①

从作用上看，板厂峪居民虽对"五道神"的概念比较模糊，但普遍将碑一出土处的祠庙叫作"五道庙"，功能为祭祀，认为"五道"相通，受祀者能够得到祭飨。故当地居民都会在此处丧葬祭祀。五道庙是死者在阳间最后停留之处，也是与亲人最后道别之处。板厂峪及周边村落都盛行"报庙"仪式，五道庙则是该仪式的重要道场。乡人去世后，亲属在五道庙哭祭死者，焚烧纸钱，泼洒浆水，以示对死者的不舍。"报庙"之前的仪式是"拉魂"，板厂峪的高龄老人依然能记起 50 年代的参加仪式的场景，亲人哭得悲惨，代表者对逝者的挽留，一再将西去的灵魂拉回来，直到亲人们精疲力竭昏厥过去才能放手。入殓之后，午夜，孝子当头，族人依亲疏远近排列成列，一同到五道庙祭祀，直到此时，"入殓报庙之际，死者才真正进入阴间"②。有学者认为"五道神"即使古代"五祀"中"行神"的演变，与"五通神""五道将军""五路财神"关系密切，相互影响极深。③五道庙的发现即说明当时当地已经有了较为系统丧葬民俗。

有明一朝，仅抚宁县有详载的严重自然灾害包括雹 2 次，地震 4 次，水 5 次，虫 6 次，旱 3 次，风 4 次④，这些自然灾害造成的直接后果就是"饥"，康熙版二十一年版《抚宁县志》灾祥一篇关于"饥"相关信息出现了七次。所有灾害中，水（旱）灾、虫灾与"饥"相互联系最为紧密，也是对抚宁百姓生产生活影响最大的灾害。就板厂峪而言，四境环山缺水，域内仅有一条时断时续的时令溪，故少水灾之险，发生旱灾的次数又比虫灾少，且旱灾往往伴随虫灾发生。故碑一将虫王排为第二，于龙王之前。

正因旱灾与虫灾成为影响当地作物产量的最直接因素，祭祀虫王、龙王成为与当地生产生活直接相关的宗教活动。

祭祀虫王的风俗出自八蜡庙，光绪《永平府志》记载"蜡者，年终腊祭也"，最早的文字记述出自《礼经》。八蜡的宗教习俗是伊耆氏（神农时期）最早开始的，"唐虞因之，夏曰嘉平，商曰清祀，周曰大蜡，秦

---

① 张月琴：《清末民初大同北部堡寨聚落的民间信仰》，硕士学位论文，山西大学，2008年。
② 苏华、何远：《民国山西读本·考察记》，三晋出版社 2013 年版，第 204 页。
③ 尹鑫：《五道神信仰研究》，硕士学位论文，山西师范大学，2017 年，第 73 页。
④ 李利锋：《抚宁县志校注》（上），中国文史出版社 2007 年版，第 142 页。

曰蜡，汉曰腊祭。"后世一直延续。明代弘治十四年永平府八蜡庙共三处："一在滦州北三里紫金山上，弘治五年知州潘龄建；一在抚宁县东南三里紫金山，成化年创建；一在乐亭县西一里。"① 到光绪五年已有七处。八蜡指的是祭祀八位神祇"一先啬、二司啬、三农、四邮表畷、五猫虎、六坊、七水庸、八昆虫"②。对虫王的祭祀即出于此。宋代以"昆虫为害苗者，不当祀"③ 为由废除了昆虫的祭祀，后世以祭祀刘猛将军代替。虫王的祭祀范围在明永平府较为广泛，卢龙、迁安、抚宁、滦州、乐亭、临榆等县都有相关记载。

龙王或称龙神，永平地区祭祀由来已久，各县龙王的寺庙神祇也较多，其修建普遍带有官方色彩。光绪五年永平府有龙王庙11处，府治卢龙与抚宁、滦州、乐亭、临榆等地由当地知县修建。④ 仅临榆一县就四座龙王（神）庙，雍正、乾隆皇帝分别题字"四海永清""永庆清晏"。对龙王的祭祀以单独立庙为宜，故纵使八蜡庙有"水庸"祭祀，但各县仍建设了龙王庙。据明永平知府常文魁在《重修龙王庙记》中记载："己未夏初，旱虐异常，草枯地赤……即设坛于八蜡庙，率属员绅士日祀神前，夜宿斋坛。至三日，竟不雨。"乡老告诉常文魁："龙王原有专祠，在南山之麓。"常文魁来到旧殿遗址，考证断碑，"于是跪而祷曰：……来朝降雨，余当聿新厥祠，永祀香火"。这次祷告颇为成功，"及暮阴云四布，大雨滂沱"⑤。板厂峪堡附近河道也独立建设了龙王庙，平常的年份百姓就在本地龙王庙祭祀。此外，板厂峪地区及周边乡民有赴大新寨龙潭祈雨的风俗⑥，每逢大旱板厂峪村民赤脚赴龙潭祭拜，以示虔诚。⑦

对山神、土地的祭拜更为广泛，从地域上看，有人类生活的区域就能发现对高山与土地的崇拜，中华文化更是将崇山厚土的观念视为人文精神基因。对土地的信仰，源于对生命创造的崇拜。土地能够生养草木庄稼，

---

① 董耀会：《秦皇岛历代志书校注·永平府志·明·弘治十四年》，第71页。
② 董耀会：《秦皇岛历代志书校注·永平府志·清·光绪五年》，第1443页。
③ 同上书，第1445页。
④ 董耀会：《秦皇岛历代志书校注·永平府志·明·弘治十四年》，第71页。
⑤ 董耀会：《秦皇岛历代志书校注·永平府志·清·光绪五年》，中国审计出版社2001年版，第1433页。
⑥ 抚宁一带至今流传着龙潭"秃尾巴老李"的传说，此处设有龙王庙。
⑦ 2019年4月，板厂峪村民长城兵后裔许国华口述，直到中华人民共和国成立初期板厂峪仍保留赤脚拜龙潭的习俗。

女人能生养人类，两者都有生育功能，《易经》曰："坤地也，称乎母为坤"，故有"大地之母"之称。① 从时间上看，山神、土地等自然神观念形成于新石器时代，伴随着人类文化体系初始而产生。② 从功能上看，在中国几乎每一座山、每一片土都有神祇。历代各朝都把山神封为正神，凡祀与戎或其他国家大事，皇帝都要亲自或派员告祭。如泰山封禅、登基大典、春秋两季祭典等，祈求山神保佑，国泰民安、风调雨顺。板厂峪地方民俗中的山神即山林中的土地公，两者是"双体同源"③ 之神，与泰山等五岳山神有不同的含义。又因本地多山，林木、矿藏、狩猎与农业一样都是获得资源的重要手段。在自然环境影响下，当地同时存在山神与土地神信仰，并单独设有庙宇。碑一中山神与土地牌位同列，并稍排于前。

（二）板厂峪地区马神、关公信仰

虽然建设了众多民间神祇，说明当地已有极为丰富的民俗与经济生活，但有明一代板厂峪堡其军事功能并没有向以农业文明为中心的一般乡村职能完全让渡。可能受边疆地域文化影响，板厂峪神祇武神众多，文昌不昌。

马神信仰与边境战争与贸易都有关联

在众多神祇信仰中，马王信仰是较为特殊的信仰。在板厂峪单独建有马王庙，与五道庙修建于同一时期，居于堡外东侧的五道庙与天然洞中部，现已荒废。马王庙的修建与战争、马政有极为密切的关系。"国家莫大于戎，军政莫急於与马"④，明朝洪武年规定"民养马免税"，认为"为马即为兵也。为马与兵即为国家固疆场也"⑤。马政主要包括军马的牧养、征调、采办、使用等方面。马王被明庭列为国家正祀，由官方主持祭祀。永平府府治卢龙县与迁安、抚宁、昌黎、滦州乐亭、临榆等地都建设马神（王）庙，其修建由官方负责，也就是"官庙"，成为国家军事与政治的象征性符号。因地处边界，故"马政，惟边最重……故马之产，惟

---

① 姚光钰、姚学军：《皖南民间土地庙和山神庙拾遗》，《古建园林技术》2014年第2期。
② 何星亮：《中国自然神与自然崇拜》，上海三联书店1992年版，第16页。
③ 姚光钰、姚学军：《皖南民间土地庙和山神庙拾遗》，《古建园林技术》2014年第2期。
④ （明）陈子龙：《明经世文编》卷159《毛东集·卷之二·修举马政疏》，中华书局1962年版。
⑤ 董耀会：《秦皇岛历代志书校·注永平府志·清·光绪五年》，第1432页。

边最良。古榆关地，东北之要冲……故额设马多于他邑。"① 板厂峪位于蒙汉交战锋面，战事频发②，为马王信仰的传播奠定了极为坚实的社会基础与现实意义。

除战争因素，边境的马市通商也与长城周边的马王信仰有一定联系。板厂峪旧堡沿山谷北行三里至"戚继光于万历十八年（1590）主持建设的新边"③ 大安口。大安口原名大鞍口，位于西城楼（245号）和六眼楼（246号）之间的鞍成山相对低矮的鞍部而得名。该口位于长城新边外侧与城墙上方相连，有口高1.8米，宽1.2米，古时为蓟东长城内外骡马互市交通要道，"夷人以市为金路，唯恐失之"④。2016年秦皇岛市文物局对该段长城维护时发现"大安口"刻字，并出土"放"字铁铸官印，收藏至板厂峪长城文物陈列馆。板厂峪边外为残元旧部后为反复叛降的朵颜塞北三卫，因此军事战争与和平贸易交替成为该地区的时代主题。战争时期所带动的移民与和平时期的贸易使板厂峪堡由最初的军事驻地，逐步发展为小区域经济文化中心。

大安口长城内侧的通道　大安口附近出土的印章

---

① 李利锋：《抚宁县志校注》，中国文史出版社2007年版，第470页。
② 陈厉辞、董劭伟：《秦皇岛板厂峪明长城万历元年鼎建碑残碑复原》。
③ 同上。
④ 李化龙：《议复开市抚赏疏》，《明经世文编》卷422。

大安口通往外的通道

"武神"信仰的特殊性

关公是明清两朝多次敕封的"正神",有"多种身份"。他是"武神",也是"财神"。他是儒家的武圣人,佛教的珈蓝神,道教的崇宁真君、伏魔大帝、神威远镇天尊关帝君、忠义神武灵佑关圣大帝。既管文昌星,也管武曲星的"朱衣神"。"万历中,封三界伏魔大帝、神威远镇天尊关帝君。清顺治九年,封忠义神武关圣大帝。乾隆三十三年,加封忠义神武灵佑关圣大帝。"有众多封号,也有固定的祭礼,"雍正五年,加享用帛一、爵三、牛一、豕一、羊笾豆各十。其祭日祭品用帛三(白色)、爵三、羊一、豕一、笾豆各八。"①

在民间信仰中关公还有许多特殊神格,譬如战神、驱妖、辟邪、救灾、降雨等。这些神格在地方历史传说多有体现。如永平府志中明代刘效祖《台头营新建关王庙碑记》记载:台营北多冈峦,水辄涨而啮城。认为"汉寿亭侯正神也,能为人御灾捍患",故"若兹水患当立神祠以镇之"②。"隆庆年间,广平府遭遇暴雨,山洪侵入东门,眼看城内江北大水淹没,关羽显灵,一脚踢到城门楼,填充了东门,挡住了洪水。"③ 供奉关公是"克敌制胜"的传统。永平府内最为名胜的傍水崖关帝庙,是为了纪念在此战胜蒙古兵的大将张臣而建造的,军民将此归功于关帝的保

---

① 董耀会:《秦皇岛历代志书校注·永平府志·清·光绪五年》,第1408页。
② 同上。
③ 郑先兴:《略论关公与关公文化》,《中原文化研究》2016年第2期。

佑。"惟石门寨西北二十里许傍水崖，隆庆元年（1567）总兵张臣与蒙古战，获神佑立庙崇祀，宏敞壮丽，为东藩之胜地。"为了"以答神贶"。抚宁知县王台"给田一百五十亩，以供应焚修"①。

关帝庙在永平等沿边各地是极为广泛与特殊的神祇。"明军在重要关隘皆建有关庙，甚至不止一座，'九边'无不建庙。"② 因数量众多，《永平府志》仅记载县治与府治周边的关帝庙，山村堡寨并不在列。从地域上看，永平府关帝庙分布密度与发生战事的密度成正相关，越靠近边关，关帝信仰越浓厚。其中卢龙城四座，清代建有两座；迁安三座；抚宁两座；昌黎两座；滦州一座，明万历年间先后改建、补建，清同治元年又重修；乐亭一座，明万历重建，清雍正重修；临榆五座，"余不可胜载"。③雍正《畿辅通志》记载："永平府关帝庙：山海关者七，唯石门寨称最盛。"④ 板厂峪紧邻石门寨与其唇齿相依。每逢敌军攻寨不下，都东转攻其下肋，分兵板厂峪。险峻的环境，激烈的战事都为板厂峪及周边地区的武神信仰奠定了社会基础。

军事堡垒对武神的信仰与其他有信仰严格的区分。目前，在板厂峪所有寺庙遗址中，只有"老爷庙"位于城堡内部。老爷庙又称"关帝庙"或"财神庙"，主要供奉的神祇为关羽，部分寺庙还供奉有关平、周仓、廖化、赵累等神像。在边塞堡寨是忠勇的化身、战神与守护者。"堡寨关帝庙（老爷庙）大多是官方庙宇，大多修建于堡门或官衙附近，有守堡震慑四方的作用。"⑤ 故板厂峪堡内部唯一的神祇遗址——老爷庙遗址说明武神信仰不同于其他信仰，该堡的军事职能并未向一般经济职能完全让渡。

（三）宗族信仰与宗教信仰的融合

明代中后期，边境各口的戍卒家眷沿边定居，形成了以血缘与姓氏为

---

① （明）王台：《傍水崖关帝庙增田豁粮记》，见董耀会《秦皇岛历代志书校注·永平府志·清·光绪五年》，第1409页。
② 胡小伟：《东山铜陵关帝庙与明代军神关公》，2009海峡关公文化东山论坛论文。
③ 董耀会：《秦皇岛历代志书校注·永平府志·清·光绪五年》，第1408页。
④ 胡小伟：《东山铜陵关帝庙与明代军神关公》，2009海峡关公文化东山论坛论文。
⑤ 张月琴：《清末民初大同北部堡寨聚落的民间信仰》，硕士学位论文，山西大学，2008年。

中心的乡村聚落。在这些关口堡寨的"祭祀圈"与"信仰圈"逐渐融入了本姓先祖与乡贤大德。从此，以祭祀祖先乡贤为主要形式的宗族信仰与以祭祀各类神祇为代表的宗教信仰在板厂峪并行存在。

明崇祯七年（1634），蓟东石门路边防战事频发，钦差参将管义院口关事金斌于正月初六巡边时发现五处城墙被雨水冲毁。思虑按程序请班兵修城已然不及，故急询当时被敕封寿官[①]的老长官王守道，居住于板厂峪的乡耆高廷科等多名原任都司、守备、县丞、序班的人员，募资二百七十两白银修边。后人为纪念王守道、金斌二人捍卫之功修建三善祠。该事被记录在光绪三年重修的《高氏系谱》，光绪五年编修的《永平府志》也能寻得吉光片羽。

根据《高氏系谱》记载，高廷科先祖原籍山东莱州府掖县，入山海卫系地宁社三甲。其四世高廷举、五世高继志、六世均生活于板厂峪，辞世后归葬于板厂峪高家坟，有碑记与家谱对应。

"《捐募钱粮创建城楼修城垣题名碑记》钦差参将管义院口关事今升宣镇南山副总兵官浙人金斌于崇祯七年正月初六日到关登城关住。城先年即被雨水霖毁，里外口五处计工四十余丈。因外通房，逢极冲之地，奴警告急，城垣倒塌不堪备房，思请班兵恐不济。急询邀寿官王守道、乡耆高廷科等原任都司守备、县丞、序班等官王应龙、赵思恭、赵思敬、王梦龙、李正春、高继祖、高继先、高继志等公谪募资修寨方为早竣。而寿官王守道等慨倡募众助银二百七十四两六钱二分，自捐俸库米共银一百三十八两一分七厘。二项共捐募银四百余金烧办砖瓦灰，雇觅摸头杨瑞玉等率夫如式一一修补完，因堪以防御。业经禀报……俸银一十八两，觅夫采木买□砖瓦木料创建住城东西北三面城楼。而东西两楼作为备器之库，北楼为大市庙宇，募资塑粉像护庇一方护福无量，备将愿各流芳千世。崇祯十年丁丑四月乙巳孟交。"[②]

"三善祠在临榆义院口三官庙内，祀参将浙人金斌，寿官王守道、乡耆高廷贵。明季边防最重，义院口为关隘要地。斌于崇祯七年抵任，查阅

[①] "寿官是明朝出现一种官名，按照明代的制度，这是个虚职，又是一种荣誉。奖励'德行耆闻，为乡里所敬服者'，只有官帽官服、没有爵位。受赐年龄最初为百岁，到万历以后降为七十岁。只在恩诏颁布时才得以赐给，整个明朝三百多年里仅授过十九次。"见于邱仲麟《耆年冠带——关于明代"寿官"的考察》，《台湾大学历史学报》2000年12月，第26期。

[②] 嘉靖元年新订《高氏系谱》。

城垣半为倾圮。约集诸绅耆，捐募鸠工为修整计。众情踊跃，数月功成。嗣屡经烽警，而地方赖以保全。是役也，王守道、高廷科二人，赞襄之力居多。后之人思捍卫功，为祠以祀之。"①

三官庙三官之称"盖谓天、地、水也"，即"上元天官、中元地官、下元水官"。② 明代滦县人韩应庚在《重修三元大帝碑记》记："天地之间，神德为盛，三官之神，尊且最灵。天下都邑，无不祀三官者。"③ 在三官庙修建三善祠表明传统宗教文化与地方宗族信仰高度契合。据板厂峪村民回忆，直到新中国成立，石门寨、驻操营仍有在三官庙祭祀的习俗。④ 直至"文化大革命"时期三官庙被破坏，现在遗址处还能寻找到本祠碑刻残迹。三官庙虽已不存，但板厂峪及周边村落祭祀先祖的传统仍然保留，部分家庭将祖先牌位放于家中最高处，每逢节日上香祭拜，有祈福家庭平安、家人健康的寓意。

二 在明清政府引导下，乡贤祭祀与佛教的融合

板厂峪及周边长城一线寺庙较多，与明、清两朝对佛教的扶持有很大关系。从明、清在该地区寺庙新建及重修的时间、地域密度上讲，佛教成为安抚民众，巩固统治的重要手段。

板厂峪与佛教最早的交集是一位名为翟尚儒的道士。据光绪四年《临榆县志》与光绪五年《永平府志》记载："翟真人，名尚儒，字太真，顺天府蓟州人。初隶戎籍，后舍业断荤酒，从事清净，渐透玄宗，尝辟谷五七日神愈旺。因遍游天下诸名胜，明万历间至山海关城北天然洞。洞故封榛莽中，真人爱其奇邃，辟居焉。冬单衣赤足不知寒，夏曝烈日中不知热。暝坐或五六日或三四日，足不出山者不计年。洞中有泉，目眚者取水涤之即明。洞外有溪，汲以治疾即愈。众神之，趋谒者踵相接也。嗣于万历三十二年五月初五飞升，遗发三团，乡人即其地建祠祀之。"⑤

翟尚儒虽去世多年，但天然洞及一座明塔遗迹尚存。洞口上方镶嵌

---

① 董耀会：《秦皇岛历代志书校注·永平府志·清·光绪五年》，第1511页。
② 同上书，第1474页。
③ 同上。
④ 2019年2月板厂峪长城兵裔村民许国华回忆。
⑤ 董耀会：《秦皇岛历代志书校注·永平府志·清·光绪五年》，第2299页。

"天然洞"石匾一块,为万历四十三年(1614)所刻。① 1978年抚宁县文教局曾组织人员,入洞70米处,其洞广阔如厅堂,下有水潭,虽仍能下行,但因深邃莫测,未贸然潜入。② 1983年12月,抚宁县地名办编写的《抚宁县地名志》记载,"天然洞为石灰岩,呈树根状,许多支洞向两侧斜上方延伸。主洞较宽敞,入洞10米后可直立行走。再向前走,洞分三大支,并由水渠。再前行,爬过'鹞子翻身',洞更加开阔,洞内潮湿,并处处滴水,形成许多酒盅大小的'水坑',有一处名为'三盅酒'。天然洞全长约5华里,至今无人走完全程。" 1994年7月秦皇岛市地名办公室编纂《秦皇岛市地名词典》:"翟家洞,在抚宁县城东北45公里。明万历年间,仅道人翟尚儒加工修饰,故名。洞长约2500米,宽3米,高1.5米。系石灰岩溶洞,呈树根状,许多支洞向两侧斜上方伸展。主洞较宽阔。洞内岩石潮湿,并处处滴水,形成多种景观,如'三盅酒'、水潭。"根据村民叙述:"在天然洞70米间,有天洞,天洞上有九个石碗,相传喝了这九个石碗中的水就可以治百病,以碗中的水洗眼睛,可以使眼睛更加明亮,洞中分为天洞和水洞,水洞很深,据说是一千米,在一百米的位置上塌了,导致现在的人们无法考证,洞中有三座铜佛③,一米二左右,1937年,驻义院口日军下午三点到洞中把三尊佛用马车拉走了。"④

在天然洞西南20米处有塔。为六边形密檐式实心七级砖塔,高15米。塔基为石砌六面台基,每面长4米,高1.5米。上建有须弥座,塔身第一级,每边长2.32米,高4米,中每面有佛龛供佛像一尊,上左右两侧有浮雕飞天,檐下有砖雕斗拱,每面两朵,每转角一朵,檐部有砖雕椽飞。从二层到七层均为叠涩檐,塔刹部分为铁制宝珠、刹杆。始建年代无载,据初步鉴定为明代,翟尚儒的墓就在塔下,推断该塔为祭奠翟尚儒修建。1982年7月23日经河北省人民政府公布为省级重点文物保护单位。⑤

光绪五年《永平府志·志余下》虽介绍翟尚儒平生,也产生若干疑

---

① 据抚宁文物管理所文物档案资料介绍:"天然洞"青石匾右侧小字刻"钦依守备义院口关等处地方都指挥使佥事王承爵";左侧刻"署义院口关守备兼石门路中军指挥佥事高范有,万历四十三年(1615)肆月吉旦善人翟尚儒立,山海庠生王懋功撰"。
② 邱和顺:《秦皇岛市文物资料汇编》,1988年12月,第116页。
③ 光绪《永平府志》;光绪、民国《临榆县志》;光绪《畿辅通志》皆有记载。
④ 2019年2月19日,村民许国华口述。
⑤ 邱和顺:《秦皇岛市文物资料汇编》,1988年12月,第115页。

问。一是该介绍过于简单且除前两句，余下全文叙述的是天然洞神奇之处。翟尚儒究竟来于何方，有何作为？二是文中仅知翟尚儒"辟谷五七日神愈旺"，并未叙述其功德，乡人为何在其死后"建祠祀之"？三是为何以佛塔供奉"透玄宗"的翟真人？翟尚儒与板厂峪有何种联系？碑二、碑三、碑四结合家谱文献能够从侧面解释这些问题。

翟尚儒，字太真，顺天府蓟州人，"住抚宁县东"[①]。史志碑文未述其身世。但根据道光八年六月联芳常重修《骊城翟氏世谱》记载，骊城翟氏八世祖翟凌云（明兵部尚书翟鹏曾孙），生三子，长曰鸿起，次曰鸿图，幼曰鸿峰。第九世翟鸿起，号临海，系武庠，生四子，长曰珏，次曰珍，三曰璋，四曰璇；翟鸿峰，号襟海，由庠生，生二子，长曰心儒，次曰尚儒。十一世翟凤翼，字子玉，庠生，生三子，长曰崇儒，次曰品冠，幼曰宪儒。十二世翟尚儒，字圣裔，生一子诩；翟品儒，字梦协，庠生，移居石门寨。因此，翟尚儒因为山东兖州府同知翟凌云曾孙、兵部尚书翟鹏六世孙。其祖父翟鸿峰为山海卫经历；其堂弟翟品儒又"移居石门寨"，据此推测天然洞翟真人有可能是骊城翟氏之后。[②]

翟尚儒生于传世之家，祖先累有功德，名"尚儒"，字"圣裔"自然是家庭给予其光耀门楣的厚望。家族虽有翟鹏这样的高官大德，但到翟尚儒这一代已经式微。虽然经过一番努力，翟尚儒也仅仅是加入军籍，成为一名阶层极低的下级军官。史书所谓"事业屠沽"[③]并非真的杀猪宰牛，而是对出身微贱者的蔑称。家门的荣耀，家国的抱负，促使他奋勇作战，孤身追击胡虏越过长城边境。可能是遇到大队敌军，翟尚儒"下马居山隈危坐，虏骑驰突过不加一矢，若有呵护之者"。"居山隈危坐虏骑驰过而不加矢"原因可能有两个，第一是敌人急于撤退，慌忙间没有发现"不觉入定"的翟尚儒。第二是翟尚儒躲到了不易被人察觉的所在，比如"天然洞"。等到收兵，上级将领发现翟尚儒并未归营，"急遣人搜之"，却发现他"瞑坐如故"。可能是体会到了战争的残酷，也可能是因军中晋升无望的残酷，从那时起，翟尚儒"渐透玄宗"，"行住卧坐，不期而定，惟一息绵绵不绝耳"。

---

① 碑二原文。
② 抚宁李利锋有此推断。李利锋：《抚宁史料集》，中国文史出版社2006年版，第283页。
③ 引自碑二吴光义《天然洞碑记》。

翟尚儒生辰不详,最早见于志书的事迹是嘉靖四十一年(1562)。这一年,孙嘉猷"游于王将军①署中,一病几无起矣。"② 于是找到"先师翟真人处",翟尚儒"遂施起死之功","逾旬少愈"的孙嘉猷"扣手座前"以示感谢。第二年(1563)孙嘉猷再次拜谒翟尚儒,此次身情爽朗的孙嘉猷游历了板厂峪,"天朗气清,风和景明,花语韡韡,鸟语嘤嘤","恍如桃源避秦处"。又入洞中探寻,看到洞中奇妙景象,感叹"不独洞天之一,抑亦福地之首者乎?"

看到宛如仙境的美景与天人般的翟尚儒,孙嘉猷折服了,当即作诗四首。"萍迹蓟之西,师居蓟之东。若无凤生缘,千里奚相逢?驱病非针砭,下手以神功。回生呵咄间,降魔唏嘘中。顷刻涌泉下,上与泥丸通。向重如沉石,今轻若御风。从此皆余生,仙师活无穷。"③ 创造奇迹自然是真人道法高深的象征,仙法胜于医术也符合世人对仙人的认知。因此,"下手以神功"可能是一种高超的推拿引导、点穴或针灸功夫,"驱病非针砭"恰恰证明了真人医术高超。仙人的医术是仙术,仙人住所也必为洞天福地,故"洞中有泉,目眚者取水涤之即明。洞外有溪,汲以治疾即愈。众神之,趋谒者踵相接也。"④ 单纯的泉水、溪水不能治病,但用清冽、富含营养的山泉水制作药品汤剂会有佳效。翟尚儒是一位内、外兼施的医术高手,也是一位救死扶伤的修真者,天然洞清幽奇特的自然环境更加深了主人翟尚儒的神秘,故"众神之,趋谒者踵相接也"。

翟尚儒何时来天然洞修炼不得而知,但显然比碑三所述:"万历年间翟公卜居于此"要早,至少在嘉靖四十一年(1562)翟尚儒就寓居于此治愈了孙嘉猷。翟尚儒去世于万历三十二年(1604)光绪《永平府志》与碑三"去今百五十年"记载一致。碑二"孛老/座久□静修后□万历三十二年□□□"大意也是如此。⑤ 翟尚儒生前妙手仁心,远近闻名,却从

---

① 王国梁,宣化府人,万历末任石门路游击。
② 李利锋:《秦皇岛古诗词集注》,大众文艺出版社2004年版,第170页。
③ 孙嘉猷:《奉酬仙师翟真人》,见李利锋《秦皇岛古诗词集注》,大众文艺出版社2004年版,第170页。
④ 董耀会:《秦皇岛历代志书校注·永平府志·清·光绪五年》,第2299页。
⑤ "天然洞"上方青石匾右侧小字刻有"钦依守备义院口关等处地方都指挥佥事王承爵";左侧刻有"署义院口关守备兼石门路中军指挥佥事高范有,万历四十三年(1615)肆月吉旦善人翟尚儒立,山海庠生王懋功撰"。时间可能有讹误。

未"持钵沿门化善男信女缙钱斗粟之施",享有极大的民望,去世150年"殿宇丹炉未尝倾圮者则地方善信居士爱惜名胜并重真人道德,不吝资财以补葺之也"① 明末清初,"远近善男信女始家喻户晓为之焚香顶礼。"②乾隆十七年,"住持然混募化附近居士及女菩萨资财增修正殿三间于旧殿之上","供真人之绣头画影于其中"。人格与神格融合,或者说人格被神格所替代,翟尚儒显然不单单仅是道德高尚的道士,成为远近闻名供奉的乡祠与神祇。

与翟尚儒相关的史志碑文,编写级别最高,影响最大的是"碑二"万历四十六年(1681)时任山海关兵部分司主事的吴光义撰写的《天然洞碑记》。碑二"沈王定府國公"与碑三"大明月覺主人潞王之所居也"中的沈王与潞王应为同一人。第一代沈王,又称沈简王,朱模,是明太祖朱元璋的庶出第二十一子,洪武二十四年(1391)四月十三日封于辽东都司沈阳中卫(今沈阳市),因年幼未到封地,当年又改封潞州。永乐六年(1408)五月初二,正式就国于山西潞州。故碑三将沈王又称潞王。"沈王定府國公"指沈定王朱珵尧(1584—1633),《明史》有"沈王珵尧由郡王进封,其诸弟止应为将军,珵尧为营得郡王。"③ 的记载。他几乎不参与政治,却对文学与佛学有很深的造诣。存世的15首诗歌,《寄题林虑山赵炼师精舍》《山僧》带有禅意。《山西通志》记载了两处寺院建设与其有关的记载:一是"梵境寺在城东北隋时建唐仪凤三年赐潞州刺史贺拔正舍利四十九粒青白二色流瓶转匣吐照含明离若分珠合如聚米正与长史崔承休司马戴安业藏寺内旧塔下为舍利铭刻石寺塔久废明万历间居民取土得舍利并石刻沈定王朱珵尧为建塔于昭觉寺东状元朱之蕃记";二是"百谷寺在县东北十三里百谷山世神农尝百谷于此北齐武平四年建明万历间知县方有度重修内有百谷泉明沈宣王朱恬烄定王朱珵尧韩标姜愃栗应宏李濬祁顺胥有诗王基撤佛像祀神农有自记"④ 此外,朱珵尧还是《楞严经》的研学者。由此看来,"沈王定府国公"与天然洞此类福地洞天发生关联,并出现于碑二、碑三有着合理动机。

---

① 碑四,乾隆年间《天然洞增修三间大殿碑文》。
② 碑三,乾隆年间《天然洞增修正殿三间碑文》。
③ (清)张廷玉等:《明史》卷一二一《张贞观传》,第6083页。
④ 李维祯:《山西通志》卷二十五,明崇祯二年(1629年)刻本。

碑二提及人物囊括了大量高级官员及将领。如总督宣大山西等处军务都察院右都御史兼兵部右侍郎、钦差总理永平等处粮储兼管屯种户部浙江清吏司郎中、镇守宁固蓟州延遂等处地方总兵官左军都督府都督、镇守辽东等处地方副总兵挂征虏将军印前军都督府同知、协守蓟镇东路等处地方副总兵官都指挥、督抚两院中军副总兵官都督金事等。也包含低级文官与武将。直隶永平府抚宁县知县、分守石门路等处地方参将都指挥金事、延绥入卫游击将军都指挥金事、守备义院口关等处地方都指挥体统行事都指挥金事、桃林口处地方都指挥同知、黄土岭关等处都指挥金事等。

一名医术非凡且颇有民望的修道者去世后意外的得到了政府官员的关注。碑二全碑出现"钦差"二字九次，说明按佛教礼仪对翟尚儒进行祭祀，并修塔、建庙，受到官方的肯定与引导。从碑二到碑三、碑四短短70年间，在官方的影响下，翟尚儒完成了神格的升华，由"避谷五七日神愈旺"的乡贤、修者变为"远近善男信女始家喻户晓为之焚香顶礼"的神祇。

板厂峪村堡（长谷堡）宗教文化发展规律是普遍性与特殊性的结合。一方面，作为一种民俗文化，民间宗教是内生的，由板厂峪居住者自己创造，并以较为稳定的状态规范着人民的生活。另一方面，它又是一套价值体系与道德准则，它的形成与传播受到国家政权、历史环境的诸多影响。蓟镇长城周边的寺庙大多"随军而兴"。元朝覆灭后，蒙古贵族逃往漠北，但势力犹存，兀良哈、朵颜经常入边骚扰。蓟辽长城是首都重要的东部军事屏障，战略地位十分重要。蓟镇是历代兵家必争之地，同时也是寺庙荟萃之地。明代初期建设了大量寺庙、神祇对稳定军心、繁荣边镇发挥了很好的作用。明代中后期，特别是万历年间，随着战事与贸易的交替，边境以农耕为中心的聚落渐渐形成，大小关隘的军事职能部分向经济职能让步。在宗教祭祀上也有所体现，除关公、马神等军事神祇依旧盛行，五道神、龙王、虫神、山神、土地等与村民农业经济生活直接相关的神祇遍布各处。随着军民的迁入定居，明代中期以祖先、乡贤为中心的宗族祭祀逐渐普及，并建立了大量宗祠。边地军民的"报国"思想通过宗族祭祀传承到明代后期，并影响到清代。有功德的祖先与乡贤在后世的祭拜中，逐渐上升到神格，与佛教、道教神祇融合。与此同时，明代开国时的诸多佛教禁条于明中期渐渐松弛，寺庙大量建设，形成佛教复兴之像。板厂峪及周边地区也是如此，在官方的引导下，宗教信仰与宗族信仰相融合，佛教繁盛，新建、重修了大量寺院。然而，并没有真正的高僧大德出现，大概是与边疆恶劣的自然与社会环境有关。这些寺庙被用于乡民的祈福祭祀，或流传至今，或仅余遗存，成为当地社会环境变化发展的证据。

碑一

碑二

"从乡贤到神祇":长城后裔民间信仰的衍变

碑三

碑四

口述史料专栏

"昔年倾倒凌云赋"
——民国开滦矿务总局首任中方总经理顾振之女访谈[*]

张 阳[1] 云 妍[2]

(1 东北大学秦皇岛分校 外国语言文化学院
2 中国社会科学院 近代史研究所)

引言：2018年入选中国工业遗产名录第一批的开滦煤矿，其组成部分之一是伴随洋务运动兴办的开平煤矿，后被英国骗占。另一个更大的组成部分，是近代中国实业家为收回开平煤矿而兴办的滦州煤矿。1912年开、滦二矿首次合并，利润英方六成、中方四成，实为英方对中方权益的进一步侵占。1934年开、滦二矿二度合并，中方首次得以派出总经理顾振与英方总经理平起平坐，利润五五分成。顾振早年考取庚款留学生赴美国康奈尔大学学习，毕业回国后陆续担任北宁铁路局局长、开滦矿务总局中方总经理等职，后参加国民政府资源委员会，任秘密访德代表团团长，为国民政府募集了开展建设急需的资

---

[*] 本文系2015年度教育部人文社会科学研究青年基金项目《秦皇岛港藏民国时期外文人事档案的翻译、整理与研究》的阶段性成果。项目批准号：15YJCZH227。

金和技术。顾振与胡适[①]、丁文江 [②] 钱昌照[③]等人关系密切,是《独立评论》[④] 最早的资助人之一。顾振与湖南盐商之女彭温玉(后改称顾温玉)育有一子、二女。长子顾达诚留学美国后在美国定居,次女顾乐诚清华大学毕业后参与了胜利油田的建设,后为北京化工学院副教授,幼女顾孝诚为北京大学生物学系教授,是北京大学和美国康奈尔大学联合招生项目 CUSBEA[⑤] 的负责人,为生物学界培养了大批人才。为纪念母亲顾温玉女士,顾振先生的三个子女及家人于 2004 年捐资在北京大学设立了"顾温玉生命科学奖学基金"。

顾振其人其事虽在学界研究中偶见关涉,但囿于史料等原因,对顾振

[①] 胡适(1891—1962),字适之,安徽绩溪人。1917 年从美国哥伦比亚大学获博士学位后回国在北京大学任教,曾担任国立北京大学校长、中央研究院院长、中华民国驻美大使等职,著名学者,中国现代文化的创始人。胡适与顾振同年参加庚款留美考试,当年即考取,与顾振是康奈尔大学校友,同为康奈尔国际学生会成员。

[②] 丁文江(1887—1936),字在君,江苏泰兴人,地质学家、社会活动家。他创办了中国最早成功的专门地质教育机构——农商部地质研究所,做过北票煤矿公司的总经理约 5 年、孙传芳治下淞沪商埠督办公署总办约 8 个月、中央研究院的总干事,在以上经历中丁文江都做出过影响深远的实绩。丁文江为顾振挚友,曾被顾振聘为开滦第一任公证人,裁决与英方管理者产生分歧之事。

[③] 钱昌照(1899—1988),字乙藜,江苏常熟人。1919 年赴英国留学,1923 年回国后从事工业建设。历任南京民国政府外交部秘书、国民政府教育次长、国防设计委员会副秘书长,该会后更名为资源委员会。钱作为副主任委员,与主任委员翁文灏吸收和培养了大批建设人才,兴建了许多工矿企业。1949 年新中国成立后,钱历任国务院财经委员会委员、政协副主席等。钱昌照为顾振挚友,在《钱昌照回忆录》中专门撰文记录自己与顾振友谊,回忆顾振并评价其"是个人才",对其不幸身故写有挽诗一首:"昔年倾倒凌云赋,今日凄凉漉露歌。血泪频挥和墨写,泪痕应比墨痕多。"详见:钱昌照《钱昌照回忆录》,中国文史出版社 1998 年版,第 151、152 页。这首挽诗也是本文标题的出处。

[④] 《独立评论》周刊,1932 年 5 月 10 日创刊于北平,最高发行数达 1.3 万份。《独立评论》由胡适、蒋廷黻、丁文江、傅斯年、翁文灏等人自行集资筹办并维持发行,胡适主编,黎昔非为经理人(详见:黎虎《黎昔非与〈独立评论〉》,学苑出版社 2002 年版)。发刊词称:"我们把这刊物叫作《独立评论》,因为我们都希望永远保持一点独立的精神。不倚傍任何党派,不迷信任何成见,用负责的言论发表各人思考的结果:这是独立的精神。"1936 年底,因刊登评论反对大日本帝国策划"华北政权特殊化",一度被迫停刊。1937 年 4 月复刊,同年 7 月 25 日终刊,共出 244 期。顾振是《独立评论》最早的资助人员之一,捐资助最多,并曾撰文两篇,其中一篇发表在创刊号上。

[⑤] CUSBEA:China-United States Biochemistry Examination and Application,中美生物化学联合招生项目,是我国改革开放后生命科学领域最早的国家公派留学项目,由教育部委托北京大学与美国康奈尔大学合办,共招收 400 余名顶尖的中国学生赴美学习研究生课程。他们中的相当一部分人成为国际一流的生物学家,至今一直活跃在生命科学研究领域的前沿。

这一历史人物的考述与评价尚有待完善，[①] 而对顾振相关人士进行访谈庶几为一个重要突破。在前辈中国社会科学院近代史研究所云妍老师的协助下，2018年10月，笔者采访了顾振次女顾乐诚教授和顾振外孙女顾孝诚教授之女蔡缨女士，将采访内容在不影响原意的基础上，稍作改动，整理如下。后记部分根据顾振的留美同学清华大学土木系教授金涛[②]之子，曾任抚顺石油化工公司副总工程师的金国干[③]与云妍的电话录音整理，因内容较短不宜单独成文但又与本文内容相关，故放于文末，位置与内容的重要性无关，特此说明。

张阳：顾教授您好，蔡女士您好，很荣幸能够采访到您和蔡女士，请您回忆一下您父亲顾振先生的情况。

顾乐诚：我的父亲顾振，祖籍江苏无锡，是小地主家庭出身，家中共有四子。老大早夭，老二最先走出无锡，在北京教书，是他把老三送去协和医院学医，把老四送到清华学习，后来去美国留学。老四就是我的父亲，所以人称"顾四爷"。

我的二伯父曾经官至汪伪政府教育部长，属于汉奸了，解放后去了香港，在那里过世，他的家人后来移民去了加拿大。我的三伯父在协和医院工作，但后来接触了毒品，丧失了工作能力，他的子女都在无锡，均很出色。

我父亲当年从清华去美国康奈尔留学，学的是电机工程。在康奈尔大学时他曾参加英文辩论，获得冠军，此事在当时流传很广。我妹妹顾孝诚到美国访问时，去康奈尔查阅校友档案，发现了我父亲在大学时参加的活动和取得的成绩，他参加过学生会，还获得过年度人物，校友档案还追溯到他回国所从事的工作。

在美国康奈尔获得电机工程专业学士学位以后，我父亲就回国了。他

---

① 笔者曾据秦皇岛港藏"滦外档"整理了顾振等人的档案，详见张阳、董劭伟《秦皇岛港藏"滦外档"之顾振等人事档案解读》，《中华历史与传统文化研究论丛》第三辑，中国社会科学出版社2017年版，第239—270页。另据相关档案及民国时期的期刊报纸等文献整理了数万字与顾振相关的资料，拟在结题时汇辑出版。

② 金涛（1888—1970），字义涛，号旬卿，山阴人。1909年第一批庚款留美考试获第三名，与梅贻琦等同船赴美留学，美国康奈尔大学毕业后回国，曾在北宁铁路、平绥铁路担任工务处长，相当于现在的总工程师。金涛与顾振为康奈尔校友，同为中国工程师学会会员。

③ 金国干（1928—），浙江绍兴人。毕业于北京辅仁大学化学系，曾任辽宁省抚顺石油化工公司副总工程师。

工作以后一直从事管理，可以说一天也没有用到自己的专业。我听我母亲说过，我父亲进入北宁铁路局以后，立志要做局长，后来就真的做到北宁铁路局局长了。他在铁路局工作时，正值东北军阀要撤离北京，张作霖想带着我父亲这些人才一起走，但是这批留学英美的人，不愿与军阀为伍，都不想和张作霖走。于是，当时作为副局长的我的父亲，就被绑起来游街，以示众人，很多人就"被迫"和张作霖到了东北。

到东北以后，我父亲等若干铁路人员都是在常荫槐手下做事。后来发生了"杨常事件"，① 张学良枪决了常荫槐，② 与常荫槐相关的人，主要是那些留学生们，也都被逮捕了，我的父亲也在其中。我母亲说我父亲差点被杀了，是因为一个很有名望的人给他作保，张学良才把他放了。他们在沈阳的家也被围了起来，东北军问她是第几个太太，我母亲说我们关内的人只有一个太太。我记得后来我的母亲和常荫槐的夫人还有来往，她对常荫槐的印象不错。

后来我父亲被取保，然后就逃离了东北，到了天津，进入开滦。据说开滦有一个叫 York（约克）③ 的英国人，大概是管理人事的，认为我爸爸是个人才。至于后来我父亲能成为开滦的总经理，我觉得一个原因是他有留学的背景，另一个原因是当时最大的董事孙多钰，④ 就是我嫂嫂的父亲，非常认可他，觉得他有才华，虽然是个后辈，但是竭力提携他。平常孙多钰很少要外人进入自己的圈子，但是他极力推荐我父亲进入滦矿。孙氏家族从安徽经营面粉起家，事业主要在上海，后来在北方发展壮大，开

---

① 张作霖在世时的得力干将杨宇霆和常荫槐因反对"东北易帜"等原因，于1929年1月10日被张学良枪杀，又称"枪毙杨常"。

② 常荫槐（1888—1929），字瀚勃，生于吉林梨树。1910年毕业于奉天法政学堂第二期。1922年参加第一次直奉战争。1926年任京奉铁路局局长。1927年6月张作霖等成立安国军政府，任潘复内阁交通次长，不久代行部务。1926年6月至1927年9月任交通部唐山大学（即唐山交通大学，现西南交通大学）校长。与杨宇霆来往密切，反对东北易帜。同年12月被南京国民政府委任为黑龙江省政府主席。1929年1月与杨宇霆同被张学良枪杀。

③ 此人信息仍在考证中。

④ 孙多钰（1882—1951），字章甫，安徽寿县人，早年留学美国康奈尔大学学习机械工程，回国后在吉长铁路工作，后任沪宁铁路管理局局长、曹锟时代任交通部次长等职。兄长孙多森去世后管理家族企业，后任开滦矿务总局总经理和启新洋灰公司常务董事等职。孙多钰与顾振为康奈尔校友，曾多次提携顾振，其女孙同方嫁与顾振长子顾达诚。

滦煤矿、启新洋灰公司①、耀华玻璃厂②等企业，孙多钰都是股东。我父亲在开滦的发展，是孙多钰极力推荐的。我母亲讲，父亲进入开滦工作后我们家的生活发生了很大的变化，住处变成了楼房，有一个大院子，进住宅门要上很多台阶，一楼是大厅，周围有饭厅、大小客厅和书房等，二楼都是卧室，有佣人还有保镖。当时秦皇岛最好的沙滩都是滦矿的高级职工夏季度假的地方，我记得夏天去秦皇岛的时候都是秦皇岛的总督③亲自开车来接我们。毛主席在北戴河住的别墅就是开滦那森④的别墅，而我的家就在那森别墅的旁边。别墅所在的东山，可以直接看到港口，看到煤被装上停泊在港口的船，然后运走。

我父亲在开滦，受到总经理那森的器重。他先派我父亲在每个岗位实习，然后才承担起总经理的职位。我父亲去过唐山，我母亲说开滦原来的范围，他都去过，而且是蹲点儿。我是在天津出生的，我妹妹是在上海出生的，都和开滦的工作地点相关。

后来我父亲就和钱昌照走得特别近，和蒋介石也发生了关联。钱昌照是资源委员会的主任，我父亲也加入了这个委员会。1936年我父亲被派到德国去购买了一批军火，这批军火在抗日的时候发挥了作用。他去德国不止一次，1937年末那次，从德国回来途经香港，在那里与钱昌照谈了一夜。因为战争的关系，钱昌照劝他离开开滦，他回来就是打算接我们全家去重庆的。其时，我父亲已经知道日本人对他注意了，所以他夜里到天津，避开天津港从塘沽下船，走临时搭建的木板的时候，被王受培⑤——一个亲日的开滦高级职员——推下去，摔坏了头部，若干个小时以后就去

---

① 启新洋灰公司的前身是光绪十五年（1889）建立的唐山细绵土厂，1906年，北洋大臣袁世凯命令周学熙从英国人手中收回重办，改名为启新洋灰公司。

② 耀华玻璃厂始建于1922年，是我国第一家大型玻璃制造企业，开启了中国玻璃产业发展之门，也使秦皇岛成为"中国玻璃产业的摇篮"。2018年1月，入选中国工业遗产保护名录第一批名单。

③ 指开滦矿务总局秦皇岛经理处经理，历任者有鲍尔温、马康尼菲、齐尔顿等。顾乐诚提到的总督应为齐尔顿。

④ 那森·爱德，英籍犹太人，是开滦矿务总局第一任总经理那森少校的侄子，又称小那森。1910年来华，1928年以后历任开滦副总经理、总经理等职。他对顾振印象很好，因工作关系也经常在一起。

⑤ 王崇植（1897—1958），字受培，江苏常熟人。1921年夏上海交通大学电机科毕业后留学美国，在麻省理工学院获硕士学位后回国任教，后入国民革命军和国民政府担任职务，1934年任开滦矿务总局中方总经理，1949年去往台湾。

世了，那一年他才 42 岁。

我所知道的这些，基本上都是我母亲给我讲的，我父亲去世的时候，我才 10 岁。

蔡缨：我到英国查阅过那森档案，是那森和开滦总部的通信。那森听说塘沽码头出事后，给英国总部写信，说 I have to tell you terrible news, Ku passed away（有个不好的消息，顾振去世了），但并未提王受培。如果是王推的，他应该提这个。那森说外公在香港给开滦发过电报，说自己将于什么时间坐船到天津，因为不想被日本人搜查，请开滦接他进塘沽港。所以你说没人知道，不太可能，因为打了电报，所以他回来，至少开滦人应该知道。为什么王知道呢，我妈妈说外婆安排王受培去接。

顾乐诚：不会的，我母亲不干预这些事。钱昌照的书里是这样写的，"被一个与日本人有关的人推下去了"。①

蔡缨：那也许是我妈妈听错了，认为王和日本人有关系，可以帮忙过港不受日本人检查。

顾乐诚：钱昌照认准了是被害的，我母亲说最后和我父亲在一块的就是王受培，王受培就是接他了，而王是亲日的，这是肯定的。

云妍：请您谈一下您的母亲吧。她和您父亲是怎样认识的？

顾乐诚：我外公是湖南盐商，只有我母亲一个女儿，他和姨太太还有两个儿子，但都不成器。我母亲叫彭温玉，家里很富有，我听她说小时候家里都是用水缸存银子的。我父亲回国后不久，经人介绍，开始与我母亲通信。那会儿我母亲的家已经从湖南搬到北京来了，他们应该是在北京认识的，就是皮库胡同那里。我的外公觉得我父亲是个人才，是留学生，有前途，很欣赏他，就把自己唯一的女儿嫁给他了。我母亲的家庭条件比我父亲的好很多，都是我母亲帮衬他的，所以后来我父亲发达了，他的收入都交给我母亲管。那个时代一个男人把所有的钱都给妻子管，是不容易的，她的朋友也都很羡慕她，说这样的财务信任是很高的信任。我母亲家庭的支持也是我父亲回国后很快得以提升的一个原因。

我母亲没有受过太多教育，只念过私塾，但是家里没有给她缠足，外公还要求她穿男装，训练她管家。作为盐商的外公家业很大，所以她从年

---

① 钱昌照：《钱昌照回忆录》，中国文史出版社 2013 年版，第 151 页。

轻的时候就懂得处理财产的事。

蔡缨：我外婆是一个特别有能力的人，给我的印象是难以想象的高贵，很有能力但又沉默不语，永远非常 calm（从容），什么事都讲得清清楚楚，写得一手好字。三十多岁守寡，独自抚养三个孩子，我很佩服。外婆给我讲过，日本投降后，有好几拨国民党的人来打听是不是要为外公报仇，她说这是过去的事了，记不起了，不知道是谁害的，我觉得外婆很明智。

张阳：您父亲过世后您的家庭情况怎样？

顾乐诚：我记得我父亲去世以后，有一天我问我母亲，"你最近不快活了，是不是爸爸出差了？"她就告诉我，说父亲已经不在了。我那时太小，才10岁，还不知道家里发生了什么。

父亲去世后，欠了四万块钱的债。当时中孚银行[①]来要债，我母亲说那个时候就是变卖所有的东西都还不上这笔钱，多亏孙多钰作保，说我们一定还，因为孙多钰是中孚银行的股东。后来我们家的生活就是靠变卖滦矿的股票。父亲那边的亲戚，就是二伯父的夫人的兄弟，我们叫李大舅，也是在开滦工作，有时来看我们，母亲就跟他谈理财，什么时期该卖多少股票。记得我哥哥说，太平洋战争以后，滦矿的股票涨了，母亲才还清债。新中国成立以后，滦矿收归国有，这部分股票就没有了，但是依靠我父亲拥有的仁立[②]的股票和新中国成立以后"文化大革命"以前实施的定息赎买政策，我们的生活反而很安定了。中华人民共和国成立初期，咱们国家外汇短缺，母亲就把开平股票托人在英国卖掉，把换来的外汇给了国家。因为她为国家换取了急需的外汇，"文化大革命"中才没有被猛烈批斗。

而事实上，1949年后我母亲是非常积极的。她在社区卫生防疫部门给小孩注射疫苗，一个适龄的孩子都不落下，还被评为了天津市的五好分

[①] 中孚银行1916年由孙多森创立于上海，总管理处设天津，由官股和商股合办，主要经营孙氏财团的金融业务。孙氏财团指清末民初安徽寿州孙家创办的新兴资产阶级财团，其父辈曾创下"五子四登科，一门三及第"的光荣家史，其中孙家鼐官至大学士，为最高，孙氏财团即由其长子孙多鑫和次子孙多森创立，以面粉业起家，后又兴办其他实业。1919年以后中孚银行由孙家鼐六子孙多钰任总经理。

[②] 天津仁立实业公司，早年叫"仁立号"，是一家经营中国传统手工艺品、古玩、地毯等的商号，顾客多为外国人。商号由费兴仁创办，故称"仁立"。1922年扩充改组为仁立实业公司。天津仁立毛纺厂由朱继圣和凌其峻于1930年在天津设立，主要生产呢绒等纺织品。

子。母亲进步到政府曾经特批她去香港，劝说我的哥哥回国参与祖国建设。我母亲曾说，我父亲在开滦是做过几件好事的，她这样讲，其实是因为她自己觉悟得很彻底，觉得那个时代的父亲，是不如后来的她进步的。"文化大革命"发生时，母亲是很不能理解的。

蔡缨：我觉得外婆一直是善良的。我记得我妈妈说她的二伯父在香港去世时，没人安葬，是外婆让舅舅出钱把二伯父葬了。那森家二战以后一度非常困难，外婆还安排人从国外给那森家寄去火腿。

张阳：请您谈谈自己小时候的事情吧。

顾乐诚：我父亲管我管得比较严，有次我和我哥哥打架的时候，他打我了。他打了一次，可是我记住一生。我记得他说"坐有坐相，站有站相"。父亲最看重诚信，三个孩子的名字中都有"诚"字。

我小的时候，家里有保姆，好像是和我母亲陪嫁过来的佣人，我们称作吴爷爷、吴奶奶，我们都很喜欢他们。最多的时候，家里有10个佣人，包括一个园丁、两个厨师。饭厅门上有一个小门，吃饭时，外面把菜递进去，里面的人穿着白大褂接，上菜都是很有规矩的。

我的确是从优越的环境出来的，但是我父亲去世得早，后来母亲就是教育我读书，上耀华、清华，清华的教育让我为后来的生活做好了准备。母亲既能管好那么大的财产，又能教育小孩。有一件事我是特别感激的，天津商人的子女往往进入社会，而我的母亲并没有让我们进入社会。孙多钰的女儿孙同方，后来成为我的嫂嫂，她的一个亲戚叫Helen，因为家庭环境好，股票多、房子多，认为自己都不需要工作，可是后来很潦倒，大概是乞讨为生。我很感谢我的家庭没有惯坏我，没有让我习惯那些生活方式。我和我妹妹都上了大学，入了党。

我早先不爱念书，后来老师告诉我母亲，说我不可教，我就想，让你们看看，我到底能不能念书。我都是被激将了才努力的，最后考上了清华。我妹妹比我省事，我和Ben（哥哥的英文名字）打架，妹妹都是靠边的。

我中学的时候，是在天津耀华中学读的，我觉得自己如果念南开中学，可能就离不开家了，也就得不到更多的锻炼了。大学我是先被燕京大学录取，后来收到了清华的入学许可，我就去了清华了。我觉得清华更适合我，燕京的条件非常好，两个人一个宿舍，但是我不习惯，我没有大小姐的生活习惯。清华大学12个人一个宿舍，冬天连门都关不上，头和脚都要缩到被子里，但是清华的生活，让我得到了锻炼。

因为我父亲在开滦工作的缘故，他被定义为买办资产阶级，但因为仁立毛纺厂的缘故，又被定义为民族资产阶级。我1946年入清华学习，那时候规定我们都得受教育、再学习，才能再工作。1950年开始对我们进行特别的教育，我下了矿井，真的看到底下工作的不容易，很辛苦，地下几千米，带一个矿灯，走黑路。后来我从矿井出来的第一句话就是，地面上的任何工作，都比地下的好。我也懂得了我小时候的生活，是剥削来的，底层人民生活的艰辛是难以想象的。母亲说父亲做过几件好事，那是因为母亲觉悟了，而下矿井的经历，让我更加坚定地跟党走。中华人民共和国成立初期，没有钱，没有吃的，什么都没有，但我们就是热心，有股劲儿，就是要建设祖国，而且相信一定会建设成、建设好。我觉得现在还不是谈享受的时候，还是需要坚持和吃苦的精神的。

云妍：您记忆中哪些人常来家里做客？

顾乐诚：那森家的孩子，Jone 和 Ann（琼和安）。Jone 比较严肃，Ann 很活泼。二战后这两个人都很失落。二战时期轰炸伦敦的时候，Lady Nathan（那森家的女儿，顾家对那森女儿的称呼。笔者注。）精神失常了，两个女儿都被送到教堂了。那森后来又娶了一个年轻的妻子，我后来了解两个女儿都挺潦倒的。

Jone 和 Ann 是那个时候和我们来往的最初的朋友。一个原因是因为他父亲和我父亲的工作关系，那森是开滦的英国总经理，我父亲是中国总经理，我们在天津和秦皇岛都是邻居，所以和 Jone 和 Ann 经常一块玩。另一个原因是我们从小就学英语，语言沟通上没有问题。我的英语老师就是那森介绍的，是个英国女教师，腿有残疾，终身未婚，她是在中国去世的。

蔡缨：这个英语老师是我妈妈、大姨和舅舅他们从小的英语老师，后来是外婆把她安葬的。

顾乐诚：是的。还有一些客人就是我的亲戚了，二伯父的儿子跟三伯父。

张阳：您还记得您父亲其他的事情吗？比如您母亲还提到过什么事情是您父亲和她讲过的？

顾乐诚：我父亲是能赚钱也能花钱的，这也是为什么他去世以后，会欠下很多债的原因。母亲说他爱买些古玩和橡胶雕刻，我小的时候不懂事，动那些珍贵的东西，还给弄坏了一些。我父亲也爱玩，记得我母亲说，有时夏天我们到秦皇岛，父亲会在天津的家里开 party（聚会）。听我母亲说，丁文江是父亲很要好的朋友，也是一个很实干的人。母亲对常荫槐的印象也是不错的。天津仁立毛纺厂的总经理朱继圣①也是留学美国的，他的儿子朱起鹤②和我哥哥是很要好的朋友。

我的母亲很崇拜我的父亲，说他是留学生。但是母亲不喜欢父亲极盛时期的生活，也不喜欢和天津的名人来往，她说她自己最大的遗憾是没有工作，所以她让自己的两个女儿必须工作。父亲也很信赖母亲，说儿女的事就交给你了，他们都得上大学，得工作两年，了解了中国的情况后出国再回来。我母亲很执行他的命令，我的哥哥就是在中国大学毕业后工作了两年，又出国读的博士学位。

张阳：有关于您父亲工作上的事情吗？

顾乐诚：我母亲说过，她家里的一个亲戚求父亲在开滦给安排个工作，可是父亲给拒绝了，后来在启新洋灰公司给他谋了个职位。他还是很有原则的。还有，我印象中挺深的一句话，是我亲耳听我父亲说过的，就是那森"一肚子坏水"。

云妍：应该是指那森对国家利益和企业利益的维护，和与人交往的界限吧。

蔡缨：我妈妈说，"文化大革命"时期北京大学派人去开滦调查咱们顾家的情况，问顾振是好人还是坏人。与外公工作过的人和北大的人说，他当经理的时候还是做过对工人好的事的。

顾乐诚：他至少没贪污吧。我记得他回来都是非常疲倦，坐也坐不住的。家里那会儿有壁炉，他都是卧倒在壁炉前的沙发上的。

---

① 朱继圣（1894—1972），字边挺，浙江宁波人。清华学堂1915年留美预备部毕业同学。1915年入美国威斯康星大学攻读经济学和货币银行学，获硕士学位。1922年后出任北京仁立公司经理、北京地毯股份有限公司总经理、天津仁立毛纺厂经理。曾出任扶轮社华北区区长。1941年，建立天津结核病防治医院。中华人民共和国成立后，曾任公私合营仁立公司总经理，天津毛麻丝公司经理，天津市工商联副主委，全国政协委员等职。1951年参加抗美援朝慰问团，捐献50万元战斗机一架。朱继圣与顾振为清华同学。

② 朱起鹤（1924—），北京人，抗战期间先后就读于北京辅仁大学、重庆中央大学，后留学美国，于加州大学伯克利分校获得博士学位。回国后先后任教于北京燕京大学、北京大学和哈尔滨军事工程学院，1978年被调往中国科学院高能物理研究所，1981年调往中国科学院化学研究所，1995年当选为中国科学院院士。

张阳：您的父亲在《独立评论》上还发表过关于包工制的文章，论述了包工制度的落后。顾教授，请您总结一下您父亲的一生吧。

顾乐诚：我其实一直是背一个很大的思想包袱的，因为我父亲被定义为买办资产阶级。但是回想他的一生，从个人的角度来看，我觉得第一，他是有才华、有上进心的。参加庚款留学考试、在美国参加英文辩论得冠军，还是能说明问题的。第二，他是知道自己要什么的，是权力。他和我母亲说要做北宁铁路局局长那段，就显现出来了。第三，他与孙多钰的关系是他发达的一个重要原因。孙家经过几代人的努力，特别富有，而孙家几代以来就和李鸿章家联姻，所以仕途也很顺利。我父亲就是那几年才发达的，与结识了孙多钰有很大的关系。但是我父亲去世得很早，我母亲说他的挽联上大概写着"长才未尽"。他去世以后，我们家就不行了，母亲因此还拒绝我哥哥和孙多钰女儿的婚事，说"齐大非偶"。

从大局上来看，我父亲首先是爱国的，他留学后选择回国工作是其一，其二是他一直是反对日本侵略的，从东北到开滦到后来的国民政府，他一直是与日本人对立的。我母亲和我说，抗战开始后她曾经和我父亲商量要出国生活，可是我父亲没有同意。其次就是，虽然有人提携，但我父亲是擅于适应社会的，所以能够迅速地得以提升。最后我觉得，父亲是卷入政治了，这或许是他很早去世的一个原因。

张阳：顾教授，蔡女士，非常感谢您二位接受我们的采访。

后记

以下内容根据云妍与金国干通话录音整理。

云妍：我听说您父亲曾经和顾振共事过。

金国干：北宁铁路局，顾振当局长的时候，我父亲是在山海关路段。

云妍：您父亲的名字是？

金国干：金涛。当时他的工作地点是在山海关，大概当时叫北宁铁路总段工程师。顾振是北宁铁路局局长，我父亲那时在那工作，往前就在北京了。

云妍：后来没有和顾振在开滦共事过？

金国干：没有。当时是1928年期间，东北军张作霖要往关外撤退，逼着北宁铁路局的人从北京一起往东北撤退。因为当时张作霖与日本有关，英美系统培养出的技术人员与之是格格不入的，所以不愿意和张作霖撤退。张把顾振五花大绑，沿着北宁铁路走，给别人看，所以后来他们都去了东北，我家也搬到了沈阳。

云妍：您父亲和顾振一起？

金国干：我的父亲没有被绑，顾振被绑了，他是领导，"杀鸡给猴看"嘛。到东北后，顾振跟着常荫槐一起修铁路。当时日本人已经占领了大连到长春这段铁路，俄国控制着中东铁路的北段，这时候张作霖想出路，东边修一条铁路，具体叫什么我记不清了，西边修打通铁路。① 具体是我父亲在那里修，因为顾的级别更高了。打通铁路的修建让东北运输可以不走南满铁路，意欲跟日本顶牛，但顶不过它，所以后来就借助北宁铁路的力量，就是英国人的力量。我父亲当时在山海关工务组，但他的上级就是英国人，大概1927年从英国人手里接任为总工程师。这些都是事后听我母亲给我讲的。后来我父亲从沈阳那边逃跑了，去了大连、上海、南京又转回到天津，后来从天津到了北京。在天津时大概是北宁铁路局工务处副处长，后来到京绥铁路②做了工务处处长。

云妍：您父亲一直是工程技术人员？

金国干：我父亲是学土木工程的，在美国康奈尔大学毕业。

云妍：您父亲和您提到过顾振的事情吗？

金国干：他没有说过，好多都是后来我母亲给我讲的。

云妍：您是没有见过顾振的？

金国干：我只知道他在开滦矿务局工作。我记得顾乐诚的父亲去世的时候已经是抗战开始了。当时天津有个英文报纸 North China Star,③ 这个报纸还刊登了她父亲顾振去世的事。

云妍：您父亲和您提过顾振去世的事吗？您父亲有说过他的死因吗？

---

① 也称大通铁路，是指从打虎山（后称大虎山）到通辽的一段铁路，由张作霖主张修建，为北宁铁路支线。

② 京张铁路通车前，清政府已决定展修张家口至绥远（今呼和浩特）段。1911年11月，通车至阳高时，因武昌起义而停工。1914年展修至大同。1916年京张、张绥两路合并，改称京绥铁路。1921年通车至绥远。1923年1月通车至包头，全长817.9公里，新中国成立后改名为京包铁路。

③ 华北明星报，美侨在中国出版的英文报刊。1918年8月在天津创刊，在天津美国领事署和美国内华达州注册。英国律师福克司任主笔，董显光曾任该报董事并参与编辑工作。该报在北方英文报刊中影响较大，1939年6月被日本驻津当局强令停刊。

金国干：提过，但死因没有讲过。那个时候我只有十几岁，顾乐诚和我年龄差不多。

云妍：您也经历了七七事变了。

金国干：顾振去世的事肯定是七七事变以后的事。

云妍：您对七七事变有什么印象吗？

金国干：那时候我小学刚毕业，不太记得了。我是干石油化工的，学的化学，和顾乐诚的专业很相近。我和顾乐诚的妈妈还是比较熟悉的，不记得她爸爸了。

顾振在东北境内，重点是修铁路。东北军阀的指挥下修建的铁路，是中国人自己的铁路，顾振做的事对中国是有利的。顾振的上司就是常荫槐了，是张作霖手下东北铁路局的局长。顾振被网罗去后，就在常荫槐的手下工作，但常荫槐和杨宇霆有日本背景，所以这些美国留学生和他们是格格不入的，他们想跑掉，不想在那里待着。

开滦和北宁铁路局也都是有英国背景的。我爸爸给我讲过一件事，说当时北宁铁路和开滦有点矛盾，要求开滦矿务局必须保证，挖煤不能把铁路挖断了，可是还是因为挖煤导致铁路沉陷了。后来矿务局赔了北宁铁路局很多钱。我父亲说两端都有英国人的背景，所以能够公平解决，假如铁路是中国人的，开滦是英国人的，就很难说了。我刚才说在东北修打通铁路，借助英国人势力与日本人顶牛，因为铁路其实是在北宁铁路基础上修的，英国人也不甘心撤走。我曾经在营口一个旅馆住过，旅馆里的装修都是英文的，一打听才知道，招待所曾经是英国在营口领事馆的所在地，证明英国并不是没有进驻东北的，进驻过，也想维持自己的力量，但日本是想把他们赶出去的。

云妍：去营口，发现有领事馆，这是什么时候的事？

金国干：二十年前吧。我其实知道顾乐诚父亲的事情并不多，许多是听我父母说的，还有一些是自己看历史书看来的，希望能够帮到你。

云妍：非常感谢您。

近现代档案整理与研究

《耀华机器玻璃股份有限公司筹备情形报告书》整理

董劭伟　袁　媛　岳晓蕊

(东北大学秦皇岛分校　社会科学研究院)

一　绪论

本公司总事务所设于天津，因本公司总理时时须与开滦矿务局有所接洽，拟于开滦矿务局新屋建成之后，即在该新屋中为本公司总理设备办公室三间于三层楼上。其办公室之位置具如第一附件图式。

本公司总事务所职员如下所示：①

总理

协理

总理之秘书

---

* 本文为教育部人文社会科学研究项目（17YJCZH169）《民国耀华玻璃公司档案整理与研究——兼论近代京津冀协同发展》的中期成果。本份档案为笔者最初拍照于秦皇岛耀华玻璃厂档案室，现该档案已转移专业部门保管收藏，2015 年笔者及诸多人士整理后已经四年，迄今未在见该档案的后续介绍，就近现代企业档案而言，该宗档案无疑为大宗档案，若能完整呈现给学术界则无疑有助于对近现代企业史、经济史等专题问题的研究，也有助于了解近代社会经济变迁。本文所整理档案，笔者曾指导研究生据此对秦皇岛耀华玻璃厂之选址问题做了新角度研究（详见：佟爽、董劭伟《从〈耀华公司筹备情形报告书〉分析民国耀华玻璃厂选址问题》，《社会科学动态》2018 年第 5 期），因为该档案为当时选址之论证部分，由此才有可能对此问题进行深入研究，兹对所据档案进行整理录文，期待推动对冀东企业史的研究。

① 录者按，整理该档案时未见"图式"等。原文式样为竖排繁体书写，现改为横排简体，原文若无歧义则一仍其旧。整理中增加图表以更清晰且无碍原文原意。

协理之秘书译员

会计

中国书记员四人

本公司之工厂设在秦皇岛,筹划之地基具如第二及第四附件图式。此项地基一部分为开滦局永有之产业,一部分为中国政府租与开滦矿务局者,现拟向开滦局方面转租该地,租期二十九年(此即中国政府租地与开滦局之年限)期满后仍可展期续租。开滦局永有之地基,凡九十一亩七分一厘,图上标名红色者即是。开滦局由中国政府方面所租之地基凡三十九亩九分三厘,图上标名绿色者即是,此项地基足敷安置机炉三架,可供二十四架有余机器之用。

秦皇岛方面工厂内职务如下所示:

总工程师	一人
工厂主任	一人
仓库主任	一人
中国书记员	二人

工人之分配具如附件第五表

垫土筑基、铁路接轨,预备石工建筑之材料以及大砖洋灰等项,公司一经成立即可开始办理机炉安置工厂之工程,冬令一过便可着手进行。其他各需用之机器、矽砖,以及屋顶需用各材料之须由外洋订购。此一俟公司成立即可起首办理。

制造玻璃之原料不外沙、硅石、苏达、石灰四种。比国各厂制造玻璃其原料之成分如下所示:

沙(或硅石)	一〇〇〇瓩
芒硝(即苏达硫酸盐)	八〇瓩
苏达碳酸盐	三四五瓩
石灰岩	二九〇瓩
以上共计	一七一五瓩

《耀华机器玻璃股份有限公司筹备情形报告书》整理

在比国苏达硫酸盐与苏达碳酸盐价值约略相同，然在中国苏打碳酸盐之价较之苏打硫酸盐贵出数倍。苏达碳酸盐每吨价约120元，而苏达硫酸盐每吨不足35元，但纯用苏达硫酸盐以代苏达碳酸盐并非不可，只需量数加及三分之二即可合用，今将在中国制造玻璃原料之成分预算如下所示：

沙（或硅石）	1000千克
苏达硫酸盐	563千克
石灰岩	290千克
以上共计	1853千克

据比国开瑞米玻璃厂之考察，凡有1715千克之原料即可以制成1400千克之玻璃。由此推之，在中国凡有1853千克之原料，则可以制成1400千克之玻璃。但有一节点不可不加以研究者，苏达硫酸盐熔化之度较之苏达碳酸盐为高，故纯用苏达硫酸盐，用煤必至较费，普通之玻璃每宽一方尺厚两耗者，约重5.5千克，是以有1400千克之原料，即可制成355方尺之玻璃。设将破损割坏等项，由此数减去百分之三十三又零三分之一，则制成可用之玻璃，尚有178方尺也。以上所言，百分之三十三又零三分之一，均为破损割裂等项之内，此不能视为原料之上损失，盖此种破损割裂者仍可入炉行熔化制新玻璃。如丹瑞米厂所造玻璃面积异常宽大，割成通用大小不甚适宜，故破损割裂之数多至百分之三十三又零三分之一者。于此稍加之意，破损等项之率当可减少百分之五。近来该厂于抽机炉上大为改良，制成玻璃时抽出甚速。又据最近调查，捷克斯拉维加地方已有新厂试行此法，成效颇有可观。今若利用最新式机器及抽机炉制成可用之玻璃，必较百分之六十七为多，其平均数或距百分之七十五不甚相远。由以上多节研究之大约参论，如何制成可用之玻璃，必可至百分之七十也。

本公司拟在秦皇岛建筑之工厂，具如第三附件图式。预计该厂能装置机器八架机炉，配设之法能使八机同时连转。所用机器，皆属按照丹瑞米及其他各大厂最新发明之图样，并沿用佛克尔威厂之制度及经验务求出品之多、成色之高。预拟工厂开办后决无损坏及停工已久之弊，今以最少数记之，每架机器每年中可有十个月之工作，在丹瑞米厂机炉之设备仅能使六架机器同时连转。每月中，每架机器可制成可用之玻璃在16000方尺至

17000方尺之间，今本公司之设备既用最新最完善之机器，每月中每架机器之出品至少当有 2 万方尺，共计全厂每月可出 16 万方尺之玻璃，是故去年即以十个月论出品也有 160 万方尺之数也。设为意外破损计重行扣算，估将上判预算数目减去 10 万方尺，则八架机器每年所出玻璃至少也有 150 万方尺，计合 15 万箱，并将所需原料预算如下所示：

沙（或硅石）	8450 吨
苏达硫酸盐	4088 吨
石灰岩	2210 吨

以上预算，系按现在欧洲所造最次第四等玻璃之运销中国而言，至于将本运销中国之玻璃，或有较优之品其优当增高。本报告书内之计算，一切皆以第四等玻璃为根据焉。

二 原料

【甲】煤

按照比国工程师之预算，在中国制造玻璃 15 万箱，需用煤 13000 吨又据开滦矿务局技师所考验，以为开滦之煤不甚适于制造玻璃之用，盖恐所处煤气有害于玻璃之制造，必须掺进白煤方可适用，并将掺进白煤成分预算如下所示：

	机炉用煤		
头等油煤	13000 吨	百分之七十五	9750 吨
因欲使与比国头等煤功效比较		百分之三十	2925 吨
以上共计			12675 吨
再加白煤		百分之二五	3250 吨
平常煤屑（宝中炉火用）			2000 吨
以上总计			17925 吨

白煤一项由秦皇岛运用，烟煤由唐山运用，在秦皇岛每洋一元可购煤一吨左右，在唐山白煤每吨左右亦售洋一元，今约计用煤之费如下所示：

唐山		
12675 吨	每吨 2 元	合洋 25350 元
3250 吨	每吨 7 元	合洋 22750 元
2000 吨	每吨 2 元	合洋 4000 元
以上共合洋		52100 元①
秦皇岛		
12675 吨	每吨 3 元	合洋 38025 元
3250 吨	每吨 6 元	合洋 19500 元
2000 吨	每吨 3 元	合洋 6000 元
以上共合洋		63525 元

【乙】沙

中国北方多省所产之沙种类较多，然而以制造玻璃大都不甚适用。威海卫、秦皇岛、龙口、香港四处之沙，均曾送往比国考验，据唐山副工程师考验所得，以为惟威海卫所产之沙，最合于制造玻璃之用，并将其化验威海卫沙内所含各原质成分如下所示：

矽	95.09
铝	3.41
铁	极微茫
石灰	0.32
镁	0.24
以上共计	99.06

---

① 原始档案中数据记录为 51000 元，但经对相关数据从新计算后，此处应为 52100 元。

今将由威海卫连沙至秦皇岛之价目预计如下：

苦力由沙地运至船上脚费	每吨1元5角
装船人工费	每吨5角
由荣成至秦皇岛水脚	每吨2元
又杂费	5角
以上总计	4元5角

龙口砂质颜色稍暗，津埠交用之以制玻璃，在天津龙口沙价，每方16元5角，每吨约合4元5角4分。

【丙】硅石

制造玻璃时也可用硅石代沙，北戴河唐山附近之处均产有硅石，其质地适合制造玻璃之用，且其价目较沙犹觉便宜，硅石极易捶碎，法以冷水浇之，并用大煮至热度极高时，再按所需石块之大小随意锤之，并将开滦矿务局总工程师，在唐山附近所得硅石四种考验及之报告记录于左：

四种硅石中所含二养化矽之成分为（一）96%（二）95%（三）97.8%（四）96.9%，其中所含氧化第二铁成分之多，寡纯视化验时，所用捶躐之器具为如何，今有两种化验之法。一法用熟铁所制戴罗氏之捶石器与擂磨器，将石捶碎，及再在曲板上碾成细末，其所得氧化第二铁之成分，按照以上所判次序为（一）6.8（二）4.9（三）4.4（四）5.1。又一法用捶石器将石捶碎，再放入玛瑙皿中碾为极细末，其所得养化第二铁之成分为（一）1.8（二）3.1（三）3.4（四）3.3。

由以上考验所得观之，若所用捶躐之器具以极硬纯铜制成，则其中所含铁质之成分或可减至百分之一以下。故用硅石制造玻璃之法，不外利用最合宜之器具，使石中各质不至受铁之影响而已。以上四种硅石中，所含其他杂质之略有关系者为养化钙百分之0.8，捶碎之硅石可以应工厂之用者，在唐山每吨价格2元5角，在秦皇岛价目较昂。即购用北戴河硅石彼间价目在三元七角五分左右，今欲制造150万方尺之玻璃，用需用硅石8540吨，总计在秦皇岛合洋31687元，若在唐山合洋21125元。

【丁】苏达

比国制造玻璃可用苏达碳酸盐及苏达硫酸盐之成分如下所示：

苏达碳酸盐	345
苏达硫酸盐	80

以上两种在比国售价约略相同（每吨皆不过四百法郎），在中国苏达碳酸盐之价较硫酸盐为昂。碳酸盐每吨约合洋 120 元，硫酸盐约仅 35 元，若纯以硫酸盐代之，则所用量数必须较多，其成分之比例大约每用碳酸盐五成需用硫酸盐七成。

近来苏达碳酸盐有由南非洲运入日本者每吨约售洋 90 元，然其成色殊甚低劣也。

前大沽盐厂拟创制苏达硫酸盐，本有今春开办之说，然至今尚未办成。据该厂所预估制成苏达硫酸盐之价，每吨约售洋 20 元。今又按卜内门洋硷公司所估每吨 35 元计算，制造玻璃需用苏达硫酸盐 4088 吨，在秦皇岛约合洋 143080 元，在唐山约合洋 147168 元。

【戊】石灰岩

石灰岩一项唐山秦皇岛附近各处均有之，其中以秦皇岛北山所产者为最佳，兹据化验所得录其成分如下所示：

碳酸钙	91.581%
镁	1.883%
铝	1.833%
铁养锈	0.743%
矽克	3.205%
酸	0.013%
硫	0.138%
水氧	0.080%
以上总计	99.475%①

在石矿左近地方，石灰岩之价大约每吨不足一元，捶碎人工费每吨约

---

① 档案原文为 99.575%，按以上数值计算当为 99.475%。

合大洋二角，唐山方面铁路置轨运脚等费，约需大洋三角。在秦皇岛雇车搬运费，约需一元。按以上所述各节价目如下所示：

在唐山每吨	合洋一元五角
在秦皇岛每吨	合洋二元二角

今以二二一〇吨，总计之两处之价目如下所示：

在唐山	合洋三三一五元
在秦皇岛	合洋四八六七元①

【己】木料

此外尚须加运费7分5厘，故在唐山秦皇岛两地木箱每只合洋8角5分，今木箱总数凡15万只，共合洋127500元。

木料之宜于制箱者，每一千方米，厚一寸者值洋65元。故为经济起见，不如设备锯木机自制木箱，于费用上较省。今先按每只8角5分计算，以后本报告书即以此价为衡。

原料之总谕：在中国制造玻璃所需一切原料之成本预算如下所示：

料别	煤 17925吨	沙 8450吨	苏达 4088吨	石灰岩 2210吨	木箱 150000只	总计
唐山	52100元②	21125元	147168元	3315元	127500元	351208元③
秦皇岛	63525元	31687元	143080元	4862元④	127500元	370654元⑤

（附注）箱一只（或十方米）在唐山合洋二元三角三分，在秦皇岛合洋二元四角七分。

---

① 原始档案中数据记录为4867元，但经对相关数据从新计算后，此处应为4862元。
② 原始档案中数据记录为51000元，但经对相关数据从新计算后，此处应为521000元。
③ 原始档案中数据记录为350208元，但经对相关数据从新计算后，此处应为351208元。
④ 原始档案中数据记录为4867元，但经对相关数据从新计算后，此处应为4862元。
⑤ 原始档案中数据记录为370659元，但经对相关数据从新计算后，此处应为370654元。

三 职员及人工

【甲】天津总事务所

总理（西人）	协理（华人）	总理之秘书（西人）	协理之秘书译员（华人）	会计（西人）	书记4人（华人）
每月2000两	每月750两		每月100元		每人每年500元
每年36000元	每年13500元	每年4000元	每年1200元	每年6000元	每年2000元

以上共计62700元

事务所用费　每月300元　每年3600元

总计66300元

【乙】秦皇岛工厂主任职员

总工程师（西人）	工厂主任（西人）	仓库主任（西人）	书记2人（华人）	总计
每月1000两			每人每年500元	
每年18000元	6000元	6000元	1000元	31000元

【丙】秦皇岛工厂人工

工人工资数目详见附件第5表计凡雇用比国工人12名，中国工人208名，开办两年后，比国工人人数或仍可减少，今本报告书按照12名之数核计如下所示：

比国工人12名	共48000元
中国工人208名	共43452元
	以上合计91452元（约92000元）

四　专利权之利金

与比国方面订合同时，曾声明于取得佛克专利权后 4 年之内，最初所制造 6000000 方米之玻璃每平方米上应缴纳该厂酬劳金四便士[①]，计合每年应纳酬劳金 25000 镑，因该项酬劳金之交付不过仅属 4 年以内之事，故本报告书遂未计算及之。

五　原动力、灯火、地租、修理机器、水料等费概算

本条各节目，按照丹瑞米厂所用经费计算至少须 120000 元，原动力一屋中国方面较在比国为廉，工厂中电灯及装置费 5000 元左右，以时计之，每点钟每瓩约合大洋 1 分，今若在秦皇岛工厂，则电费每点钟每瓩须增至 4 分，灯火等费便须增至 20000 元，每年更换新灯费约需 3000 元，至于租地之费为数无多，本报告书已将地租一项列入装置费中，共估洋 30000 元，水费一项亦属无几，然工厂维持费之预算殊非易之，其中尤以机器一项为最难于估计，至若修理各工程人士之费用其在中国必较大于丹瑞米厂，由以上各情形谕之，各项节目，在中国较省者有之，较费者也有之，故为预算计定为 120000 元。当无不专及过多之弊，由此估算每一方米之玻璃，仅合大洋 8 分，兹将制造玻璃之成本预算如下所示：

类别	原料	总事务所	主任职员	人工	原动力等费	以上总计		玻璃	成本须	每箱合洋
唐山	351208 元[②]	66300 元	31000 元	92000 元	120000 元	660508 元[③]	在唐山	玻璃 150000 箱	成本须 660508 元	4 元 4 角
秦皇岛	370654 元[④]	66300 元	31000 元	92000 元	120000 元	679954 元[⑤]	在秦皇岛	玻璃 150000 箱	成本须 679954 元	4 元 5 角 3 分

[①] 原始档案中记载的"辨士"，由于当时翻译习惯使然，今迳改为"便士"。
[②] 原始档案中数据记录为 350208 元，但经对相关数据从新计算后，此处应为 351208 元。
[③] 原始档案中数据记录为 659508 元，但经对相关数据从新计算后，此处应为 660508 元。
[④] 原始档案中数据记录为 370659 元，但经对相关数据从新计算后，此处应为 370654 元。
[⑤] 原始档案中数据记录为 6779959 元，但经对相关数据从新计算后，此处应为 679954 元。

六　工厂建造之预算

工厂之构造及其内容，具如第三附件，图式及切面图式，建造经费之预算，详刊附件第6表中，该项数目纯以比国布鲁塞尔方面所寄来之预算及开滦矿务总局总工程师等之预算为根据。在本报告书内凡有英金数目皆按每镑8元，每1元6法郎，每一立方米之钢砖约合2吨，每一立方米之寻常砖，约合600块计算。今将建造工厂及围墙连同地价之预算如下所示：

在唐山	4042639法郎	合洋673767元
在秦皇岛为	4141185法郎	合洋690192元

七　开创费之预算

本公司筹备及成立各项所需之资本预算列在附件第7表中。据本公司之预算，明年即1922年9月1日工厂可以开工，距本公司创办之时（1921年正月一日）计凡20个月，若工厂开办之期延迟1年至1923年始能开工，则延迟一年中之经费，亦不至于大也。

按表中所刊开办费之预算为4485192法郎，合洋747532元。在中国当有25000元作为不敷时之特别开支，此项目预算颇可称为准确约计该数当必有盈无绌也。

八　装置机器费之预算

由以前预算观之8000000法郎，合洋1333000元，以之设厂似当不能十分充足。本报告书一切概算皆以宁盈无绌为宗旨，故设厂费用欲其不至有竭蹶之弊，必须定为10000000法郎，合洋1700000元方为合宜，今备定以10000000法郎（合洋1700000元）作为本公司资本。按照以下用项之支配当必有盈无绌也。

	建造费	管理费	以上总计	下余	总计
在唐山					
法郎	4042639	4485192	8527831	1472169	10000000
洋元	673767	747532	1421299	278701	1700000
在秦皇岛					
法郎	4141185	4485192	8626377	1373623	10000000
洋元	690192	747532	1437724	262266	1699990

以上所列下余之数，凡262266元，专备不專时作为特别之开支，或谓其他各表预算皆属有盈余绌，此项下余之数未免较多，但因汇兑上涨落之无定，原料价值之时有贵贱等。故让备此数以备不專时之特别开支较为稳妥也。

九　结论

现在上海市面窗户玻璃之价，每箱约合洋11元至12元，然此仅系玻璃到上海之原价，保险费及运至上海之水脚固在其内，税捐等项当在其外，购户运载之时，不免常有破损，故每箱之售价当必较多于十一二元也。今本报告书姑即以每箱11元计算。按照本报告书以上所述，本公司用佛克专利新法制造玻璃，在唐山每箱之成本不过4元4角，在秦皇岛每箱之成本不过4元5角3分即按每箱4元5角之约数而言，其获利之数目大约如左：11元与4元5角之比较，每箱可获利6元5角，每150000箱，可获利975000元，减去500000元股票一分利息，共合50000元，当能净利925000元。

以上获利总数约合本金（1200000元）百分之七十七。按以上所述，本公司对于比国方面曾订明合同在最初所制造之六百万方米之玻璃上每方米应该缴纳购取专利新法利金四便士，故在开办厂四年之内，每箱玻璃上应缴纳比国原厂利金1元2角5分，由此计之，开办后四年内每箱所获之利当减为5元2角5分计，所获利之总计数如左：玻璃150000箱，共获利787500元，减去500000元股票上应付一分利息，共合5000元，当余净利737500元。

以上获利总数约合资本金（1200000元）百分之六十一，据调查所得：1920年，中国海关进口之玻璃凡305882箱，今本公司制造之玻璃成色沉能较进口之四等玻璃为优，且比较外洋运入中国等所有破损运费等又可概行免去。价廉物美，将来对于中国全国之玻璃业不患不能垄断，不宁惟是将来或秦皇岛工厂加倍扩充，或在上海香港等地设立分厂，则营业之发达，更必如持左券且添设分厂较易于刜办，将来玻璃之价必可大廉。中国各地此后，对于玻璃一项遂不致为今日视为奢侈品矣。

11月30日缮

秦皇岛港藏日军侵占时期日文档案之"向日本供应开滦煤炭基本合同书"选译与题解[*]

齐海娟

(东北大学秦皇岛分校 外国语言文化学院)

1941年12月8日太平洋战争爆发后,日本借机加紧对华侵略,在全面接收秦皇岛港后,随即进行野蛮统治与经济掠夺。秦皇岛港藏民国时期档案体量较大,内容丰富。其中,涉及日军侵占时期的档案大部分为日文,也有部分中文和英文。内容涉及外国营盘、行政机构设置、人事管理、财务管理、生产管理、船舶管理、营运管理、经营管理、业务管理、教育管理、文化管理、卫生管理等方面。本文选译了秦皇岛港史志科档案室所藏开滦外文档案营运管理卷(1925—1945)"与日本签订契约"中关于交易营团与开滦煤炭贩卖公司签订的一份基本合同书。本文在将档案进行翻译的基础上,详细钩沉这一基本合同确立的背景与内容,进一步管窥此合同订立始末。本选译有助于揭示日军全面侵占秦皇岛港时期(1941.12—1945.8)利用秦皇岛港掠夺煤炭运往日本的实况。为学界对开滦煤矿、秦皇岛港及其日本侵华问题相关研究提供有价值的第一手档案

---

[*] 本文系2017年度教育部人文社会科学研究青年基金项目"秦皇岛港藏日军侵占时期外文档案翻译、整理与研究"(项目批准号:17YJCZH139)的阶段性成果。

※为便于阅读,本译文采用新体字,由上而下的横文格式;原文为日文旧体字,自右及左的竖文格式。脚注为译者注。

本选译译自秦皇岛港史志科档案室所藏开滦外文档案,营运管理卷(1925—1945)"与日本签订契约"。

史料的同时，揭露日本掠夺开滦煤炭资源的面目。

【原文】

開灤炭對日供給ニ關スル基本契約書

交易營團（以下甲ト稱ス）ト開灤炭販賣株式會社（以下乙ト稱ス）トノ間ニ於テ開灤炭ノ對日供給ニ關シ基本契約ヲ締結スルコト左ノ如シ
　一、甲ハ乙ヨリ昭和拾九年度物動計畫ニ依リ決定セル開灤炭ノ對日供給數量ヲ左記條件ニ依リ買入レ乙ハ甲ニ之ヲ賣渡スモノトス
　（1）炭種
　昭和拾九年度物動計畫ニ依リ對日供給ニ決定セル炭種トス
　（2）數量
　昭和拾九年度物動計畫ニヨリ對日供給ニ決定セル數量ノ内昭和拾九年拾貳月壹日以降對日積出ヲ爲ス數量ノ全部トス
　（3）品位
　石炭品位取締規則第二條又ハ第三條ニ依リ乙ヨリ甲ニ通知シタル種類及等級又ハ銘柄及最低保證品位ニ依ルモノトス
　（4）受渡場所竝條件
　（一）直路汽船積　　秦皇島港本船乘船荷證券面數量渡トス
　（二）大陸輸送轉換炭　　山海關乘送狀面數量渡トス
　（5）價格　　　　　官廳指示價格ニ依ル
　（6）代金決濟
　乙ハ本船出港ノ都度又ハ貨車山海關通過後每旬締切甲ノ代金決濟ニ必要ナル書類ヲ作成シ一括天津甲事務所ヘ提出甲ハ乙ニ對シ天津ニ於テ決濟スルモノトス
　（7）輸出實務
　受渡後ニ於ケル配船配車運賃取極積込通關附保等ノ實務ハ乙ニ於テ擔當シ之カ諸掛費用ハ甲之ヲ負擔ス
　但シ輸入通關ハ甲ノ名儀ヲ以テ行フモノトス
　二、事情變更ニ伴ヒ本契約ニ變更ノ必要生ジタル場合ニハ甲、乙間ノ協議ニヨリ之カ變更ヲ爲スコトアルベシ
　三、本契約ハ昭和拾九年拾貳月壹日ヨリ昭和貳拾年叁月叁拾壹日迄

有効トス

　但シ有効期限經過後ハ特別ノ事情ナキ限リ本契約ヲ踏襲スルモノトス

　四、本契約實施ニ必要ナル項目ニ就テハ本契約條項ニ基キ甲ノ天津事務所長及乙ノ天津出張所長ト

　ノ間ニ於テ覺書ヲ以テ取極メスルモノトス

　本契約ノ證トシテ本書貳通ヲ作成シ各自其の壹通ヲ保有スルモノトス

交易營團北京連絡部
理事　加藤德善
開灤炭販賣株式會社天津出張所
所長　吉田蘂

【译文】

向日本供应开滦煤炭基本合同书

交易营团（以下称甲）与开滦煤炭贩卖公司（以下称乙）关于向日本供应开滦煤炭事宜签署基本合同如下所示：

一、甲于乙处依据昭和 19 年度（译者注：1944 年）物资动员计划购买开滦煤炭，乙依左如数

向日本供应，售卖并交付与甲。

（1）煤炭种类

向日本供应煤炭的种类依昭和 19 年物资动员计划而定

（2）数量

向日本供应煤炭的数量依昭和 19 年物资动员计划而定的范围之内，昭和 19 年 12 月 1 日后向日本如数交货。

（3）品位

依煤炭品位管理规则第二条或第三条，依乙通知予甲的煤炭种类、等级、品级以及最低保证品位而定。

（4）交货场所及其条件

（一）直路轮船交货　依秦皇岛港大船装船货物单据所记数量交付

（二）转换陆路运输　依山海关运输单所记数量交付

（5）价格　依官厅指示价格

（6）货款结算

每有大船出港或货车通过山海关后，乙需做好与甲截至每旬货款结算的相关文件，汇总后提交至甲的天津事务所，甲于天津结款予乙。

（7）出口实务

交货后，调度船只车辆、运输装载货物、确保通关等实务由乙负责，相关诸费用由甲承担。

但进口通关事宜需以甲之名义办理。

二、如因事态有变，本合同产生变更，应依甲、乙之间的协议变更之。

三、本合同自昭和19年12月1日起至昭和20年3月31日有效。有效期满后，如无特殊情况

当继续沿用本合同。

四、本合同实施过程中的主要项目基于本合同条款，依照甲的天津事务所所长与乙的天津办

事处处长之间的协商备忘录安排。

本合同书作为凭证，一式两份，双方各执一份。

交易营团北京联络部
理事　加藤德善
开滦煤炭贩卖公司天津办事处
所长　吉田　蕤

【题解】

以上译文为交易营团与开滦煤炭贩卖公司就向日本供应开滦煤炭事宜签署的一份基本合同书。合同中关于双方煤炭交易过程中涉及的煤炭种类、数量、品级、交货场所、价格、货款结算、运输以及有效期限等事宜做出了明确的规定。合同中提及的甲方交易营团设立于1943年，是日本"为顺利完成大东亚战争，在决战体制下设立的交易机构"[①]。乙方开滦炭贩卖公司为卢沟桥事变爆发的1937年7月，由日本钢铁公司、日本钢管公司、大阪化学工厂、日本化学工业公司及东京瓦斯公司在东京联合成

[①]　[日] 谷口吉彦：《交易营团的成立》，《经济论丛》1943年第56卷第3号。

立，开始主要负责同英国资本家商洽向日本输出开滦煤炭事宜，掠夺开滦煤炭。1941年12月8日太平洋战争爆发后，日军全面接收了秦皇岛港，尽管如此，日本仍以两家均为日本战争需要而设立的机构或公司进行商品交易的形式，使掠夺开滦煤炭资源"正当化"，其用心良苦可见一斑。1936年，日本政府将内阁调查局和资源局合并为企划院。企划院负责日本经济政策包括殖民地经济政策的审议与制定，其不仅是统制经济的中枢机构，实为综合国策机构，从机构设置及其职能来看，企划院更像一个影子内阁。企划院的中心活动是推行统制经济，其中，制定和实施《国家总动员法》和"物资动员计划"（物动计划）是这方面最为重要的工作之一。1941年11月，大本营——政府联席会议通过《战争经济基本方略》，决定了对大东亚共荣圈实行经济统制的基本方针。该方略规定其一为以1943年末为期，实现所需物资有计划地生产自给，促进和加强以石油、煤炭、钢铁、造船为核心的生产自给。[①] 本合同即为此背景之下的产物。是为战争需要，实现日本"生产自给"，将赤裸裸的殖民掠夺摇身一变成为"商业行为"的重要手段。在某种程度上将掠夺殖民地资源"正当化"。另外也反映了日本蓄谋已久，掠夺开滦矿产资源步骤及程序严密的不争事实。1944年后，军需省将年度物资供给计划变更为每季度计划，企图加紧对殖民地的资源掠夺，这一事实通过合同有效期限可见。但之后随着日本战况的恶化，"物动计划"难以实现，后因日本战败而消亡。

[①] 毕世鸿：《太平洋战争期间日本对东南亚的经济统制》，博士学位论文，南开大学，2012年，第71页。

类书研究的力作
——刘全波《魏晋南北朝类书编纂研究》评介

杨志飞

（西安外国语大学）

关于类书的研究，前人已取得可观的成果，张涤华《类书流别》、胡道静《中国古代的类书》、刘叶秋《类书简说》、戴克喻与唐建华《类书的沿革》、戚志芬《中国的类书、政书和丛书》、夏南强《类书通论》、孙永忠《类书渊源与体例形成之研究》诸书，均从类书的起源、发展、内容、分类、体例、功用等方面进行了或详或简的论述，多以时间为轴展开，属贯通各代的研究。近年来，对类书作专题与个案的研究是潮流与趋势，每部类书、每个时代类书的特点研究深入之后，才能对类书的整体发展有全面的认识。目前，断代类书的专题研究尚不多见，目验所及，仅有雷敦渊《隋代以前类书之研究》、张围东《宋代类书之研究》、王珂《〈宋史·艺文志·类事类〉研究》数种。

魏晋南北朝时期是中国学术、思想发生重大变革的重要阶段，在多重因素的综合作用下，出现了《皇览》《华林遍略》《修文殿御览》等多部类书。此时的类书虽属首创，但基本具备了后世类书所有的重要特征。研究工作应"辨章学术，考镜源流"，对事物发展的初期即源头应予以特别的重视。由于文献不足徵，前人对魏晋南北朝时期类书的研究，通常集中在几部重要类书的介绍，多从宏阔的社会背景出发，论述类书与当时学术风气之关系，较为简略。刘全波先生的新著《魏晋南北朝类书编纂研究》（民族出版社 2018 年版）无疑是第一次全面、系统、详细、深入对魏晋南北朝类书进行专题研究的力作。

《魏晋南北朝类书编纂研究》属于"敦煌学研究文库"系列之一，全书453页，42万余字，是作者刘全波在兰州大学所撰博士学位论文（2007年至2012年）的基础上增删修治而成。作者自2009年确定以"魏晋南北朝类书编纂研究"为题，至2018年本书正式出版，十年寒暑，数易其稿，在当今学风普遍浮躁的大环境下，能将笃实沉潜付诸实践，实属不易。此书构思宏深，非止步于一时一书的研究，而具历史的眼光、胸怀，将类书放置于学术史视野中进行观照，凝聚了作者多年来对类书研究的思考，其中多有见解独到之处，今检其大者，略述如下。

　　全书分为七章，第一章绪论，全面论述了魏晋南北朝类书已有之成果，对前人取得之成就予以客观评述，对讨论不足或有待发掘之处予以揭示。同时，本书之研究思路与方法也展示给读者。本书的研究风格是古典式的方法，学术视野却是现代化、国际化的。以往的类书研究多着眼于文献学路径，较少从学术史、思想史切入，而类书本身"非经非史，非子非集"，与文献学、历史学、文学、民族学、宗教学、艺术学等密切相关，其内容广博、多元，要求研究者使用多种学科、多种方法，对其进行跨学科、全方位的研究。这也是本书作者努力追求并实践的。作者将魏晋南北朝时期的类书分为官修类书、私纂文学类书、佛道教类书，分别加以论述。

　　第二章"魏晋南北朝类书编纂的历史背景"，分"抄撮、抄撰之风""图书典籍之繁富""文学之新气象""征事、策事之风""记诵之学与博学风尚"等五节。作者认为，类书在魏晋南北朝发展迅猛，出现类书编纂的高潮，与当时的学术风气及社会的发展相关。造纸技术的改良，纸张的广泛使用，使藏书丰富成为可能，征事、策事、用典与崇尚博学之风的盛行，使多部类书呼之欲出，加之汉代以来抄撰众籍风气之沿绪，终于成就了类书编纂丰厚的土壤。本书对史料之检别，着眼之全面，对类书兴盛的深层原因的探讨，尤其全面深入，将类书编纂置于整个社会发展之中，令人读之方可意识到类书在魏晋南北朝的极大发展是有诸多深层原因而绝非偶然的。

　　第三章"魏晋南北朝官修类书的编纂（上）"、第四章"魏晋南北朝官修类书的编纂（下）"，对《皇览》《史林》《四部要略》（萧子良编）《寿光书苑》《类苑》《华林遍略》《书泉图海》《帝王集要》《科录》《四部要略》（裴景融编）《修文殿御览》等类书进行专题研究。从本章的标题上看，即可知道此时期的重要官修类书，本书均有专门的讨论。本书对魏晋南北朝官修类书的论述，是目前最为全面、细致的。

第五章"魏晋南北朝私纂文学类书的编纂"对魏晋南北朝时期以文学创作为主要目的编纂而成的《要览》《纂要》《采璧》《珠丛》《语对》《语丽》等"私纂文学类书"进行了全面考察，探讨了它们与魏晋南北朝文学发展之间相互依存、相互影响的关系。此时期私纂文学类书数量大、种类繁多，前人仅对某部类书进行过个案研究，本书则对《要览》《纂要》等九部典籍进行了全面考察，是集大成式的研究。

第六章"魏晋南北朝佛教、道教类书的编纂"，对《众经要抄》《经律异相》《无上秘要》等十部佛道类书进行专题研究。自汉末佛教入华，至南北朝时，大量佛经译为汉文，中国僧俗亦有数量众多的撰述。佛典浩瀚，经论繁广，临事难究，检核不易，于是出现"抄略""纂集"，将不同的佛典按一定的主题进行分类编集以便研读，成为佛教类书的雏形。本章对《经律异相》的编纂过程、体例安排的论述最为精彩。首先，作者敏锐地注意到《华林遍略》与《经律异相》的关系，二者皆为梁天监十五年（516）奉武帝之命而作，同在华林园编集，在编纂体例、文献使用上一定存在相互影响的关系，立体、全面地分析事件、史料，是本书的特点之一，此处对《经律异相》的讨论即如此。其次，中外学者对《经律异相》研究的成果十分丰富，本章对《经律异相》研究史的全面、翔实的梳理，尤其日本学者对其编纂体例、古今沿革的讨论评述尤多，读此节"研究史"，可为治此书者示以门径，贡献良多。

第七章"余论"，先对魏晋南北朝类书编纂作一整体性考察，这是作者近十年来长期思考的结晶与成果，同时又说明本书尚未完成的三大任务：一是《皇览》辑佚的校勘，二是《经律异相》等佛教类书的研究，三是道教类书《无上秘要》的研究。这三个问题都是类书研究的重大问题，作者将自己未来的研究计划示人，可见其治学之胸襟与自信。

从事学术研究，最基本的主要是两方面的工作：搜寻材料和处理材料。就材料的搜集而言，本书做了非常扎实的工作，这从全书章节的设置已能看得出来。此外，作者曾将几十年来类书研究的论著分别做了年代索引和书名索引，这虽未能在本书中有直接的体现，但通读全书之后不难发现作者对类书研究成果的掌握是相当全面的。在这方面，作者比此前的研究者做了更多的工作，其中对敦煌文献和日本学者研究成果的利用尤其值得肯定。这应得益于作者在敦煌学研究重镇兰大敦煌所任教,又有日本九州大学联合培养的经历。

正如作者指出的,"以前学术界多认为魏晋南北朝类书散佚严重,不成系统,无法研究。但是通过我们以上的研究来看,魏晋南北朝类书研究并非是不可为,甚至是大有可为。"(第 393 页)作者多年来在类书研究的领域中辛勤耕耘,多有创获,本书问世之后,旋即又有《类书研究通论》(甘肃文化出版社 2018 年版)出版,听闻全波兄另有撰述中国类书通史之鸿志,其用力之勤、思考之精,堪称我们年青一代学者的楷模。

可以肯定地说,本书对魏晋南北朝时期类书的研究相当出色,所提出的问题也引人深思,有鉴于此,如以更高一些或近乎苛责的要求来审视本书,我认为可提出以下建议。

其一,书中对几部类书佚文的著录,如第 122 页《皇览》佚文、第 220 页《修文殿御览》佚文与第 268 页何承天《纂要》佚文,由日本学者辑佚出来,收入《本邦残存典籍による辑佚资料集成》(京都大学人文科学研究所,1963 年),国内学者利用很少,这几则佚文的著录,学者称便。而第 263 页颜延之《纂要》、第 264 页梁元帝《纂要》佚文,均注明出处为清代马国翰《玉函山房辑佚书》。马氏既已辑佚,本书可不必具列全文,因《玉函山房辑佚书》不属难得一见之书。

其二,对佛教类书《金藏论》的研究,日本学者本井牧子、宫井里佳、山路芳范等利用敦煌文献、大谷大学、京都大学所藏文本进行过非常精细的研究,在这方面,国内学者有些落后。定源法师的论文《韩国松广寺旧藏〈金藏论〉写本及其文献价值》(载《魏晋南北朝隋唐史资料》第 36 辑,2017 年 11 月)对松广寺旧藏《金藏论》写本的论述,或可弥补些许遗憾。定源法师此文发表时,本书已进入最后的出版环节,因而无法利用,所以此建议仅为刘全波先生将来修订再版提供一条信息。

进退之间

——读曾严奭《南唐先主李昪研究》

赵 昕

（四川大学外国语学院）

一直以来，提起南唐总会免不了令人联想到后主李煜传诵千古的那首《虞美人》。"春花秋月何时了，往事知多少？"相比起广为流传的南唐词，关于南唐的那段"往事"则似乎甚少进入人们的视野。近年来关于南唐历史的研究虽已有一批成果出现，然而对于三代君主个案研究的专著却是乏善可陈。[①] 因此，可以说曾严奭先生的这本《南唐先主李昪研究》，是相比于以往对南唐整体历史研究上，人物个案研究的一个很大突破。[②]

该书是曾严奭先生于中国文化大学攻读博士学位时的学位论文，于2007年答辩，后于2009年由花木兰文化出版社出版，纳入系列丛书"古

[①] 截至目前，已出版的有关于南唐史的研究专著有：任爽《南唐史》（东北师范大学出版社1995年版）、杜文玉《南唐史略》（陕西人民教育出版社2001年版）、邹劲风《南唐国史》（南京大学出版社2003年版）、何剑明《沉浮：一江春水——李氏南唐国史论稿》（南京大学出版社2007年版）、陈葆真《李后主和他的时代：南唐艺术与历史论文集》（石头出版股份有限公司2007年繁体版；北京大学出版社2009年简体版）、曾严奭《南唐先主李昪研究》（花木兰文化出版社2009年版）、薛政超《五代金陵史研究》（中央编译出版社2011年版）。

[②] 在曾严奭《南唐先主李昪研究》出版之前，还未有关于李昪这个人物整体研究的专著出现。曾氏认为："有关近年来学者对于李昪的研究，是非常有限的，可说是没有李昪专论书籍出现，通常对于李昪的研究，仅是将李昪视为南唐史的一部分。"（第1页）虽然此前也有诸葛计《南唐先主李昪年谱》（江苏古籍出版社1987年版）的出版，然而也"仅能视为李昪的相关史料纂辑"，"不能视为研究论著"。（第1页）因此可以说，这本《南唐先主李昪研究》填补了南唐历史人物研究领域的一块空白。

代历史文化研究辑刊"初编第 12 册。① 值得一提的是,该书的指导教授王吉林先生。王吉林先生作为台湾地区的唐史大家,在其指导下诞生了一批优秀的隋唐史论文,而这些论文都具有较高的研究价值与启发意义,足供海内外学者参考研究。② 而此著自然也是在王吉林先生指导下的一部很有突破意义的人物研究专著。

从目录来看,该书主要由八章内容组成。除了前言、结论以及附录(李昇大事年表)、附图(五代十国全图、南方各国形势图、江北十四州图)以外,用六章的内容细致讲述了南唐先主李昇的传奇一生。第一章"前言"部分,作者回顾了近年来学者对李昇时期的南唐乃至整个南唐历史目前研究的情况,并阐述了自己的研究动机、方法及内容。第二章"李昇身世之谜及相关问题探究",作者从探明李昇的出生地入手,对各个史料中关于李昇身世来源的说法进行了归纳分析,并对李昇如何为徐温所收养的问题进行了一定阐释。第三章"李昇的成长历程及与徐家的关系",作者对李昇到徐家后,其如何由"徐家养子"一步步成为徐温的左右手,再到成为继承其家族权力的关键力量的成长历程进行了回溯。该章重点聚焦了李昇与徐温以及李昇与徐氏诸子的关系,并揭示了李昇与徐温乃至徐温诸子之间相互利用而又相互斗争的矛盾。第四章"李昇得国历程",以徐温死后杨吴政权内部局势的翻转为突破口,展现了李昇如何排挤徐温亲子,继承其权势与地位再到步步为营,"以唐代吴"的整个过程。第五章"李昇的内部统治及党派",对李昇建立南唐后对内的统治政策进行了比较全面的罗列与解析,更跳出了传统观点,并对南唐内部的党争问题进行了十分独到的分析。第六章"李昇的对外关系",不仅对李昇时期南唐对中原政权、周边诸国、辽国的外交关系进行了详细梳理,更将视野投向了海外,分析了南唐与海外三国(高丽、新罗、于阗国)的外交关系,可谓一次全面的囊括。第七章"李昇的家庭成员与继承人之抉

---

① 关于此论文的详细信息可参看"台湾博硕士论文知识价值系统"上所载:https://ndltd.ncl.edu.tw/cgi-bin/gs32/gsweb.cgi/ccd = 6ylBNQ/record? r1 = 1&h1 = 2 关于《古代历史文化研究辑刊》丛书的详细信息可参看:http://www.huamulan.tw/index.php? c = VolumnAction&publishNo = 7&editionNo = 24。

② 关于王吉林先生所指导的硕博学位论文,可参考胡耀飞在豆瓣上所整理的《中国文化大学王吉林先生指导中古史硕博士学位论文一览(1979—2010)》。网址:https://www.douban.com/note/217659078/。

择",介绍了李昪的家庭成员以及其临终之际关于继承人问题的艰难抉择,最后以对李昪的总体评价作为收束。

其实由该书纵观李昪的一生,不难发现其始终都于"进""退"两种命运之间徘徊,甚至往往还能以退为进,在不利境遇中实现自我命运的翻盘。他"六岁而孤,遇乱"[①],在乱世中成为无依无靠的孤儿,是他人生中所面临的第一个沉重的打击。然而正因如此,他也遇上了自己人生中最重要的贵人——徐温,得以在徐温的抚养和庇护下开始其不平凡的一生。而后他因军功"迁为昇州刺史"(第38页),得以组建自己的班底,为其后来功业的建立奠定了基础。然而正当他准备在昇州一展身手的时候,徐温却将他移往屡受战火、人口稀少的润州。但不料想徐温的所托非人又给李昪制造了巨大的机会。徐温所托付的亲子徐知训行为多有不法,"秉政时骄倨淫暴,对上无人臣之礼,对下又无人主之威。"(第40页)并因此得罪了当时杨吴的大将朱瑾,二人的矛盾最终导致徐知训被朱瑾所杀,朱瑾因无人响应被迫自杀的结果。徐、朱二人的鹬蚌相争,最终得利的却是李昪。

李昪先于徐温入广陵平定了乱事,并最终获得了徐温的信任,被授以"广陵辅政"之任。而广陵辅政期间的这段时日也为李昪日后积攒实力,获取人望发挥了重要作用,使徐温最终在择定继承人时必不能忽视其实力。从李昪的成长历程和得国历程来看,他确实才华不凡,并且富有极强的上进心,这种不凡的品质不仅使他能够被徐温收养,受到其良好的教育培养,更为其今后积累政治经验与徐温诸子的竞争中占得了先机。不过李昪在与其养父徐温的政治斗争中,他究竟不是徐温的亲子,由于其身份和地位的各种限制,始终在与徐温的斗争中处于下风。甚至徐温想要改立自己的亲生儿子徐知询为继承人,已经代为执掌杨吴大权将近十年李昪也拿其毫无办法,只有乖乖认命。后来局势的巨大转机是因为徐温猝死,所以不得不承认李昪代吴立唐的偶然性因素也发挥了关键的作用。

同样,反观李昪建立南唐后采取的内政与外交政策,也是有进有退、以逸待劳。在内政,他革除弊政、整顿吏治、修订律法采取"保境安民"的政策;在外交方面,李昪自知此时南唐的实力还远不能与中原政权相争,所以其采取的对外策略乃是"先充实国力后,待北方有变,再以全

---

① 陆游:《南唐书》卷一,南京出版社2010年版,第215页。

国之力北上，一举收复中原，统一天下。"（第 139 页）然而最终李昪还是败给了时间，他虽一手创立了南唐，但最终还是没有等来中原生变、一举统一天下的机会，最终还是在即位仅 7 年以后匆匆离世（943 年），结束了自己传奇的一生。

通观全书，笔者认为有几点特色值得点明：

第一，注意对史料的选取和甄别。在第一章节的前文部分作者专门插入了一节对本文所引用的南唐史料进行了一番介绍和辨明，（第 5—13 页）对正史、笔记中史料条目中的可靠度及价值逐一作出了说明与解释。"在五代十国史的研究中，两宋向来注重五代史而忽视十国史"[1]，出于维护正统的需要，宋代官方修筑的有关于五代历史的史书中难免会对十国政权这些所谓的"僭伪诸国"的历史采取漠视甚至有失偏颇的态度。而当时在民间修著的史料当中，关于南唐史的著作虽然占了相当大的一部分，但是由于这些著作基本为遗民所作，都带有很深厚的感情倾向。如何摘下"有色眼镜"，在这些繁杂的史料中探索和还原出一个比较客观而接近历史真实的李昪形象，应当是该书在撰写过程中面临的一个难点。幸运的是，作者并没有囿于宋代官方史书或民间私著对于李昪的私人色彩，而是尽可能地跳出这一框架，全方位地整理相关细节和史料，从客观角度去刻画李昪这一人物的人生历程与性格特色，这一点是尤为重要的。

第二，在关于南唐党争的问题上，作者提出了自己的新解，跳出了一般认为的南唐党争之宋、孙二党相争的传统视角，并认为孙党"此派士人从未曾有意识的聚集为党"（第 133 页），并认为此派士人被认为聚集为党的原因是由于"他们常与宋党对抗，便在无意识的情况下聚集在一起，后人便以为他们结为一党"（第 133 页）。关于南唐的党争问题，也曾有一些论文对此话题予以关注。[2] 该书中虽然讨论了南唐的党争内容及

---

[1] 陈晓莹：《晚近的历史记忆——两宋的五代十国史研究》，中国社会科学出版社 2018 年版，第 87 页。

[2] 关于南唐党争的论文有：张兴武《南唐党争：唐宋党争史发展的中介》，《漳州师范学院学报》2002 年第 1 期；高峰《南唐党争与文人心态》，《南京师范大学文学院学报》2010 年第 4 期；何剑明《南唐国党与唐宋之交的社会转型》，《苏州大学学报》2005 年第 6 期；杜文玉《南唐党争评述——与任爽同志商榷》，《渭南师专学报》1991 年增刊；任爽《南唐史》，东北师范大学出版社 1995 年版，第 143—169 页。此外，《南唐史》中关于元宗李璟时期政治局势的混乱一节也对南唐党争有详细论述。

相关的人士，以及其造成的影响，但并未对南唐党争产生的根源和本质予以详细分析。不过，若是按照"孙党此派士人并未曾有意识地聚集为党"的这一观点出发，有一些问题或许也有了答案。比如宋、孙两党"分野的标准"，杜文玉曾撰写《南唐党争评述——与任爽同志商榷》一文对任爽以地域划分宋、孙两党提出过意见，认为"南唐士人的政治倾向，都不以地域为转移。"① 但事实上，以宋齐丘为首的宋党"大抵为江淮土著人士"（第130页），带有很浓厚的地域色彩。而相比宋党，孙党这边既然并"未曾有意识的聚集为党"（第133页），他们只是因为与宋党产生了政治分歧，因而无意识地聚集在一起，那么孙党的划分标准就自然而然地要比宋党单纯地以地域划分要扩大，不应单单再以北方侨居人士作为其划分对象，而是应包括"反对宋党的江淮土著人士"和"北方侨寓人士"两部分共同组成。这也就能说明为什么孙党中间既有江淮土著人士又包含有中原士人的这一现象了。

第三，由南唐外交所引申出来的"吴越—闽—楚"以及"南唐—蜀—南汉"的两大联盟对立观点，这"两大联盟呈互相包围、互相牵制的局面。"（第138页）以往对于南唐外交关系的论述，主要以南唐为中心，对其对南方诸国的外交策略进行一一列举。该书则主要围绕"两大联盟"的相互对峙来展开对李昪时期南唐外交的论述。而"南方政权在与中原抗衡时难以发挥整体优势，从五代时期来看，南方政权多数只能自保一隅"②，这些南方政权大部分受到来自中原的巨大压力，为了在自身的战略空间里面寻求自我的生存和发展，这种联盟与对抗的产生实际上具有很大的必然性。

除了上述的优点，该书值得改进与商榷的地方仍然存在：

第一，关于李昪的家世。虽然作者将各种史书中关于李昪家世的八种说法逐一进行了罗列与分析，并且对李昪的家世也给出了自己的观点，认为："李昪的本家姓李，但本人非李唐宗室出身。其李唐宗室出身的旗号不过是为日后进军中原统一天下提供一个绝佳的道义借口。"（第20—29页）然而对于其所引史料的内容，笔者认为仍有可以补充的部分。宋人胡宿（995—1067）《文恭集》有《宋故左龙武卫大将军李公墓志铭》一

---

① 杜文玉：《南唐党争评述——与任爽同志商榷》，《渭南师专学报》1991年增刊。
② 王明苏：《南唐的外交关系》，硕士学位论文，中兴大学，2011年。

文，此文载："昔在汉火之微，焱燄起蜀；其后唐土之圮，余烈在南。公讳从浦，字可大，本名从谦。宪宗第八子建王恪之后，南唐烈祖之孙，元宗之子，后主之贵介弟也。"① 而马令《南唐书》中载："吉王从谦，元宗第九子，后主母弟也。"② 可知虽然李昪身世众说纷纭，然而李昪后人始终以宪宗之子李恪的后人自居，这也与两版《南唐书》的说法一致。但这并不能作为推翻该书结论的一种依据，不过是提供了一种新的视角。然而不得不承认的是，李昪身上的确具有某种与他看似低微的出身和经历所格格不入的异质。陈葆真的《李后主与他的时代：南唐艺术与历史论文集》一书中曾对李昪的个性与文艺活动进行了较为细致的探查。"烈祖在书法和文艺上的嗜好和修养，半因天性，半由他的精进自持所致。回顾他所生长的环境，是武人专权夺政、割地称王的时代，毫无文艺气息。他的养父徐温'不识书'。至于杨行密的手下诸将，素质更差……在这种情况下，他能在书法和文艺方面培养出深厚的兴趣和创作的能力，可称异数。"③ 而或许正是这种别样于自身成长环境的兴趣爱好为其宣称的皇室身份增添了合理性。

　　第二，关于李昪的性格仍然还有很多方面尚可挖掘。李昪作为孤儿，虽幸得被徐温收养，然而长期寄人篱下和受人排挤的生活造就了他性格中十分自卑的一面。这种自卑的性格对其成长历程极其执政风格产生了巨大影响，然而该书中甚少提及这种自卑性格与心理对李昪的作用，不可不谓一大遗憾。"君主的自身修养与性格特征不仅影响王朝的政治情况，而且也赋予王朝以特殊的政治风格。"④ 李昪幼年时期的遭遇与其成长环境对其的影响贯穿了他整个人的一生。这种自卑性格既是李昪人生的动力，又是他人生的阻力。幼年遇孤，对于其来历不明的身世，难免会遭受周围人的冷嘲热讽，这样的讽刺必然在李昪幼年和少年时期对其造成巨大的伤

---

① 胡宿：《文恭集》卷三六，《丛书集成初编》本，商务印书馆 1935 年版，第 431—433 页。此文虽载于此《文恭集》中，但作者或非胡宿。原文载李从浦卒于至道元年（995）。然据欧阳修撰《赠太子太傅胡公墓志铭》，胡宿于治平四年（1067）去世，"享年七十有三"，则胡宿应当于至道元年出生。若李从浦下葬较早，则此文或非胡宿所撰。

② 马令：《南唐书》卷七，南京出版社 2010 年版，第 66 页。

③ 陈葆真：《李后主和他的时代　南唐艺术与历史论文集》，石头出版股份有限公司 2007 年版，第 40—41 页。

④ 任爽：《南唐史》，东北师范大学出版社 1995 年版，第 125 页。

害。而为了摆脱这种自卑心理带来的影响，也促成了他拼命学习、渴望上进，拼命缩小与周围人的理想和追求，最终促成了其功业的建立。从回溯李昪一生的角度来说，这种心理的分析与解读几乎是非常必要的。

第三，关于李昪时期南唐的宗教信仰也鲜有分析。关于李昪本人的宗教信仰，该书也仅是在"李昪的亡故"一节中略有提及。（第176—179页）事实上，正是因为李昪本人的宗教信仰，才为南唐之后道教、佛教（尤其是佛教）的发展奠定了基础。纵观南唐整个国家的发展历程而言，佛教在南唐境内的发展和兴盛是不可不提的一点。而佛教在李璟、李煜时期的繁荣，自然必须得追溯至先主李昪对佛教采取的尊崇态度。"南唐之崇佛，主要表现在兴修庙宇、译传佛经、礼尊高僧、广度僧尼等方面。"[1]而这一系列举动的背后正反映的是李昪对于佛教宽容乃至尊崇的态度。虽然李昪时期佛教得到了发展，然而其本人则明显对道教的学说和理念更为推崇。这一方面当然有其政治上的需要（南唐自称李唐后裔，也须得发挥道教维护自身正统性的需求），但最关键的因素恐怕还是道教中长生不老的学说正迎合了此时李昪的心理状态。李昪即位已为五十，而步入老年的他，最渴望的当然是自身生命的延续。而李昪在临终之前对李璟说的一番话："吾饵金石，始欲延寿……"[2]也正恰如其分地反映了其内心的真实写照。

最后，仍然想向该书作者曾严奭先生致以敬意。正如该书中所提到的那样："直接对李昪所进行的研究确实不多。"（第13页）即使有，大多也只是将其作为南唐史的一个组成部分进行分析论述。研究李昪传奇般的人生经历，也有助于更好地认识与了解南唐历史发展的脉络和走向。希望能够帮助大家更好地认识此书内容，去了解李昪这位暗藏在南唐诗词光芒下的传奇人物。

---

[1] 胡晓明：《论南唐崇佛及其对佛教发展之意义》，夏仁琴主编：《南唐历史文化研究文集》，南京出版社2015年版，第111—122页。

[2] 司马光：《资治通鉴》卷二八三，后晋齐王天福八年条，中华书局1956年版，第9245页。

秦皇岛诗五首今注与书法欣赏

王红利注

李昌也 孙 勇 丁 琦 李 伟
张 强 潘 磊 书法

望联峰山 明·翟鹏

【作者小传】

翟鹏，字志南，号联峰，抚宁人。明成化十七年（1481）四月十九日出生。翟鹏勤奋好学，正德二年（1507）乡试中举，次年登进士，授户部主事。其后升任户部员外郎、户部郎中，后出任卫辉府知府、开封府知府。此后升为陕西副使，进陕西按察使。翟鹏性格刚介，历官以清操闻名。嘉靖七年（1528），升任右佥都御史，巡抚宁夏。当时边疆防备松弛，翟鹏抵达后，重新整理边疆防备，并请求赈灾饥荒。后因外寇入侵而停俸禄，其后因弹劾总兵官赵瑛失事而被攻击夺职归乡。在归隐家乡这段时间内，翟鹏写有多首诗作讴歌赞美家乡风光。嘉靖二十三年（1544），翟鹏晋升兵部尚书兼都察院右副都御史。同年冬，蒙古兵先后入犯，逼近畿辅，京师震动，翟鹏被逮入狱。嘉靖二十四年（1545）六月初七，翟鹏冤死于京师狱中，享年65岁。隆庆初年，翟鹏官复原职。

不踏联峰麓，匆匆二十年。
山灵犹识否？兰若自依然。
勿假移文却，终当辟谷还。
多情林外鹤，来往故翩翩。

【注释】

1. 联峰：今北戴河联峰山，"联峰海市"为《临榆县志》所记载的（光绪四年纂修）"榆关十四景"之一，后为"榆关二十四景"（民国十八年纂修《临榆县志》）之一。翟鹏还写有一首《联峰海市》，专咏联峰海市，联峰海市亦称金山海市，指今北戴河金山嘴一带曾经多次出现的海市蜃楼景象。

不踏联峯麓匆匆，二十年山灵犹识否？兰若自依然，勿假移文，却终当辟穀还。多情林外鹤，来往故翩翩。

望联峯山也子

2. 山灵：山神。《文选·班固〈东都赋〉》："山灵护野，属御方神。"李善注："山灵，山神也。"

3. 兰若：指寺院。梵语"阿兰若"的省称。意为寂净无苦恼烦乱之处。唐杜甫《谒真谛寺禅师》诗："兰若山高处，烟霞嶂几重。"

4. 移文：旧时文体之一。指行于不相统属的官署间的公文。亦泛指平行文书。

5. 辟谷：谓不食五谷。道教的一种修炼术。辟谷时，仍食药物，并须兼做导引等功夫。《史记·留侯世家》："乃学辟谷，道引轻身。"

6. 翩翩：飞行轻快貌。

谒夷齐庙　明·顾炎武

【作者小传】

顾炎武（1613—1682），初名绛，字忠清；明亡后更名炎武，字宁人，亦自署蒋山佣。因故居旁有亭林湖，学者尊称为"亭林先生"，苏州府昆山县人。他一生辗转，学识渊博，行万里路，读万卷书，创立了一种新的治学方法，成为继往开来的一代宗师，被誉为清代朴学"开山始祖"。梁启超曾说："论清学开山之祖，舍亭林没有第二人。"顾炎武阅历深广，学问渊博，著述宏富，今可考见者已有50余种，代表作有《日知录》《天下郡国利病书》《肇域志》《音学五书》《韵补正》《亭林诗文集》等。

顾炎武在北方考察游学，曾经履足秦皇岛，并撰写《营平二州史事》六卷。顺治十五年（1658），46岁的顾炎武出都北上蓟州，作《蓟州》，途经遵化州玉田县，作《玉田道中》，抵永平府，作《永平》，登卢龙县孤竹山，谒伯夷、叔齐庙，作《谒夷齐庙》。

言登孤竹山，忾然思古圣。
荒祠寄山椒，过者生恭敬。
百里亦足君，未肯滑吾性。
逊国全天伦，远行辟虐政。
甘饿首阳岑，不忍臣二姓。
可为百世师，风操一何劲。

悲哉尼父穷，每历邦君聘。
楚狂歌凤衰，荷蒉讥击磬。
自非为斯人，栖栖无乃佞。
我亦客诸侯，犹须善辞命。
终怀耿介心，不践脂韦径。
庶己保平生，可以垂神听。

【注释】

1. 夷齐庙：即清节庙，在卢龙县西二十里孤竹故城，祀伯夷、叔齐，故名。明洪武九年（1376），重建于府城内东北隅，景泰中，复建于此。

秦皇岛诗五首今注与书法欣赏

言登孤竹山 鬱鬱古墓荒 祠寄山椒過 弔者生恭敬 首里亦足尽
不肯滑亏挫 迎國金天偷 遠行辟虐政 甘饿首陽岑 不忍臣二姓
而為百世師 風探一何勁 悲哉尼父窮 每厚邦君聘 楚狂歌鳳衰
拊膺讌擊磬 自邦為斯人 棲棲無乃佞 我於家諸俠 猶湏善辭命 絡絡
耿介心石鎮 脂韋德底成 徐希无了 以善神 聴

2. 孤竹山：顾祖禹《读史方舆纪要》："永平府卢龙县洞山，在府西十五里，或以为即古孤竹山。"

3. 忾然：感慨貌；叹息貌。《礼记·祭义》："出户而听，忾然必有闻乎其叹息之声。"

4. 古圣：这里指的是伯夷、叔齐兄弟。

5. 山椒：山顶。汉武帝《李夫人赋》："惨郁郁其芜秽兮，隐处幽而怀伤；释舆马于山椒兮，奄修夜之不阳。"

6. 滑：音 gǔ，乱也。《刘子》："靡丽之华，不以滑性。"

7. 逊国：谓把国家的统治地位让给别人。
8. 天伦：天然伦次。指兄弟。
9. 辟：同避。
10. 虐政：残暴的政策法令。
11. 首阳：山名，相传为伯夷、叔齐采薇隐居处。首阳山在今何地，旧说不一。《大明一统志》："首阳山在卢龙东南二十五里。"
12. 百世师：谓人的品德学问永远为后代的表率。语出《孟子·尽心下》："圣人，百世之师也。伯夷、柳下惠是也。故闻伯夷之风者，顽夫廉，懦夫有立志；闻柳下惠之风者，薄夫敦，鄙夫宽。奋乎百世之上。百世之下，闻者莫不兴起也。非圣人而能若是乎，而况于亲炙之者乎？"
13. 风操：指人的志行品德。《晋书·王劲传》："劲美姿容，有风操，虽家人近习，未尝见其堕替之容。"
14. 劲：音 jìng，刚强正直。
15. 悲哉句，意谓孔子周游列国十三年而终不见用的生平遭际令人感叹。
16. 楚狂：典出《论语·微子》："楚狂接舆歌而过孔子曰：'凤兮凤兮，何德之衰！'"邢昺疏："接舆，楚人，姓陆名通，字接舆也。"曹之升《四书摭余说》云，"《论语》所记隐士皆以其事名之，门者谓之'晨门'，杖者谓之'丈人'，津者谓之'沮''溺'，接孔子之舆者谓之'接舆'，非名亦非字也。"曹说可从。
17. 荷蒉：语本《论语·宪问》："子击磬于卫，有荷蒉而过孔氏之门者。曰：'有心哉，击磬乎！'既而曰：'鄙哉，硁硁乎！莫己知也，斯已而已矣。深则厉，浅则揭。'"朱熹集注："此荷蒉者亦隐士也。"后用为隐士之典。
18. 栖栖：忙碌不安貌。《诗经·小雅·六月》："六月栖栖，戎车既饬。"朱熹集传："栖栖，犹皇皇不安之貌。"
19. 我亦二句：益都孙宝侗《都门送宁人先生之永平》诗："海上诸侯能好客，莫愁边路出东都。"《孟子·公孙丑上》："是故诸侯虽有善其辞命而至者。"辞命：辞令。
20. 耿介心：《离骚》："彼尧舜之耿介兮，既遵道而得路。"《日知录》："读屈子《离骚》之篇，乃知尧舜所以行出乎人者，以其耿介。同乎流俗，合乎污世，则不可与入尧舜之道矣。"

21. 脂韦径：《楚辞·卜居》："将突梯滑稽，如脂如韦，以洁楹乎？"王逸在"如脂如韦"句下注曰："柔弱曲也。"这里的脂韦径指的是柔软、平坦的道路。

22. 神听：英明的听察力。《诗经·小雅·伐木》："神之听之，终和且平。"

浪淘沙·望海　清·纳兰性德

【作者小传】

纳兰性德（1655—1685）清代著名词人。原名成德，字容若，号楞伽山人，满洲正黄旗人。大学士明珠长子。康熙进士，官一等侍卫。善骑射，好读书。纳兰性德自幼聪慧好学，长而博通经史，康熙十五年（1676）成进士，授干清门三等侍卫，后循迁至一等。多次随扈出巡南北，并曾出使梭龙（黑龙江流域）考察沙俄侵扰东北情况。纳兰性德才华艳发，词以小令见长，多感伤情调，间有雄浑之作。后人对其词评价很高。况周颐《蕙风词话》称纳兰"天分绝高"，而作词又"纯任性灵"；王国维《人间词话》说他"以自然之眼观物，以自然之舌言情"，"北宋以来，一人而已"。纳兰性德是近百年来拥有读者最多、影响最大的清代词家。有《通志堂集》。词集名《纳兰词》，有单行本。又与徐干学编刻唐以来说经诸书为《通志堂经解》。

　　蜃阙半模糊，踏浪惊呼。任将蠡测笑江湖。沐日光华还浴月，我欲乘桴。
　　钓得六鳌无？竿拂珊瑚。桑田清浅问麻姑。水气浮天天接水，那是蓬壶？

【注释】

1. 蜃阙：即海市蜃楼。唐许敬宗《奉和春日望海》："惊涛含蜃阙，骇浪掩晨光。"

2. 蠡测："以蠡测海"的略语。蠡，音 lí，瓠瓢。比喻以浅陋之见揣度事物。语出《汉书·东方朔传》："以管窥天，以蠡测海。"

3. 乘桴：乘坐竹木小筏。典出《论语·公冶长》："道不行，乘桴浮于海。"后用以指避世。

4. 六鳌：神话中负载五仙山的六只大龟。相传渤海之东有大壑，其下无底，名叫归墟，其中有岱舆、员峤、方壶、瀛洲、蓬莱五山，乃仙圣所居之地。然五山无根，皆浮于海，常随潮波上下往还。《列子·汤问》："帝恐流于西极，失群仙圣之居，乃命禺强使巨鳌十五举首而戴之。迭为三番，六万岁一交焉。五山始峙而不动。而龙伯之国有大人，举足不盈数步而暨五山之所，一钓而连六鳌，合负而趣归其国，灼其骨以数焉。于是岱舆、员峤二山流于北极，沉于大海，仙圣之播迁者巨亿计。"

5. 竿拂句：杜甫《送孔巢父谢病归游江东兼呈李白》诗："诗卷长留天地间，钓竿欲拂珊瑚树。"珊瑚：由珊瑚虫分泌的石灰质骨骼聚结而成的东西，状如树枝，多为红色，也有白色或黑色的。鲜艳美观，可做装饰品。昔人皆误认为植物，故称之为珊瑚树。上有诗句"巢父掉头不肯住，东将入海随烟雾"，故云珊瑚树。孔巢父今游江东，以鱼钓为乐，故钓竿欲拂珊瑚树。

6. 桑田句：晋葛洪《神仙传·王远》："麻姑自说云：'接待以来，已见东海三为桑田，向到蓬莱，水又浅于往昔，会时略半也，岂将复还为陵陆乎？'"后因以"桑田沧海"喻世事的巨大变迁。

7. 蓬壶：晋王嘉《拾遗记·高辛》："三壶则海中三山也。一曰方壶，则方丈也；二曰蓬壶，则蓬莱也；三曰瀛壶，则瀛洲也。形如壶器。"

澄海楼　清·佘一元

【作者小传】

佘一元（生卒年不详），字占一，号潜沧。山海卫人。崇祯十二年（1639）举人，顺治丁亥进士，授刑部江南司主事，调礼部主客司主事，升本部祀祭司员外郎，历任仪制司郎中，加从四品衔。在职期间服官清正，遇事敢言，勤政爱民，体恤当地的老百姓，深受当地人民的爱戴。后因病归乡，立社讲学。继詹荣之后，佘一元"参以郡乘，采诸群书，访于众见"，主笔纂修了《山海关志》，书成于康熙八年（1669）。佘一元在顺治元年（1644）的山海关石河大战中，曾以乡绅的身份率民团辅助吴三桂抗击李自成农民军并迎请清军入关,事定录功授莒州知州,因母丧未赴任。著有《潜沧集》七卷。《四库全书总目提要》称其"诗文皆不入格"。

海楼高耸势巍峨,暇日登临乐事多。
巨浪无心含岛屿,洪涛有意纳江河。
阴晴变处情形异,昼夜分时景色和。
此去蓬莱应不远,长空一望尽烟波。

【注释】

1. 海楼：即澄海楼。澄海楼是万里长城入海处老龙头上的一座楼名，初为建于南海口关上的一座观海亭，明天顺五年（1461），山海关主事杨琚来此观景，因叹于此处山海相连，风光秀丽，乃善加修葺，并题"观海"二字于亭内。明万历三十九年（1611），兵部分司主事王致中在观海亭旧址上将其扩建为澄海楼，又名知圣楼，高三丈，广二丈六尺，深一丈八尺。康熙九年（1670），山海关通判陈天植募集资金重修澄海楼，并作《重修澄海楼记》。光绪二年（1876），知府游智开劝捐，委知县赵允佑再次重修澄海楼。光绪二十六年（1900），澄海楼毁于八国联军炮火。20世纪60年代重修澄海楼。

2. 暇日：空闲的日子。

3. 蓬莱：即蓬莱山，古代传说中的神山名。亦常泛指仙境。《史记·封禅书》："自威、宣、燕昭使人入海求蓬莱、方丈、瀛洲，此三神山者，其傅在勃海中。"

4. 烟波：指烟雾苍茫的水面。

寄读水峪寺　清·吴兆鳌

【作者小传】

吴兆鳌，清代光绪年间抚宁县人，生平事迹不详。

> 雨晴风冷翠斑斑，乞得闲身图画间。
> 采药僧归红叶路，钓鱼人立碧溪湾。
> 香台已许渊明共，方丈宁无谢客攀。
> 我亦惯游狂学士，夕阳且莫闭禅关。

【注释】

1. 水峪寺：光绪三年《抚宁县志》记载："水峪寺在县西（应为'东'）北四十里，猩猩峪北八里，东倚高山，峭壁百仞，西临深涧百余丈。佛殿三楹，后为僧寮，西屋二楹，为诵经所。殿前西厢房六楹，游人憩焉。开窗排闼，山如屏列，后有飞瀑，由寺东奔流入涧，奇谲可喜。每

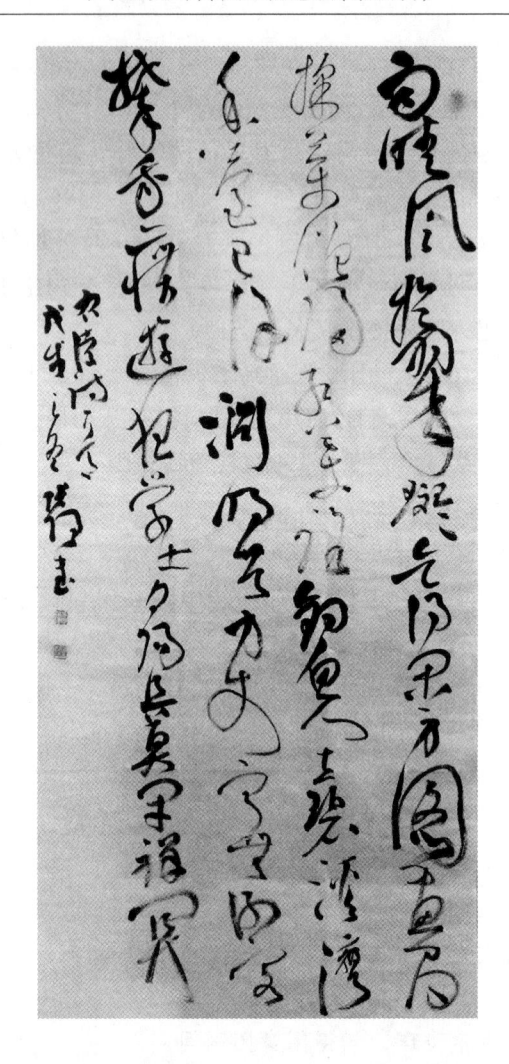

当明月东升，光圆到顶，万籁俱息，令人超超有出尘想。"

2. 闲身：古代指没有官职的身躯。

3. 香台：烧香之台，佛殿的别称。唐卢照邻《游昌化山精舍》诗："宝地乘峰出，香台接汉高。"

4. 渊明：东晋诗人，一名潜，字元亮，私谥靖节，浔阳柴桑（治今江西九江）人。曾任江州祭酒、镇军参军、彭泽令等，后去职归隐，绝意仕途。长于诗文辞赋。诗多描绘田园风光及其在农村生活的情景，其中往往隐喻着他对污浊官场的厌恶和不愿同流合污的精神。其艺术特色兼有平淡与爽朗之胜，语言质朴自然，而又颇为精练，具有独特艺术风格。

5. 方丈：初指寺院。后指僧尼长老、住持的居室。

6. 谢客：谢灵运，南朝宋著名诗人，陈郡阳夏（今河南太康）人，移籍会稽（今浙江绍兴）。谢灵运为谢玄之孙，幼时寄养于外，族人因名其客儿，世称谢客。晋时袭封康乐公，故亦称谢康乐。入宋，谢灵运曾任永嘉太守、侍中、临川内史等职，后被杀。其诗大都描写会稽、永嘉、庐山等地的山水名胜，善以精丽之语刻画自然景物，开创了中国文学史上的山水诗流派。明人辑有《谢康乐集》。

7. 禅关：禅门。

旧体诗欣赏

王红利

（秦皇岛日报社）

【题弘毅书院】

士当弘毅莫他求，壮志销磨死未休。
尽日寻春常对酒，有时听雨懒登楼。
沉吟万卷堪消遣，怅望千秋忍逗留。
却笑牡丹称富贵，满城桃李自风流。

【赠董劭伟教授】

　　东北大学董教授乃鹿泉人，余之故乡在遵化，皆非岛上人，而并皆肆力于秦皇岛地域文化研究，每于席上相遇，辄生感喟，宴会罢，犹不忍别，把臂而谈，念故乡风物，论人生学问，夜阑酒醒，分别之际，必以"直把他乡作故乡"一句共勉。昨夜偶检诗丛，始知此句为叶嘉莹先生诗，遂借叶先生一句，足成一律，寄董教授，以博一粲。

常叹浮生特地忙，相逢一举累千觞。
文章草草劳青眼，岁月匆匆感热肠。
策马依然春日好，吟诗不减少年狂。
唯君与我同襟抱，直把他乡作故乡。

【悼沈汝波】

斯人长逝大星沉,海雨天风泪满襟。
白练乍悬成异路,朱弦未绝有知音。
善行十万传佳话,正气千秋感壮心。
惆怅英魂招不得,哀歌一曲付长吟。

【贺星光诗社成立十周年】

炳烛犹怜暮色横,谁言诗赋为功名。
十年立社星光灿,不负长天大海声。

【小晚周岁有感】

有女有女王小晚,东篱把酒天气暖。
陌上春光日日催,却看万山秋色满。

【秋光】

春光不比秋光好,只恨秋光容易老。
人间名利转头空,收拾心情看花草。

【记者节有感】

鲜花着锦太匆匆,转眼都成旧日红。
白发无妨听夜雨,黄花何必斗秋风。
终朝只恋杯前好,今日方知腹内空。
世事如棋多翻覆,丈夫未可叹途穷。

【悼金庸先生】

铁血丹心力挽弓,流年逝水太匆匆。
于兹下泪一声叹,何处招魂万事空。
劫外无穷奇女子,世间几个大英雄?
华山论剑传千古,笑傲江湖曲未终。

歌咏秦皇岛诗词百首

杜铁胜

秦皇岛港
国策当年巨手栽,依流洄溯巧安排。
万千气象通中土,四极汪洋聚国财。
油管输金资壮业,煤车送电解冰灾。
文明生产新天地,只作花园门户猜。

戊戌冬月与妻游北戴河海滨二首
其 一
休为荒芜宅在家,旅游淡季喜无哗。
鹊能报喜鸦无噪,同赏清凉海上花。
其 二
路边小店听歌甜,车少人稀罢酒帘。
遥看渤澥心胸阔,更兼山近喜天蓝。

初冬举家北戴河游玩
观沧海不忘,更记浪淘沙。
天盖波中日,风扬海上花。
渔船成点缀,潮水退无涯。
老虎石嬉戏,联峰山不遐。
长街多老栢,小巷有新葩。
鲁迅存遗像,剑秋多住家。

名亭栖鸽子，高塔拂云霞。
冬木幽幽静，游人略略加。
节令天仍暖，欣然感物华。

游圆明山
原非寻静谧，更不访仙踪。
妻颊如丹叶，黄杨衬碧空。
鹊儿飞对对，栈道响咚咚。
最是秋深好，红黄绿共融。

偕妻游戴河生态园
湖天一色爱晴光，老柳迎宾引蔓长。
石板青青通昔日，木桥笃笃纪今凉。
残荷已尽牵牛静，燕子成群白鹭翔。
崇阁回廊形胜地，不疑身在水云乡。

麻念庄二首
浪淘沙·携女游，并遇奇异晚霞
气爽看秋天，处处清妍。西风摇动菊花鲜。郊外神仙行乐处，人海人山。陶醉不知还，香满胸间。时与娇儿喜千般。西望火烧云不尽，驻足流连。

与妻游
气温未定雨风无，粉蕊黄英淡淡舒。
最是一年晴好日，与卿携手踏青芜。

戊戌中秋与妻女白日至黑夜在园博园喜度佳节
旧日荒山变美城，云烟点缀更多情。
游人络绎堆春色，飞蝶翩跹伴吉行。
光影清新水重叠，歌声激越月澄清。
江南塞北金秋里，古往今来照眼明。

西江月·鸽子窝公园

文/杜铁胜

秋水盈盈佳处，和风袅袅时光。登高望远趁重阳，不把良辰轻放。闪闪波光栈道，悠悠岁月游廊。诗碑矗立润心房，每读情怀激荡。

戊戌年处暑日游北戴河海滨

起望南窗夜渐长，一时微雨且加裳。
约妻上路期同赏，告子中餐须自尝。
海面白云时变幻，山头古树自清凉。
坐看潮起天蓝碧，浏览礁间古篆香。

与妻女秋游山海关二首

游赏

秋日吉辰游海山，海山本是我乡关。
风光近处应无趣，景物寻常却有欢。
巷陌幽深藏古朴，草花绚烂秀欢颜。
天空暗淡情不减，得步高层随意攀。

清平乐·游中遇雨

土墙低绕，一朵葵花笑。城外青山青正好，城内秋风袅袅。瞬时细雨霏霏，屋檐躲避思归。相互推衣保暖，忽然雨散云飞。

与妻早春带外孙女游北戴河海滨

诗思撩人爱早晴，青空红日色分明。
眼随鸽子栖飞爽，心眺汪洋荡漾平。
拙荆健步如少壮，稚子因车到碧亭。
机器猫新陪客笑，垂杨柳冷待温生。

重阳与诗友登北戴河联峰山

南偏日影叶初凉，玉液盈樽伴蟹香。
几朵白云飘过海，数枝残梗立横塘。

天遥地阔心方远,风软花柔梦亦长。
共效竹林七贤士,簪黄佩紫度重阳。

参观秦港博物馆
几围村落只汪洋,圣旨初颁降吉祥。
众手疮痍撕旧幕,满天风雨洗康庄。
码头探底深千尺,塔吊凌空指远方。
春意迢迢人好在,不将百岁话沧桑。

登界岭
崎岖顽石路,誓上此云峤。
山不知名姓,途须插路标。
野花遥可见,旧垒自相招。
绝顶轻环顾,无峰可比高。

官场赏梨花
轻阴无雨草纤纤,俊友如云各逞妍。
岭上梨花堤畔柳,不需奇险涉名川。

*官场,秦皇岛市青龙满族自治县一个乡名。

秦皇岛秋夜
蟋蟀鸣窗下,催人变鬓毛。
凉飚替炎热,厚幕隔松涛。
闭目思南国,披衣读楚骚。
长城不在远,秋夜月轮高。

眼儿媚·海滨晴日
云涛千里喜秋成,花木日欣荣。仙翁俊友,清罍玉盏,共赏新晴。流光荏苒心应恨,何物解烦醒?一丘一壑,千山千水,挥洒高情。

重游北戴河海滨

三春已有二春空，杨柳千条尽向东。
盖地黄沙催客走，漫天白浪与云通。
往宵曾赏飞星闪，今夕休看落日红。
片片归帆来望眼，条条险路送童翁。

登山海关城楼

其 一

巨人头上巨龙蟠，山势当年铁铸般。
万里强梁原是梦，百年疏放自非闲。
边城烽火君王戏，鬼蜮波澜寇盗蛮。
旷野西风松柏劲，苍头猛虎卧斑斓。

其 二

梧桐城外起寒涛，巨舰行如天上毛。
无限新栽垂杨柳，一时回首尽萧骚。

北戴河海滨道中，逢槐花落，蒲公英花开，如入仙境

其 一

惊破幽思蜂撞腮，白冠黄帽似仙才。
东君无事偏多事，撒下纷纷瑞雪来。

其 二

缘源林际尚寻春，谁是惺惺珍惜人？
待得来年花似锦，东风更倩草如茵。

其 三

玉带凉柯向客低，别时花落草萋萋。
吟成"杨柳向东"后，几度重来无句题？

北戴河海滨西山上
其　一
东西南北过楼风，半入烟波半入松。
侵晓露浓如过雨，斜阳庵邈不闻钟。
夜长夜短天地变，潮灭潮生今古同。
蓝作弧空白作水，人歌蝶舞化天工。

冬日北戴河（折腰体）
天分云海渚烟低，人去重峦路欲迷。
满帘黄叶何所望？双燕平芜西复西。

水调歌头·山海关怀古
不见天边雁，城是古时春。楼头绿叶如洗，潇洒出红尘。

遥想当年炮火，数代神凡俱灭，惊骇走麒麟。骨朽黑河北，犹是梦中人。入冰海，穿大漠，锁三秦。自顾别无长策，天堑耸秋云。谁料阴生贼党，戕我朝中梁栋，卖国舍家身。鹰隼镜中过，一一灭奸魂。

水调歌头·登山海关城楼
试上危楼望，飞絮满城阴。儿童巷内奔走，捉弄笑吟吟。香雾随风婉转，玉佩摇摇行止，轻易百千寻。匹马渡江远，群鹤入云深。

朱门静，苔藓碧，意难任。青溪望断何处？杳杳锁离心。忽忆扬州夜月，歌罢平沙箫鼓，旷野有清音。山色隐归鸟，万古此消沉。

西江月·秦皇岛桃林口水库
曲曲弯弯野径，融融漾漾池塘。一花摇曳古城墙，墙在半天空上。心许青烟逸鸟，思牵白露横江。东涂西抹看云扬，似我女儿画样。

夏日北戴河山中（折腰体）
其　一
墙阴暇日长莓苔，云去云来响炸雷。

雨停烟敛微微冷，花不惊人次第开。

北戴河竹枝词
懒懒耕人不再耕，闲房逸马可为生。
君看座座休疗院，散向林中俨似城。

其 二
沙滩贝壳海风新，来往多为外地人。
切莫放他空归去，沙滩贝壳海风新。

行至卢龙
漠漠行人向此中，一山烟景一川风。
白云来去还如画，秦汉边城戍迹空。

浣溪沙·秦皇岛夏日
芳意由来惜晚春，烟波渺渺鸟纷纷，帝城南北觅行云。半卷珠帘迎豆蔻，暗将玉树探天真，槐花香里碧潭新。

北戴河之冬
花落西山别有情，往来无日不销凝。
海风不管人归远，只作长林迢递声。

秦皇岛联语三则
北戴河联语
鸟去鸟来，此中山色飞灵雨；
人歌人哭，何处市朝隐巨贤？

海港区联语。
斜月沉沉藏海雾；
白云杳杳没秋鸿。

山海关联语

万里雄关，白云生处迷沧海；
千年绮梦，冷月无端照后山。

菩萨蛮·UFO 来访

幽浮飞近秦皇岛，雷达锁定忽缥缈。未死法西斯，造出新战机？捉人做实验，仪器植躯干。征战数千年，仍为动物园。

＊2003 年 11 月 4 日《秦皇岛晚报》报道：《两不明飞行物在本市上空出现——军用雷达一度锁定　民航航班延误起飞》

菩萨蛮·秦皇岛野生动物园

沙洲水暖烟如抹，天鹅惆怅鸳鸯个。活马喂雄狮，三狮被马踢。海平波渺渺，山有灵芝草。最忆是恩来，森罗彼岸槐。

＊北戴河海滨公路两侧槐林森茂，是 20 世纪 50 年代在周恩来总理倡导下种植的。

北戴河秦皇行宫

江湖悲日落，星汉自横陈。
路迥高低转，人无贵贱分。
舞台无剩地，歌管属秋云。
谁把秦皇欲，半教汉武闻？

秋日携妻女游北戴河海滨

芙蓉白首为留春，秋岸长天草似裙。
不遣自家山水梦，空飞一片古今云。
新兴楼宇埋陈迹，端正门牌掘逸文。
街角萦回灯火熟，教她稚子漫相闻。

纪念秦皇岛市图书馆建馆二十周年对联

其　一

遥见紫光生芸阁；
欣从仙岛入娜嬛。

其 二

人育书香书育人（他人出联）
我交友俊友交我

水龙吟·秦皇岛

神州何处优游？湖山总是家园美。狂花掠岸，闲鸥觅侣，云飞风起。我见行人，匆匆一过，杳然烟里。剩翠微障眼，连绵望去，如传说，天仙子。

曾是荒田野水。百年前并无信史。秦吞六合，元驰宇内，明遗弓矢。日落天青，潮来帆重，一如初始。又还将几许红尘软梦，写蓬莱事。

郊外纪行

弱柳翻飞草未匀，如无如有始为春。
棚中蔬果方错落，河上蜻蛉欲驻巡。
漠漠烟云寒忽暖，妖妖桃杏笑还颦。
一种凭栏无限意，只宜郊外踏轻尘。

遵守森兄嘱，奉和永福《立秋日游中华荷园》诗

暧暧云间树，濛濛海北陬。
采芳迷远渡，虚步下瀛洲。
还是当年阁，翻疑何处鸥。
萧萧南北戴*，一水隔双秋。

*南北戴：南戴河、北戴河。

立秋日游中华荷园

文江持数码，远近尽相俦。
永福行书俊，守森排句幽。
荷花将尽日，菰米已盈抔。
隐隐众山小，苍苍一树秋。

*同游人：李守森、沈永福、于文江。

携女儿海边嬉戏

书斋历览少诗情，坐对秋潮寸寸升。
稚子喜堆金字塔，幽人闲放虎纹筝。
大船去后留桅顶，小艇来时散笑声。
难忘年年风丽日，海平线外岛痕青。

水调歌头·冬日北戴河海滨

海水无穷阔，天畔有翔鸥。谁家蹴蹴双雀，相伴海西头。初日未曾化解，万里夭桃明灭，霜树掩高楼。且莫思身外，长向此中游。

匀呼吸，住望眼，泛行舟。停云见在何处？雨意满青丘。不怕溪流刺骨，缘有深犀火热，一味任淹留。莫把山阴雪，当作碧潭秋。

为五兴图书广场开业撰联

诗书有处酬知己；
翰墨无声矫世风。

夏日过北戴河槐林

春去春还在，青森暑气微。
风来翻白雨，郁郁复霏霏。

夏日海畔寻芳

夏日寻芳鸟声碎，春归不觉愁滋味。
远山一抹白云飘，碧海无边青黛缀。
入夜琴扬器乐高，临风笛定行人醉。
忽迷鸿雁几时回？南北东西无限晦。

登山海关城楼

闲上名楼眺冀辽，一番酥雨两厢膏。
曾分敌我排兵壮，横贯东西衬月高。
姜女哭残因自毁，始皇有后倩谁牢？
今成遗产供游赏，郁岭洪波共翰毫。

《秦皇岛晚报》组织作者笔会，夜宿卢龙县桃林口村农家

昔征良马戍边陲，今喜文朋上翠微。
断续残垣连朔漠，咆哮石弹壮军威。
白衣庵记人文盛，绿水船萦笑语飞。
雅兴不随篝火灭，朝来红柿淡云围。

水龙吟·祖山

端庄旖旎峥嵘，白云来去天涵水。世间酷暑，此间绿透，木兰正美。负手闲行，划然长啸，云胡不喜？对莽莽苍苍，万山深处，神仙境，须沉醉。

费尽移山心力，笑当年祖龙何必？寻长生药，造无敌舰，觅蓬莱地。睫在眼前，分明不见，与之同理。忘机心诈巧，方能俊赏，此中真味。

与小女新秋海边

细浪接琼宇，浑沙逆浅流。
衰翁甘淡宕，稚子试沉浮。
漠漠秋云老，苍苍碧玉柔。
轻风空所虑，分醉与鸣鸥。

西江月·北戴河中秋赏月咏诵晚会即事

碧海一轮皓月，银滩十里金风。琴筝流韵水晶宫，翠袖红裙舞动。自古佳期难偶，今宵乐事偏浓。孔明灯举绣芙蓉，次第广寒飘送。

北戴河鸽子窝公园鹰角亭望海

又是危亭纵目初，轻寒阵阵晓云舒。
新来燕子如相访，陪我寻春到海隅。

初夏携妻女游北戴河

曈曈朝日上云梢，挈女携妻探李桃。

半雨半风人半笑，偏明偏暗路偏高。
簪花怀远哀狂阮，把酒临歧笑醉陶。
今日联峰山上路，襟怀如海兴如潮。

孤竹国访古三首
一、读《史记·伯夷列传》
叩马谏王王不听，萧萧衣带便东征。
当时自是无余土，此日空传万代名。
刚毅谦恭君两误，崇高卑下世难评。
便知古往今来事，只被官家作补丁。

二、夷齐故里
越岭穿村一度来，灰云山上几徘徊。
长河改道天边去，大象留肢地下埋。
故里如今虚故里，楼台惜不见楼台。
居人指点溟濛处，似有先贤幻影开。

三、夷齐读书处
夷齐事迹古今传，此地溪山实可怜。
淡淡浮云一任远，彤彤落日几回圆。
采薇应记宫中事，鸣啸如听天外弦。
山鸟有知吟故曲，是欣是悔两茫然。

*古孤竹国，在今河北省秦皇岛市卢龙县境内。境内有"夷齐读书处"。岳麓出版社《史记（评注本）》亦有相同记述。

浣溪沙·夷齐故里
山不高崇草不齐，石碑突兀怪支离。一时心事漫萋萋。因弃红尘成显赫，今凭废井辨依稀。不知名鸟暗中啼。

祖山纪游四首
一、登途，并中途下车
秋高一万里，柳暗百余家。
泼墨云封顶，扬波水戴花。

近听蝉顿静，远望路还赊。
珍惜今朝会，初秋韵正佳。

二、宿祖山
日暮天风起，烟岚四望无。
举头巢鸟叫，信步野人居。
溪水随峰转，凉飔似浪徐。
今宵如有梦，应是在天都。

三、篝火晚会
西南望巨星，夜暗更分明。
城市永难见，云河万古横。
伊人独舞步，众客起欢声。
忘却明朝事，今宵且忘形。

四、徒步登山
缆车减登趣，不及步攀高。
落果击头顶，缠衣摆后腰。
山岩各古怪，树影每招摇。
繁华与野趣，香气路间飘。

出海词二首

戊子中秋前二日之日昃，与诸诗友摄友乘船浮于海上，饮酒摄影，赏月赋诗，尽兴遨游，翌日方回。

浪淘沙

登舰最高层，心似潮升。海天接处动青绳。万顷波涛追落日，渐渐无形。桂魄转晶莹，伴两三星。银光洒泻碎波宁。惟愿人间从此夜，如月之恒。

水调歌头

日月东西挂，四顾眄流霞。轻盈起下，鸥鸟来去掠鱼虾。回首峰峦如画，几缕青烟低亚，深处是吾家。辗转秋风乍，山气日夕佳。

彤彤日，入水化，月升华。银光轻洒，玉带妙曼接天涯。共叹银河流泻，乌鹊长桥飞架，缓辔走鸾车。只恐惊牛女，轻唱浪淘沙。

浪淘沙·秦皇岛秋色

愈冷愈缤纷,斗艳争新。白衣苍狗幻来真,更待清宵明月上,不染纤尘。杯酒长精神,菊蕊齐伸。垂杨斑驳叶飞频。却是无穷生意在,满目黄云。

忆江南·北戴河鹰角亭远眺

凭高望,何处最绸缪?隐隐巨轮升海面,关关候鸟戏滩头,云物为淹留。

对联:贺秦皇岛书协第四次代表大会召开

银钩铁划天边晓月;
宝翰瑶章岛上清风。

对联:贺秦皇岛文代会召开

文以载道,看此地人才济济;
艺能化民,待明朝丽日曈曈。

海 畔

蛰处山房久念鸥,今来海畔暂乘流。
斜风还助惊涛立,密雨早随炎暑收。
万里浮云迷宋玉,几年芳信在瀛洲。
春生潮水添心曲,相与关关人倚楼。

春日北戴河二首

山卑树近水平桥,海最多情月最娇。
且待荷香三夏夜,满街游客彩云飘。

袅袅蔷薇栀子花,街头闲品几杯茶。
云横柳乱天将暮,不觉随风到谢家。

游春二首

游画家村

出城六十里，迤逦去寻春。
冷暖一风替，荣枯两树分。
虬龙生远壑，梨蕊吐新云。
回首闲庭北，夕阳烽火墩。

与民盟诸同志登烽火台

山路崎岖树下埋，心随高隼共徘徊。
绵延烽火台相望，冷艳杜鹃花盛开。
夜雨未催梨长叶，枯河偶见石生苔。
记牢古往今来事，且与诸贤共举杯。

春日卢龙游赏

乘车赴卢龙

又向苍茫古塞征，浮云如海路如绳。
丘山两侧敷青黛，杨柳盈眸飚绿绫。
偶念旧诗怜梦远，因观流水觉天恒。
我来吊古悲何事？不见高台严子陵。

西江月·登桃林口水库大坝。群山上明代长城敌楼连绵。

脚下深潭墨绿，山头城脊天高。白云来去似波涛，美景联翩多少。风为频移画卷，鸟疑轻诵《离骚》。欲将心事付兰皋，芳草斜阳远道。

浣溪沙·秦皇岛春日

碧水清风最畅心，彤彤晓日丽芳林，欢声未放意先沉。岭外飞鸿天际远，眼前春色雨中深，瑶花绛蕊在云岑。

去春北戴河张绮涛诗丈即邀赏牡丹，因种种变故，今初夏始得成行。分韵得"真"字

迟瞻秀色一年春，傍海依山占要津。
本是千年娇贵物，却无半点冶夷神。

落英惜共粘泥絮，残萼犹能动远人。
可是东君着意甚？为云为雨送芳尘。

初夏祖山登神女峰

繁花如海气氤氲，神女峰头景物新。
迢递白光海有界，连绵翠色岭无垠。
游蜂故作登高伴，翠袖能分劳累神。
归后衣衫不忍洗，犹疑沾有祖山云。

浣溪沙·赏天女木兰

　　与客登临兴味浓，一千四百米高峰。太虚幻境有无中。繁盛木兰全冷艳，初衰锦带尚残红。朝云暮雨洗心空。

　　＊"太虚幻境"为祖山最高峰天女峰对面一个景点。"锦带"为一种花名。

生查子·秋日秦皇岛

　　青天几缕云，山与人相近。落叶自纷纷，不解飘零恨。悲秋无古今，不必多追问。燕子入云深，报道秋将尽。

春日山海关三首

赴山海关道中

乘车向北复偏东，此地当时扼要冲。
四海一家无事久，缘何依旧霭濛濛？

山海关老龙头怀古

降将清兵战闯兵，石河血涨海潮升。
游人三五闲谈笑，谁问几回邦废兴？

回马寨、红瓦店村名

父老为言悲壮事，小村多以闯王名。
传闻莫道无凭准，千古英灵血染成。

庚寅初夏参观山海关甲申史鉴馆

向来闻旧事，未有此周详。
成败从头数，牺牲放眼望。
几家愁以目，无处不凄凉。
誓死掀皇统，开城纳闯王。
京师易旧帜，国体整新纲。
官吏封无数，劳人梦一场。
未忧敌远近，先较势高强。
圈地分毫挤，积金车斗量。
当时飞虎豹，今日野鸳鸯。
莫倚河山险，应知草木强。
一朝如鸟兽，数载变黄粱。
甲申行未远，怵惕葆朝阳。

暇日与小女海边游憩

其 一
海边今日日朦胧，一片翔鸥雾霭中。
却是游人添丽景，娇姿如凤俊如龙。

其 二
难得从容享岁华，浮生有限海无涯。
老爹撑伞身边坐，坐看娇儿雕细沙。

其 三
电话荷花金字塔，赋形随物见真情。
心无渣滓眸如水，巧手雕来件件精。

其 四
随时坐卧每依依，海鸟风筝处处飞。
信步沙滩轻踏浪，拾来鲜贝忘情归。

其 五
立秋十日懒过河，谚语由来准确多。
不信试临高处望，一湾渤海尽扬波。

浪淘沙·陶意

绕屋树扶疏，泛览经图。北窗高卧好风徐，自谓羲皇无过此，自在便如。众鸟各安居，吾爱吾庐。白衣送酒饮当途，采菊东篱云共远，心在天都。

梁家湾

深山藏古秀，峻岭出荒楼。
怪石悬空巧，清溪照影幽。
风轻传笑语，花艳不悲秋。
走入万花筒，怡情养病眸。

与友登秦皇岛市第一高峰都山

其　一
深山枫树叶飘红，一似新人待字中。
妆扮香闺多少锦？漫山遍野艳无穷。

其　二
不怕山高道路颠，乘车直上最凌烟。
轻岚薄雾如纱帐，更见青娥体态妍。

其　三
得消俗虑倍从容，一路林英霜染红。
与客登临环首望，此山真是最高峰。

其　四
秋风著色上林梢，黄绿青红仔细描。
一转山弯一换景，高低远近各妖娆。

其　五
依依分手尚多情，把盏当时笑语声。
更许良辰常聚会，半轮明月送归程。

春日追赏梨花

其　一
东风又放一年春，花草横斜万物新。
几树高枝鸣俊鸟，漫天沙画走浮云。
轻阴自有轻阴妙，欢喜无需欢喜因。
淑气一番新雨后，小山溪水各精神。

其 二

道左初开小叶杨,满枝绿嫩杂青黄。
河流断续归无有,山势连绵喜漫长。
一千年事记还忘,数十里风炎复凉。
官场昨日梨花节,只见霜华不见香。

官场:秦皇岛市青龙满族自治县一个乡名。

栖云山

驱车暇日出城门,偶至西郊"五·七"村。
莫道风光遐处好,小山一样可栖云。

＊出城看景,近一小山,人称栖云山。喜其名而爱之,因赋此诗。又,老人说当年五七干校曾设在此处。

柳江地质博物馆

曾经沧海是高山,巨石无言已亿年。
松柏萧萧秋色满,云霞灿灿雨声鲜。
人烟辐辏桑梓地,风采蹁跹博物园。
战迹依然留故垒,日军罪恶满山川。